Mitarbeiterbeteiligung und Mitbestimmung im Unternehmen

herausgegeben von: Felix R. FitzRoy und Kornelius Kraft

Mitarbeiterbeteiligung und Mitbestimmung im Unternehmen

Herausgegeben von

Felix R. FitzRoy und Kornelius Kraft

Walter de Gruyter Berlin · New York 1987

Herausgeber

Dr. Felix FitzRoy, Wissenschaftszentrum Berlin für Sozialforschung, Forschungsschwerpunkt Strukturpolitik, Platz der Luftbrücke 2, 1000 Berlin 42.

Dr. Kornelius Kraft, Gesamthochschule Kassel, FB 7 Wirtschaftswissenschaften, Nora-Platiel-Str. 4, 3500 Kassel.

CIP-Kurztitelaufnahme der Deutschen Bibliothek

Mitarbeiterbeteiligung und Mitbestimmung im Unternehmen /
hrsg. von Felix R. FitzRoy u. Kornelius Kraft. – Berlin ; New York : de Gruyter, 1987.
ISBN 3-11-010668-X
NE: FitzRoy, Felix R. [Hrsg.]

Satz und Druck: Buch- und Offsetdruckerei Wagner GmbH, Nördlingen – Bindearbeiten: Lüderitz & Bauer Buchgewerbe GmbH, Berlin – Einbandgestaltung: Thomas Bonnie, Hamburg – Printed in Germany

Inhaltsverzeichnis

Einleitung

Felix R. FitzRoy und Kornelius Kraft

Dieser Sammelband enthält die überarbeiteten Beiträge, die auf einer Tagung des IIMV im Wissenschaftszentrum Berlin im Januar 1985 präsentiert wurden. Außerdem sind einige neue Beiträge von Verfassern, die nicht zur Tagung kommen konnten im Band enthalten. Die zwei unterschiedlichen, jedoch verwandten Themen der gesetzlichen Mitbestimmung und der freiwilligen Mitarbeiterbeteiligung werden hier von unterschiedlichen Standpunkten aus von Betriebs- und Volkswirten behandelt. Dabei wird versucht, einen breiten Überblick über den neuesten Stand der Forschung zu diesen wichtigen Themen in der Bundesrepublik Deutschland zu geben. Es kommen sowohl wirtschaftspolitische und praktische Gesichtspunkte zur Geltung als auch die empirischen und theoretischen wissenschaftlichen Untersuchungen zu diesem bedeutenden Themenkomplex.

Als Ausgangspunkt zur Motivierung der Beschäftigung mit diesem Thema ist es interessant, die Erfahrungen in den USA zu betrachten. Waren sich dort bis vor wenigen Jahren die meisten Vertreter der Arbeitnehmer und Arbeitgeber einig in ihrer Ablehnung jeglicher Mitarbeiterbeteiligung, so haben sich dort in den letzten Jahren die Meinungen dazu grundlegend verändert. Wie der Wirtschaftskorrespondent der FAZ in den USA, Hugo Müller-Vogg (1985), festgestellt hat, sind in den USA mehr als 40 Prozent der Arbeitnehmer in irgendeiner Form an dem Erfolg von ihren Unternehmungen beteiligt. „100 000 Unternehmen zahlen ihren 4 Millionen Beschäftigten eine vom Ergebnis abhängige Prämie in bar aus“. Diese beispiellose Ausbreitung der freiwilligen Mitarbeiterbeteiligung ging Hand in Hand mit einer erstaunlichen Zunahme der Beschäftigten vor allem in kleinen und neu gegründeten Unternehmen, während bekanntlich in den letzten Jahren in ganz Europa die Beschäftigung stagniert oder gar zurückgeht. Die Gründe für die Einführung der gesetzlichen Mitbestimmung sind eine Übertragung des Demokratiemodells des politischen Systems auf die Wirtschaft und der Schutz der Arbeitnehmer (neben den Regelungen des Betriebsverfassungsgesetzes) bei Veränderungen des Unternehmens. Weiterhin kann die Einräumung von Entscheidungsrechten für Arbeitnehmer damit begründet werden, daß bei einem längerfristigen Beschäftigungsverhältnis und spezifischen Qualifikationen auch der Arbeitnehmer einen Teil des Unternehmensrisikos trägt und daß die Vertreter der Beschäftigten im Aufsichtsrat zusätzliche Informationen zu denjenigen der Kapitalseite beitragen können. Obwohl die gesetzliche Mitbestimmung in Deutschland an alte Traditionen anknüpfen kann, und politisch wohl fest verankert zu sein scheint, beurteilen sie die meisten Wirtschaftswissenschaftler noch skeptisch. Wirklich stringente empirische Untersuchungen zu Auswirkungen der Mitbestimmung liegen aber noch nicht vor.

Das Argument gegen eine gesetzliche Mitbestimmung, das von einigen Praktikern zumindest im privaten Gespräch auch unterstützt wird, hat C. C. von Weizsäcker (1984) folgendermaßen formuliert. Zunächst stellt von Weizsäcker richtig fest, daß effiziente Entscheidungen bei der Allokation von knappen Ressourcen letztendlich und langfristig allen Mitgliedern einer Gesellschaft zugute kommen und deshalb auch die wirtschaftspolitische Zielsetzung der gerechten Verteilung unterstützen können. Die besondere Interessenvertretung der Arbeitnehmer bei Unternehmensentscheidungen kann aber die effizienten und unternehmerisch richtigen Entscheidungen zugunsten der Partikulärinteressen der Arbeitnehmer verschieben oder verhindern. Daneben führt die Notwendigkeit, am Verhandlungstisch einen Kompromiß zu erarbeiten, tendenziell dazu, den Status quo beizubehalten und notwendige Strukturveränderungen zu lange hinauszuschieben. Bei seiner Schlußfolgerung, daß die gesetzliche Mitbestimmung deshalb ein wirtschaftspolitischer Fehler gewesen sei, übersieht von Weizsäcker, daß die Unternehmensleitung auch besondere Interessen und Ziele verfolgt, die nicht immer mit der Effizienz einhergehen. Denn nur, wenn der Konkurrenzdruck und die Überwachung durch die Eigentümer stark genug sind, wird die Unternehmensleitung zu effizienten Entscheidungen gezwungen. Häufig aber sind die Informationskosten der Überwachung so hoch, daß die Eigentümer nur einen beschränkten Einblick in die unternehmerischen Entscheidungen haben und deshalb auch nur eine beschränkte Kontrollmacht ausüben können. Die Beschäftigten verfügen über Informationen, über die die Kapitaleigner nicht verfügen. Eine Nutzung dieser Informationen kann dem Unternehmen zugute kommen. Viele Wissenschaftler werten Konflikte zwischen Arbeitnehmer- und Kapitalvertretern im Aufsichtsrat als durch die Mitbestimmung ermöglicht. Dies ist aber nicht korrekt. Konflikte zwischen der Unternehmensleitung und den Beschäftigten existieren auch ohne einen institutionalisierten Kommunikationskanal. Sie werden aber in einem schlecht geführten Unternehmen nicht ausdiskutiert und verursachen Motivationsverluste bei den Arbeitnehmern und eine Unzufriedenheit, die in schlechter Leistung und einer hohen Fluktuation mündet. Bereits vor 15 Jahren hat Albert Hirschman (1970) gezeigt, daß bei Informationskosten und firmenspezifischen Kenntnissen und Investitionen eine Mitwirkung oder Mitbestimmung von allen Mitgliedern einer Organisation oder Unternehmung sogar notwendig für eine effiziente Entscheidungsbildung sein kann. Diese von von Weizsäcker vernachlässigten Gegenargumente zu seinen Thesen gegen die gesetzliche Mitbestimmung bedeuten, daß die Frage nach der Auswirkung der Mitbestimmung letztendlich nur empirisch entschieden werden kann.[1] Einige der folgenden Beiträge werden diese Frage weiter aufgreifen, wenn auch nicht endgültig beantworten.

Der Praktiker Reinhard Mohn (1986) weist wie v. Weizsäcker (1984) auf die Mängel des Mitbestimmungsgesetzes hin, führt aber auch eine überlegene Alternative, nämlich das partnerschaftliche Unternehmen an. Das Hauptproblem bei der paritätischen oder quasi-paritätischen Mitbestimmung sieht Mohn (1986) in der unzureichenden Qualifikation der Arbeitnehmervertreter. Seiner Meinung nach sind die Arbeitnehmer nicht genügend auf die Rolle vorbereitet, unternehmerische Entscheidungen mit zu fällen. Als Folge werde lediglich angestrebt, den Nutzen der Beschäftigten auch auf Kosten des Unternehmens und der Gesellschaft zu erhöhen. Eine effektivere Form der Arbeitnehmermitsprache sieht Mohn in der partnerschaftlichen Unternehmung. Mohn betont auch völlig zu Recht, daß Mitspracherechte der Beschäftigten am Arbeitsplatz beginnen sollten. Dort hat der einzelne Arbeitnehmer nicht einen Qualifikationsnachteil, sondern kann sogar einen Wissensvorsprung besitzen. Das Ausnützen dieser Informationen kann die Grundlage für den Effizienzvorteil der Mitarbeiterbeteiligung sein, den auch Mohn herausstellt. Das partnerschaftliche Unternehmen sollte in der Sichtweise von Mohn den Arbeitnehmern auch eine Beteiligung am Kapital und Gewinn des Unternehmens bieten.

Im Unterschied zur gesetzlichen Mitbestimmung sind freiwillig zwischen Arbeitnehmern und Arbeitgebern vereinbarte Beteiligungen der Mitarbeiter am

[1] In einer früheren, zusammen mit Ekkehart Schlicht verfaßten Arbeit, hat v. Weizsäcker in bezug auf die Arbeiterselbstverwaltung noch eine andere Position vertreten: „Furthermore, democracy has its advantages too, which might be valued for the sake of their own, and might even translate into efficiency advantages if control costs are very high and the individual worker's motivation is very important." (Schlicht/ v. Weizsäcker 1980: 169–70).

Unternehmenserfolg oder Kapital insofern weniger kontrovers, als nur die Vertreter der Gewerkschaften, die sich dabei vielleicht übergangen fühlen, ernsthafte Einwände erheben können. Gründe für die Einführung einer Mitarbeiterbeteiligung sind eine Verbesserung der Motivation der Beschäftigten, eine Erhöhung der Betriebsbindung, eine Flexibilisierung des Lohnes, eine Verbesserung des Betriebsklimas und eine Verbreiterung der Kapitalbasis. Diese Punkte können weitgehend unter dem Etikett „Erhöhung der Effektivität" eingeordnet werden. Trotzdem wollen die meisten Wirtschaftswissenschaftler den Sinn und Zweck auch der freiwilligen Mitarbeiterbeteiligung nicht so recht einsehen. Das Argument dabei ist, daß die Tätigkeit des einzelnen Beschäftigten (außer der Geschäftsleitung) kaum einen großen Einfluß auf den Erfolg eines größeren Unternehmens haben kann. Der Schluß daraus, daß eine Beteiligung am Erfolg keine Anreizwirkung zur besseren Kooperation und Motivation der Gesamtbelegschaft haben könnte, ist jedoch ein Fehlschluß. Denn ohne eine materielle Erfolgsbeteiligung liegt es nahe, daß die Arbeitnehmerschaft und ihre Vertreter versuchen, ihre Anstrengungen koordiniert zurückzuhalten und auf dasjenige Maß zu beschränken, das für das Überleben des Unternehmens und für die Sicherung der Arbeitsplätze unbedingt erforderlich ist. Diese Haltung ist zum Beispiel bei den englischen Gewerkschaften und anderen Arbeitnehmervertretern häufig zu beobachten. Eine materielle Erfolgsbeteiligung dagegen bringt die Interessen der Arbeitnehmer näher an die unternehmerischen Ziele. Allein bei einer Gewinn- oder Kapitalbeteiligung spürt der Arbeitnehmer, daß Leistungszurückhaltung sich für ihn selbst negativ auswirkt. Vielleicht noch wichtiger ist es, daß er einen Anreiz hat, sich gegen Drückebergerei eines Kollegen zu wehren. Bei einer Erlösbeteiligung schadet die schlechte Leistung eines Kollegen ihm selbst und nicht nur dem Kapitaleigner. Überwachung durch Vorgesetzte wird ergänzt bzw. ersetzt durch eine Kontrolle auf derselben Hierarchieebene. Es liegt dann im Interesse der Belegschaft, durch mehr Kooperation mit der Geschäftsleitung gemeinsam zum Erfolg des Unternehmens beizutragen.

Empirische Belege für die Beeinflussung der Haltung der Arbeitnehmer durch eine materielle Erfolgsbeteiligung sind reichlich vorhanden. Das eindrucksvollste Beispiel ist zweifellos Japan. Dort betragen die gewinnorientierten zweijährlichen Bonuszahlungen in etwa 30 Prozent der Lohnsumme. Die äußerst hohe Motivation und Kooperationsbereitschaft der japanischen Arbeitnehmer in der Nachkriegszeit ist wohlbekannt. Weniger bekannt ist, daß früher die Arbeitsverhältnisse in der japanischen Industrie durch äußerst heftige und häufige Arbeitskämpfe und andere Auseinandersetzungen gekennzeichnet waren. Außer der Erfolgsbeteiligung wird die Loyalität der japanischen Arbeitnehmer mit relativ stabilen Beschäftigungsverhältnissen belohnt. Kurzarbeit statt Entlassungen bei schlechter Konjunktur führte zu minimaler Arbeitslosigkeit selbst nach den von der OPEC initiierten Ölpreiserhöhungen. Im Gegensatz zu weitverbreiteten Vorurteilen sind die langfristigen Beschäftigungsverhältnisse nicht nur in Großunternehmungen, sondern auch in den kleineren und Familienbetrieben durchaus üblich (Hashimoto/Raisian 1985). Die langfristige Beschäftigung fördert in hohem Maße die betriebsspezifische Ausbildung und die internen Informationsflüsse sowie eine starke Loyalität der eigenen Unternehmung gegenüber. Andererseits ist die langfristige Beschäftigung nur bei einem hohen Grad an innerbetrieblicher Mobilität möglich. Der Arbeitsplatzwechsel innerhalb des Betriebes wird in Japan nicht von Regelungen des Tarifvertrages oder vom Betriebsrat verhindert, und nur so kann die notwendige Anpassung an veränderte Nachfragen ohne Entlassung und Fluktuation bewerkstelligt werden.

Schließlich kommen wir zur dritten Komponente, nämlich zur immateriellen Beteiligung. Ihrer Natur nach ist die immaterielle Beteiligung der Arbeitnehmer an dem betrieblichen Entscheidungsprozeß die für den Außenstehenden am schwierigsten zu erfassende Beteiligungsform. Hier sind Fallstudien über längere Zeiträume zweifellos vonnöten. Andererseits können noch so eingehende Fallstudien in der Regel keine allgemein gesicherten Erkenntnisse oder statistische Regelmäßigkeiten zu Tage fördern. Trotzdem können die interne Informationsbeschaffung und das allgemeine Arbeitsklima im Betrieb ganz entscheidend von den Mitsprachemöglichkeiten der Arbeitnehmer beeinflußt werden. Dabei ist eine Arbeitnehmervertretung wie etwa im Aufsichtsrat bei der Mitbestimmung weniger wichtig als eine arbeitsplatzbezogene Mitsprache, die die spezifischen Kenntnisse des einzelnen Arbeitnehmers in den Entscheidungsprozeß und in die Entscheidungsbildung zu integrieren versucht. Insbesondere in diesem Bereich spielen persönliche und psychologische Momente wie Führungsstil und Qualität der Vorgesetzten eine große Rolle. Wir zeigen in unserem Beitrag zum Sammelband, daß ganz unterschiedliche Auswirkungen von gesetzlichen Mitbestimmungsregelungen zu erwarten sind, je nach Qualität und Effektivität der Unternehmensleitung.

Nach dieser kurzen motivierenden Einleitung geben wir jetzt eine Übersicht über die verschiedenen Kapitel des vorliegenden Sammelbandes. Der erste Beitrag von Eduard Gaugler gibt einen Überblick über Ziele, Geschichte und Wesen der Mitarbeiterbeteiligung in der Bundesrepublik Deutschland. Im zweiten Kapitel gehen Heinrich Beyer und Michael Lezius ausführlich auf die Institutionen und Besonderheiten der Mitarbeiterbeteiligung in der Bundesrepublik ein. Außerdem bieten sie eine detaillierte ökonomische Begründung der Idee und der Auswirkungen der Mitarbeiterbeteiligung. Im dritten Kapitel untersucht Günter Schanz den Zusammenhang zwischen Partizipation der Mitarbeiter, Wertwandel in der Industriegesellschaft und dem technischen Fortschritt. Schanz begründet die Bedeutung der Mitarbeiterbeteiligung im modernen Arbeitsprozeß aus der veränderten Einstellung der Beschäftigten, die heute höhere Ansprüche an die Anforderungen eines Arbeitsplatzes stellen, als dies früher üblich war. Im vierten und letzten Kapitel des ersten Teils zeigen Elke Michaelis und Arnold Picot, daß die Mitarbeiterbeteiligung durchaus eigentumsrechtlich begründet und verankert werden kann, im Gegensatz zur oben geschilderten Meinung C. C. von Weizsäckers.

Der zweite Teil des Sammelbandes umfaßt die empirischen Beiträge. Im fünften Kapitel untersucht Wolfgang Scholl konkrete betriebliche Strategien zur Befriedigung von Arbeitnehmerbedürfnissen. Er vergleicht hierbei Initiativen der Geschäftsleitung zur Erhöhung der Arbeitszufriedenheit mit denjenigen der Belegschaft und ihrer Vertreter. Das sechste Kapitel von Horst Steinmann, Elmar Gerum und Werner Fees beschäftigt sich mit den Unterschieden in der Ausfüllung des Mitbestimmungsgesetzes in Eigentümer- und Managerkontrollierten Unternehmen. Im siebten Kapitel berichten Felix FitzRoy und Kornelius Kraft über empirische Untersuchungen zur Auswirkung von verschiedenen Formen der freiwilligen und gesetzlichen Arbeitnehmer-/Arbeitgeberkooperation auf Produktivität und Entlohnung. Im Kapitel acht bringen Hans Nutzinger, Ulrich Schasse und Volker Teichert eine Studie über die Einstellung der Beschäftigten in einem Großbetrieb der Automobilbranche zur Mitbestimmung über einen Zeitraum von sechs Jahren. Im Kapitel neun berichtet Hans Guski von einer Studie, in der das Verhältnis von Gewerkschaften zur betrieblichen Beteiligungspraxis und die Auswirkungen von Mitarbeiterbeteiligung auf die Einstellung der Belegschaft zur Gewerkschaft untersucht wird.

Der dritte Teil des Bandes bringt konkrete Untersuchungen aus der Praxis der betrieblichen Mitarbeiterbeteiligung. Im Kapitel zehn beschreibt Dieter Jaeschke eines der erfolgreichsten Selbstbestimmungsmodelle der Bundesrepublik in dem High-Tech-Unternehmen PSI in Berlin. Im elften Kapitel entwikkelt Hans Schneider ein kurzes Schema zur Erfassung der Auswirkung von Mitarbeiterbeteiligung.

Teil vier des Bandes umfaßt drei theoretische Untersuchungen zur Mitarbeiterbeteiligung und Mitbestimmung. Im zwölften Kapitel analysiert Ernst Fehr den individuellen Arbeitseinsatz in traditionellen kapitalistischen Unternehmen im Vergleich zum Arbeitseinsatz in selbstverwalteten Kooperativen im Rahmen eines partiellen Gleichgewichtsmodells. Hierbei zeigt er auf, inwieweit selbstverwaltete Unternehmen gegenüber kapitalistischen Unternehmen einen Effizienzvorteil besitzen können. Im Kapitel dreizehn untersuchen Thomas Eger und Peter Weise die Evolution kapitalistischer und kooperativer Unternehmensorganisationen in einem Abriß der historischen Entwicklung und einer Analyse mit Hilfe der Katastrophentheorie. Dieser Ansatz wird im vierzehnten Kapitel von Eckart Häberle vom Standpunkt des Wirtschaftshistorikers kritisch kommentiert. Das abschließende Kapitel von Otfried Kießler fällt etwas aus dem Rahmen der anderen Beiträge zu diesem Band. Sein Artikel stellt eine wissenschaftstheoretische Betrachtung der Mitbestimmung dar. Aufgrund seines Ansatzes ist der Anwendungsbezug bei dieser Arbeit schwieriger zu erkennen als bei den anderen Beiträgen.

Literatur

Hashimoto, M., und J. Raisian (1985): Employment Tenure and Earning Profiles in Japan and the United States. *American Economic Review,* 75, S. 721–735.

Hirschman, A. (1970): *Exit, Voice and Loyalty.* Cambridge, Mass.: Harvard University Press.

Mohn, R. (1986): Mitbestimmung war ein Irrtum. *Die Zeit,* Nr. 15, 4. April, S. 41–43.

Müller-Vogg, H. (1985): USA-Weltmeister bei Beteiligungen. *Das Neue Unternehmen,* 32. Jahrgang, Nr. 249.

Schlicht, E., und C. C. v. Weizsäcker (1980): Labour Management and Commitment: Reply to Furubotn. *Zeitschrift für die gesamte Staatswissenschaft,* 136, S. 169–171.

v. Weizsäcker, C. C. (1984): Was leistet die Property Rights-Theorie für aktuelle wirtschaftspolitische Fragen? M. Neumann (Hrsg.) Berlin: *Ansprüche, Eigentums- und Verfügungsrechte.* Duncker und Humblot, S. 123–154.

Teil I.
Begründung und Auswirkung der Mitarbeiterbeteiligung

I. Mitarbeiterbeteiligung am Unternehmenserfolg

Eduard Gaugler

Die Beteiligung der Mitarbeiter am wirtschaftlichen Erfolg des arbeitgebenden Unternehmens wird seit Beginn der Industrialisierung diskutiert und seit der Mitte des letzten Jahrhunderts praktiziert.

Die Erfolgsbeteiligung der Mitarbeiter wurde bereits zu Beginn des 19. Jahrhunderts in Großbritannien intensiv erörtert. Von dort haben die Diskussionen und Auseinandersetzung um diese zusätzliche und variable Entgeltkomponente rasch auf den europäischen Kontinent übergegriffen. Schon in der Mitte des 19. Jahrhunderts werden im damals deutschen Sprachraum auch die ersten Systeme der Beteiligung der Mitarbeiter am wirtschaftlichen Erfolg ihres arbeitgebenden Unternehmens praktiziert. Zu den frühesten Modellen dieser Art gehört das Beteiligungssystem, das der berühmte Nationalökonom Johann Heinrich von Thünen im Jahre 1847/48 auf seinem landwirtschaftlichen Gut Tellow in Mecklenburg eingeführt hatte. Dieses Modell war nicht nur klug durchdacht und mit Komponenten konzipiert, die bis heute ihre Bedeutung nicht verloren haben; es bestand über den Tod Thünens hinaus bis zur Veräußerung dieses landwirtschaftlichen Betriebes am Ende des 19. Jahrhunderts fort und wurde offensichtlich sehr erfolgreich praktiziert, was immer wieder durchgeführte und dokumentierte Analysen belegen.

1. Grundfragen der Erfolgsbeteiligungssysteme

Unabhängig von der konkreten Ausgestaltung bestimmter Systeme der Erfolgsbeteiligung kann man aus heutiger Sicht folgende Grundfragen für ihre Konzipierung stellen:

- Welche Motive und Erwartungen haben die arbeitgebenden Unternehmen, wenn sie ihre Mitarbeiter zusätzlich zu Löhnen und Gehältern am wirtschaftlichen Ergebnis des Unternehmens beteiligen?

- Welche Maßgröße für den wirtschaftlichen Periodenerfolg eines Unternehmens stehen für eine Beteiligung der Mitarbeiter zur Verfügung? Wie kann man die Eignung dieser Erfolgsgrößen als Basis für die Mitarbeiterbeteiligung ermitteln?
- Wie kann man den Anteil des einzelnen Mitarbeiters an der Beteiligungsbasis ermitteln? Welche Aspekte sind bei der Bestimmung der Individual-Quoten bei einem Erfolgsbeteiligungssystem von Bedeutung?
- Kann das arbeitgebende Unternehmen die Verwendung der individuellen Erfolgsanteile durch die Mitarbeiter beeinflussen? Inwieweit eignen sich die Individual-Quoten insbesondere zur investiven Verwendung (Vermögensbildung der Mitarbeiter)?

Die folgenden Überlegungen beschäftigen sich mit diesen vier elementaren Gestaltungsfragen von Systemen der Erfolgsbeteiligung der Mitarbeiter.

2. Beteiligungsmotive der arbeitgebenden Unternehmen

Ein Überblick über die Motive und Erwartungen, die die Unternehmen mit der Beteiligung ihrer Mitarbeiter am wirtschaftlichen Erfolg verbinden, läßt drei Aspekte erkennen:

- Die Beteiligungsmotive sind in der Praxis sehr vielfältig. Sie können von Unternehmen zu Unternehmen mehr oder weniger stark schwanken.
- Die Beteiligungsmotive können sich im Zeitablauf verändern. Dominante Erwartungen der Vergangenheit können aus unterschiedlichen Gründen an Gewicht verlieren; andere Beteiligungsmotive können aufgrund gesellschaftspolitischer, betriebswirtschaftlicher und personalpolitischer Veränderungen an Bedeutung gewinnen.
- Regelmäßig praktizieren die Unternehmen eine Erfolgsbeteiligung ihrer Mitarbeiter nicht aus einem einzigen Motiv; meistens verbinden sie mit dieser Art einer variablen Zusatzentlohnung mehrere Erwartungen (Motivbündel).

Die Motivbündel, die die Einführung und Weiterführung von Systemen der Erfolgsbeteiligung begründen, setzen sich in der Beteiligungspraxis aus unterschiedlichen Einzelmotiven zusammen, die untereinander eine verschiedene Gewichtung besitzen können.

Die wichtigsten Einzelmotive, die in der Beteiligungspraxis vorkommen, kann man ungefähr wie folgt angeben:

- Die Erfolgsbeteiligung soll das Leistungsverhalten der Mitarbeiter im betrieblichen Leistungsprozeß positiv stimulieren. Dabei zielt man weniger auf die Leistungsmenge als vor allem auf die Qualität des Leistungsbeitrags der Mitarbeiter. Entsprechend einer Erwartung von Karl Marx erhofft man sich durch die Beteiligung, daß die Mitarbeiter das betriebliche Vermögen (Betriebseinrichtungen, Maschinen, Material etc.) ähnlich schonend wie ihr eigenes Privatvermögen behandeln.
- Mit der Erfolgsbeteiligung will die Unternehmensleitung das Konzept der betrieblichen Leistungsgemeinschaft fördern. Der Gedanke der Zusammengehörigkeit von Unternehmern, Kapitaleignern und Mitarbeitern soll durch die finanzielle Beteiligung der Mitarbeiter am wirtschaftlichen Erfolg des arbeitgebenden Unternehmens bestätigt und entwickelt werden.
- Die Beteiligung der Mitarbeiter am Wirtschaftsergebnis soll eine elastische Lohnpolitik auf betrieblicher und überbetrieblicher Ebene ermöglichen. Ernst Abbé hat bereits 1898 bei der Einführung einer Erfolgsbeteiligung bei den Zeiß-Werken in Jena den Zusammenhang zwischen kollektiv-(tarif-)vertraglichen Lohnregelungen und einer einzelbetrieblichen Erfolgsbeteiligung der Arbeitnehmer hervorgehoben.
- Die Erfolgsbeteiligung verstehen manche Unternehmen als Instrument für den Wettbewerb am Arbeitsmarkt, um qualifizierte und unternehmerisch denkende Mitarbeiter gewinnen bzw. im Unternehmen halten zu können. Von einer Erfolgsbeteiligung der Mitarbeiter erwarten manche Unternehmensleitungen eine Verbesserung ihres Image in der gesellschaftlichen Umwelt und an ihrem Arbeitsmarktsegment.
- In der Erwartung mancher Unternehmen soll die Erfolgsbeteiligung der Mitarbeiter helfen, negative Außeneinwirkungen aus der gesellschaftlichen Umwelt auf die Einstellung der Mitarbeiter zum Unternehmen und auf ihr innerbetriebliches Verhalten abzuwehren. Die Beteiligung soll die innere Verbundenheit der Mitarbeiter mit dem Unternehmen fördern.
- In Staaten mit einer höheren Besteuerung der Unternehmenserträge als der Arbeitsentgelte kann eine Erfolgsbeteiligung die Besteuerungsunterschiede zugunsten der Mitarbeiter nutzen. Dieses Motiv steht in engem Zusammenhang mit dem folgenden Ziel einer Erfolgsbeteiligung.
- In manchen Industriestaaten verwenden die Unternehmen die Erfolgsbeteiligung ihrer Mitarbeiter immer mehr zur Vermögensbeteiligung der Arbeit-

nehmer. Die Beteiligung der Mitarbeiter am wirtschaftlichen Erfolg dient dann als Finanzierungsquelle für die Vermögensbildung der Arbeitnehmer im allgemeinen, nicht selten auch für ihre Beteiligung am Kapital des arbeitgebenden Unternehmens im besonderen.

- Manche Unternehmen erstreben mit der Erfolgsbeteiligung auch eine umfassende Gerechtigkeit der Gesamtentlohnung. Sie interpretieren die menschliche Arbeit im betrieblichen Leistungsprozeß nicht allein als Kostenfaktor (Löhne, Gehälter), sondern verstehen sie auch als Ertragsfaktor. In dieser Sicht gehört die Erfolgsbeteiligung zum elementaren Inhalt einer umfassenden Lohngerechtigkeit. Die verschiedenen Formen der kausalen und der finalen Lohnfindung werden hierbei als komplementär verstanden.

Die genannten Einzelmotive der Unternehmen für eine Beteiligung der Mitarbeiter an ihrem wirtschaftlichen Erfolg sind je für sich genommen ziemlich komplexer Natur; außerdem sind sie untereinander mehr oder weniger verschiedenartig. Für die Konzipierung eines Systems der Erfolgsbeteiligung ergeben sich daraus zwei wichtige Folgerungen.

- Die Realisierung solcher Erwartungen und der daraus abgeleiteten Beteiligungsziele hängt u. a. von einer entsprechenden Ausgestaltung der Beteiligungssysteme ab. Deshalb ist es erforderlich, daß sich die Unternehmensleitung vor der Erarbeitung der Einzelheiten eines Beteiligungsmodells selbst über die Motive und Ziele, die sie mit dem Beteiligungsmodell verwirklichen will, eindeutig verständigt.
- Das jeweilige Motivbündel einer Unternehmensleitung ist darauf zu prüfen, ob die zu realisierenden Einzelmotive untereinander kompatibel sind. Motiv- und Zielkonflikte beeinträchtigen oder verhindern die Konzipierung eines erfolgreichen Beteiligungssystems. Das Motivbündel für eine Erfolgsbeteiligung muß also in sich widerspruchsfrei sein, wenn ein zielstrebiges Konzept für die Mitarbeiterbeteiligung zustandekommen und praktiziert werden soll.

Diese Überlegungen beeinflussen unmittelbar die Wahl der Beteiligungsbasis und die Ermittlung und Verwendung der Individual-Quoten der Mitarbeiter.

3. Wirtschaftliche Erfolgsgrößen als Basiswerte

Die betriebswirtschaftliche Forschung und Praxis haben in den letzten Jahrzehnten eine Vielzahl von Ansätzen für die Beteiligung der Mitarbeiter am wirtschaftlichen Ergebnis eines Unternehmens erarbeitet. Im kurzgefaßten Überblick handelt es sich dabei um folgende Basisgrößen:

- Leistungsgrößen eines Unternehmens (bzw. Betriebes)
  Produktionsmenge/Produktionswert einer Periode
  Arbeitsproduktivität
  Kostenersparnis
- Ertragsgrößen eines Unternehmens
  Periodenumsatz, Bruttoertrag
  Wertschöpfung (added value)
  Nettoertrag
- Gewinngrößen eines Unternehmens
  Bilanzgewinn (lt. Handels- oder Steuerbilanz)
  Ausschüttungsgewinn (Dividende)

Die meisten Beteiligungssysteme in der Praxis gehen von einer dieser Basisgrößen für das wirtschaftliche Ergebnis des Unternehmens aus; regelmäßig ergänzen sie aber diese Basisgrößen durch Zu- und Abschläge (z. B. für die Eigenkapitalverzinsung, für das Unternehmenswagnis, für zusätzliche Rücklagen, zum Ausgleich des Unterschieds zwischen steuerrechtlichen Absetzungen für Abnutzung und betriebswirtschaftlich erforderlichen Abschreibungen, zur Berücksichtigung von Besteuerungsunterschieden). Diese Umrechnungen führen dann zu sehr unterschiedlichen Beteiligungsbasen. Die Umrechnung der genannten Ausgangsgröße muß den individuellen Bedingungen des einzelnen Unternehmens und den Besonderheiten des Leistungsbeitrags seiner Mitarbeiter folgen. Außerdem muß die Wahl und Aufbereitung der Beteiligungsbasis den Zielen des Beteiligungssystems entsprechen. Dies zeigt sich an folgenden Beispielen:

- Soll die Erfolgsbeteiligung die Mitarbeiter zum ökonomischen Denken, Handeln und Verhalten anregen, dann ist dafür eine einseitige Ergebnisgröße wenig geeignet (z. B. Umsatz, Produktionsmenge etc.). Geeigneter sind dafür Erfolgsgrößen, die sich aus dem Input und Output ergeben (z. B. Netto-Ertrag, Wertschöpfung, Gewinn).

- Soll die Erfolgsbeteiligung der Belegschaft die Abhängigkeit des Unternehmens vom Marktgeschehen vermitteln, dann versagen dazu Basisgrößen, die sich nur auf innerbetriebliche Werte erstrecken (z. B. Kostenersparnis, Produktivität). Für dieses Beteiligungsziel sind Größen angebracht, in denen sich der Markteinfluß niederschlägt (z. B. Ertrag, Gewinn etc.).
- Soll eine Erfolgsbeteiligung in einem Konzernunternehmen die Identifizierung der Mitarbeiter mit dem einzelnen Unternehmen und mit dem gesamten Konzern fördern, dann empfiehlt sich eine kombinierte Beteiligungsbasis, die sich aus Größen für den wirtschaftlichen Erfolg des einzelnen Unternehmens und solchen für das ökonomische Ergebnis des ganzen Konzerns zusammensetzt.

Generell ist festzuhalten, daß die Ausrichtung der Beteiligungsbasisgröße auf das Ziel und auf die Erwartungen mit dem Beteiligungssystem eine wesentliche Voraussetzung für die Wirksamkeit dieser finalen Entgeltkomponente bildet. Deshalb kommen auch der Definition des Motivbündels und seiner Prüfung auf Kompatibilität der Einzelmotive eine große Bedeutung zu.

4. Mitarbeiteranteile am wirtschaftlichen Erfolg

Grundsätzlich ist der erwirtschaftete Erfolg eines Unternehmens das Ergebnis des Zusammenwirkens der drei Produktionsfaktoren: Unternehmensleitung, Eigenkapitaleinsatz, Mitarbeiterleistung. Die Beteiligungsbasisgröße entspricht diesem Einsatz der Faktoren-Kombination. Das wirtschaftliche Resultat kann daher bei einem Beteiligungssystem nicht einem der beteiligten drei Faktoren allein zugerechnet werden. Für den Zweck der Mitarbeiterbeteiligung muß deshalb der Anteil der Belegschaft bestimmt werden.

Den Wirtschaftswissenschaften ist es bislang nicht gelungen, für die Lösung der damit verbundenen Zurechnungsproblematik eine überzeugende und generell anwendbare Verteilungsformel zu entwickeln. Damit ist auch kaum zu rechnen; eher kann man nachweisen, daß die angesprochene Zurechnungsproblematik mit wissenschaftlich exakten Methoden nicht lösbar ist.

In dieser Situation ist die Beteiligungspraxis gezwungen, sich mit Verteilungsschlüsseln zu behelfen. Diese Verteilungsschlüssel stützen sich teilweise auf betriebswirtschaftliche Kennzahlen, die aber meist über eine nur dürftige Plausibilität verfügen. In der neueren Entwicklung verwendet man immer mehr Verteilungsschlüssel, die für die Mitarbeiter leicht verstehbar und akzeptabel erscheinen (z. B. ein Drittel oder die Hälfte der umgerechneten Beteiligungsbasis).

Diese Verteilungsschlüssel zur Ermittlung des Anteils, der dem Faktor Arbeit an der Beteiligungsbasis zukommen soll, entziehen sich einer generellen überbetrieblichen Festlegung; sie können nur betriebsindividuell gefunden werden. Dabei sind einige wichtige Aspekte zu beachten:

- Der anzuwendende Verteilungsschlüssel darf nicht zur Verdrängung eines der drei genannten Produktionsfaktoren aus dem Unternehmen führen; die künftige Bereitschaft zum Einsatz der Faktoren muß erhalten bleiben. Die Aufteilung der Beteiligungsbasisgröße auf die Faktoren muß untereinander ausgewogen sein und den Bestand und die Weiterentwicklung des Unternehmens sichern.
- Der Verteilungsschlüssel darf das finanzielle Gleichgewicht des Unternehmens nicht gefährden. Der Investitionsbedarf des Unternehmens muß finanzierbar bleiben. Aus diesen Überlegungen folgt, daß der Verteilungsschlüssel für die Mitarbeiter rebus sic stantibus günstiger ausfallen kann, wenn sie bereit sind, ihre Erfolgsanteile ganz oder teilweise dem Unternehmen dauerhaft oder zeitlich befristet zur Finanzierung zur Verfügung zu stellen. Hier wird die investive Verwendung der Erfolgsanteile relevant.
- Der Verteilungsschlüssel soll im längeren Durchschnitt nicht zu Minimalbeträgen für die Mitarbeiter führen, die sie nicht im Sinne der Beteiligungsziele motivieren können. Der Verteilungsschlüssel muß also eine gewisse Untergrenze für die Mitarbeiteranteile gewährleisten, sofern das Unternehmen überhaupt positive Resultate erzielt.

Neben dem Verteilungsschlüssel hängen die Individual-Quoten auch von der Festlegung der beteiligungsberechtigten Mitarbeiter selbst ab. Früher war die Regelung weit verbreitet, daß nur besonders qualifizierte und oft auch nur langjährige Mitarbeiter beteiligt wurden. Manche Unternehmen verfahren auch heute noch so (z. B. bei Tantiemen für leitende Angestellte). In den letzten Jahrzehnten hat sich immer stärker die Tendenz durchgesetzt, alle Mitarbeiter zu beteiligen und die Anwartschaftsfrist für eine Einbeziehung auf ein Jahr Betriebszugehörigkeit oder sogar auf die Dauer der Probezeit zu reduzieren. Mit dieser Entwicklung ist der prozentuale Anteil der beteiligungsberechtigten Mitarbeiter an der Gesamtbelegschaft gewachsen. Rebus sic stantibus sinkt damit der durchschnittliche Individualanteil aus der Erfolgsbeteiligung.

Mit Hilfe des oben genannten Verteilungsschlüssels errechnet man den Gesamtanteil, den alle beteiligungsberechtigten Mitarbeiter an der Beteiligungsbasis erhalten sollen. Für die Ermittlung der Individualquote an diesem Belegschaftsanteil verwendet die Praxis unterschiedliche Verfahren:

- Die Verteilung nach Köpfen bewirkt, daß alle beteiligungsberechtigten Mitarbeiter gleich große Individual-Quoten erhalten. Dies stellt eine radikale Anwendung des Gleichheitsprinzips dar. Bei einer progressiven Lohnbesteuerung der Arbeitsentgelte führt dies dazu, daß Angestellte mit höheren Gehältern auch für ihre Erfolgsanteile mehr Steuern als einfache Lohnempfänger abgezogen erhalten. Ihr Netto-Erfolgsanteil ist nach Abzug der Lohnsteuer also sogar kleiner als bei Mitarbeitern mit geringerem Arbeitsentgelt.

  Außerdem stellt sich die Frage, ob eine völlige Gleichverteilung der Individual-Quoten in einem Unternehmen, das auf den Leistungsbeitrag seiner Mitarbeiter angewiesen ist, mit dem sog. Leistungsprinzip überhaupt vereinbar ist.
- Um dem Leistungsprinzip zu entsprechen, führen manche Unternehmen für die Bestimmung der Individual-Quoten eine Leistungsbeurteilung der beteiligungsberechtigten Mitarbeiter durch. Die Punktwerte dieser Mitarbeiterbeurteilung bilden dann das Verteilungsmaß für die Berechnung der Individualquoten.
- Die Mehrzahl der Beteiligungsunternehmen unterstellt, daß die Arbeitsentgelte der einzelnen Mitarbeiter (Löhne, Gehälter) überwiegend leistungsorientiert sind. Sie verwenden deshalb die individuellen Löhne und Gehälter als Verteilungsmaßstab. Die Individual-Quoten errechnen sich dabei als ein Prozentsatz der Arbeitsentgelte. In Abhängigkeit von der Höhe des wirtschaftlichen Resultats des Unternehmens und von der allgemeinen Lohn- und Gehaltssätze schwanken diese Prozentsätze von Jahr zu Jahr.
- In neuerer Zeit kombinieren immer mehr Unternehmen zwei der genannten Verfahren. Beispielsweise verteilen sie etwa ein Drittel des Belegschaftsanteils am ökonomischen Ergebnis des Unternehmens nach Köpfen; die Aufteilung der restlichen zwei Drittel richtet sich an den individuell verschiedenen Arbeitsentgelten der Mitarbeiter aus. Bei dieser Handhabung erhalten Mitarbeiter mit höheren Arbeitsentgelten prozentual kleinere, aber absolut höhere Individual-Quoten als Mitarbeiter mit niedrigeren Löhnen und Gehältern.

Die modernen Lohnabrechnungsverfahren mit Hilfe der EDV ermöglichen die Anwendung auch der komplizierteren Methoden zur Errechnung der Individual-Quoten, die früher noch unwirtschaftliche Verfahren darstellten. Allerdings müssen die Verteilungsverfahren so gestaltet werden, daß sie die Mitarbeiter verstehen und in sie vertrauen können. Der Komplexität der Individual-Quoten-Berechnung sind damit in Abhängigkeit vom Niveau der Belegschaft eines Unternehmens Grenzen gesetzt.

5. Verwendung der Erfolgsanteile der Mitarbeiter

Wie oben angemerkt, hat J. H. von Thünen schon in der Mitte des 19. Jahrhunderts die Erfolgsanteile seiner Mitarbeiter im Unternehmen thesauriert, um sie bei der Pensionierung der Mitarbeiter als Beitrag zu ihrer Altersversorgung an sie auszuzahlen. Bis nach dem Zweiten Weltkrieg war dieser Thesaurierungszwang aber eher die Ausnahme. Zumeist wurden die Individual-Quoten direkt bar an die Mitarbeiter ausbezahlt. Häufig konzipierte man sogar die Systeme so, daß Abschlagszahlungen auf den Erfolgsanteil der Mitarbeiter monatlich oder quartalsweise erfolgen konnten, um den Motivationsanreiz bei den Mitarbeitern intensivieren zu können. Die beteiligungsberechtigten Mitarbeiter waren jedenfalls in der Verwendung der Individual-Quoten grundsätzlich frei.

In der Zeit nach dem Zweiten Weltkrieg zogen vor allem einige Pionierunternehmen der betrieblichen Partnerschaft die Erfolgsbeteiligung zum Aufbau einer Kapitalbeteiligung ihrer Mitarbeiter im Unternehmen heran. Dieses Vorbild macht in den letzten zwei Jahrzehnten zunehmend Schule. Heute gibt es in der Bundesrepublik Deutschland zumindest mehrere hundert Unternehmen, die die Beteiligung ihrer Mitarbeiter am wirtschaftlichen Resultat teilweise oder ganz in den Dienst der Vermögensbildung der Arbeitnehmer stellen. Dabei kann sich diese Vermögensbildung im arbeitgebenden Unternehmen selbst oder außerhalb mit anderen Anlageformen vollziehen.

Hinsichtlich der vermögenswirksamen Verwendung der Erfolgsanteile haben sich insbesondere zwei Formen herausgebildet.

- Manche Unternehmen beteiligen ihre Mitarbeiter am wirtschaftlichen Ergebnis unter der Bedingung, daß die Mitarbeiter ihre Individual-Quoten – meistens zeitlich befristet – im Unternehmen stehen lassen und erst nach einer Festlegungsfrist entnehmen können.

- Andere Unternehmen stellen den beteiligten Mitarbeitern die Thesaurierung ihrer Anteile im arbeitgebenden Unternehmen frei; sie reizen aber den befristeten oder unbefristeten Verbleib der Individual-Quoten als Mitarbeiter-Kapitalbeteiligung mit respektablen Anlageprämien an (Anlage in Form von Mitarbeiter-Darlehen, stillen Beteiligungen, Belegschaftsaktien).

Werden die Erfolgsanteile der Mitarbeiter im Unternehmen als Risikokapital angelegt, dann begründet diese Kapitalbeteiligung für die Mitarbeiter regelmäßig einen zusätzlichen Anspruch auf anteiligen Gewinn. Während die Erfolgsbeteiligung selbst auf einer arbeitsrechtlichen Grundlage (Betriebsvereinbarung, einzelvertragliche Regelungen) beruht, partizipiert der Mitarbeiter dann als Kapitalgeber ein zweites Mal am Unternehmenserfolg. Einige Beteiligungsfirmen, die mit Hilfe einer Erfolgsbeteiligung die Kapitalbeteiligung ihrer Mitarbeiter stark entwickelt haben, gaben die Erfolgsbeteiligung wieder auf. Verfährt man so, stellt sich die Frage, wie neue Mitarbeiter eine Chance bekommen, ohne die frühere Erfolgsbeteiligung eine Kapitalbeteiligung am arbeitsgebenden Unternehmen – vergleichbar zur Beteiligung der Betriebsangehörigen mit längerer Zugehörigkeit – aufzubauen.

In der Bundesrepublik Deutschland unterstützt der Staat im Rahmen des Vierten Vermögensbildungsgesetzes u. a. auch die Wiederanlage der Erfolgsanteile innerhalb und außerhalb des arbeitgebenden Unternehmens. Bislang werden aber diese finanziellen Vergünstigungen des Staates aus mehreren Gründen nur relativ selten genutzt.

In der Vergangenheit hat noch ein weiterer Aspekt die Verwendung der Erfolgsanteile der Mitarbeiter beeinflußt. Vor allem in den fünfziger und sechziger Jahren haben manche Firmen vom Ergebnisanteil der Belegschaft meist kleinere Beträge einer sog. Verlustreserve zugeführt. Diese Rücklage hatte die Aufgabe, in Jahren mit einem negativen ökonomischen Resultat des Unternehmens die anteiligen Verluste für die Mitarbeiter rechnerisch auszugleichen. Dieses Verfahren beruhte auf einem zweifachen Grundgedanken:

- Eine Beteiligung der Mitarbeiter an positiven wirtschaftlichen Ergebnissen bedingt auch ihre Teilhabe an negativen Resultaten (Verlustbeteiligung).
- Bei anteiligen Verlusten kann man den Mitarbeitern aber nicht zumuten, daß sie ihre negativen Anteile durch Einzahlungen ausgleichen. Für diesen Zweck behielt das Unternehmen in Jahren mit positiven Wirtschaftsergebnissen einen Teil der Erfolgsanteile der Mitarbeiter ein (Verlustreserve).

Da im genannten Zeitraum negative Unternehmensergebnisse sehr selten auftraten, erhöhten sich die Verlustreserven über das erforderlich erachtete

Ausmaß hinaus. Darauf änderten viele Beteiligungsunternehmen den Modus der Verlustbeteiligung. Heute zieht man an den Individual-Quoten zumeist keinen Beitrag für eine Verlustreserve mehr ab. Man ersetzt die Verlustreserve vielmehr durch eine Vereinbarung mit den beteiligten Mitarbeitern, die vorsieht, daß anteilige Verluste der Mitarbeiter aus Jahren mit negativem Wirtschaftsergebnis gegen positive Erfolge kommender Jahre solange verrechnet werden, bis ein Ausgleich stattfindet und die Individual-Quoten wieder mit positivem Vorzeichen für die Mitarbeiter zur Verfügung stehen.

Wie die Erfahrungen der letzten Jahre zeigen, ist diese Handhabung einer Beteiligung der Mitarbeiter an positiven und negativen Wirtschaftsergebnissen eines Unternehmens nur dann sinnvoll, wenn das Unternehmen nach den Verlustperioden wieder mit Erfolg wirtschaftet und dann die Verlustanteile der Mitarbeiter auch tatsächlich ausgleichen kann.

6. Verbreitung und unternehmenspolitische Bedeutung

Die hier vorgetragenen Überlegungen stützen sich vor allem auf die Erfahrungen des Verfassers im deutschsprachigen Raum, besonders in der Bundesrepublik Deutschland, auch in Österreich und in der Schweiz. In diesen Ländern haben die Systeme der Mitarbeiterbeteiligung an den ökonomischen Resultaten ihrer arbeitgebenden Unternehmen in sehr unterschiedlichen Formen eine beachtliche Verbreitung gefunden.

Auch in anderen europäischen Ländern außerhalb der sowjetischen Einflußsphäre gibt es viele Unternehmungen, die in individuellen Formen die Erfolgsbeteiligung ihrer Mitarbeiter praktizieren. Beispielsweise zeigt eine neuere Studie des Forschungsinstituts Reward Regional Surveys Ltd. in Stone/Staffordshire, daß auch in Großbritannien ein verbreiteter Trend zu beobachten ist, traditionelle Sozialleistungen aufzugeben und statt dessen Systeme der Beteiligung der Mitarbeiter am wirtschaftlichen Erfolg ihrer arbeitgebenden Unternehmen einzuführen.

Auch aus den USA ist bekannt, daß dort zahlreiche Formen des profit sharing den hier erörterten Systemen der Erfolgsbeteiligung sehr nahe kommen. Sie sind in den USA nicht nur seit Jahrzehnten weit verbreitet; sie haben auch im Aufbau der Altersversorgung für viele amerikanische Arbeitnehmer eine wichtige Funktion. Daher ist der Anteil der Erfolgsbeteiligungssysteme, die die

Individual-Quoten bis zur Pensionierung der Mitarbeiter thesaurieren, in den USA besonders groß.

Schließlich sind auch die japanischen Bonus-Systeme in der unmittelbaren Nachbarschaft zu den diskutierten Modellen der Erfolgsbeteiligung zu sehen. Mit dem Bonuskonzept verfügt die Wirtschaft dieser fernöstlichen Industrienation über ein Element, das ihre Wettbewerbsfähigkeit bei nicht unbeträchtlichen Personalkosten sehr positiv beeinflußt. Diese Tatsache ergibt sich nicht allein aus der sehr weiten Verbreitung der Bonus-Systeme in der dortigen Wirtschaft. Hinzu kommt, daß die variable Entgeltkomponente – Bonus genannt – in Japan einen besonders hohen Prozentsatz an der Gesamtentlohnung erreicht und damit gerade bei arbeits- und lohnkostenintensiven Fertigungen den Unternehmen eine ausgeprägte Elastizität ihrer Produktionskosten verleiht.

Dieser Hinweis unterstreicht die unternehmenspolitische Bedeutung der Erfolgsbeteiligung. Aufgrund der vorliegenden Erfahrungen und Beobachtungsmöglichkeiten kann man angeben, unter welchen Bedingungen dieser variablen Komponente in der Gesamtentlohnung der Mitarbeiter eine wichtige ökonomische Rolle zukommt:

- Mit wachsender Intensität des Wettbewerbs an den inländischen und internationalen Märkten eines Unternehmens steigt der Bedarf an Entgeltsystemen, die ihrerseits variabel auf schwankende ökonomische Resultate reagieren.
- In arbeitsintensiven Unternehmen mit einem hohen Niveau der Personalkosten haben ergebnisorientierte und flexible Entgeltkomponenten für den Bestand und für die Entwicklung eines Unternehmens eine besonders wichtige Funktion.
- Moderne Management-Konzeptionen sind unvollständig, wenn sie sich auf motivationale und organisatorische Elemente beschränken. Ganzheitliche Management-Konzepte erfordern auch die Integration adäquater Entgeltkomponenten. Beispielsweise verlangt die Führungskonzeption „management by objectives" die Ergänzung durch ein Entgelt-System mit erfolgsabhängigen Bestandteilen. Auch andere Management-Konzeptionen, die die Mitarbeiter zu positiven Leistungsbeiträgen und zu einem konstruktiven Leistungsverhalten motivieren wollen, können diese Intentionen optimal nicht allein mit führungspsychologischen und organisatorischen Instrumenten realisieren; sie benötigen dazu im gesamten Entgeltsystem nicht zu schwach dimensionierte Teile, die sich am ökonomischen Resultat des Unternehmens orientieren.

Von unternehmenspolitischer Bedeutung ist schließlich auch der Zusammenhang zwischen der finanziellen Beteiligung der Mitarbeiter und der Mitbestimmung der Arbeitnehmer. Die Erfolgsbeteiligung und die Mitbestimmung der Mitarbeiter kann man als komplementäre Elemente der modernen Unternehmensverfassung verstehen. Die Beteiligung am ökonomischen Erfolg des Unternehmens verkörpert einen Indikator für die Mitverantwortung, die die Mitarbeiter und ihre Repräsentanten mit ihrer Mitbestimmungskompetenz übernehmen. Gleichzeitig unterstreicht die Zuordnung der Mitbestimmung zur Erfolgsbeteiligung, daß die Mitarbeiter und ihre Vertreter über ihren Einfluß auf die Führungsentscheidungen im Unternehmen auch auf sein ökonomisches Ergebnis einwirken.

Literatur

Bayer, Hans (1952): *Gewinnbeteiligung.* Wien: Springer.

Bell, D. Wallace (1973): *Financial Participation.* London: Industrie Partizipation Assos.

Böhmert, Victor (1902): *Die Gewinnbeteiligung der Arbeitnehmer in Deutschland, Österreich und der Schweiz.* Dresden: Arbeiterfreund.

Brandt, H. (1907): *Gewinnbeteiligung und Ertragslohn.* Dresden: O. V. Böhmert.

Brune, Alfons (1977): *Gewinnbeteiligungsmodelle.* Wiesbaden: Gabler.

Debatin, Otto (1951): *Gewinnbeteiligung der Arbeitnehmer.* Stuttgart. Schriftenreihe des Presseausschusses Kammern/Verbände von Württemberg.

Egli, Gustav (1956): *Probleme der Erfolgsbeteiligung.* Flawil: Soziale Schriftenreihe des Landesverbandes Freier Schweizer Arbeiter.

Esser, Klaus und Kurt Faltlhauser (1974): *Beteiligungsmodelle.* München: Moderne Industrie.

Feilchenfeld, Werner (1922): *Die Gewinnbeteiligung der Arbeiter und Angestellten in Deutschland.* Berlin: Julius Springer.

Fischer, Guido (1955): *Partnerschaft im Betrieb.* Heidelberg: Quelle und Meyer.

Fissenewert, Horst (1974): Die betrieblich-investive Erfolgsbeteiligung der Arbeitnehmer. *Diss. Mannheim.*

Föhl, Carl (1962): Erfolgsbeteiligung – die Antwort auf die Krise unserer Sozialpolitik? Hrsg. *Arbeitsgemeinschaft zur Förderung der Partnerschaft in der Wirtschaft e. V. Hilden.*

Freese, Heinrich (1905): *Die Gewinnbeteiligung der Angestellten.* 2. Aufl. Gotha: Berthes.

Friedrichs, Hans (1956): *Ergebnisbeteiligung in der Praxis.* Essen: Hoppenstedt.

Frommer, Heinrich (1886): *Die Gewinnbeteiligung, ihre praktische Anwendung und ihre theoretische Berechtigung.* Leipzig: Duncker und Humblot.

Gaugler, Eduard und Hans Kuchinka (1972): Mitarbeiter-Beteiligung und Steuerrecht. *Hrsg. Arbeitsgemeinschaft zur Förderung der Partnerschaft in der Wirtschaft e. V.* Köln: Hanstein.

Goldschmidt, B. (1922): *Gewinnbeteiligung der Arbeitnehmer*. Berlin: Carl Heymann.

Goossens, Franz (1961): *Erfolgsbeteiligung und Vermögensbildung*. München: Verlag Moderne Industrie.

Gottschalk, Helmut (1955): *Gewinnbeteiligung nach Dividende*. Darmstadt, Essen, Berlin: Hoppenstedt.

Guski, Hans-Günter und Hans-Jörg Schneider (1977): *Betriebliche Vermögensbeteiligung in der Bundesrepublik Deutschland*. Köln: Deutscher Instituts Verlag.

Haas, Franz (1957): *Wesen und Formen der Gewinnbeteiligung*. Stuttgart: Kohlhammer.

Halter, E. A. (1960): *Praxis der Erfolgsbeteiligung*. 2. Aufl. Zürich: Verlag Organisator.

Hartmann, Robert S. (1958): *Die Partnerschaft von Kapital und Arbeit*. Köln – Opladen: Westdeutscher Verlag.

Hector, Reinhard (1957): Die Leistungsbeteiligung und ihre Durchführung auf der Grundlage der Plankostenrechnung. *Diss. München*.

Henzler, Reinhold (1951): *Gewinnbeteiligung der Arbeitnehmer*. Wiesbaden: Gabler.

Huppert, Walter (1952): *Gewinnbeteiligung der Arbeitnehmer*. München: Duncker und Humblot.

Jehring, John James (1957): *New Research in Profit Sharing*. Evanston, Ill.: Profit Sharing Research Foundation.

Jenny, Hans (1950): *Die Gewinnbeteiligung der Arbeitnehmer*. Zürich – St.Gallen. Polygraph. Verlag.

Knödler, Walter (1969): Hilfwerte der Ertragsaufteilung auf die Produktionsfaktoren bei der Erfolgsbeteiligung. *Diss. München*.

Krelle, Wilhelm, Johann Schunck und Jürgen Siebke (1968): *Überbetriebliche Ertragsbeteiligung der Arbeitnehmer*. 2 Bde. Tübingen: Mohr.

Lechner, Karl (1958): *Die Gewinnbeteiligung*. Wien: Manz.

Lieber, Bernd (1982): *Die Einstellung von Mitarbeitern zur Gewinnbeteiligung*. München: Florntz Verlag.

Lipowsky, Emil (1975): *Vermögensbildende Erfolgsbeteiligung*. Bern – Frankfurt: Lang.

Metzger, Bert L. (1967): *Profit Sharing*. Evanston, Ill.: Profit Sharing Research Foundation.

Narasimhan, P. S. (1951): *La participation des travailleurs aux bénéfices de l'entreprise*. Genève: Bureau International du Travail.

Schneider, Hans J. und Ernst Zander (1982): *Erfolgs- und Kapitalbeteiligung der Mitarbeiter in Klein-, und Mittelbetrieben*. Freiburg: Hauffe.

Spiegelhalter, Franz (1962): *Ergebnisbeteiligung und Vermögensbildung*. Essen: Hoppenstedt.

Spindler, Gert Paul (1971): *Die Praxis der Partnerschaft*. Düsseldorf – Wien: Econ.

Strack, Hans-Christoph (1984): *Die Beteiligung von Mitarbeitern an Gewinn und Kapital*. Frankfurt – Bern – New York: Lang, Peter.

Tewes, Helmut (1938): *Die Erfolgsbeteiligung der Gefolgschaft*. Quackenbrück: Trute.

Thünen, Johann Heinrich v. (1850): *Der naturgemäße Arbeitslohn und dessen Verhältnis zu Zinsfuß und zur Landrente*. Rostock: Levpold.

Weigert, Max (1874): *Über die Beteiligung der Arbeitnehmer am Unternehmungsgewinn*. Leipzig: Schriften des Vereins für Sozialpolitik.

Zander, Ernst (1973): *Taschenbuch der Erfolgsbeteiligung*. Heidelberg: Sauer.

II. Materielle und immaterielle Mitarbeiterbeteiligung in der Bundesrepublik Deutschland

Heinrich Beyer und Michael Lezius

1. Einführung in die Problemstellung

In der Bundesrepublik Deutschland, wie in anderen Industrienationen auch, haben sich seit Mitte der siebziger Jahre bemerkenswerte Veränderungen im Prozeß der wirtschaftlichen Entwicklung vollzogen. Das jährliche Wachstum der Wirtschaft verringerte sich gegenüber den fünfziger und sechziger Jahren, Wachstumsraten von 2–3% werden heute schon als befriedigend angesehen, die Zahl der Arbeitslosen ist auf neue Höchstmarken nach dem Zweiten Weltkrieg angestiegen, die Einkommensentwicklung stagniert und die Gewinnerwartungen der Unternehmer, die als Indikator für neue Investitionen anzusehen sind, sind trotz des vorhergesagten Aufschwungs weitaus gedämpfter als in früheren Jahren. Darüber hinaus sind die ökologischen und sozialpolitischen Folgen des Wirtschaftsprozesses zunehmend in das Bewußtsein der Öffentlichkeit gerückt, und die materielle Leistungsorientierung des bestehenden Wirtschaftssystems und die daraus folgende Verarmung von zwischenmenschlichen Beziehungen wird in weiten Teilen der Bevölkerung zunehmend kritisch hinterfragt.[1]

Vor dem Hintergrund dieser ökonomischen und gesellschaftlichen Veränderungen, die das Unternehmen als Basisinstitution der Marktwirtschaft besonders betreffen, ist das wissenschaftliche und das praktische Interesse an Fragen der innerbetrieblichen Organisation erheblich gestiegen. Je nach Branche, Standort, Stellung am Absatz- oder Beschaffungsmarkt usw. sieht sich die Unternehmung einer Reihe von u. U. existenzbedrohenden Entwicklungen

[1] Vergl. z. B. die „Klassiker" der wirtschaftskritischen Literatur: Meadows (1973), Schumacher (1977) und Huber (1980), sowie aktuell: Binswanger/Frisch/Nutzinger (1983).

gegenüber; diese reichen von enger werdenden inländischen Absatzmärkten aufgrund der stagnierenden Einkommensentwicklung über die weltweite Ausdehnung der Konkurrenzverhältnisse, Anpassungsschwierigkeiten an den Strukturwandel, d. h. die Verlagerung der Produktion von arbeitsintensiven zu kapital- und technologieintensiven Verfahren einerseits und von alten mechanischen zu neuen elektronischen Technologien andererseits, bis hin zu innerbetrieblichen Problemen der Förderung der Motivation und Leistungsbereitschaft der eigenen Mitarbeiter. Die Unternehmung muß auf diese Veränderungen flexibel reagieren und ihre interne Organisationsstruktur sowie die gesamten Produktions- und Arbeitsabläufe an die neuen Bedingungen anpassen. Die Unternehmen müssen unabhängig von ihrer Größe und der Branche Rationalisierungsstrategien zur Berücksichtigung vorhersehbarer und unvorhersehbarer Ereignisse entwickeln.

Innerbetriebliche Rationalisierung, dieser Begriff soll hier zur Kennzeichnung eines optimalen betrieblichen Anpassungsverhaltens an sich verändernde Umweltbedingungen benutzt werden, umfaßt nicht nur die mit diesem Begriff oft zuerst assoziierte technische oder technologische Rationalisierung, d. h. den Ersatz von arbeitsintensiven durch kapital- und technologieintensive Prozesse, sondern auch neue Formen der innerbetrieblichen Koordination und Organisation der Arbeitsprozesse selbst. Dazu gehören neue Formen von Entscheidungsprozessen, neue Führungs- und Managementverfahren, der Abbau zentralisierter innerbetrieblicher Hierarchien sowie die Verlagerung und Verteilung von Kompetenzen und Handlungsspielräumen auf untergeordnete Ebenen. ‚Betriebliche Partnerschaft‘, ‚Mitarbeiterbeteiligung‘ oder ‚Partizipation‘ sind Begriffe, mit denen neue Formen der innerbetrieblichen Organisation beschrieben werden, die als Reaktion auf die neuen Herausforderungen an die Unternehmen anzusehen sind.[2] Betriebliche Partnerschaft ist aber mehr als ein Instrument der Rationalisierung oder der Erhöhung der Effizienz der betrieblichen Produktion; sie soll zu einer humanen Gestaltung des Betriebsablaufes beitragen, soll die Selbstentfaltungsmöglichkeiten aller Beteiligten verbessern und die Motivations- und Identifikationsbereitschaft der Mitarbeiter erhöhen. Betriebliche Partnerschaft ist also eine ökonomisch und sozial begründete innerbetriebliche Innovationsstrategie, mit der sowohl die betriebliche Effi-

[2] Vergl. z. B. die „Hamburger Erklärung“ und das „Leitbild der AGP“, der „Arbeitsgemeinschaft zur Förderung der Partnerschaft in der Wirtschaft e. V.“. Die AGP ist der bedeutendste Zusammenschluß von Unternehmen mit Mitarbeiterbeteiligung.

zienz, die Zufriedenheit der Mitarbeiter und auch eine gesellschaftspolitische Zielvorstellung – nämlich die Stabilisierung des marktwirtschaftlichen Systems – erreicht werden sollen (Lezius 1984: 22ff.). Mitarbeiterbeteiligung ist eine Antwort auf die „Krise der Arbeitsgesellschaft", wie sie sich in der Kritik an einer einseitigen Leistungsethik und der traditionellen Motivations- und Legitimationsmechanismen der bestehenden Arbeits- und Produktionsverhältnisse manifestiert (Lezius 1983: 47ff.).

In einer Situation, in der gesellschaftliche und ökonomische Strukturen und Institutionen zunehmend hinterfragt werden, bieten sich Chancen zur Veränderung. So entstanden in den letzten Jahren mannigfaltige Formen der innerbetrieblichen Partizipation:

- Erfolgs-, Vermögens- und Kapitalbeteiligungsmodelle (ca. 2000)
- Mitwirkungs- und Mitbestimmungsmodelle (ca. 3000)
- Stiftungsunternehmen (ca. 30)
- Alternativbetriebe (ca. 1000)
- Arbeitnehmergesellschaften (ca. 20) (Knobloch 1984: 2)

Alle diese Beteiligungsmodelle unterscheiden sich von einer traditionellen Betriebsorganisation dadurch, daß herkömmliche Formen eines zentralisierten, hierarchischen Betriebsablaufs zugunsten einer materiellen und/oder immateriellen Beteiligung der Arbeitnehmer am Betriebsgeschehen aufgebrochen wurden. Die ‚Alternativbetriebe' unterscheiden sich von den konventionellen Beteiligungsmodellen noch insofern, als hier eine sozial- und gesellschaftspolitische Vision oder Zielvorstellung die Grundlage für das wirtschaftliche Handeln und die Struktur der innerbetrieblichen Organisation darstellt; eine Zielvorstellung, die explizit über die bestehenden Formen der Arbeits- und Lebensgestaltung hinausgeht. In den „traditionellen" Betrieben mit Mitarbeiterbeteiligung steht demgegenüber die ökonomische Effizienz des Betriebsablaufes im Vordergrund, die gerade durch erweiterte Beteiligungsmöglichkeiten aller Arbeitnehmer erhöht werden soll. Partizipation ist in diesem Fall ein Mittel zur Stabilisierung der bestehenden gesellschaftlichen Strukturen und der Wirtschaftsordnung.

Ca. 420 Unternehmen mit Mitarbeiterbeteiligung, die in erster Linie dieser zweiten Kategorie angehören, haben sich zu einer „Arbeitsgemeinschaft zur Förderung der Partnerschaft in der Wirtschaft e. V."/(AGP) in Kassel zusammengeschlossen. Die AGP ist damit wohl die wichtigste Institution in der Bundesrepublik, die sich die Förderung des Partnerschaftsgedankens sowohl im betrieblichen Bereich, z. B. durch Information und Betreuung von interessierten Unternehmen, als auch auf politischer Ebene, durch Kontakte zu Entscheidungs- und Mandatsträgern, zur Aufgabe gemacht hat.

In der folgenden Darstellung sollen in Anlehnung an die Konzeption und Programmatik der AGP Begründungen der Mitarbeiterbeteiligung, deren Formen und Elemente sowie einige empirische Ergebnisse zu Fragen der Mitarbeiterbeteiligung aufgeführt werden. So geht es im zweiten Kapitel zunächst um die Definition verschiedener Begriffe und um Ansätze einer theoretischen und praktischen Begründung der Beteiligungsmodelle. Abschnitt drei geht auf unterschiedliche Formen und Elemente sowie auf die zugrunde liegenden rechtlichen Strukturen ein, während in Kapitel vier u. a. die Ergebnisse einiger empirischer Studien zur Mitarbeiterbeteiligung dargestellt werden. In Kapitel fünf schließlich folgt eine zusammenfassende Darstellung der Thematik.

2. Zur Begründung der betrieblichen Mitarbeiterbeteiligung

2.1 Vorbemerkung/Begriffsbestimmung

Unter Mitarbeiterbeteiligung, Partizipation oder betrieblicher Partnerschaft (die Begriffe sollen hier synonym verwendet werden) werden im folgenden ganz allgemein Beteiligungsmöglichkeiten der Mitarbeiter am Betriebsablauf verstanden, die über die gesetzlich vorgeschriebenen Anhörungs-, Informations-, Mitwirkungs- und Mitbestimmungsrechte der Arbeitnehmer und ihrer Repräsentanten hinausgehen. „Betriebliche Partnerschaft ist damit eine vertraglich vereinbarte Form der Zusammenarbeit zwischen Unternehmensleitung und Mitarbeitern. Sie soll allen Beteiligten ein Höchstmaß an Selbstentfaltung ermöglichen und durch verschiedene Formen der Mitwirkung und Mitbestimmung bei entsprechender Mitverantwortung einer Fremdbestimmung entgegenwirken“ (Lezius 1984: 75). Abzugrenzen sind diese Begriffe von dem traditionellen Mitbestimmungsbegriff (entsprechend dem Betriebsverfassungs- und dem Mitbestimmungsgesetz), der die gesetzliche Normierung eines Machtgleichgewichtes von Kapital und Arbeit im Rahmen einer wirtschaftsdemokratischen Neuordnung kennzeichnet (Vilmar/Sattler 1978: 110). Der Begriff „Mitarbeiterbeteiligung“, so wie er zumindest innerhalb der AGP aufgefaßt wird, kennzeichnet einen anderen Sachverhalt (Kilian 1978: 7):

Mitarbeiterbeteiligung läßt sich demnach grundsätzlich differenzieren in materielle und immaterielle Beteiligungsrechte. Während die materielle Form der Partizipation die Vermögensbeteiligung in Arbeitnehmerhand sowie die Erfolgs- bzw. Kapitalbeteiligung im Rahmen einer Beteiligung der Arbeitnehmer am Produktivvermögen der Wirtschaft umfaßt, ermöglicht die immaterielle Beteiligung den Mitarbeitern eine Einflußnahme auf betriebliche Entscheidungsprozesse. Sie beinhaltet damit zusätzliche Informations-, Anhörungs- und Einwirkungsmöglichkeiten und hat in der Regel eine Dezentralisierung und Verlagerung des Entscheidungsprozesses ‚nach unten' zur Folge. In diesem Sinne soll Mitarbeiterbeteiligung drei Ziele verwirklichen:

1. Die Motivation und die Leistungsbereitschaft der Beschäftigten sowie deren Selbstentfaltungsmöglichkeiten sollen durch Förderung der Identifikation mit den Zielen der Unternehmung verbessert werden.
2. Die Eigenkapitalbasis, Ertragskraft und Effizienz sollen durch eine Kombination von materiellen und immateriellen Elementen der Mitarbeiterbeteiligung nachhaltig gestärkt werden.
3. Es wird eine wirtschafts- und gesellschaftspolitische Zielsetzung verfolgt, deren Grundlage die Stabilisierung des Systems der sozialen Marktwirtschaft ist (Guski/Schneider 1983: 111).

Im Gegensatz zu Mitbestimmungskonzeptionen, die z. B. im Rahmen einer umfassenden Demokratisierung der Wirtschaft eine paritätische Besetzung der betrieblichen Institutionen anstreben, wird Mitarbeiterbeteiligung von ihren praktischen Initiatoren, wie viele empirische Untersuchungen bestätigen (vgl. Kap. 4), als neuer, wirtschaftlich effizienter und sozial verpflichtender Führungsstil verstanden, der im Rahmen der bestehenden Eigentumsverhältnisse Entscheidungsprozesse modifiziert und dezentralisiert, das Letztentscheidungsrecht jedoch auf Seiten der Kapitaleigner beläßt (Balzereit o. J.: 56).

Ökonomisch ausgedrückt heißt das: Durch betriebliche Partnerschaft werden die Kosten einer streng hierarchischen Betriebsorganisation durch die Einführung dezentraler Entscheidungsstrukturen gesenkt, ohne vollständig auf die Vorteile einer betrieblichen Hierarchie zu verzichten (Eger/Weise 1984: 61). Mit dem Vergleich der Kosten und Erträge einer betrieblichen Hierarchie kommen wir zur ökonomisch-theoretischen Begründung der Mitarbeiterbeteiligung.

2.2 Die Begründung der Mitarbeiterbeteiligung im Rahmen der ökonomischen Theorie der Unternehmung

Theoretische Aussagen zum Problem betrieblicher Partizipation sind eng verbunden mit der ökonomischen Theorie der Unternehmung selbst. Die Funktion der Unternehmung und des Unternehmers wird in der ökonomischen Literatur recht unterschiedlich dargestellt. Sehr bekannt ist z. B. die Argumentation von R. Coase, der die (Transaktions-)Kostenvorteile der Durchführung der Produktion innerhalb der Unternehmung mit einer rein marktmäßigen, dezentralen Allokation vergleicht (Coase 1953: 333), also „die Kosten der Nutzung des Preismechanismus (Kontrakt- und Transaktionskosten) mit den Kosten hierarchischer Organisation (z. B. steigende Transaktions- und Informationskosten)“ (Weise 1979: 176). Die Autoren Alchian und Demsetz sehen in der Unternehmung eine Institution zur Durchführung einer effizienten Teamproduktion als Gegensatz zur individuell durchgeführten Produktion.

Nach diesem Konzept sind die Beziehungen der Beteiligten untereinander nicht hierarchischer, sondern vertraglicher Natur. Der Unternehmer ist der zentrale Vertragspartner in einem gemeinschaftlichen Produktionsprozeß.[3]

Die wohl bekannteste Metapher für die Funktion eines Unternehmers ist der „Schumpeter'sche Unternehmer“. Dies ist das Bild des innovativen Pragmatikers, der ständig auf der Suche nach neuen Produktionsverfahren, neuen Erfindungen und rationelleren Techniken ist. Seine Funktion besteht kurz gesagt darin, „daß sie Dinge in Gang setzt“ (Schumpeter 1979: 215 f.).

Schließlich gibt es noch das Beispiel des wagemutigen Unternehmers, der aufgrund des Gewinnanreizes selbst in einer unsicheren Welt risikoreiche Aktionen unternimmt. Dafür benötigt er die zentrale Verfügungsgewalt über die eingesetzten Produktionsverfahren, zu denen auch die wenig risikofreudigen Arbeitskräfte zählen (Weise 1979: 176, 181).

Aus diesen recht unterschiedlichen Aussagen über die Funktion der Unternehmung läßt sich ein Fazit ziehen: Die Unternehmung als zentraler Ort der Durchführung und Beaufsichtigung eines gemeinschaftlichen Produktionsprozesses ermöglicht eine effiziente und kostengünstige Gestaltung der Produktion als eine rein marktmäßige, dezentrale Form der Produktionsorganisation. Die Koordinations- und Beaufsichtigungsfunktion des Unternehmers und die

[3] Vgl. dazu: Alchian/Demsetz (1972), S. 777 ff., sowie die Kritik dieses Ansatzes durch Nutzinger (1978 a), S. 45 ff.

daraus abgeleitete betriebliche Hierarchie werden von den meisten Autoren als funktional angesehen.[4]

FitzRoy/Mueller erklären die Entstehung innerbetrieblicher Kontroll- und Weisungsbefugnisse der Kapitaleigner und Manager über die Arbeitnehmer mit unterschiedlichen Mobilitätskosten der Beteiligten. Diese Kosten können anfallen beim Wechsel des Beschäftigungsverhältnisses in Form von Transaktionskosten (Such- und Informationskosten, Verlust der sozialen Beziehungen am Arbeitsplatz, Ortswechsel etc.) (Nutzinger 1978: 58ff.) und in Form der Entwertung von persönlichem Humankapital, das an betriebsspezifische Arbeitsabläufe gebunden sein kann (FitzRoy/Mueller 1984: 7). Kapitalanlagen sind ebenfalls oft unbeweglich und müssen sorgfältig gewartet werden, sonst droht der totale Verlust der Investition. Je nach Konjunkturlage können aber Arbeitnehmer meistens doch eine andere Beschäftigung finden, so daß die relative Immobilität der Anlagen eine Rechtfertigung für die Aufsichtsfunktion des Kapitaleigners bietet.

Positive Mobilitätskosten der Arbeitnehmer, die die Wirksamkeit von Abwanderungsdrohungen zur Durchsetzung der eigenen Forderungen beeinträchtigen, sowie eine asymmetrische Verteilung der Information über innerbetriebliche Angelegenheiten zugunsten der Leitungsebene begründen eine Konfliktkonstellation zwischen den Beteiligten, die eine vertrauensvolle Zusammenarbeit verhindert (ebd.: 15f., 38ff.). Vertrauen und Kooperation werden ersetzt durch Autorität und Kontrolle.

Die zentralisierte, hierarchische Form der Produktionsorganisation ist aber auch mit erheblichen Kosten verbunden, die in erster Linie aus den zu lösenden Kontroll-, Bewertungs- und Anreizproblemen resultieren (FitzRoy 1981: 1). Diese Probleme werden sich mit zunehmender Größe und Differenzierung der Unternehmen noch verschärfen (Chandler 1978). Ein strukturelles Problem hierarchischer, arbeitsteilig aufgebauter Organisation ist das als „Free-Rider-Problem" gekennzeichnete Phänomen der „Drückebergerei und Trittbrettfahrerei" (Alchian/Demsetz 1972: 781). In einem gemeinschaftlichen, arbeitsteiligen Produktionsprozeß ist der individuelle Beitrag des einzelnen zum gemeinschaftlichen Gesamtoutput nur annähernd bewertbar und kontrollierbar, so daß jeder Beteiligte einen Anreiz hat, in bestimmten Grenzen seine individuelle Leistungsbereitschaft einzuschränken. Die Kosten eines solchen Verhaltens verteilen sich in Form geringerer Erträge der gesamten Unternehmung auf

[4] Eine Ausnahme bildet: Marglin (1977), z. B. S. 148ff.

alle Mitglieder, während die Erträge, z. B. in Form einer geringeren Arbeitsbelastung, dem einzelnen allein zufallen, individuell zugerechnet werden können. Individuell rationales Verhalten kann in diesem Fall zu einem kollektiv nicht wünschbaren Ergebnis führen.[5] Der gleichen Konstellation entspringt auch ein weiteres Problem hierarchisch-arbeitsteiliger Organisationen; in der Regel besteht kein unmittelbarer Zusammenhang zwischen einer höheren individuellen Leistungsbereitschaft und der Entlohnung. Ausnahmen sind nur Akkord- und Leistungslöhne, deren Wirkung auf die Effizienz aber auch durch „negative Absprachen" der beteiligten Arbeitnehmer eingeschränkt werden kann (Cable/FitzRoy 1979: 6). Ansonsten richtet sich die Entlohnung weder nach dem Wertgrenzprodukt der Arbeit, also nach dem individuellen Beitrag zum Gesamtertrag, noch wird die Entlohnung individuell zwischen den Beteiligten ausgehandelt; sie ist vielmehr Gegenstand von kollektivvertraglichen Vereinbarungen (FitzRoy 1981: 5f.) Die Wirkung des Lohnes als Leistungsanreiz ist damit eher beschränkt, zumal der Lohn in entwickelten Wohlstandsgesellschaften sowieso Teile seiner Motivationsfunktion eingebüßt hat.

Es lassen sich weitere Probleme aufzählen, die aus der hierarchischen Struktur der Unternehmensorganisation resultieren:

- Die Qualität von Entscheidungen wird sich vermindern, je weiter die entscheidende Instanz vom Gegenstand der Entscheidung, also z. B. von der konkreten Situation am Arbeitsplatz entfernt ist.
- Die Arbeitnehmer werden Informationen über ihr spezifisches Arbeitsumfeld zurückhalten, wenn sich daraus individuelle Vorteile gegenüber den Vorgesetzten ziehen lassen.
- Der Betriebsablauf wird immer undurchsichtiger je mehr neben den formellen hierarchischen Beziehungen zwischen Unternehmensleitung, Management und Arbeitnehmern zunehmend informelle Beziehungen zwischen und innerhalb der verschiedenen Gruppen bestehen.[6]

Den Vorteilen einer hierarchischen Unternehmensorganisation stehen also erhebliche Kosten gegenüber. Diese Transaktionskosten innerbetrieblicher Hierarchien steigen mit zunehmender Größe und Differenzierung der Unternehmen.

[5] In der Spieltheorie wird eine solche Situation als „Gefangenen-Dilemma-Spiel" bezeichnet.

[6] Zu den Kosten einer hierarchischen Organisation vergleiche Williamson (1975), S. 20ff.

Es läßt sich denn auch eine Geschichte der Entwicklung der Unternehmensorganisationen aufzeigen, in deren Verlauf neue Führungsstile und neue Formen der innerbetrieblichen Koordination diese zunehmenden Kosten des hierarchischen Betriebsaufbaus berücksichtigen (Chandler 1978; Edwards 1981). Das Ergebnis dieses Prozesses läßt sich dahingehend zusammenfassen, daß im Verlauf der Entwicklung der industriellen Unternehmung ständig weitere Funktionen und Prozesse in den Organisationsbereich der Unternehmen übernommen wurden. Die Unternehmensleitungen wurden und werden damit vor ständig neue Organisations- und Koordinationsaufgaben gestellt. Dies hat immer wieder zur Entwicklung neuer Organisations- und Führungsstile geführt (Beyer 1984: 53ff.). Beispielhaft seien hier genannt: Taylors „Wissenschaftliche Betriebsführung", das System des „inside contracting", der „human-relations-Ansatz" bis hin zu einzelnen Modellen der Personal- und Organisationsentwicklung. In diesem Zusammenhang sind nun auch partizipative Organisationsformen zu nennen, die darüber hinaus aber auch sozial- und gesellschaftspolitische Implikationen haben. Zu den partizipativen Organisationsformen gehören auch neue Implementierungsstrategien, z. B. Personal- und Organisationsentwicklungsprozesse, eben weil Mitarbeiterbeteiligung nicht auf dem Wege der Verordnung, sondern nur aus einem interaktiven Prozeß heraus eingeführt werden sollte (vgl. Kap. 3.2) (Raidt 1985: 72ff.).

Formen der innerbetrieblichen Partizipation sind somit zu interpretieren als Antwort auf die Kosten einer strikt hierarchischen Unternehmensorganisation sowie als Reaktion auf sich verändernde gesellschaftliche und ökonomische Rahmenbedingungen. Partizipation muß als Führungsstil gekennzeichnet werden, der bei Beibehaltung der Vorteile einer hierarchischen Organisation die damit verbundenen Kosten reduziert. Dies gilt nicht nur für Großbetriebe, die allein schon wegen ihrer Komplexität hohe Transaktions- und Informationskosten zu tragen haben, sondern auch für Klein- und Mittelbetriebe, die sich mit ähnlichen Strukturproblemen entwickelter Marktwirtschaften auseinandersetzen müssen.

2.3 Regulierung innerbetrieblicher Konflikte durch Mitarbeiterbeteiligung

Die Unternehmung als ökonomische und gesellschaftliche Basisinstitution hat im realen Wirtschaftsprozeß folgende Funktionen zu erfüllen:

- die Produktion von Gütern für Konsumenten,

- die Bereitstellung von Beschäftigungsmöglichkeiten für die Arbeitnehmer und
- die Schaffung von Kapitalanlagemöglichkeiten für Investoren (Weise 1979: 184).

Eine simultane, konfliktfreie Durchführung aller drei Funktionen innerhalb der Unternehmung ist kaum möglich, zumal diese Funktionen unterschiedliche Gruppen von Beteiligten mit oft gegensätzlichen Interessen betreffen. So haben die Kapitalanleger, also die Eigentümer der Unternehmen, in der Regel ein Interesse an möglichst hohen Gewinnen und damit an hohen Renditen für das Anlagekapital. Demgegenüber haben die Arbeitnehmer ein Interesse an sicheren Arbeitsplätzen zu den von ihnen gewünschten Arbeitsbedingungen, während die Konsumenten ein Interesse an qualitativ hochwertigen und preisgünstigen Gütern haben. Bei gegebener Struktur der Eigentumsverhältnisse und den daraus abzuleitenden Rechten fällt das Letztentscheidungsrecht in den Unternehmen der Mehrheit der Kapitaleigner zu. Es ist daher zu erwarten, daß die dritte Funktion, Schaffung von Kapitalanlagemöglichkeiten mit entsprechenden Renditen, systematisch präferiert wird (Weise 1984: 58). Zumindest aber wird diese durch unterschiedliche Interessenlagen geprägte Situation nicht frei von Konflikten sein. Dieser potentiellen Konfliktkonstellation trägt z. B. die AGP Rechnung: „Betriebliche Partnerschaft vollzieht sich in einem Spannungsfeld zwischen individueller Freiheit, betrieblichen Anforderungen und Verantwortung für die Gesellschaft.“[7]

Damit lassen sich zwei wesentliche Konfliktfelder nennen, die zu Effizienzverlusten in einer Unternehmung führen können:

1. Die Beteiligten am Produktionsprozeß innerhalb einer Unternehmung, vor allem Arbeitnehmer auf der einen und Kapitaleigentümer und Management auf der anderen Seite, haben strukturell unterschiedliche Interessen und Handlungsmotivationen, worin sich die unterschiedlichen Funktionen einer Unternehmung in marktwirtschaftlichen Systemen widerspiegeln.
2. Die ökonomische Theorie der Unternehmung hat gezeigt, daß das individuelle Interesse eines Unternehmensmitgliedes nicht notwendigerweise mit einem wie auch immer zu definierenden kollektiven Interesse der Gesamtorganisation oder einer beteiligten Gruppe identisch sein muß.

Wenn sich diese Konfliktpotentiale zu Lasten der wirtschaftlichen Effizienz der Unternehmung auswirken, so wird die Notwendigkeit einer Konfliktregulie-

[7] Vgl.: Lezius, M. (1984): Leitbild der AGP, S. 75.

rung, eines Interessenausgleichs deutlich. Eine zentralisierte, hierarchische Unternehmensorganisation, in der solche Konflikte nicht thematisiert oder deren Austragung nicht zugelassen wird, wird u. U. Effizienzeinbußen im betrieblichen Alltag hinnehmen. Denn die Leistungsfähigkeit aller Mitglieder einer Organisation kann nur dann voll ausgeschöpft werden, wenn die betrieblichen Angelegenheiten zu den persönlichen Angelegenheiten der Mitarbeiter werden, d. h. wenn die Differenzierung zwischen individueller und kollektiver Rationalität abgebaut wird. In einer hierarchisch aufgebauten Organisation werden daher Kontrollmechanismen eingesetzt, die die persönliche Identifikation durch Überwachung ersetzen (Edwards 1981: 21 ff.).

Die mit diesen Mechanismen verbundenen Transaktions- und Kontrollkosten gehen zu Lasten der wirtschaftlichen Effizienz der Unternehmung. Darüber hinaus zeigen Konflikte an, daß innerhalb der Unternehmung „etwas nicht stimmen kann" (Hirschman 1974: 28 ff.). Mit der Unterdrückung von Konflikten wird auch die Signalfunktion der Konflikte unterdrückt, die vielleicht rechtzeitig einen Leistungsabfall der Unternehmung anzeigen, noch bevor sich negative Einflüsse im Marktverhalten bemerkbar machen.

In empirischen Studien wird denn auch immer wieder darauf hingewiesen, daß die Förderung „unternehmerischen Denkens" einer der Hauptgründe bei der Einführung eines Beteiligungsmodells war (Guski/Schneider 1983: 111/Schanz/Riekhof 1982: 14). Dies macht deutlich, daß Mitarbeiterbeteiligung auf eine Regulierung dieser Konflikte und Interessengegensätze ausgerichtet ist (Cable/FitzRoy 1979: 4 f.). So weisen in der Praxis Unternehmensberater immer wieder darauf hin, daß die „Verordnung" eines Modells „von oben", d. h. die Einführung von Beteiligungsmodellen durch die Unternehmensleitung per Befehl von den Beteiligten lediglich als geschickter Manipulationsversuch empfunden wird. Beim partizipativen Führungsstil kommt es entscheidend darauf an, daß die Mitarbeiter eine positive Einstellung zum Beteiligungsmodell und zur Unternehmung überhaupt gewinnen („corporate identity"), nur dann können die positiven Wirkungen der Mitarbeiterbeteiligung realisiert werden. Die „Förderung unternehmerischen Denkens" bedeutet nichts anderes als die Bewußtmachung der im Prinzip gleichgerichteten Interessenlagen der Beteiligten, zumindest was den Bestand und die Leistungsfähigkeit des Unternehmens angeht, bei gleichzeitiger Thematisierung und Austragung der bestehenden Konflikte. Dies kann aber nur dann gelingen, wenn alle Beteiligten Einfluß auf das Betriebsgeschehen nehmen können und auch an den Erträgen partizipieren, wenn also wieder eine Verknüpfung zwischen persönlichem Engagement und individuellen Erträgen, seien dies monetäre oder nichtmonetäre Erträge, hergestellt ist (Cable/FitzRoy 1979: 6). Die materiellen und immateriellen Elemente der Mitarbeiterbeteiligung sind Mittel, um diese Verknüpfung herzustellen.

- Durch Mitarbeiterbeteiligung wird eine neue Motivationsbasis für die Beteiligten in der Unternehmung geschaffen. Neben dem traditionellen Leistungsanreiz durch Lohn- und Gehaltszahlung tritt ein persönliches monetäres Interesse am Erfolg des Unternehmens, wenn sich dieser Erfolg in Form einer Gewinn- und/oder Kapitalbeteiligung für jeden Mitarbeiter realisiert. Hinzu kommen mannigfaltige Gestaltungsmöglichkeiten der individuellen Arbeitsumgebung und Einwirkungsmöglichkeiten auf innerbetriebliche Entscheidungsprozesse durch immaterielle Beteiligungsformen.
- Das Entscheidungsverhalten in der Unternehmung wird sich in der Regel verbessern, da bei partizipativen Entscheidungsprozessen die Präferenzen und Informationen aller Beteiligten berücksichtigt werden. In hierarchischen Unternehmen wurden dagegen die Präferenzen und Informationen der untergeordneten Ebenen strukturell unterbewertet, was zu hohen Durchsetzungskosten und einer mangelhaften Qualität der Entscheidungen beigetragen hat.
- Die Legitimationsbasis eines dezentralisierten Entscheidungsprozesses wird durch die breite Entscheidungsbeteiligung erheblich erweitert. Den höheren Entscheidungsfindungskosten einer solchen Regelung stehen die Erträge einer allgemeinen Akzeptanz und die geringeren Kosten der Durchsetzung dieser Entscheidungen gegenüber. Partizipation oder Mitarbeiterbeteiligung kann damit als eine Möglichkeit angesehen werden, die asymmetrische Informations- und Autoritätsverteilung im Betrieb aufzuheben, um damit eine mit hohen Kosten verbundene hierarchische Organisation durch vertrauensvolle Kooperation zu ersetzen (FitzRoy/Mueller 1984: 40).
- Schließlich, und dies ist wohl der ausschlaggebende betriebswirtschaftliche Anreiz zur Einführung der Mitarbeiterbeteiligung, wird gerade durch die materielle Beteiligung die Kapitalbasis der Unternehmen, sowohl bezüglich des Eigen- als auch des Fremdkapitals, erheblich erweitert mit all den Vorteilen, die solch eine Maßnahme mit sich bringt. Durch materielle Mitarbeiterbeteiligung schaffen sich gerade Klein- und Mittelbetriebe einen Zugang zum „Kapitalmarkt“, der sonst in der Regel nur den großen Aktiengesellschaften zur Verfügung steht.

Bei den umfangreichen empirischen Untersuchungen von Guski und Schneider werden denn auch folgende Begründungselemente der materiellen Mitarbeiterbeteiligung am häufigsten genannt (wenn auch die Rangfolge der Nennungen hinsichtlich der Unternehmensgröße und dem Zeitpunkt der Befragung unterschiedlich sein kann):

1. Motivation	Produktivität, Arbeitsleistung, Kostenbewußtsein, Interesse, Einsatz, Identifikation, Mitdenken, wirtschaftliches Verständnis
2. Finanzierung:	Erhöhung des Eigenkapitals, Verbesserung der Kapitalstruktur, zusätzliche Liquidität
3. Personalpolitik:	Abrundung des Sozialleistungs-Pakets, materielle Verbesserung, personalpolitische Maßnahme, zusätzliche Altersversorgung
4. Partnerschaft:	Abbau der Konfrontation zwischen Kapital und Arbeit, verstärkte Mitverantwortung, Mitsprache und Mitwirkung an der Willensbildung, Eigentümer-Mentalität, Verbesserung des Betriebsklimas, Teilhabe am Erfolg, Anspruch auf den Gewinn, leistungsbezogenes Entgelt
5. Gesellschaftspolitik:	Beteiligung am Produktivvermögen, Sicherung und Ausbau der Wirtschaftsordnung, Verhinderung gewerkschaftlicher Fonds-Lösungen.
6. Vermögensbildung:	Vermögensverteilung, Ergänzung der Geldvermögensbildung
7. Mitarbeiterpotential:	Reduzierung der Fluktuation, Bindung an den Betrieb, Betriebstreue, verbesserte Position am Arbeitsmarkt, Fehlzeitenverringung

Tabelle 31 in Guski/Schneider (1983), S. 111 (leicht verändert)

Aus diesen Ausführungen läßt sich ein erstes Fazit ziehen: Mitarbeiterbeteiligung, so wie sie z. B. von einem Großteil der Mitgliedsfirmen der AGP verstanden wird, ist weder ein subtiles Instrument der Manipulation der Mitarbeiter, noch ein Weg zur vollständigen (paritätischen) Demokratisierung der Wirtschaft oder zur „Überwindung des Wirtschafts- und Gesellschaftssystems" überhaupt. Mitarbeiterbeteiligung ist ein aufgeklärter, menschenwürdiger Führungsstil, der angesichts (potentieller) struktureller Konfliktkonstellationen in der Unternehmung zu einem effizienten Unternehmensverhalten, unter Einschluß der Interessen der Mitarbeiter bei einem Letztentscheidungsrecht der Kapitaleignermehrheit, führen soll. Mitarbeiterbeteiligung wird nicht als Überwindung, sondern als Stabilisierung des Systems der sozialen Marktwirtschaft verstanden, als Ausnutzung aller Freiheitsgrade, die dieses System bietet, ohne daß sein Bestand gefährdet wird.

2.4 Ideelle Begründungen betrieblicher Partnerschaft

Neben theoretischen und ökonomischen Begründungen der Mitarbeiterbeteiligung werden in empirischen Untersuchungen auch oft ideelle Motive aufgeführt, die zur Einführung von Beteiligungsmodellen geführt haben. Schanz merkt in diesem Zusammenhang an: „Die Auswertung der Frage nach Beweggründen für die Einführung von immateriellen Beteiligungsregelungen ergab, daß nicht etwa ein rein ökonomischer Aspekt am häufigsten genannt wurde, sondern eine an humanistische Werte anknüpfende Zielsetzung, nämlich die Förderung von Persönlichkeitsentwicklung und Selbstverwirklichung der Mitarbeiter" (Schanz 1983: 428). Dieses auf den ersten Blick erstaunliche Ergebnis zeigt, daß die Realität in einer Unternehmung nicht nur gekennzeichnet ist durch das Handeln aller Beteiligten nach ökonomischen Effizienzkriterien, sondern daß die Unternehmung eine soziale Institution ist, in der es neben formal-vertraglichen Beziehungen auch Elemente wie Macht, Unterordnung und Hierarchie, aber auch Loyalität, Partnerschaft, soziale Verantwortung und Verantwortungsgefühl gibt. In der praktischen und akademischen Diskussion treten diese Aspekte oft hinter die wirtschaftlichen Gesichtspunkte der betrieblichen Realität zurück. Die sozialen Beziehungen im Unternehmensbereich sind nicht unbeeinflußt geblieben von verschiedenen politischen und sozialphilosophischen Denkansätzen und den daraus hervorgegangenen Vorstellungen über das Wesen dieser Beziehungen. Neben den verschiedenen Ansätzen des Liberalismus und des demokratischen Sozialismus sind vor allem die katholische Soziallehre, die evangelische Sozialethik und die Anthroposophie zu nennen, die weltanschaulich-politische Begründungen zur Einführung von Beteiligungsmodellen beisteuern (Muszynski 1975: 177 ff.; Steiner 1973). So sind es auch oft Einzelpersonen, die aufgrund ihrer Weltanschauung zu Initiatoren von Beteiligungsmodellen werden.

Neben diese ideelle Form der Begründung der Mitarbeiterbeteiligung treten oft reale gesellschaftspolitische Motive. Danach macht eine materielle Mitarbeiterbeteiligung die Arbeitnehmer zu Miteigentümern der Unternehmen. In der in diesem Zusammenhang geäußerten Erwartung, auf diese Weise den Gegensatz zwischen Kapital und Arbeit verringern oder gar aufheben zu können, spiegelt sich offensichtlich die Idee der betrieblichen Partnerschaft besonders deutlich wider (Schanz/Riekhof 1983: 37 ff.). Miteigentum und Beteiligung am Produktivvermögen der Wirtschaft soll danach gesellschaftliche Gegensätze abbauen, den Arbeitnehmern eine stärkere Identifikation mit dem marktwirtschaftlichen System und seinen Institutionen ermöglichen und so den sozialen Frieden in der Gesellschaft erhalten.

Die kritischen Stellungnahmen der Gewerkschaften zur betrieblichen Partizipation und vor allem zur Kapitalbeteiligung reflektieren denn auch neben der ökonomischen die politische Funktion der Mitarbeiterbeteiligung (Guski 1978: 57ff.). Danach erhöht die Mitarbeiterbeteiligung das Risiko der Arbeitnehmer, im Konkursfall neben dem Arbeitsplatz auch das Beteiligungskapital zu verlieren, sie führt zu einer Spaltung der Arbeitnehmerschaft entsprechend der Produktivität der Betriebe, sie dient lediglich zur leichteren Durchsetzung von Rationalisierungsstrategien, sie erhöht die Eigenkapitalbasis der Unternehmen und deren Liquidität, ohne den Arbeitnehmern wirkliche Mitentscheidungsrechte einzuräumen, und sie führt schließlich zu einer Entfremdung zwischen Gewerkschaften und Arbeitnehmern. Demgegenüber bevorzugen die Gewerkschaften überbetriebliche Beteiligungsfonds. Mit diesen Fonds würden die Arbeitnehmer am Produktivvermögen der Wirtschaft beteiligt, ohne daß die oben genannten Auswirkungen zu befürchten wären. Die Einführung einer betrieblichen Beteiligung wird von Arbeitgeberseite zum Teil mit der Ablehnung dieser gewerkschaftlicher Fonds-Lösungen begründet (Guski/Schneider 1983: 111).

3. Elemente der Mitarbeiterbeteiligung

Nachdem in Kapitel 2 einige Wesensmerkmale und Begründungszusammenhänge dargestellt wurden, soll in diesem Abschnitt auf konkrete Gestaltungsformen und Elemente der Mitarbeiterbeteiligung eingegangen werden. Mitarbeiterbeteiligung als umfassende innerbetriebliche Umgestaltungsstrategie ist als eine soziale Innovation aufzufassen, die sehr unterschiedliche Elemente beinhalten kann. Diese Elemente und deren Zusammenstellung richten sich nach den jeweils unterschiedlichen Gegebenheiten in den einzelnen Betrieben. So ergab z.B. die Zusammenstellung von verschiedenen Ausprägungen der Mitarbeiterbeteiligung bei den Mitgliedsfirmen der AGP nicht weniger als 30 unterschiedliche Bestandteile, die in den verschiedenen Firmen einzeln oder in unterschiedlichen Zusammenstellungen auftreten (AGP 1984b). Angefangen mit Elementen der Persönlichkeitsentfaltung, Organisationsentwicklung, Arbeitszeitregelungen, Erfolgs- und Kapitalbeteiligungen über Modelle der Kapitalneutralisierung bis hin zu Diskussionen über ökologische und gesellschaftliche Gesichtspunkte der Produkte und der Produktgestaltung. Diese unterschiedlichen Bestandteile der Mitarbeiterbeteiligung lassen sich in einer ersten Systematisierung auf zehn wesentliche Systemelemente zurückführen:

- **Informations- und Kommunikationsprozesse**
- **Personal- und Organisationsentwicklung**
- **Teilnahme an unternehmerischen Entscheidungen**
- **Mitwirkung und Mitbestimmung auf Betriebsebene und am Arbeitsplatz**
- **Kapitalbeteiligung**
- **Lohngestaltung und Erfolgsbeteiligung**
- **Gestaltung des Arbeitsplatzes und des Arbeitsumfeldes**
- **Arbeitsorganisation**
- **Arbeits- und Arbeitszeitflexibilisierung**
- **Thematisierung der betrieblichen Realität in Beziehung zur Gesellschaft und zur natürlichen Umwelt** (AGP 1984a).

Diese Elemente wiederum bezeichnen materielle und immaterielle Bestandteile der Mitarbeiterbeteiligung, also einmal die monetären Aspekte der Beteiligung und zum anderen die handlungs- und entscheidungsorientierten Bestandteile. Ausgehend von dieser Differenzierung sollen im folgenden einige Elemente der Mitarbeiterbeteiligung näher erläutert werden.

3.1 Die materielle Mitarbeiterbeteiligung

Die materielle Mitarbeiterbeteiligung läßt sich differenzieren nach der Erfolgs- und der Kapitalbeteiligung. Die Erfolgsbeteiligung kann sich nun wiederum auf sehr unterschiedliche betriebswirtschaftliche Daten beziehen. Man unterscheidet: Ertrags-, Gewinn- und Leistungsbeteiligungen (Schneider/Zander 1982: 39ff.). Die Ertragsbeteiligung kann sich beziehen auf den Umsatz, die Wertschöpfung oder den Nettoertrag, während als Grundlage für die Gewinnbeteiligung der Bilanzgewinn, der Ausschüttungsgewinn oder der Substanzgewinn dienen kann. Schließlich gibt es noch verschiedene Berechnungsgrundlagen für die Leistungsbeteiligung, wie z. B. die Produktivität, die Produktionsmenge oder die Kostenersparnis. Zudem können die Berechnungsgrundlagen nach Mitarbeitergruppen, Dauer der Betriebszugehörigkeit, Stellung innerhalb des Betriebs usw. differenziert werden. Allein die Erfolgsbeteiligung bietet schon unübersehbare Möglichkeiten der konkreten Gestaltung der Beteiligungsmodelle. Hinzu kommt, daß alle diese Regelungen Gegenstand von unterschiedlichen rechtlichen und steuerrechtlichen Arrangements sein können. Entsprechend müssen Vereinbarungen getroffen werden über die Auszahlungs- oder Wiederanlagemodalitäten der Beteiligungserträge, über Bindungsklauseln, Sperrfristen und dergleichen.

Die betriebliche Kapitalbeteiligung eröffnet ebenfalls eine große Vielzahl von institutionellen und rechtlichen Arrangements (Kilian 1978: 28ff.).

Da kann zunächst differenziert werden nach der Mittelaufbringung und der Mittelverwendung. Quellen der Kapitalbeteiligung können einmal finanzielle Mittel der Unternehmung oder aber auch der Mitarbeiter sein (Guski 1978: 19). Zu der ersten Kategorie der Mittelaufbringung würde man folgende Möglichkeit zählen:

- Disagios oder Anlagenprämien
- einbehaltene Mittel aus einer Erfolgsbeteiligung
- Sonderzuwendungen
- Zinserträge und Kapitalgewinnanteile

während zur zweiten Kategorie in erster Linie die Eigenleistungen der Arbeitnehmer und auch wieder die Erträge aus einer Erfolgsbeteiligung zählen würden.

Hinsichtlich der Mittelverwendung läßt sich unterscheiden zwischen einer Fremdkapitalbeteiligung, z. B. in Form von Mitarbeiterdarlehen oder Schuldverschreibungen, einer Stillen Beteiligung oder einer Beteiligung am Eigenkapital des Unternehmens in Form von Belegschaftsaktien, GmbH- oder KG-Anteilen, Genossenschaftsanteilen und betrieblichen Investmentfonds, Mitarbeiterunternehmen, Arbeitnehmergesellschaften und anderes mehr. Dazu sind bei jeder Form der Mitarbeiterkapitalbeteiligung noch unterschiedliche Gestaltungsmöglichkeiten hinsichtlich der Haftungs-, Mitentscheidungs- und Ertragsbeteiligung denkbar. Folgende Übersicht faßt die Elemente der materiellen Mitarbeiterbeteiligung zusammen:

Der Vollständigkeit halber sei noch erwähnt, daß zusätzlich diverse Möglichkeiten einer indirekten Kapitalbeteiligung durch die Zwischenschaltung von Gesellschaften bestehen (Schneider/Zander 1982: 156ff.).

Die dargestellten Formen der betrieblichen Erfolgs- und Kapitalbeteiligungen können in der Realität entsprechend den konkreten Gestaltungsarrangements unterschiedliche allokative und distributive Auswirkungen haben. Stellen z. B. das Mitarbeiterdarlehen oder betriebliche Schuldverschreibung mit fester Verzinsung lediglich für beide Seiten vorteilhafte Möglichkeiten des Kapitaltransfers dar, so bleibt dadurch die Stellung des Faktors Arbeit innerhalb der

Tab. 1: Elemente der materiellen Mitarbeiterbeteiligung

- Erfolgsbeteiligung
  - Leistungsbeteiligung
    - Produktionsbeteiligung
    - Produktivitätsbet.
    - Kostenersparnisbet.
  - Ertragsbeteiligung
    - Umsatzbeteiligung
    - Wertschöpfungsbet.
    - Nettoertragsbet.
  - Gewinnbeteiligung
    - Bilanzgewinnbeteiligung
    - Ausschüttungsgewinnbet.
    - Substanzgewinnbet.

- Kapitalbeteiligung
  - Mittelaufbringung
    - Unternehmensbezogene Aufbringung
    - Mitarbeiterbezogene Aufbringung
  - Mittelverwendung
    - Fremdkapital
      - Mitarbeiterdarlehen
      - Schuldverschreibung
    - Stille Beteil.
    - Eigenkapital
      - Belegschaftsaktien
      - GmbH-/KG-Anteile
      - Genossenschaftsanteil
      - betriebliche Investmentfonds
      - Arbeitnehmerstifung
      - Mitarbeiterunternehmen
      - etc.

Unternehmensorganisation unbeeinflußt. Erst eine Eigenkapitalbeteiligung kann Auswirkungen auf die Stellung der Arbeitnehmer im Allokations- und Distributionsprozeß haben. Durch eine Beteiligung am Eigenkapital können die Arbeitnehmer zu Miteigentümern werden, einerseits mit dem daraus resultierenden Rechten am Entscheidungsprozeß und am Ertrag des Unternehmens zu partizipieren, andererseits bei möglichem Verlust des Arbeitnehmerstatusses. Tendentiell bietet die Eigenkapitalbeteiligung eine Möglichkeit für Mitarbeiter, sich auf Unternehmensebene zu artikulieren.

Wenn man diese Betrachtungen jedoch differenziert und die einzelnen Bestandteile auf ihre Auswirkungen hinsichtlich der verschiedenen betrieblichen Ebenen analysiert, so müssen diese prinzipiellen Aussagen zur materiellen Mitarbeiterbeteiligung relativiert werden. So wird sich eine Eigenkapitalbeteiligung in Form von Belegschaftsaktien in der Regel nur auf Entscheidungsprozesse auf Unternehmensebene auswirken, d. h. in der Hauptversammlung der Aktiengesellschaft. Die Einflußmöglichkeiten durch Kapitalbesitz können aber nur dann wirkungsvoll sein, wenn die Mitarbeiteraktionäre voll stimmberechtigt sind und eine entsprechende Mehrheit in der Hauptversammlung haben, was wohl in keiner großen Aktiengesellschaft bis heute der Fall ist (Guski 1978: 15 f.). Die von den Mitarbeitern direkt erfahrbaren und beeinflußbaren Ebenen innerhalb der Unternehmen, insbesondere am Arbeitsplatz und in der Arbeitsumgebung, werden von einer Kapitalbeteiligung, in welcher Form auch immer, ohnehin nicht berührt. Das bedeutet: Wenn eine Mitarbeiterbeteiligung ihre möglichen individuellen, einzelwirtschaftlichen und gesellschaftlichen Auswirkungen haben soll, so muß die materielle Komponente durch immaterielle Beteiligungsformen ergänzt werden (FitzRoy 1981: 11 f.).

Zwischen einer materiellen und einer immateriellen Beteiligung ist aber noch die Kapitalneutralisierung einzuordnen. Im Gegensatz zur Eigenkapitalbeteiligung, die nur tendenziell zu einer gleichmäßigeren Verteilung der aus dem Kapitalbesitz abzuleitenden Rechte führen kann, sollen mit einer Kapitalneutralisierung, also mit der Übertragung des Eigenkapitals z. B. auf eine Stiftung, die Entscheidungs-, Allokations- und Distributionsprozesse vollständig vom Kapitalbesitz losgelöst werden. Als Ersatz für die aus dem Kapitalbesitz ableitbaren Rechte und institutionellen Entscheidungsregeln müssen neue innerbetriebliche Strukturen herausgebildet werden, die dann in der Regel Formen der immateriellen Mitarbeiterbeteiligung sind (Beyer/Wilke/Nutzinger 1984: 56 ff.).

3.2 Immaterielle Mitarbeiterbeteiligung

Besteht die materielle Mitarbeiterbeteiligung schon aus sehr vielen Elementen und Gestaltungsmöglichkeiten, so scheitert eine vollständige Systematisierung der Elemente der immateriellen Beteiligung einmal an deren unübersehbarer Vielfalt und zum anderen daran, daß sie im Gegensatz zu materiellen Elementen oft nicht vertraglich vereinbart oder schriftlich fixiert sind, was empirische Erhebungen erschwert.

Immaterielle Beteiligung oder, um einen Begriff aus der Diskussion innerhalb der AGP zu verwenden, „Unternehmenskultur", beinhaltet alle Besonderheiten der innerbetrieblichen Realität, die jenseits der formal-juristisch definierten Handlungsmöglichkeiten der Beteiligten auf eine partizipative Gestaltung der sozialen Beziehungen in der Unternehmung gerichtet sind. Diese Form der Mitarbeiterbeteiligung reicht von informellen Beziehungen in einer sonst strikt hierarchischen Organisation bis zur Mitarbeiterselbstverwaltung mit basisdemokratischen Entscheidungsprozessen. Trotz dieser Heterogenität der Bestandteile einer Unternehmenskultur sollen im folgenden einige wichtige Merkmale einer explizit formulierten und durchgeführten immateriellen Beteiligung aufgeführt werden.

a) Partizipative Entscheidungsprozesse

Charakteristisch für die immaterielle Beteiligung ist, daß die Mitentscheidungsmöglichkeiten der Arbeitnehmer über das gesetzlich fixierte Maß hinausgehen. Gemäß dem Betriebsverfassungsgesetz von 1972 haben Betriebsräte gesetzlich festgelegte Informations-, Anhörungs-, Mitwirkungs- und Mitbestimmungsrechte. Darüber hinaus haben Arbeitnehmervertreter gemäß dem Mitbestimmungsgesetz von 1976 Sitz und Stimme im Aufsichtsrat und in den Ausschüssen der großen Kapitalgesellschaften. Entscheidungspartizipation im Rahmen einer immateriellen Mitarbeiterbeteiligung geht aufgrund von freiwilligen vertraglichen Vereinbarungen (Lezius 1984: 75) über das gesetzliche Maß hinaus und erstreckt sich auf alle Unternehmensebenen:

- Arbeitsplatzebene
- Arbeitsgruppe
- betriebliche Ebene
- Unternehmensebene.

Entsprechend dieser Ebenen sind die konkreten Mitentscheidungsmöglichkeiten in der betrieblichen Realität sehr unterschiedlich. Sie reichen von der partnerschaftlichen Aufnahme neuer Mitarbeiter, über Fragen der Arbeitsorganisation, Möglichkeiten einer individuellen Arbeitsplatzgestaltung und vertraglich vereinbarten Arbeitszeitregelungen bis hin zur Wahl der Vorgesetzten und der Einflußnahme auf wirtschaftliche Entscheidungen über Partnerschaftsausschüsse (AGP 1984b). In der AGP werden allein 16 verschiedene Formen der Arbeitszeitflexibilisierung bei den Unternehmen gezählt.

Zur Beteiligung der Mitarbeiter an den Entscheidungsprozessen auf allen Unternehmensebenen bedarf es institutioneller und organisatorischer Regelungen. Dazu kann die Ausweitung der Rechte bestehender Institutionen und Ausschüsse, wie des Betriebsrates oder des Wirtschaftsausschusses, ebenso gehören wie die Einrichtung neuer Gremien. Dies können sein: wöchentlich stattfindende Betriebsversammlungen, autonome und teilautonome Arbeitsgruppen oder sog. Partnerschaftsausschüsse. Die konkrete Ausgestaltung der Beteiligungsrechte der verschiedenen Gremien und der einzelnen Arbeitnehmer kann nur betriebsspezifisch durchgeführt werden. Sie ist abhängig von den gegebenen objektiven Rahmendaten, wie Betriebsgröße, Branche, Technologie, Ertragskraft und auch von persönlichen Attributen der Mitarbeiter: Engagement, Konfliktbereitschaft, psychische Konstitution, Charakter, Normen, organisatorisches Talent und Sachkenntnisse der Beteiligten sind wichtige Determinanten für die Wirksamkeit der Entscheidungsbeteiligung.

b) Information und Kommunikation

Die Beteiligung der Mitarbeiter am Entscheidungsprozeß setzt voraus, daß über den zu entscheidenden Sachverhalt entsprechende Informationen für alle Teilnehmer zur Verfügung stehen. Innerbetriebliche Informations- und Kommunikationsprozesse sind damit grundlegende Voraussetzung für den Erfolg materieller und immaterieller Beteiligungsmodelle. Die Institutionalisierung eines Informations- und Kommunikationsnetzes, das alle Beteiligten umfaßt, relevante Informationen zum richtigen Zeitpunkt für jeden zugänglich macht und die Artikulationsmöglichkeiten der Mitarbeiter verbessert, ist eine der wichtigsten Aufgaben, die bei der Implementierung von Beteiligungsmodellen gelöst werden müssen. Ein solches Informationssystem sollte einen gleichwertigen Informationsfluß von oben nach unten und umgekehrt ermöglichen, wodurch systematische Über- oder Unterbewertungen von Informationen aus den verschiedenen betrieblichen Ebenen vermieden werden können. Der mangelhaften Berücksichtigung von entscheidungsrelevanten Informationen aus den untergeordneten Ebenen der Betriebe wird ein interaktiver Kommunikationsprozeß auf diesen und zwischen diesen Ebenen entgegengesetzt.

Auch für die Einrichtung von Kommunikations- und Informationssystemen im Betrieb bedarf es organisatorischer Regelungen, damit informelle Beziehungen transparent und relevante Informationen für alle zugänglich gemacht werden. Die Entwicklung der entsprechenden organisatorischen Strukturen und die Initiierung der nötigen Handlungs- und Artikulationsbereitschaft bei den Beteiligten sind Gegenstand von Organisations- und Personalentwicklungsprozessen, die als weitere wichtige Elemente immaterieller Beteiligungsmodelle genannt werden müssen.

c) Organisations- und Personalentwicklung

In der Praxis ist Organisationsentwicklung „ein in der Regel langfristig angelegter organisationsumfassender Entwicklungs- und Veränderungsprozeß innerhalb einer Organisation unter Einbezug der in ihr tätigen Menschen. Dieser beruht auf Lernen aller Betroffenen durch direkte Mitwirkung und praktische Erfahrung. Ziel von solchen OE-Prozessen ist es, unter Berücksichtigung des soziotechnischen-ökonomischen Aspektes gleichzeitig die Leistungsfähigkeit der Organisation (Effizienz) und die Qualität des Arbeitslebens (Humanität) zu erhöhen“ (Saaman 1984: 21). Diese auch für die Mitarbeiterbeteiligung im allgemeinen zutreffende Definition kennzeichnet die Organisationsentwicklung als begleitendes und unterstützendes Mittel, als Instrument zur Einführung partizipativer Formen der innerbetrieblichen Organisation. Denn Partizipation bedeutet, daß bislang streng reglementierte, fremdbestimmte Prozesse, die durch lange Übung zur Routine oder zu ungeschriebenen Gesetzen im Betrieb geworden sind, zugunsten einer freieren, weniger reglementierten und spontanen Praxis verändert werden sollen. Dies stellt in erster Linie eine Herausforderung an die betroffenen Mitarbeiter dar, von denen jetzt Eigeninitiative, Entscheidungs- und Handlungskompetenz, Artikulationsfähigkeit, Problembewußtsein und effektives und offensives Informationsverhalten erwartet wird. Daß solche grundlegenden Veränderungen, die den Persönlichkeitsbereich des einzelnen unmittelbar betreffen, langfristig durchgeführt und erfolgreich abgeschlossen werden können, ist Inhalt von Organisations- und Personalentwicklungsprozessen. „Organisation ist nach dem Verständnis von ‚OE‘ im Idealfall nicht eine Ordnung, die dem Individuum vorgeschrieben wird, sondern ein sich selbst regulierender Organismus, in dem die Mitglieder ständig für Erneuerung sorgen“ (Raidt 1985: 72). Um solche Erneuerungsprozesse in Gang zu setzen, bedarf es oft externer Berater und Trainer, die nicht an betriebliche Konventionen gebunden sind, die nicht „betriebsblind" sind. Implementierungsprobleme im Zusammenhang mit OE-Prozessen sind wohl die sensibelsten Punkte der Mitarbeiterbeteiligung. Denn anstelle des stillen Funktionierens wird jetzt ein offensives Verhalten von den Mitarbeitern verlangt. Erstarrte Organisations- und Handlungsstrukturen sollen problematisiert und flexibilisiert werden, Subordinationsverhältnisse sollen durch Partnerschaft abgelöst werden, betriebliche Herrschaft durch Kooperation. Dies stellt an Vorgesetzte und Untergebene gleichermaßen hohe Anforderungen. Erfolgreich durchgeführte Beteiligungsmodelle können von daher soziale und gesellschaftspolitische Auswirkungen haben, wenn sie nämlich mehr Konfliktbereitschaft, Problembewußtsein, Solidarität und Toleranz erzeugen.

Lezius faßt die Elemente der materiellen und immateriellen Beteiligung in folgendem Schema zusammen (Lezius 1977: 41):

Immaterielle Beteiligung			Materielle Beteiligung
Verhaltensänderung		Strukturveränderung	
Mitbestimmung	Organisationsentwicklung	Arbeitsstrukturierung	Erfolgsbeteiligung Kapitalbeteiligung Vermögensbeteiligung
Individualrechte Gruppenbestimmung Betriebsratsrechte Unternehmensmitbestimmung	Information gemeinsame Zielformulierung Mitwirkung an Gruppenentscheidung (Prinzip der Einstimmigkeit) Arbeitszufriedenheit differenzierter Führungsstil Bildungsarbeit Sozialbilanz (Umweltbezogenheit)	Einzelarbeitsplatz Gruppenarbeit Arbeitsplatzgestaltung Arbeitsinhalt Arbeitsplatzwechsel Arbeitsvergrößerung Arbeitsbereicherung teilautonome Gruppen Ergonomie Sozialmedizin Unfallschutz	1. Mitarbeiterunternehmen 2. Stiftungsunternehmen 3. Beteiligungsunternehmen • Erfolgsbeteiligung • reine Kapitalbeteiligung • laboristische-kapitalistische Beteiligung
Mitbestimmung	Humanisierung der Arbeitswelt		Vermögensbildung

d) Gesellschaftspolitische Dimensionen der Mitarbeiterbeteiligung

Die Forderung nach einer Demokratisierung des Wirtschaftslebens ist so alt wie die Unternehmung als Basisinstitution des Wirtschaftsprozesses. Mitarbeiterbeteiligung dagegen, so wie sie z. B. von der großen Mehrzahl der Mitgliedsunternehmen der AGP verstanden wird, meint nicht eine politische Notwendigkeit im Sinne der Demokratisierung der Wirtschaft, sondern einen sozialinnovativen Führungsstil, der aus wirtschaftlichen Gründen eingeführt wird, der aber darüber hinaus nicht nur effizienter, sondern auch menschengerechter ist; gerade diese Komponente macht die Wirksamkeit dieses neuen Führungsstils aus. Dennoch gibt es, wie schon mehrfach bemerkt, auch eine gesellschaftspolitische Dimension der immateriellen und der materiellen Mitarbeiterbeteiligung. Besonders die Alternativbetriebe betonen die gesellschaftspolitischen und ökologischen Elemente der Partizipation, die über die betriebliche und die Unternehmensebene hinausgehen. Aber auch in vielen traditionellen Beteiligungsunternehmen oder im Rahmen der AGP wird darüber diskutiert, welche Produkte ökologisch und gesellschaftlich sinnvoll und wünschenswert sind, wie neben den betriebswirtschaftlichen Kosten und Erträgen auch die volkswirtschaftlichen und gesellschaftlichen Auswirkungen der eigenen Tätigkeit erfaßt werden können, wie neben dem traditionellen Rechnungswesen z. B. arbeits- und umweltbezogene Sozialbilanzen aufgestellt werden können oder wie zusätzlich sinnvolle Arbeitsplätze im eigenen Betrieb geschaffen werden können. Solche Elemente der immateriellen Mitarbeiterbeteiligung, die über die betrieblichen Grenzen und Alltagsprobleme hinausweisen, sind sicher erst in sehr wenigen Betrieben Bestandteil der Unternehmenskultur, dennoch zeigt sich auch in diesen Diskussionen wieder, daß Mitarbeiterbeteiligung über die betriebswirtschaftliche Ebene hinaus eine gesellschaftspolitische Dimension umfaßt, deren Bedeutung heute wohl noch nicht voll erfaßt ist.

e) Vertragliche Vereinbarungen und gesetzlicher Rahmen

Bei der Mitarbeiterbeteiligung handelt es sich per definitionem um eine freiwillige vertragliche Vereinbarung über die Struktur der innerbetrieblichen Organisation, die in der Regel zwischen der Geschäftsleitung und den Mitarbeitern und/oder dem Betriebsrat abgeschlossen wird. Dabei sind die betriebsspezifischen Bedingungen und Anforderungen die Grundlage der Vereinbarungen. Eine detaillierte gesetzliche Regelung oder eine gesetzliche Verordnung von Beteiligungsmodellen erscheint daher nicht als wünschenswert.

Dennoch kommt dem Gesetzgeber und den staatlichen Institutionen die Aufgabe zu, günstige Rahmenbedingungen für die Einführung neuer Beteiligungsmodelle zu schaffen. Dies gilt besonders für die materielle Beteiligung, die z. B. im Rahmen des 4. Vermögensbildungsgesetzes von 1984, verbunden mit dem neu in das Einkommenssteuergesetz aufgenommenen Paragraphen 19a, gefördert wird. Danach können Arbeitnehmer jährlich bis zu DM 936,– in Beteiligungswerten prämienbegünstigt anlegen. Verbilligt abgegebene Beteiligungswerte brauchen zudem bis zu einem Betrag von DM 300,– nicht versteuert werden. Durch diese staatliche Subventionierung wird für Arbeitgeber und Arbeitnehmer ein neuer Anreiz zur Einführung von Beteiligungsmodellen geschaffen. 120 Modelle mit 50 000 Arbeitnehmern wurden 1984 neu geschaffen, erste tarifvertragliche Regelungen wurden vereinbart.

Da sich aber die staatliche Tätigkeit auf die Gestaltung der Rahmenbedingungen beschränken sollte, sind die Arbeitgeber, die Belegschaften, die Wirtschaftsverbände und vor allem auch die Tarifpartner aufgefordert, neue Möglichkeiten und Gestaltungsspielräume für die Einführung der Mitarbeiterbeteiligung durch zweiseitige Vereinbarungen zu schaffen. Der politischen Ebene kommt in erster Linie die Aufgabe zu, „ein günstiges Klima für eine Vielzahl von sozialen Experimenten“ zu schaffen (Cable/FitzRoy 1979: 26).

4. Auswirkungen materieller und immaterieller Beteiligungsmodelle – Ergebnisse neuerer empirischer Studien

Im folgenden sollen die Ergebnisse einiger neuerer empirischer Studien zur Mitarbeiterbeteiligung dargestellt werden. Wir beziehen uns dabei in erster Linie auf die aktuellen Untersuchungen zur materiellen Beteiligung von Schanz/Riekhof (1983), Gaugler, Guski/Schneider und FitzRoy/Kraft sowie auf die Studie von Schanz/Riekhof (1982) zur immateriellen Beteiligung.

4.1 Die Initiatoren der Beteiligungsmodelle und deren Motive

In der Studie von Schanz und Riekhof (1983) werden 103 Unternehmen in Niedersachsen mit ca. 73 000 Mitarbeitern untersucht. Dabei konnten 62 verschiedene Beteiligungsmodelle identifiziert werden. Allein 33 dieser Modelle wurden nach 1970 eingeführt (Schanz/Riekhof 1983: 33). In der absoluten Mehrzahl der Fälle war die Geschäftsleitung oder einer der Eigentümer Initiator der Beteiligungsmodelle, nur in sehr wenigen Fällen wurde der Betriebsrat als Initiator genannt. Dieses Ergebnis wird tendentiell auch in der Studie von Gaugler bestätigt, die sich auf 130 Beteiligungsunternehmen erstreckte. Bei der Differenzierung der Initiatoren nach Arbeitgeber- und Arbeitnehmerseite ergibt sich ein Verhältnis von 4:1 zugunsten der Arbeitgeber (Gaugler 1982: 66f.).

Auch in dieser Untersuchung wird nun deutlich, daß seit 1970 eine erhebliche Zunahme der Beteiligungsmodelle zu verzeichnen ist. Ob dies mit den gesellschaftspolitischen Rahmenbedingungen und der ökonomischen Prosperität dieser Zeit zu begründen ist, wie Schanz und Riekhof vermuten (Gaugler 1982: 59ff.) oder ob nicht im Gegenteil zunehmende wirtschaftliche Schwierigkeiten im Verlauf der 70er Jahre zu neuen Modellen geführt haben, wie das z. B. bei der Firma Süßmuth der Fall war (Muszynski 1975: 167ff.), geht aus der vorliegenden empirischen Literatur nicht eindeutig hervor.

Hinsichtlich der Mittelverwendung liefern die vorliegenden Studien ein sehr heterogenes Bild. Während Schanz/Riekhof und Gaugler in ihren auf einzelne Bundesländer bezogenen Untersuchungen zu dem Ergebnis kommen, daß die Eigenkapitalbeteiligung in Form von Belegschaftsaktien die dominierende Form der Mitarbeiterbeteiligung sei (Schanz/Riekhof 1983: 62; Gaugler 1982: 57), kommen Guski/Schneider in ihrer bundesweit angelegten Studie zu einem anderen Ergebnis. Danach führen bei den Beteiligungsformen die Stille Beteiligung und das Mitarbeiterdarlehen als Fremdkapitalbeteiligung mit je 32,5% vor der Form der Eigenkapitalbeteiligung durch Belegschaftsaktien mit 21,5% (Guski/Schneider 1983: 126). Repräsentative Aussagen über die dominierende Form der materiellen Mitarbeiterbeteiligung können also nur mit Einschränkung gemacht werden.

Bei der Frage nach den Motiven und Beweggründen, die zur Einführung von Kapitalbeteiligungsmodellen geführt haben, werden in den genannten Untersuchungen tendentiell gleichartige Antworten ermittelt. An erster Stelle wird als Motiv fast immer die „Förderung unternehmerischen Denkens bei den Mitarbeitern" (Schanz/Riekhof 1983: 43) oder Umschreibungen dieses Sachverhaltens, wie Motivation, wirtschaftliches Verständnis, Identifikation oder kooperatives Denken genannt (Gaugler 1982: 64).

Auch Aussagen wie „Erhöhung der Arbeitszufriedenheit", „Überwindung von Klassenkampf-Denken" oder „Partnerschaft" lassen sich unter den Begriff

„unternehmerisches Denken“ subsumieren. Aussagen, die diese Begriffe nennen oder umschreiben, werden wesentlich häufiger gemacht als Aussagen, die rein betriebswirtschaftlich-finanzielle Motive zur Einführung einer Kapitalbeteiligung nennen, wie z. B. „Erhöhung des Eigenkapitalanteils“, „Verbesserung der Kapitalstruktur“ oder „günstigere Finanzierungsmöglichkeiten“. Diese Betonung „immaterieller“ Gründe bei der Einführung der materiellen Mitarbeiterbeteiligung weist darauf hin, daß die Firmenleitung, die in der Regel als Initiator der Modelle auftritt, Kapitalbeteiligungen in welcher Form auch immer als Mittel zur besseren Ausnutzung der vorhandenen innerbetrieblichen Ressourcen ansieht, die bis dahin aufgrund einer überkommenen betrieblichen Organisation und aufgrund von gesellschaftlichen Konfliktkonstellationen zwischen den Beteiligten des Produktionsprozesses ungenutzt geblieben sind. Die meisten Aussagen, die die wichtigsten Motive der Kapitalbeteiligung kennzeichnen, haben denn auch den Tenor „Verringerung von Gegensätzen“, „Überwindung von ...“ und „Förderung von ...“. Diese empirischen Ergebnisse scheinen unsere theoretischen Aussagen von Kapitel 2 zu bestätigen, zumindest was die Motivation zur Einführung und die Einschätzung der Auswirkungen der Modelle durch die Praktiker und Initiatoren betrifft. Mitarbeiterbeteiligung wird in der Praxis als ein potentielles Mittel zur besseren Ausnutzung der schöpferischen Potentiale aller Beteiligten angesehen, ist damit letztendlich ein Mittel zur Verbesserung des wirtschaftlichen Prozesses bzw. Verhaltens der Gesamtorganisation. Dennoch aber darf der materiell-betriebswirtschaftliche Aspekt der Kapitalbeteiligung nicht unterbewertet werden. Vor allem in der Untersuchung von Guski/Schneider kommen finanzielle Gründe als Motive einer Mitarbeiterbeteiligung zum Ausdruck. Deren Fazit zur materiellen Beteiligung lautet denn auch: „Zweifellos bilden die Finanzierungseffekte der Mitarbeiterbeteiligung, wie erhöhte Liquidität und verbesserte Eigenkapitalquote für die Unternehmen dabei einen besonderen Anreiz“ (Guski/Schneider, Manager Magazin 11/83: 149).

4.2 Implementierung, Beteiligungsbedingungen und Struktur der materiellen Mitarbeiterbeteiligungsmodelle

Sehr unterschiedlich ist die Ausgestaltung der konkreten rechtlichen Grundlagen sowie die Struktur und die Teilnahmebedingungen der Beteiligungsmodelle. Am häufigsten werden Beteiligungsmodelle wohl aufgrund von Betriebsvereinbarungen und Gesellschaftsverträgen eingeführt (Schanz/Riekhof 1983:

45; Gaugler 1982: 73), was den einzelvertraglichen Charakter solcher Vereinbarungen bestätigt. Aber auch einseitige Beschlüsse des Vorstandes, Angebote der Geschäftsleitung und tarifvertragliche Vereinbarungen werden als Grundlage für Beteiligungsmodelle genannt. Letztere spielen in der Realität aber kaum eine Rolle als Grundlage für eine Mitarbeiterbeteiligung, was die Zurückhaltung beider Tarifparteien bezüglich der betrieblichen Partnerschaft deutlich macht. Die Teilnahmevoraussetzungen an betrieblichen Beteiligungsmodellen sind in erster Linie an die Dauer der Betriebszugehörigkeit und den Status innerhalb des Unternehmens gebunden (Schanz/Riekhof 1983: 47; Gaugler 1982: 70). In den meisten Fällen gilt eine einjährige Betriebszugehörigkeit als Voraussetzung für die Teilnahme an den Vereinbarungen, während Auszubildende, Aushilfs- und Teilzeitkräfte oft ganz von einer Beteiligung ausgeschlossen sind. Mitarbeiterbeteiligung zielt also in erster Linie auf die Stammbelegschaft ab, was eine weitere Reduzierung der Fluktuation in diesem Bereich zur Folge hat.

Unterschiedlich geregelt sind die Möglichkeiten der Finanzierung der Beteiligungsmodelle. Die finanziellen Mittel können aufgebracht werden durch Eigenleistungen der Arbeitnehmer, Zuwendungen von Seiten der Unternehmen, tarifvertragliche vereinbarte oder staatlich geförderte vermögenswirksame Leistungen und durch Erträge einer betrieblichen oder überbetrieblichen Erfolgsbeteiligung. Eigenleistungen, Erfolgsbeteiligungen und Zuwendungen der Unternehmen bilden einzeln oder anteilig den größten Teil der Finanzierung (Schanz/Riekhof 1983: 55; Guski/Schneider 1983: 124 ff.). Staatliche Förderungsmaßnahmen durch das 4. Vermögensbildungsgesetz und Steuererleichterungen für Erträge aus betrieblichen Beteiligungsmodellen können in diesem Bereich entscheidende Auswirkungen auf die Finanzierung und damit die Attraktivität der Modelle haben.

Von gesetzlichen Vorschriften beeinflußt wird zum Teil auch die Verwendung der Erträge aus Kapital- und Erfolgsbeteiligungen. So müssen finanzielle Mittel nach dem Vermögensbildungsgesetz mindestens 6 Jahre festgelegt werden, bevor der Anleger darüber verfügen kann. Um die Kontinuität und den Umfang der Beteiligungsmodelle sicherzustellen, die u. U. einen maßgeblichen Einfluß auf die Eigen- und Fremdkapitalstruktur der Unternehmen haben, wird die Verwendung der Mittel und Erträge aus Beteiligungsmodellen darüber hinaus an betrieblich vereinbarte Sperrfristen und Bedingungen gebunden. Diese können sein: die obligatorische Wiederanlage von Erträgen bis zur Erreichung einer Sollgrenze (Thesaurierung), der Ablauf von Festlegungsfristen, anteilige Barausschüttungen mit der Möglichkeit der begünstigten Wiederanlage usw. (Gaugler 1982: 82f.)

Die Verwendung der Kapitalanteile ist in der Regel an eine mindestens sechsjährige Sperrfrist gebunden oder erst nach Eintritt bestimmter Lebensumstände, wie das Erreichen einer Altersgrenze, Pensionierung, private oder wirtschaftliche Notlage o. ä. möglich. Dazu kommt, daß einzelne Verfügungsmöglichkeiten wie Beleihung, Verpfändung, Verkauf, Schenkung oder Vererbung bei einer Reihe von Beteiligungsunternehmen ganz ausgeschlossen sind (Gaugler 1982: 86ff.).

Die aus einer materiellen Beteiligung, z. B. in Form von Belegschaftsaktien, ableitbaren Rechte unterliegen in der Realität ebenfalls sehr unterschiedlichen Regelungen. So kommt in der Studie von Gaugler zum Ausdruck, daß bei insgesamt 36 von 82 Beteiligungsmodellen Mitwirkungs- und Kontrollrechte gemäß den zugrundeliegenden gesetzlichen Normen bestehen, daß in 15 Fällen aufgrund einer Fremdkapitalbeteiligung keine zusätzlichen Mitwirkungsrechte bestehen, während in 12 Fällen die Mitwirkungsrechte explizit erweitert und in 5 Fällen diese Rechte durch die Ausgabe stimmrechtloser Aktien gegenüber den üblichen Regelungen beschränkt wurden (ebd.: 89). Ein Ergebnis, welches tendentiell durch die Untersuchung von Guski/Schneider bestätigt wird (Guski/Schneider 1983: 164). In der Regel sind mit einer Kapitalbeteiligung auch die damit verbundenen rechtlichen Mitwirkungs- und Kontrollmöglichkeiten auf die Mitarbeiter übertragen worden. Es ist jedoch zu erwarten, daß durch diese Rechte allein sich die Stellung der Mitarbeiter im betrieblichen Produktionsprozeß nicht wesentlich verändern wird. Eine Kapitalbeteiligung allein wird wohl lediglich eine distributive Wirkung haben und das tägliche Verhalten der Arbeitnehmer kaum beeinflussen. Im folgenden sollen die Auswirkungen der materiellen und immateriellen Beteiligungskomponenten auf den betrieblichen Produktionsprozeß untersucht werden.

4.3 Auswirkungen der Mitarbeiterbeteiligung

Nach der Beschreibung einiger Merkmale bezüglich der Struktur, der Bedingungen und des formalen Aufbaues von Beteiligungsmodellen sollen an dieser Stelle einige empirisch fundierte Aussagen über die Auswirkungen der Beteiligungsmodelle gemacht worden.

Schanz/Riekhof kommen in ihrer Untersuchung zu dem Ergebnis, daß das Interesse der Mitarbeiter an den Beteiligungsmodellen tendentiell abgenommen hat (Schanz/Riekhof 1983: 68ff.). Eine Erklärung für die immer noch positive, aber tendentiell zurückgehende Beurteilung der Beteiligungsmodelle ist die stagnierende konjunkturelle Entwicklung, die zum einen zu einer Verringerung der Erträge der Beteiligungsmodelle geführt hat und zum anderen auch die finanziellen Möglichkeiten der Arbeitnehmer negativ beeinflußt; zusätzliche Mittel für Kapitalbeteiligungen können von den Arbeitnehmern nur noch beschränkt aufgebracht werden. Die Attraktivität einer Kapitalbeteiligung wird von den ökonomischen Rahmenbedingungen demnach direkt beeinflußt.

Eine weitere Aussage bei Schanz beschäftigt sich mit der Einstellung des Betriebsrates und der Gewerkschaften zur Kapitalbeteiligung. Während die Betriebsräte mehrheitlich eine Kapitalbeteiligung für unterstützenswert hielten, war die Einstellung der jeweiligen Gewerkschaftsvertreter sehr viel kritischer. Nur 8 von 23 befragten Gewerkschaftsvertretern hielten die Kapitalbeteiligung für unterstützenswert, während 9 indifferent waren und 6 eine negative Einstellung hatten (ebd.: 76). Guski/Schneider ermittelten dagegen eine etwas flexiblere Haltung zumindest der örtlichen Gewerkschaftsvertreter in ihren Reaktionen auf Beteiligungsunternehmen. 16,4% zeigten eine positive Einstellung, 75% waren eher neutral und nur 8,6% lehnten diese Modelle vollständig ab (Guski/Schneider 1983: 346).

Die Skepsis der Gewerkschaften scheint damit eher theoretisch-politisch begründet zu sein, während das eher positive Echo der Betriebsräte und auch der örtlichen Gewerkschaftsvertreter aus dem praktischen Umgang mit den Beteiligungsmodellen resultieren dürfte. In der Studie von Guski/Schneider wird denn auch bestätigt, daß in der Praxis die Stellung des Betriebsrates durch die Mitarbeiterbeteiligung nicht negativ beeinflußt wird (ebd.: 334ff.).

Diese Untersuchung von Guski/Schneider ist die umfangreichste Studie über die Ergebnisse, Erfahrungen und Auswirkungen der materiellen Mitarbeiterbeteiligung.

Die Autoren fassen die sehr positiven Ergebnisse ihrer Studie so zusammen: „Beteiligungsunternehmen verfügen überwiegend über eine höhere Eigenkapitalquote, höhere Umsatzrenditen und Umsätze pro Mitarbeiter als andere Firmen der betreffenden Branche. ... Kleine und mittlere Unternehmen erzielen mit Beteiligungsmodellen bessere Erfolge als Großunternehmen" (Guski/Schneider, Manager Magazin 11/83: 141).

So bleibt zu fragen, ob die positiven Ergebnisse hinsichtlich der Produktivität der Beteiligungsunternehmen allein auf die materiellen und immateriellen Beteiligungsmöglichkeiten zurückgeführt werden können, oder ob umgekehrt sich nur besonders ertragsstarke Unternehmen den Luxus einer Kapitalbeteiligung leisten, ohne daß dies Auswirkungen auf die wirtschaftliche Effizienz hätte.

Des weiteren muß die Frage geklärt werden, mit welchen Indikatoren die Auswirkungen der Mitarbeiterbeteiligung erfaßt werden können, oder ob bei Beteiligungsunternehmen die hohe Produktivität evtl. durch andere Faktoren, z. B. Humankapital, Marktstruktur oder Technologie hervorgerufen wird. Die empirische Untersuchung von FitzRoy/Kraft versucht, auf diese Fragen eine detaillierte Anwort zu geben. Die Ziele der Studie werden von den Autoren so zusammengefaßt: „Ein wesentliches Ziel bei der Einführung von Mitarbeiterbeteiligung ist die Steigerung der Produktivität im Unternehmen. Mit unserer Untersuchung soll die These einer Leistungssteigerung der Organisation durch Mitarbeiterbeteiligung überprüft werden" (FitzRoy/Kraft 1985, ZfB: 20ff.). Dabei verwenden die Autoren ein Mehrgleichungsmodell, mit dem die oben geschilderten Effekte identifiziert und die Wirkungsrichtung analysiert werden kann. Daneben wird zur Erklärung von Produktivitätsunterschieden zwischen Unternehmen mit und ohne Kapitalbeteiligung eine Reihe von anderen Einflußfaktoren analysiert. Aus dieser methodisch sehr anspruchsvollen Untersuchung läßt sich folgendes Resümee ziehen: Es findet eine signifikante Erhöhung der Produktivität durch Mitarbeiterbeteiligung statt. Zwischen der materiellen Mitarbeiterbeteiligung und der Produktivität bestehen Wechselwirkungen, d. h. eine hohe Produktivität erhöht die Attraktivität einer Mitarbeiterbeteiligung, während diese wiederum die Produktivität erhöht.

FitzRoy und Kraft ziehen als Fazit ihrer Studie: „Sowohl für die finanzielle Beteiligung am Unternehmenserfolg in Form von Gewinn- und/oder Kapitalbeteiligung als auch für eine Beteiligung an Entscheidungen lassen sich positive Effekte feststellen. ... Der Unternehmenserfolg wird durch vielerlei Einflüsse bestimmt, zwischen denen eine Interaktion besteht. Ein wichtiges Element ist aus unserer Sicht die Mitarbeiterbeteiligung" (ebd.: 34).

Den Abschluß dieser Ausführungen bildet die kurze Darstellung einer Untersuchung von Schanz/Riekhof zur immateriellen Mitarbeiterbeteiligung. In diesem Bereich ist es besonders schwierig, objektiv nachprüfbare Erklärungsansätze für die Wirkung von Beteiligungselementen herauszuarbeiten und zu identifizieren. Denn oft schon haben scheinbar unwichtige Veränderungen des Betriebsklimas positive Auswirkungen auf die Produktivität, während eine explizit eingeführte Entscheidungsbeteiligung der Mitarbeiter wirkungslos bleiben kann. Dennoch lassen sich auch in diesem Bereich begründbare Aussagen machen. So stellen Schanz/Riekhof fest, daß die immaterielle Beteiligung bei einer ganzen Reihe von Unternehmen eine direkte Folge der materiellen Beteiligung ist. Wichtige Elemente der immateriellen Beteiligungsmodell sind die Mitbestimmung am Arbeitsplatz, die Einführung flexibler Arbeitszeitstrukturen sowie Elemente des betrieblichen Informations- und Weiterbildungswesens (Schanz/Riekhof 1982: 19). Weiterhin wurde festgestellt, „daß gerade Wirtschaftsorganisationen von überschaubarer Größe gute Voraussetzungen für die Weiterentwicklung partizipativer Strukturen mit sich bringen" (Schanz 1983: 430).

Auch für die immateriellen Beteiligungselemente lassen sich überwiegend positive Auswirkungen feststellen. „Hervorzuheben sind hier insbesondere die Auswirkungen auf die innerbetriebliche Kommunikation, die Innovationsfähigkeit, die Qualität und Umsetzbarkeit von Entscheidungen. Gute Erfahrungen werden offensichtlich auch im Hinblick auf die Veränderungen des Betriebsklimas, das Kostenbewußtsein der Mitarbeiter und die Identifikation mit den beschäftigenden Unternehmen gemacht. Naturgemäß konzentrieren sich diese Auskünfte auf ökonomische Sachverhalte, während der Erfüllungsgrad der übrigen Zielsetzungen einer immateriellen Mitarbeiterbeteiligung, wie Förderung der Persönlichkeitsentwicklung oder Verringerung des Gegensatzes zwischen Kapital und Arbeit, kaum angemessen beurteilt werden kann" (Schanz 1983: 430).

5. Schlußbemerkung

Aus den bisherigen Aussagen läßt sich folgendes Fazit ziehen:

Mitarbeiterbeteiligung, insbesondere ihre immaterielle Komponente, läßt sich als neuer Führungsstil interpretieren, als ein neues Verfahren der innerbetrieblichen Organisation, das angesichts veränderter Rahmenbedingungen zu einem effizienteren betrieblichen und unternehmerischen Handeln führen soll. Gerade die Elemente der Mitarbeiterbeteiligung, die zu einer Ausdehnung der persönlichen Handlungs- und Entscheidungsmöglichkeiten beitragen, bewirken tendenziell einen effizienteren betrieblichen Arbeitsablauf und damit eine Verbesserung des Marktverhaltens der Unternehmung. Darüber hinaus hat die materielle Mitarbeiterbeteiligung positive Auswirkungen auf die Kapitalstruktur und die Liquidität der Beteiligungsunternehmen und damit auf fast alle betrieblichen Kennziffern. In den empirischen Untersuchungen werden diese positiven Auswirkungen der Mitarbeiterbeteiligungen denn auch überwiegend bestätigt.

Warum aber haben sich partizipative Unternehmensformen trotz ihrer positiven Wirkungen bisher nicht allgemein durchgesetzt? Das Konzept der Mitarbeiterbeteiligung wird von den Beteiligten des Wirtschaftsprozesses auch heute noch zum Teil mit großer Skepsis beurteilt, wenn auch aus unterschiedlichen Motiven heraus. Auf die Vorbehalte von Gewerkschaftsvertretern, die in der Mitarbeiterbeteiligung lediglich ein subtiles Verfahren der Manipulation der Arbeitnehmer sehen, um damit eine bessere Nutzung des Produktionsfaktors Arbeitskraft zu erreichen, wurde bereits hingewiesen. Aber auch andere Gruppen innerhalb der Unternehmung stehen der Mitarbeiterbeteiligung nicht nur positiv gegenüber. So wird von den Kapitaleignern oft eine Verwässerung der Eigentumsverhältnisse und damit der Entscheidungsbefugnisse befürchtet, die langfristig die bestehende Wirtschaftsordnung in Frage stellen könnte (Lezius 1984: 58ff.). Auch die mittlere Führungsebene in den Unternehmen, die von einer Dezentralisierung und Enthierarchisierung der betrieblichen Entscheidungsprozesse im Rahmen einer immateriellen Beteiligung am meisten betroffen sind, müssen oft erst von den positiven Auswirkungen dieser Organisationsform überzeugt werden, mit der schließlich ein Teil der Autorität der Vorgesetzten zugunsten einer innerbetrieblichen Kooperation abgebaut werden soll. FitzRoy schreibt in diesem Zusammenhang über die Probleme bei der Einführung einer Gewinnbeteiligung: „Eines der Hindernisse, die sich der Einführung von Gruppenanreizen, wie Gewinnbeteiligung, in den Weg stellen, scheint die Tatsache zu sein, daß dafür weniger Überwachung erforderlich ist, und Aufsichtspersonen im Arbeitsbereich und die Betriebsleitung sehen mit Recht ihre Interessen bedroht. So kommt es, daß diejenigen sich gegen Gewinnbeteiligung wehren, ohne deren Mithilfe sie nicht eingeführt werden kann“ (FitzRoy 1981: 7, 11ff.). Diese Aussage gilt noch verstärkt bei der Einführung immaterieller Beteiligungselemente (FitzRoy/Mueller 1984: 41ff.).

Für die betroffenen Arbeitnehmer schließlich bedeutet Mitarbeiterbeteiligung eine Umstrukturierung ihrer bisherigen Arbeitssituation, die nun zwar mit erheblich größeren Freiheitsgraden verbunden sein kann, gleichzeitig aber auch ein größeres Engagement und eine zusätzliche Lernbereitschaft erfordert.

Alle diese Vorbehalte sind aus der Sicht der jeweiligen Gruppe begründbar und müssen daher in der wissenschaftlichen und praktischen Diskussion berücksichtigt werden. In der Praxis sollte gerade während der Implementierungsphase eines Beteiligungsmodells klar herausgestellt werden, warum bestimmte Maßnahmen in einer bestimmten Form mit einer vorgegebenen Zielrichtung durchgeführt werden. Das heißt auch, daß Mitarbeiterbeteiligung eindeutig definiert und in einem Rahmen der bisherigen Unternehmenskonzeptionen und der geschichtlichen Entwicklung von Organisationsformen eingeordnet wird. Denn nichts ist der Wirksamkeit von Beteiligungsmodellen abträglicher als eine Desillusionierung über die Möglichkeiten und Chancen der Mitarbeiterbeteiligung.

So handelt es sich bei der Mitarbeiterbeteiligung eben nicht um eine „entscheidende Verschiebung der Macht und der Verantwortung im einzelnen Betrieb vom privaten Eigentümer auf die organisierte Gemeinschaft aller Mitarbeiter des Betriebes“ (Anker-Ording 1972: 13). Diesbezügliche Hoffnungen oder Befürchtungen sind zumindest hinsichtlich der „traditionellen“ Beteiligungsmodelle unbegründet. Andererseits ist Mitarbeiterbeteiligung aber auch nicht nur ein Instrument der Manipulation der Arbeitnehmer durch die Kapitaleignerseite, denn dieses Konzept bietet durchaus Chancen einer humaneren Gestaltung der Arbeitswelt und damit der gesellschaftlichen Realität überhaupt. Schließlich ist Mitarbeiterbeteiligung auch ein Mittel zur besseren Nutzung knapper Resourcen, also zur Verbesserung der Effizienz wirtschaftlichen Handelns. Mitarbeiterbeteiligung verändert die innerbetrieblichen Strukturen, ist eine Reaktion auf veränderte Rahmenbedingungen innerhalb eines marktwirtschaftlichen Systems.

Ziel dieses Beitrags sollte es sein, Möglichkeiten und Grenzen der Mitarbeiterbeteiligung aufzuzeigen, um damit zu einer realistischeren und weniger emotionalen Beurteilung dieser betrieblichen Organisationsform zu gelangen.

Literatur

Alchian, A. A., und H. Demsetz (1972): Produktion, Information Costs and Economic Organisation. *American Economic Review,* 52, S. 777–795.

Anker-Ording, A. (1972): *Betriebsdemokratie – Gesellschaftlicher Fortschritt durch Mitbestimmung.* Frankfurt/M.: Europ. Verlagsanstalt.

AGP (1984 a): Arbeitspapiere zur Unternehmenskultur. Kassel: *AGP Schriftenreihe.*

– (1984 b): Viele Wege führen nach Rom ... Kassel: *AGP Schriftenreihe.*

Balzereit, B. (o. J.): *Mitarbeiterbeteiligung*. Wiesbaden: Gabler.

Beyer, H. (1984): *Gesellschaftliche Organisationsmechanismen und soziale Beziehungen im Unternehmensbereich*. Nicht veröffentlichte Diplomarbeit, Gesamthochschule Kassel.

Beyer, H., Wilke, J., und Nutzinger, H. G. (1984): Jeder Mensch ein Unternehmer? *Prisma*, 32, Kassel: Gesamthochschule, 56 ff.

Binswanger, H. C., H. Frisch, und H. G. Nutzinger (1983): *Arbeit ohne Umweltzerstörung*. Frankfurt/M.: Fischer.

Cable, J., und F. R. FitzRoy (1979): Produktivität, Anreizzahlung und Mitarbeiterbeteiligung. *Diskussionspapier IIM/dp 79–99*, Wissenschaftszentrum Berlin.

Chandler, A. D. (1978): *The Visible Hand*. The Managerial Revolution in American Business. Cambridge (Mass.): Harvard University Press.

Coase, R. (1953): The Nature of the Firm. *Readings in Price Theory*. Stigler, Boulding Homewood Ill.: Irwin.

Edwards, R. (1981): *Herrschaft im modernen Produktions-Prozeß*, Frankfurt – New York: Campus.

Eger, Th., und P. Weise (1984): Grundlagen einer ökonomischen Theorie der Unternehmung. *Mitbestimmung – Theorie, Geschichte, Praxis. Konzepte und Formen der Arbeitnehmerpartizipation*. Band I, Diefenbacher, H. und H. G. Nutzinger (Hrsg.) Heidelberg: Texte und Materialien der Forschungsstätte der Evangelischen Studiengemeinschaft.

FitzRoy, F. R. (1981): Kooperation statt Konflikt: Zur Ökonomie der Mitarbeiterbeteiligung. In *Mitbestimmung und Arbeiterselbstverwaltung*, H. G. Nutzinger (Hrsg.) Frankfurt – New York: Campus.

FitzRoy, F. R., und K. Kraft (1985): Mitarbeiterbeteiligung und Produktivität: Eine ökonometrische Untersuchung. *Zeitschrift für Betriebswirtschaft*, 54, S. 20 ff.

FitzRoy, F. R., und D. C. Mueller (1984): Cooperation and Conflict in Contractual Organisations. *Quarterly Review of Economics and Business* (24), 4, Winter 1984.

Gaugler, E. et al. (1983): *Mitarbeiter-Kapitalbeteiligung in Baden-Württemberg*. Spardorf: Wilfer, AGP Schriftenreihe 5.

Guski, H.-G. (1978): *Mitarbeiterbeteiligung*. Köln: Dts. Institutsverlag.

Guski, H.-G., und H. J. Schneider (1983): *Betriebliche Vermögensbildung in der Bundesrepublik Deutschland – Teil II*. Köln: Dts. Institutsverlag.

– (1983): Zahlt Beteiligung sich aus? *Manager-Magazin*, 11/1983.

Hirschman, A. O. (1974): *Abwanderung und Widerspruch*. Tübingen: Mohr.

Huber, J. (1980): *Wer soll das alles ändern?* Berlin: Rotbuch.

Kilian, H. (1978): *Betriebliche Kapitalbeteiligungsmodelle*. Wiesbaden: Gabler.

Knobloch, J. P. (1984): *Erfahrungen mit der Mitarbeiterbeteiligung in der Bundesrepublik Deutschland*. Kassel: Unveröffentlichtes Manuskript.

Lezius, M. (Hrsg.) (1983): *Fördert unsere Wirtschaft den Zerfall?* Spardorf: Wilfer.

– (Hrsg.) (1984): *Menschen machen Wirtschaft*. Spardorf: Wilfer.

– (1977): Das Konzept der betrieblichen Partnerschaft. *Handbuch der Mitarbeiter-Kapitalbeteiligung*. H. J. Schneider (Hrsg.) Köln: Hanstein.

Marglin, St. (1977): Was tun die Vorgesetzten? *Technologie und Politik*, Bd. 8, Reinbek b. Hamburg: Rowohlt.

Meadows, D. (1973): *Die Grenzen des Wachstums*. Reinbek b. Hamburg: Rowohlt.
Muszynski, B. (1975): *Wirtschaftliche Mitbestimmung zwischen Konflikt- und Harmoniekonzeption*. Meisenheim a. Glan: Hain.
Nutzinger, H. G. (1978): The Firm as a Social Institution. *Partizipation in Betrieb und Gesellschaft*. J. Backhaus, Th. Eger, und H. G. Nutzinger (Hrsg.) Frankfurt – New York: Campus.
Raidt, F. (1985): Führung und Organisation. Die Konstruktion der Wirklichkeit. *Management-Wissen,* Nr. 2, 1985.
Saaman, W. (1984): Am Ende des Workshops wurde es OE. *Das neue Unternehmen,* 3/1984, S. 21 ff.
Schanz, G. (1983): Immaterielle Mitarbeiterbeteiligung – Ergebnisse einer Erhebung. *Personalwirtschaft,* 12/1983.
Schanz, G. und H.-Ch. (1982): *Unternehmensverfassungen mit partizipativen Elementen*. Göttingen: Unveröffentlichtes Manuskript.
Schanz, G., und H.-Ch. Riekhof (1983): *Mitarbeiterkapitalbeteiligung in der Wirtschaft Niedersachsens*. Hannover: Der niedersächsische Minister für Wirtschaft und Verkehr.
Schneider, H. J., und E. Zander (1982): *Erfolgs- und Kapitalbeteiligung der Mitarbeiter in Klein- und Mittelbetrieben*. Freiburg i. Br.: Haufe.
Schumacher, E. F. (1977): *Die Rückkehr zum menschlichen Maß*. Reinbek b. Hamburg: Rowohlt.
Schumpeter, J. A. (1980): *Kapitalismus, Sozialismus und Demokratie*. 5. Auflage München: UTB, Franke.
Steiner, Rudolf (1973): *Die Kernpunkte der sozialen Frage in den Lebensnotwendigkeiten der Gegenwart und Zukunft*. Dornach: Rudolf Steiner Dornach.
Villmar, F., und K. O. Sattler (1978): *Wirtschaftsdemokratie und Humanisierung der Arbeit*. Frankfurt/M.: Europ. Verlagsanstalt.
Weise, P. (1979): *Neue Mikroökonomie*. Würzburg/Wien: Physica Würzburg.
Williamson, O. (1975): *Markets and Hierarchies*. New York/London: Free Press.

III. Mitarbeiterbeteiligung vor dem Durchbruch? Anmerkungen zur voraussichtlichen Entwicklung der Kooperationsbeziehungen in der Wirtschaft

Günther Schanz

1. Vorbemerkungen

Im Rahmen der vom Wissenschaftszentrum Berlin am 18. und 19. Januar 1985 veranstalteten Tagung zum Thema „Mitarbeiterbeteiligung und Mitbestimmung im Unternehmen" habe ich seinerzeit über „Partizipation und Arbeitseinstellung" referiert. Der mit theoretischen Argumenten begründete und durch eine empirische Untersuchung abgestützte Hauptbefund bestand darin, daß Möglichkeiten einer direkten Entscheidungsbeteiligung (Partizipation) die Einstellung zur Arbeit positiv beeinflussen, woraus sich u. a. auch Effizienzvorteile für jene Unternehmen ergeben können, die ihren Mitarbeitern entsprechende Regelungen offerieren.

Weil die Ergebnisse bereits aaO publiziert waren (Antoni/Schanz 1984), konnte ich mich nicht dazu entschließen, meinen Vortragstext für den Tagungsband zur Verfügung zu stellen. Der daraufhin von den Veranstaltern vorgetragenen Bitte, einen anderen Beitrag zum Generalthema des Kolloquiums zu leisten, wollte ich mich aber nicht verschließen. Dabei erschien es mir reizvoll, mich auf Spekulationen zur voraussichtlichen Entwicklung der Mitarbeiterbeteiligung einzulassen. Das Fragezeichen hinter dem von mir gewählten Teil ist als diesbezügliche Andeutung zu werten.

Dieses Fragezeichen soll aber noch einiges mehr zum Ausdruck bringen. Es soll vor allem andeuten, daß Mitarbeiterbeteiligung als eine *Option* zu begreifen ist, für (oder gegen) die man sich entscheiden muß. Meine letzten Endes optimistische Beurteilung ihrer weiteren Entwicklung gründet sich insbesondere auf die *Analyse der Interessenlage von Unternehmen,* wie sie sich vor dem Hintergrund der gegenwärtigen Situation darstellt. Neue Produktionskonzepte, wachsende Notwendigkeit zur Herstellung „intelligenter" Produkte, gesellschaftlicher Wertwandel und politische Steuerungsprogramme in Form von positiven Anreizen sind Stichworte, die in Abschnitt 3 als potentielle Schubkräfte für die zukünftige Entwicklung von Beteiligungsregelungen inhaltlich ausgefüllt werden. Dabei darf man, besonders was die beiden ersten Aspekte anbelangt, natürlich nicht erwarten, daß sie in *sämtlichen* bundesrepublikanischen Unternehmen Bedeutung erlangen.

Um die systematische Stellung der Mitarbeiterbeteiligung deutlich zu machen, werden die diesbezüglichen Regelungen in Abschnitt 2 zunächst als *Elemente der Unternehmensverfassung* vorgestellt. In diesem Zusammenhang sind auch einige Hinweise auf den gegenwärtigen Stand vorgesehen.

2. Mitarbeiterbeteiligung als Element der Unternehmensverfassung

2.1 Allgemeines zur Unternehmensverfassung

Der Verfassungsbegriff ist dem Staatsrecht entlehnt und bezieht sich auf *Rechtssätze höchsten Ranges,* wie sie beispielsweise im Grundgesetz der Bundesrepublik Deutschland zusammengefaßt sind. Ihr Inhalt betrifft die Ordnung eines Staates hinsichtlich seiner grundlegenden Organisation; ferner das grundlegende Verhältnis zwischen diesem Staat und seinen Bürgern (Stern 1983: 17).

In analoger Weise kann der Verfassungsbegriff auch zur Charakterisierung jener grundlegenden Strukturen und Kooperationsbeziehungen benutzt werden, wie sie für Unternehmen bzw. Wirtschaftsorganisationen anzunehmen sind. Die folgende Beschreibung verweist in erster Annäherung auf wichtige inhaltliche Aspekte. Es handelt sich gleichzeitig um eine Skizze des sog. *Modells der Ressourcenzusammenlegung* (Coleman 1979; Vanberg 1982; Schanz 1983).

Im Rahmen dieses Modells wird von der common sense-Vorstellung ausgegangen, daß Unternehmen entstehen, indem sich irgendwelche Personen zur Durchführung eines gemeinsamen (wirtschaftlichen) Vorhabens zusammenfinden. Die Beteiligten bringen bestimmte Ressourcen – vor allem manuelle und/oder geistige Fähigkeiten, eine grundsätzliche Leistungsbereitschaft sowie in der Regel auch finanzielle Mittel zur Durchführung der erforderlichen Investitionen – gewissermaßen in einen Pool ein. Es ist leicht zu erkennen, daß damit gleichzeitig die beiden Elemente „Arbeit“ und „Kapital“ sowie deren Verhältnis zueinander angesprochen sind.

Daß es dabei um grundsätzliche und insofern verfassungsrelevante Kooperationsbeziehungen geht, zeigt die Fortsetzung des Gedankengangs. Mit der erwähnten Ressourcenzusammenlegung ergeben sich nämlich zwei Regelungs- bzw. Gestaltungsnotwendigkeiten. Die erste stellt sich als ein *Entscheidungs- bzw. Koordinationsproblem* dar und betrifft die Frage, wem bzw. welchem Personenkreis die Entscheidungen über den abgestimmten Einsatz der eingebrachten Ressourcen obliegen sollen. Die zweite Regelungsnotwendigkeit kann als ein *Verteilungsproblem* bezeichnet werden, bei dem es darum geht, wie der gemeinsam erwirtschaftete Erfolg (Gewinn oder Verlust) auf die Ressourceneinbringer aufzuteilen ist.

Das bundesrepublikanische Handels- und Gesellschaftsrecht läßt hier zunächst eine Art Standardregelung erkennen, bei der die Investoren oder deren Beauftragte die Rolle des zentralen Koordinators spielen. Den Einbringern der finanziellen Mittel steht ferner das Recht auf Aneignung des Residuums zu. Damit sind die Konturen einer *interessenmonistischen Unternehmensverfassung* skizziert, bei der, wie dies gelegentlich treffend zum Ausdruck gebracht wurde, eine Unternehmung nicht als kooperativer Leistungsverband, sondern als mit Sach- und Personalmitteln ausgestatteter Tätigkeitsbereich ihres Inhabers (bzw. ihrer Inhaber) erscheint (Vollmer 1976: 10).

An dieser Stelle nicht näher zu verfolgende Entwicklungen haben in der Bundesrepublik Deutschland zwischenzeitlich zu einer anderen Lösung des Entscheidungs- bzw. Koordinationsproblems geführt. Ihren Niederschlag hat sie in verschiedenen Gesetzen zur Mitbestimmung auf Unternehmens- und Betriebsebene gefunden. Damit wurde eine bestimmte Spielart einer *interessenpluralistischen Unternehmensverfassung* begründet.

Mit der *gesetzlichen Verordnung* ist allerdings nur eine von zwei prinzipiellen Regelungsmöglichkeiten angesprochen. Daneben sind zweitens *freiwillige Vereinbarungen* zwischen den Ressourceneinbringern zu bedenken, die ihrerseits in Verträgen rechtswirksam verankert werden können. Damit ist gleichzeitig das *herkömmliche Verständnis von Mitarbeiterbeteiligung* angesprochen. Hier hat man dann natürlich ebenfalls eine bestimmte Spielart einer interessenpluralistischen Unternehmensverfassung im Auge.

Bezüglich des Verteilungsproblems laufen Beteiligungsregelungen auf verschiedene Formen einer *Erfolgs- und/oder Kapitalbeteiligung* der Mitarbeiter hinaus. Es hat sich eingebürgert, diese beiden grundlegenden Möglichkeiten zusammenfassend als *materielle Beteiligungen* zu bezeichnen. Allerdings ist die pauschale Zuordnung von Kapitalbeteiligungen zu den materiellen Beteiligungen nicht unproblematisch. Soweit es sich dabei um Eigenkapitalbeteiligungen handelt, wachsen den Mitarbeitern typische Eigentümer- und damit Mitentscheidungsrechte zu, so daß in diesen Fällen gleichzeitig eine *immaterielle Beteiligung* vorliegt. Allgemein charakteristisch für diesbezügliche Regelungen sind die mit ihnen verbundenen Möglichkeiten zur *Entscheidungspartizipation*. In dieser Bezeichnung kommt zum Ausdruck, daß sie im Rahmen der Gestaltung von Unternehmensverfassungen das Entscheidungs- bzw. Koordinationsproblem betreffen.

2.2 Beteiligung von Mitarbeitern an Erfolg und Kapital

An Grundtypen der materiellen Beteiligung kann zwischen der reinen Erfolgsbeteiligung, der reinen Kapitalbeteiligung und der laboristischen Kapitalbeteiligung unterschieden werden (Esser/Faltlhauser 1974). Bei der letzteren handelt es sich allerdings insofern um einen Mischtyp, als die Ansammlung der Kapitalanteile auf dem Wege einer vorangehenden Erfolgsbeteiligung zustande kommt. Die Erfolgsanteile verbleiben zu investiven Zwecken ganz oder teilweise im arbeitgebenden Unternehmen.

Eine ausführliche Beschreibung der vielfältigen Gestaltungsmöglichkeiten ist an dieser Stelle weder möglich noch erforderlich (vgl. hierzu beispielsweise Dobroschke 1971; Guski/Schneider 1977; Kilian 1978; Schanz 1985; Schneider/Zander 1982). Die hier zu diskutierende Frage nach der künftigen Entwicklung legt es allerdings nahe, kurz auf den bisherigen Stand einzugehen. Die Ausführungen müssen sich dabei auf ausgewählte Aspekte von Kapitalbeteiligungen (einschließlich laboristischer Kapitalbeteiligungen) beschränken, weil empirische Untersuchungen zur Verbreitung unternehmensweit praktizierter Erfolgsbeteiligungen bislang fehlen.

In der einschlägigen Literatur wird berichtet, daß vor Inkrafttreten des neuen Vermögensbeteiligungsgesetzes am 1. Januar 1984 (vgl. hierzu Abschn. 3.4) etwa 1000 bundesrepublikanische Unternehmen ihren Mitarbeitern die Möglichkeit einer Kapitalbeteiligung angeboten haben. Derselben Quelle zufolge war zu diesem Zeitpunkt von knapp einer Million solchermaßen beteiligter Arbeitnehmer auszugehen (Guski/Schneider 1983: 26). Bei etwa vier Fünfteln handelte es sich dabei um Belegschaftsaktionäre. Die angeführten 1000 Unternehmen stellen etwa ein Prozent aller „beteiligungsfähigen“ Wirtschaftsorganisationen dar; eine Zahl, die bei isolierter Betrachtung auf ein sehr großes Beteiligungspotential schließen läßt, das bislang noch nicht ausgeschöpft ist.

Im weiteren ist darzustellen, wie die Aufbringung der Beteiligungsmittel und deren Verwendung erfolgt. Hier wie dort handelt es sich um Merkmale, die differenzierte Einblicke in die Struktur der materiellen Mitarbeiterbeteiligung ermöglichen. Das Datenmaterial entstammt einer Untersuchung über in Niedersachsen praktizierte Beteiligungsmodelle (Schanz/Riekhof 1984).

Aus der folgenden Übersicht geht hervor, daß bei der Mittelaufbringung die Eigenleistung der Mitarbeiter eine dominierende Rolle spielt. In immerhin 10 Fällen stellen Eigenleistungen sogar die einzige Quelle dar:

Art der Mittelaufbringung	Häufigkeit	
	absolut	relativ
Eigenleistung	45	75,0%
tariflich vereinbarte vermögenswirksame Leistungen	5	8,3%
Erfolgsbeteiligung	15	25,0%
Unternehmenszuwendungen	33	55,0%

n = 60; Mehrfachnennungen möglich

Vergleichsweise große Bedeutung kommt aber auch den Unternehmenszuwendungen zu. Die Mischform der laboristischen Kapitalbeteiligung, bei der die Ansammlung der Beteiligungsmittel (ggf. nur teilweise) auf dem Wege einer vorangehenden Erfolgsbeteiligung erfolgt, ist immerhin in einem Viertel der praktizierten Modelle anzutreffen.

Eine Regressionsanalyse hat ferner ergeben, daß der Anteil der beteiligten Mitarbeiter mit wachsendem Eigenleistungsanteil sinkt. Dieses Ergebnis kann, weil es sich um freiwillige Vereinbarungen handelt, natürlich nicht sonderlich überraschen. Für die Beteiligungspraxis kommt ihm gleichwohl eine gewisse Bedeutung zu: Unternehmenszuwendungen sind geeignet, Beteiligungsmodelle auf eine breitere personelle Basis zu stellen und damit einer Dichotomie zwischen beteiligten und nicht beteiligten Mitarbeitern vorzubeugen.

Aus der Sicht des beteiligenden Unternehmens handelt es sich bei den verschiedenen Arten der Mitarbeiterbeteiligung um eine Frage der *Mittelverwendung*. In der folgenden Übersicht sind lediglich jene in Niedersachsen identifizierten Modelle berücksichtigt, die eine *direkte* Beteiligung vorsehen. (In acht Fällen handelt es sich um *indirekte* Beteiligungen, deren Merkmal darin besteht, daß zwischen Mitarbeiter und beschäftigendes Unternehmen eine Beteiligungsgesellschaft „geschaltet" wird.) Sie verteilen sich wie folgt:

Art der Beteiligung	Häufigkeit absolut	Häufigkeit relativ (bezogen auf n = 54)
A. Eigenkapitalbeteiligung		
Belegschaftsaktionäre[1]	30	55,6%
GmbH-Gesellschafter	2	3,7%
Kommanditisten	2	3,7%
typische stille Gesellschafter *mit* Verlustbeteiligung	6	11,1%
typische stille Gesellschafter *ohne* Verlustbeteiligung	2	3,7%
BGB-Gesellschafter	1	1,9%
B. Fremdkapitalbeteiligung		
Darlehnsgeber	5	9,3%
Inhaber von Genußscheinen[2]	2	3,7%
C. Kombinationen		
Belegschaftsaktionäre und Darlehnsgeber	2	3,7%
Belegschaftsaktionäre und Inhaber von Schuldverschreibungen	1	1,9%
typische stille Gesellschafter ohne Verlustbeteiligung und Darlehnsgeber	1	1,9%
Summe	54	100,0%

[1] „Belegschaftsaktien" heißt in diesem Zusammenhang auch „Aktien der Muttergesellschaft"

[2] Bei entsprechender Ausgestaltung können Genußscheine einen eigenkapitalähnlichen Charakter besitzen. Da dies für uns nicht erkennbar war, wurde eine Zuordnung zum Fremdkapital vorgenommen.

Die in der Übersicht enthaltenen Kombinationen sind als Wahlmöglichkeiten zu begreifen. Damit kann modellintern den *unterschiedlichen Risikopräferenzen* der Mitarbeiter Rechnung getragen werden. (Die Bedeutung von Risikoaspekten geht beispielsweise daraus hervor, daß die Beteiligungsquote bei Darlehensbeteiligungen im Durchschnitt beträchtlich höher liegt als bei Aktienbeteiligungen; zu weiteren Einzelheiten vgl. Schanz/Riekhof 1984: 55 ff.).

2.3 Entscheidungspartizipation von Mitarbeitern

Von immateriellen Beteiligungen, bei denen Möglichkeiten zur Entscheidungspartizipation im Mittelpunkt stehen, ist zunächst zu sagen, daß es sich hier als recht schwierig erweist, die verschiedenen Elemente systematisch zu ordnen. Mit noch größeren Problemen ist bei empirischen Untersuchungen zu rechnen. Während die unterschiedlichen Formen der materiellen Beteiligung oder auch die sich aus dem Betriebsverfassungsgesetz ergebenden Mitwirkungs- bzw. Mitbestimmungstatbestände einigermaßen klar strukturiert sind und auch vergleichsweise leicht „abgefragt" werden können, ist dies für die freiwillig vereinbarten Partizipationsregelungen keineswegs anzunehmen. Man begibt sich hier in viel stärkerem Ausmaß auf das Feld der „weichen" Fakten, zumal immaterielle Rechte nicht immer ausdrücklich kodifiziert sind.

Im Rahmen des verfolgten Anliegens erweist es sich als nützlich, zwischen drei Arten der Entscheidungspartizipation zu differenzieren. Es handelt sich um

- Partizipation am Arbeitsplatz,
- Partizipation auf Unternehmensebene und
- Partizipation aufgrund einer Kapitalbeteiligung,

die Kernelemente der *immateriellen Beteiligung* darstellen.

Mit *Partizipation am Arbeitsplatz* sind direkte Formen der Mitwirkung und Mitbestimmung gemeint. Sie betreffen die eigene Arbeit sowie deren näheres Umfeld und damit den unmittelbaren Erfahrungsbereich des Mitarbeiters; Tatbestände also, die im Rahmen der repräsentativen Mitbestimmung gemäß Betriebsverfassungsgesetz lediglich eine untergeordnete, bei den verschiedenen Ausprägungen der Aufsichtsratsmitbestimmung sogar überhaupt keine Rolle spielen. Die Institutionalisierung reicht von mehr oder weniger informalen Verfahrensweisen bis hin zu den sog. neuen Formen der Arbeitsgestaltung, d.h. Job Rotation, Job Enlargement, Job Enrichment und teilautonomen Arbeitsgruppen. Man kann von *basispartizipatorischen Verfassungselementen* sprechen (zu Einzelheiten vgl. Schanz 1985: 117ff.).

Partizipation am Arbeitsplatz gewinnt an Wirksamkeit und vermutlich auch an Glaubwürdigkeit, wenn sie durch geeignete Formen der *Mitwirkung und Mitbestimmung auf Unternehmensebene* ergänzt wird. Hier bietet sich allerdings eher die indirekte Partizipation an. Sie kann in Gremien institutionalisiert werden, in denen die Mitarbeiter durch von ihnen gewählte Repräsentanten vertreten sind. In der Praxis sind sie mit unterschiedlichen Namen belegt: Partnerschaftsausschuß, Leitungsteam, Führungskreis, Wirtschaftsrat u.v.m.

Wie die Analyse einzelner Beteiligungsmodelle zeigt, gehen die Rechte dieser Institutionen gelegentlich weit über das gesetzlich vorgeschriebene Ausmaß der Mitbestimmung hinaus (Hoppmann/Stötzel 1981; Riekhof 1983).
Partizipation aufgrund einer Kapitalbeteiligung ist zunächst bei jenen Beteiligungsmodellen gegeben, in deren Rahmen die Mitarbeiter dem beschäftigenden Unternehmen Eigenkapital zur Verfügung stellen. Das Ausmaß der Entscheidungspartizipation leitet sich dabei aus den gesellschaftsrechtlichen Vorschriften ab und hängt im einzelnen von den jeweiligen rechtsformspezifischen Besonderheiten ab. Da wir uns jedoch auf dem Feld der freiwilligen Vereinbarungen bewegen, können über dieses Mindestmaß hinausgehende Mitwirkungs- und Mitentscheidungsrechte vertraglich festgelegt werden. So ist es beispielsweise möglich, die Rechtsstellung von Mitarbeitern als stille Gesellschafter gegenüber den handelsrechtlichen Bestimmungen auszuweiten oder ggf. auch bei Fremdkapitalbeteiligungen Mitwirkungs- und Mitbestimmungsmöglichkeiten vorzusehen, wie sie sonst nur bei gesellschaftsrechtlichen Beteiligungen üblich sind.

Mittlerweile laufen in zahlreichen bundesrepublikanischen Großunternehmen Versuche mit den erwähnten neuen Formen der Arbeitsgestaltung. Davon ist i. d. R. aber nur ein kleiner Teil der Gesamtbelegschaft betroffen. Organisationsweit praktizierte Modelle einer immateriellen Beteiligung sind in verschiedenen kleinen bis mittelgroßen Unternehmen anzutreffen. Bei einer diesbezüglichen Untersuchung konnten 51 derartige Firmen identifiziert werden (Schanz/Riekhof 1982; Schanz 1983 a). Neben den genannten Kernelementen trifft man dort auf verschiedene *flankierende Maßnahmen,* beispielsweise flexible Arbeitszeiten, Aus- und Weiterbildungsmöglichkeiten für die Mitarbeiter, wie sie ansonsten nicht selbstverständlich sind, „untypische“ Informationsrechte oder ein hochentwickeltes betriebliches Vorschlagswesen, mit dessen Hilfe die Bereitschaft der Mitarbeiter gefördert werden soll, über Lösungen für betriebliche Probleme nachzudenken bzw. dazu aktiv aufzufordern.

Zumindest von den Geschäftsleitungen der in der Untersuchung erfaßten Firmen – die Belegschaften selbst konnten nicht befragt werden – werden die Möglichkeiten zur immateriellen Beteiligung überwiegend positiv beurteilt. Man verweist hier beispielsweise auf die Verbesserung der innerbetrieblichen Kommunikation und der Entscheidungsqualität, vor allem auf eine leichtere Umsetzbarkeit von Entscheidungen. Über gute Erfahrungen wird ferner im Hinblick auf die Veränderungen des Betriebsklimas, des Kostenbewußtseins der Mitarbeiter und ihrer Identifikation mit dem beschäftigenden Unternehmen berichtet. All dies sind typisch ökonomische Sachverhalte, an die unmittelbar angeknüpft werden soll, wenn es im folgenden darum geht, die künftige Entwicklung der Mitarbeiterbeteiligung abzuschätzen.

3. Potentielle Schubkräfte der Mitarbeiterbeteiligung

Im Zusammenhang mit dem hier zu unternehmenden Versuch, die künftige Entwicklung der Mitarbeiterbeteiligung abzuschätzen, ist es vielleicht nicht ganz nebensächlich, zunächst einen Blick auf die mit Beteiligungsregelungen verbundenen Zielsetzungen – genauer: auf den Zielwandel im Zeitablauf – zu werfen. Dabei zeichnen sich sowohl für materielle (Schanz/Riekhof 1984) als auch für immaterielle Beteiligungen (Schanz/Riekhof 1982) Tendenzen ab, die wie folgt zusammengefaßt werden können:

- Gesellschaftspolitische Zielsetzungen, also etwa „Stützung des marktwirtschaftlichen Systems" oder „Überwindung des ‚Klassenkampf-Denkens'", haben im Zeitablauf als Beweggründe für die Einführung von Beteiligungsmodellen an Bedeutung verloren;
- Das unternehmensbezogene Ziel, durch Beteiligungsregelungen die Leistungsbereitschaft der Mitarbeiter anzuregen und zu fördern, ist in jüngerer Zeit stärker in den Vordergrund getreten;
- Speziell bei Beteiligungsmodellen mit immateriellen Komponenten hat die „Förderung der Persönlichkeitsentwicklung" und die „Schaffung von Freiräumen bei der Arbeit" im Zeitablauf an Bedeutung gewonnen.

Diese Tendenzen lassen sich dahingehend kommentieren, daß die Idee der Mitarbeiterbeteiligung in der Praxis zunehmend pragmatisch gesehen wird. Weniger die eher abstrakten, in weltanschaulichen Bereichen wurzelnden Zielsetzungen stehen neuerdings im Vordergrund; es dominieren vielmehr zunehmend konkrete, sich auf das unmittelbare Unternehmensgeschehen beziehende Intentionen. Dies ist übrigens auch dort anzunehmen, wo im ersten Moment sehr altruistisch anmutende Beweggründe wie „Förderung der Persönlichkeitsentwicklung" oder „Schaffung von Freiräumen bei der Arbeit" genannt werden (vgl. hierzu die Ausführungen in den folgenden Unterabschnitten 3.1 bis 3.3).

Die gerade vorgetragene Interpretation einer bestimmten Entwicklungstendenz der Beteiligungsidee lenkt den Blick auf die gegenwärtige Bedingungskonstellation in der Arbeitswelt. Bei Dominanz einer im wesentlichen pragmatischen Denkweise ist anzunehmen, daß von ihr die Bereitschaft zur Einführung einzelner Beteiligungsregelungen oder ganzer Beteiligungsmodelle stark beeinflußt wird.

3.1 Partielle Rücknahme der horizontalen und vertikalen Spezialisierung durch neue Technologien und Produktionskonzepte

In Kernbereichen der bundesrepublikanischen Wirtschaft vollzieht sich gegenwärtig ein außerordentlich bemerkenswerter Vorgang. Es handelt sich um eine Umkehr des für industrielle Produktionsverhältnisse lange Zeit typischen Trends zur Intensivierung der Arbeitsteilung. Bezieht man ihn auf das aus der Organisationslehre bekannte begriffliche Instrumentarium, dann kann auf Arbeitsplatzebene von einer (partiellen) *Rücknahme sowohl der horizontalen als auch der vertikalen Aufgabenspezialisierung* gesprochen werden. Seinen konkreten Niederschlag findet dieser Prozeß in jenen „neuen Formen der Arbeitsgestaltung“, die als Job Rotation und Job Enlargement (der Tendenz nach Rücknahme der horizontalen Spezialisierung) bzw. Job Enrichment und teilautonome Arbeitsgruppen (zusätzliche Rücknahme der vertikalen Spezialisierung) bekannt geworden sind (vgl. auch Abschn. 2.3).

Eine Fundgrube für den empirischen Nachweis der erwähnten Entwicklungstendenz sind industriesoziologische Untersuchungen von Horst Kern und Michael Schumann, die, wenn auch mit einem Fragezeichen versehen, unter dem bezeichnenden Titel „Das Ende der Arbeitsteilung“ publiziert wurden. Daß die Autoren dabei kein ideologisches Konzept, etwa in Form des Partnerschaftsgedankens, am Werke sehen, machen sie allerdings unmißverständlich in Gestalt der Feststellung klar, wir seien „historisch an einem Punkt angekommen..., von dem ab das kapitalistische Management größere Effizienz nur noch dann gewinnen kann, wenn es die Arbeitsteilung wieder lockert“ (Kern/Schumann (1984: 319).

Das Fazit der Untersuchungen kann in jenem *Credo der neuen Produktionskonzepte* gesehen werden, das wie folgt näher umschrieben wird:

„*a) Automatisierung des Produktionsprozesses gegenüber lebendiger Arbeit durch Technisierung ist kein Wert an sich. Die weitestgehende Komprimierung lebendiger Arbeit bringt nicht per se das wirtschaftliche Optimum. b) Der restringierende Zugriff auf Arbeitskraft verschenkt wichtige Produktivitätspoten-*

tiale. Im ganzheitlichen Aufgabenzuschnitt liegen keine Gefahren, sondern Chancen; Qualifikationen und faktische Souveränität auch der Arbeiter sind Produktivkräfte, die es verstärkt zu nutzen gilt" (Kern/Schumann 1984: 19).

In diesem Zusammenhang findet sich auch eine Feststellung, die im ersten Moment paradox anmutet: *Rationalisierung,* die „gigantische Freisetzungen" zur Folge habe, fördere gleichzeitig „auch das Bewußtsein für die qualitative Bedeutung menschlicher Arbeitsleistung und die Wertschätzung der besonderen Qualitäten lebendiger Arbeit" (ebenda).

Auf diesen zweiten Punkt abzielende Argumente lassen sich auch hinsichtlich jener neuer Technologien vorbringen, wie sie zunehmend für die Bewältigung von Verwaltungsaufgaben eingesetzt werden. Sowohl bei den Herstellern als auch bei den Benutzern von Informationsverarbeitungsanlagen hat sich mittlerweile die Überzeugung durchgesetzt, daß dezentralisierte, ebenfalls tendenziell auf einen Abbau der horizontalen und vertikalen Spezialisierung hinauslaufende Technologiekonzepte zentralisierten Lösungen vielfach vorzuziehen sind. Die Mikroelektronik wird zunehmend als Chance begriffen, Organisationsstrukturen und Arbeitsabläufen einen ganzheitlicheren Zuschnitt zu verpassen. Damit wird, wie Kern/Schumann in einer anderen Publikation bemerken, „ein Leistungsbegriff allmählich in den Vordergrund geschoben ..., den sich Arbeiter (und nicht nur sie, G. S.) in ihrer eigenen Interessenperspektive relativ leicht aneignen können: weil nämlich Effizienz *mit* der Handlungskapazität der Arbeiter und nicht *gegen* große Teile ihrer persönlichen Möglichkeiten erzielt werden soll. Der Erwartung, mit eigenen Auffassungen ernst genommen und als mündiger Mensch respektiert zu werden, kommt dieser Zugriff entgegen" (Kern/Schumann 1983: 359; Hervorh. im Orig.). Die solchermaßen entstehenden Regelungen sind dem Bereich der immateriellen Mitarbeiterbeteiligung zuzurechnen. Selbstverständlich haben derartige Entwicklungen (vorerst?) nur Teile unserer Wirtschaft erfaßt. Immerhin zeichnet sich hier ein Trend ab, dessen Abbruch auf absehbare Zeit recht unwahrscheinlich sein dürfte.

3.2 Verstärkte Notwendigkeiten zur Nutzung individueller Kreativität und veränderte Koordinationsbedingungen in der Arbeitswelt

Im Zusammenhang mit dem sich gerade für Hochlohnländer wie die Bundesrepublik Deutschland immer deutlicher abzeichnenden Erfordernis, die Konkurrenzfähigkeit der Unternehmen mit Hilfe von „intelligenten" Produkten und

Dienstleistungen zu sichern, tritt die *Notwendigkeit zur Nutzung individueller Kreativitätsreserven* in den Vordergrund. Dabei sind, wie die weiteren Ausführungen zeigen sollen, teilweise *veränderte Koordinationsbedingungen* in Rechnung zu stellen. In der Konsequenz bieten sich auch von dieser Seite die vorangehend erwähnten Zugriffe auf erweiterte Handlungskapazitäten an.

Der Begriff des „intelligenten" Produkts, der für die folgenden Überlegungen auch Dienstleistungen umfassen soll, ist fachliterarisch kaum belegt; in der Umgangssprache findet man ihn hingegen recht häufig. Daß dabei mancherlei Unschärfen mitschwingen, muß nicht sonderlich betont werden. Unbestritten dürfte es sich um eine *schöpferische Leistung* in dem Sinn handeln, daß es, um sie zu erbringen, kreativer (und natürlich auch fachlich qualifizierter) Menschen bedarf.

Kreativität kann nun nicht verordnet, sondern lediglich gefördert werden. Hier zeichnen sich erste Konsequenzen ab, die naheliegenderweise den Führungsstil bzw. das Führungsverhalten betreffen. Allerdings soll dieser isolierte Aspekt nicht besonders hervorgehoben werden. Die strukturellen Konsequenzen reichen nämlich wesentlich weiter. Um dies zu erkennen, sei zunächst ein weiteres Merkmal „intelligenter" Produkte hervorgehoben. Es ist geeignet, Hinweise auf spezifische Koordinationsbedingungen zu liefern und betrifft das vergleichsweise hohe Maß an Komplexität: Unbeschadet der Tatsache, daß „intelligente" Produkte auch von einzelnen Personen entwickelt werden können, ist für die heutigen Verhältnisse eher typisch, daß daran Personenmehrheiten beteiligt sind. Es handelt sich um „Teamprodukte" in dem Sinn, daß die Tätigkeiten der mit der Herstellung befaßten Mitarbeiter sorgfältig aufeinander abgestimmt werden müssen. Damit sind die angekündigten besonderen Koordinationsbedingungen angesprochen, von denen bei der Herstellung „intelligenter" Produkte auszugehen ist. Ein interessantes Spezifikum liegt hier insofern vor, als die zu bewältigende Komplexität den Rückgriff auf den historisch ältesten Mechanismus zur Koordination arbeitsteiliger Prozesse notwendig macht. Gemeint ist die *wechselseitige Abstimmung,* die sich insbesondere gegenüber der *Standardisierung* gerade bei hoher Aufgabenkomplexität als überlegen erweist.

Daß dabei nicht einfach auf die naheliegendste Form der wechselseitigen Abstimmung, auf die informale Kommunikation, zurückgegriffen werden kann, sollte in diesem Zusammenhang selbstverständlich sein; zum modernsten Koordinationsmechanismus wird die wechselseitige Abstimmung erst durch ihre Formalisierung in Gestalt von Projektgruppen (task forces), Ausschüssen,

Kollegien u. v. m. bis hin zu den differenzierten Gestaltungsmöglichkeiten des Matrixmanagements. (Die hier lediglich kurz ansprechbaren Koordinationsprobleme sind ausführlich dargestellt in Schanz 1982).

Damit deutet sich an, daß die spezifischen Koordinationsbedingungen, wie sie für die Herstellung „intelligenter" Produkte anzunehmen sind, im Grunde genommen eine in mancherlei Hinsicht *andere Unternehmenskultur* erforderlich machen (Schanz 1985 a). Anstelle von streng gegliederten Fachhierarchien wird man hier zweckmäßigerweise mit fachübergreifenden Kooperationsformen arbeiten müssen; Vorgesetzte werden sich weniger als „Aufgabenzuweiser" und Kontrolleure, sondern primär als „Schaltzentralen" für den erforderlichen Informationsaustausch zu begreifen haben; neben Fachwissen ist kommunikative Kompetenz gefragt. – Es sollte nicht schwer sein, derartige Tatbestände mit Formen einer immateriellen Mitarbeiterbeteiligung in Zusammenhang zu bringen und daraus Rückschlüsse auf deren wachsenden Stellenwert zu ziehen.

3.3 Auswirkungen des Wertwandels in der Arbeitswelt

Gibt es zu den unternehmensinternen Bedingungen in Form von neuen Technologien und Produktionskonzepten sowie den besonderen Merkmalen „intelligenter" Produkte auch ein passendes Gegenstück, das die Akzeptanz der erforderlichen strukturellen Regelungen sicherstellt? Es bietet sich an, dieser Frage vor dem Hintergrund der seit geraumer Zeit intensiv geführten Diskussion über den gesellschaftlichen Wertwandel und seinen Konsequenzen für die Arbeitsorientierung der Menschen nachzugehen.

Derartige Einflüsse sind anzunehmen, weil es sich bei Werten im hier zur Diskussion stehenden Sinn um innere Steuerungsgrößen handelt, die, wenn auch auf verschlungene Weise, eine umfassende verhaltensregulierende Wirkung entfalten und sich somit auch im Berufs- bzw. Leistungsbereich bemerkbar machen. Im Hinblick auf die Erforschung des Wertwandels kann die – aus heutiger Sicht freilich zu wenig differenzierte – Unterscheidung Ingleharts zwischen materialistischen und post-materialistischen Werthaltungen und die darauf aufbauende „Entwicklungsthese" als eine Art Initialzündung gelten. Dieser These zufolge findet innerhalb der ökonomisch fortgeschrittenen westlichen Gesellschaften seit geraumer Zeit ein allmählicher Übergang von materialistischen (hohes Einkommen, sicherer Arbeitsplatz u. ä.) zu post-materialistischen Orientierungen (Zusammenarbeit mit sympathischen Menschen; Interesse an interessanten Tätigkeiten u. ä.) statt. Dieser Vorgang wird als „stille Revolution" interpretiert (Inglehart 1977), aus der sich, wie leicht zu erkennen ist, auch Konsequenzen für die Gestaltung von Organisationsstrukturen ableiten lassen, die etwas mit dem hier zu diskutierenden Thema zu tun haben.

Von einem anderen Amerikaner, Daniel Yankelovich, wurden Konsequenzen des Wertwandels auf einen Nenner gebracht, der innerhalb der bundesrepublikanischen Wertforschung eine besondere Rolle spielt: Wer hat noch Lust zu arbeiten? (Yankelovich 1978). In diesem Sinne diagnostiziert etwa Kmieciak die Abkehr von einer Berufs- und Leistungsorientierung bei gleichzeitiger Hinwendung zu privatistisch-hedonistischen Wertmustern (Kmieciak 1976), bescheinigt Noelle-Neumann aufgrund von Umfrageergebnissen den Deutschen eine „laxe Arbeitsmoral" (Noelle-Neumann 1977), sieht Strümpel im Übergang von „Opferethik" zur „Gleichgewichtsethik" Tendenzen einer ökonomischen Abrüstung (in: Noelle-Neumann/Strümpel 1984). Trotz aller weltanschaulicher Differenzen, wie sie besonders deutlich zwischen Noelle-Neumann und Strümpel zutage treten, ist man sich in einem einig: die vormals dominierende Arbeitsorientierung der Menschen wird schwächer; eine stärkere Freizeitorientierung kompensiert diesen Wertverlust, so daß sich insgesamt ein ausgeglichenes Wertkonto ergibt.

Zu den erwähnten Positionen muß hier im einzelnen nicht näher Stellung genommen werden. Lediglich ein von Noelle-Neumann hervorgehobener Aspekt ist herauszustellen: Für die „deutsche Sondersituation" macht sie u. a. die hierzulande praktizierten *Mitbestimmungsregelungen* verantwortlich. „In Deutschland ist das Mitbestimmungsrecht der Arbeitnehmerseite weiter ausgebaut als in anderen Ländern... Aber die deutsche Regelung verlegt die betriebliche Mitbestimmung an die Spitze, an der Basis der einzelnen Arbeitsplätze fehlt sie. Dort an der Basis verringert sich entgegen dem internationalen Trend das Empfinden von Freiheitsraum" (Noelle-Neumann, Frankfurter Allgemeine Zeitung 25. Januar 1985: 11). Das ist ein deutlicher Hinweis auf die Bedeutung direkter Partizipationsmöglichkeiten, wie sie für Formen der immateriellen Mitarbeiterbeteiligung charakteristisch sind.

Im Rahmen anderer Interpretationen des Wertwandels, wie sie beispielsweise von Schmidtchen (1984) oder Klages (1984) vorgetragen wurden, erscheinen die diesbezüglichen Prozesse für die Arbeitswelt ohnehin wesentlich weniger „bedrohlich" als innerhalb der oben erwähnten Muster. Schmidtchens Deutung ist im hier zur Diskussion stehenden Zusammenhang insofern von besonderem Interesse, als eine Beziehung zwischen Wertwandel und den in Unternehmen angewandten Technologien hergestellt wird: Letztere werden als (mit) ursächlich für die Herausbildung von sog. *kommunikativen Aspekten der Arbeitsmoral* gewertet. Ferner lassen die von Schmidtchen angestellten empirischen Untersuchungen den Schluß zu, daß kommunikative Aspekte auch eine zunehmend bedeutsame Komponente des *gesamten Lebensstils* bilden. Mithin leben die Menschen in der Freizeit keineswegs notwendigerweise „in einer moralischen Gegenwelt zur Arbeit" (Schmidtchen 1984: 72).

Schmidtchens Deutungsmuster kann im übrigen als eine gute Ergänzung der industriesoziologischen Untersuchungen von Kern/Schumann gewertet werden (vgl. Abschnitt 3.1). Die folgende Passage ist geeignet, dies beispielhaft darzulegen:

„Es tritt einem ein neuer Typus von Mitarbeitern gegenüber. Nicht mehr der, der sich in selbstvergessener Konzentration nicht ablenken lassen will, um auf sein Soll zu kommen, sondern der selbstbewußte und kommunikationsfähige, der sein Augenmerk nicht so sehr mehr auf einzelne Teile oder die Menge der Teile, sondern auf den Produktionsablauf, auf den Fluß der Dinge gerichtet hat. Zwar steht dieser Mitarbeiter nicht für alle, aber die Umfrageergebnisse zeigen, daß an vielen Arbeitsplätzen die kommunikativen Tugenden in Verbindung mit Fachkenntnis und organisatorischer Disziplin dominieren und eine reine Ausführungs- und Stückzahlmoral gegenstandslos wird" (Schmidtchen 1984: 66).

Auf die in sich sehr differenzierte Position von Klages, in der die Unterscheidung zwischen Pflicht- und Akzeptanzwerten auf der einen Seite, Selbstentfaltungswerten auf der anderen eine Rolle spielt, kann an dieser Stelle nicht näher eingegangen werden. Auf der Grundlage dieser Differenzierung lassen sich vier Wertetypen unterscheiden, wie man sie gegenwärtig in der Bundesrepublik Deutschland vorfindet (Klages/Franz/Herbert 1985). Im einzelnen handelt es sich um

- den *ordnungsliebenden Konventionalisten,* für den eine hohe Pflicht- und Akzeptanzbereitschaft sowie eine starke materielle Sicherheitsorientierung charakteristisch sind;
- den *aktiven Realisten,* der neben den Werten des Konventionalisten gleichzeitig auch starke Selbstentfaltungsbestrebungen aufweist und eine ausgeprägte Engagementbereitschaft an den Tag legt;
- den *perspektivenlos Resignierten,* dem Pflicht- und Akzeptanzbereitschaft, materielle Sicherheitsorientierung, ebenso aber auch Selbstentfaltungsbestrebungen und Engagementbereitschaft weitgehend abgehen; sowie schließlich

- den *nonkonformen Idealisten,* den stark entwickelte Selbstentfaltungsbestrebungen und eine hohe Engagementbereitschaft auszeichnen.

Das Auftreten des „perspektivenlos Resignierten", der in der Grundgesamtheit mit 31,5 Prozent überproportional stark vertreten war, kann in diesem Zusammenhang als Hinweis auf die auch von anderen Interpreten des Wertwandels (Strümpel, in: Noelle-Neumann/Strümpel 1984; Pawlowsky 1984) hervorgehobenen Tendenzen zur *Segmentierung der Arbeitsorientierung* benutzt werden. Offensichtlich sind es insbesondere die „unteren" Berufsgruppen, die mit neuen Technologien und Produktionskonzepten vielfach insofern schlechte Erfahrungen machen, als sich ihre Arbeit zwar sauberer und körperlich auch weniger anstrengend, gleichzeitig aber monotoner darstellt. Man kann diesen Sachverhalt als Beleg für eine „ungleiche Verteilung beruflicher Chancen und Arbeitsplatzprivilegien sowie das gesellschaftliche Defizit an Arbeitsplätzen (werten), die Entfaltungschancen ... bieten" (Pawlowsky 1984: 98); man kann darin aber ebenso einen weiteren gezielten Hinweis auf die Bedeutung von Aspekten erblicken, die zum Bereich der immateriellen Beteiligung zu zählen sind.

Vor dem Hintergrund der in den Abschnitten 3.1 und 3.2 angestellten Überlegungen zeigt sich im übrigen, daß das Typogramm des mit dem traditionellen Wertsystem ausgestatteten Mitarbeiters (Typ 1) „modernen" organisationalen Erfordernissen keineswegs besonders gut angepaßt ist. Diese richten sich vielmehr in erster Linie auf den „aktiven Realisten" und die für ihn charakteristische Wertsynthese. Da er nicht nur für immaterielle Aspekte empfänglich ist, sondern auch materielle Gratifikationen zu schätzen weiß, gewinnen für ihn auch die im weiteren anzusprechenden Sachverhalte Bedeutung.

3.4 Anreize zur Einführung materieller Beteiligungen

Seit 1. Januar 1984 befindet sich das „Gesetz zur Förderung der Vermögensbildung der Arbeitnehmer durch Kapitalbeteiligungen" in Kraft. Dieses verkürzt als „Vermögensbeteiligungsgesetz" bezeichnete Regelwerk schreibt die Einführung von Kapitalbeteiligungen nicht zwingend vor, sondern sucht die verschiedenen Ziele (vgl. hierzu Bundesrat Drucksache 304/83 vom 22. 7. 1983) durch Gewährung von Anreizen zu erreichen. Damit soll einerseits die Bereitschaft von Unternehmen gefördert werden, ihren Mitarbeitern Beteiligungstitel anzubieten. Andererseits sollen diese Mitarbeiter dazu angeregt werden, derartige Angebote tatsächlich anzunehmen.

Gegenüber seinen Vorläufern in Form des 1. bis 3. Vermögensbildungsgesetzes stellt das neue Vermögensbeteiligungsgesetz wesentlich stärker auf die *Förderung des Produktivvermögens* in Arbeitnehmerhand ab. Im Kern soll dies durch folgende Einzelregelungen erreicht werden:

- Erweiterung des Anlagekatalogs (prämien)begünstigter Vermögensbeteiligungen, wobei der stillen Beteiligung und dem Instrument des Genußscheins bzw. Genußrechts besondere Bedeutung zukommt.
- Erhöhung des (prämien)begünstigten Betrags ausschließlich für Vermögensbeteiligungen von 624 DM auf nunmehr 936 DM jährlich.

Die staatliche Zulage beträgt 23 bzw. (bei mehr als zwei Kindern) 33 Prozent. Die Einkommensgrenzen sind für Alleinstehende mit 24 000 DM, für verheiratete Arbeitnehmer mit 48 000 DM jährlich (zuzüglich 1800 DM für jedes Kind) festgelegt, wobei stets das zu versteuernde Einkommen zugrunde liegt. Die Festlegungsfrist beträgt mindestens sechs Jahre. Unter bestimmten Bedingungen ist eine vorzeitige Verfügung möglich, ohne daß die gesetzliche Förderung verlorengeht.

Substantiell wahrscheinlich noch höher einzuschätzen ist der neue § 19a Einkommensteuergesetz. Durch diese Bestimmung werden beteiligungswilligen Unternehmen jene Steuervorteile gewährt, die vor dem 1. Januar 1984 nur Aktiengesellschaften bei Ausgabe von Belegschaftsaktien eingeräumt wurden. Damit entfällt seither die einseitige und insofern auch schwer zu legitimierende Bevorzugung einer bestimmten Rechtsform. Auf Einzelheiten kann an dieser Stelle nicht eingegangen werden.

Das Gesetz hat bislang noch keine „Beteiligungswelle“ ausgelöst; nach Schätzung der Arbeitsgemeinschaft zur Förderung der Partnerschaft in der Wirtschaft e. V. (AGP) sind im ersten Jahr nach Inkrafttreten etwa 120 weitere Kapitalbeteiligungsmodelle entstanden. Abgesehen davon, daß in einer zweiten Stufe die Rahmenbedingungen ohnehin noch weiter verbessert werden sollen, sind die Aussichten auf längere Frist möglicherweise optimistischer zu beurteilen.

Diese Vermutung kann sich auf eine gewisse Induktionswirkung stützen, die ggf. von immateriellen Beteiligungen ausgeht. Wer nämlich, so die vielleicht nicht ganz unplausible Überlegung, auf dem Wege der Entscheidungspartizipation den Erfolg „seines“ Unternehmens in der eigenen Wahrnehmung mitbestimmt, der wird auch ein wachsendes Interesse an den Tag legen, am erzielten Ergebnis teilzuhaben. Wenn dieser Gedankengang stimmig ist, dann sollten zunehmende Möglichkeiten einer immateriellen Beteiligung, die wohlgemerkt vielfach im Eigeninteresse von Unternehmen liegen, die Ausbreitung materieller Beteiligungen positiv beeinflussen.

Diese Wirkungskette weist natürlich ein etwas grobes Strickmuster auf. Es wird ja etwas unterstellt, wovon nicht zwangsläufig auszugehen ist: Daß der Erfolg des gesamten Unternehmens in der Wahrnehmung des einzelnen Mitarbeiters von seiner eigenen Leistung tatsächlich beeinflußt wird. Eine derartige Bedingung dürfte zunächst einmal ab einer bestimmten Größe des beschäftigenden Unternehmens nicht mehr erfüllt sein. Ceteris paribus ist mit der erwähnten Induktionswirkung bei kleinen und mittelgroßen Firmen eher zu rechnen als bei großen Wirtschaftsorganisationen, wo der Einführung von materiellen Beteiligungen in der Regel andere Absichten zugrunde liegen (z. B. die Ausnutzung staatlicher Vergünstigungen).

Daß es insbesondere die erwähnten kleinen und mittelgroßen Unternehmen sind, die mit Beteiligungsmodellen die besten Erfolge erzielen, ist auch anderweitig belegt (Guski/Schneider 1983). Bereits vor Inkrafttreten des Vermögensbeteiligungsgesetzes kam dabei die Konstruktionsform der eigenkapitalähnlichen (direkten oder indirekten) stillen Beteiligung vergleichsweise häufig in Frage. Durch ihre Aufnahme in den Katalog der prämienbegünstigten Anlagen gemäß Vermögensbeteiligungsgesetz wird diese spezielle Beteiligungsregelung (wegen steuerlicher Eigenheiten allerdings nur in Gestalt der typischen stillen Beteiligung) vermutlich weiter an Bedeutung gewinnen, wobei zusätzlich zu berücksichtigen ist, daß es sich dabei um eine Konstruktion handelt, die sowohl auf Besonderheiten des jeweiligen Unternehmens als auch auf die Wünsche der zu beteiligenden Mitarbeiter zugeschnitten werden kann (vgl. Lutter 1985).

Ein vergleichsweise großer Gestaltungsspielraum ist übrigens auch für die ebenfalls in den Anlagekatalog aufgenommenen Genußscheine bzw. Genußrechte gegeben. Sie können lediglich eine Ertragsbeteiligung begründen, in weiter „entwickelter“ Form schuldrechtliche Beteiligungspapiere darstellen, und ggf. sogar als nachrangiges Haftkapital zumindest eigenkapitalähnlichen Charakter erhalten (vgl. ebenfalls Lutter 1985). Allein dieses Spektrum prinzipieller Regelungsmöglichkeiten wird dazu führen, daß diese spezielle materielle Beteiligung vor allem bei größeren Unternehmen künftig an Bedeutung gewinnt. Eine gewisse Rolle dürfte dabei auch der Sachverhalt spielen, daß wir es mit einem Beteiligungspapier zu tun haben, das *keine* Mitwirkungs- und Mitbestimmungsrechte begründet. Es stellt insofern ein Instrument *gegen* die weitere „Ausdehnung der Mitbestimmung als Folge von Mitarbeiter-Kapitalbeteiligungen" (Drechsler 1983: 99) dar; kann also dort zum Zuge kommen, wo seitens des beschäftigenden Unternehmens der Wille zu einer weitergehenden (gesellschaftsrechtlichen) Entscheidungsteilhabe zwar fehlt, wo aber andererseits die Bereitschaft vorhanden ist, die Mitarbeiter materiell partizipieren zu lassen.

Dies ist gleichzeitig ein Hinweis darauf, daß es sich bei den freiwillig zu vereinbarenden Beteiligungen um Regelungen handelt, die in der Praxis im Zusammenhang mit den gesetzlich verordneten Beteiligungselementen gesehen werden. Insofern ist anzunehmen, daß die weitere Entwicklung der Mitarbeiterbeteiligung auch sehr stark davon tangiert wird, ob und in welche Richtung die verschiedenen Gesetze zur Mitbestimmung verändert werden (Schanz 1984).

4. Schlußbemerkungen

Die Analyse der gegenwärtigen Bedingungskonstellation, stichwortartig beschreibbar durch den Einsatz von neuen Technologien und Produktionskonzepten, verstärkte Notwendigkeiten zur Herstellung „intelligenter" Produkte, Konsequenzen des Wertwandels in der Arbeitswelt sowie positive Anreizprogramme in Form des neuen Vermögensbeteiligungsgesetzes, führt zu der vorsichtigen Schlußfolgerung, daß der Mitarbeiterbeteiligung gute Entwicklungschancen eingeräumt werden können. Dabei ist zu vermuten, daß die eigentlichen Schubkräfte primär in den drei erstgenannten Faktoren zu erblikken sind. Die zu erwartenden Impulse betreffen mithin vorrangig verschiedene *Formen der immateriellen Mitarbeiterbeteiligung*.

Demgegenüber ist das neue Vermögensbeteiligungsgesetz gegenwärtig eher als *flankierende Maßnahme* zu werten. Längerfristig könnte es allerdings insofern relativ größere Bedeutung gewinnen, als die verstärkte Einbeziehung der Mitarbeiter in betriebliche Entscheidungsprozesse eine Partizipation am Erfolg des beschäftigenden Unternehmens via Kapitalbeteiligung gewissermaßen nach sich zieht.

Die Bedeutung des Vermögensbeteiligungsgesetzes und der materiellen Beteiligung insgesamt liegt aber auch in folgendem: Stärker als die verschiedenen Formen der immateriellen Beteiligung ergibt sich hier die Notwendigkeit zur Ausarbeitung von Modellen im Sinn von *kodifizierten Beteiligungsregelungen* (einschließlich immaterieller Elemente). Die kodifizierte Form hat zunächst den Vorteil, daß Details besser durchdacht zu werden pflegen und sich insofern möglicherweise auch die Krisenanfälligkeit vermindert. Ferner ist zu bedenken, daß solche Modelle, ähnlich wie schriftlich festgelegte Unternehmensgrundsätze, ein vergleichsweise höheres Maß an allgemeiner Verbindlichkeit erlangen, weil man sich im Zweifelsfall auf den Wortlaut berufen kann (bzw. jederzeit damit rechnen muß, ihn vorgehalten zu bekommen).

Auf diese Weise entstehen nicht nur Verbindlichkeiten, sondern auch Bindungen im positiven Sinn. Kodifizierte Beteiligungsregelungen stellen insofern eine günstige Voraussetzung für die *Entstehung einer spezifischen Unternehmenskultur* dar, die technologischen, wirtschaftlichen und auch gesellschaftlichen Entwicklungen – also wesentlichen Herausforderungen der Gegenwart – Rechnung zu tragen vermag.

Natürlich darf man sich die hier prognostizierte Tendenz nicht als einen außerordentlich schnell um sich greifenden Prozeß vorstellen. Man wird eher von einem lautlosen Durchbruch sprechen können, zu dessen Kennzeichnung die seinerzeit von Inglehart (1977) mit Blick auf den Wertwandel geprägte Formulierung von der „stillen Revolution" vielleicht recht treffend erscheint.

Die Chancen einer derart zu beschreibenden Entwicklung sind schließlich auch deshalb nicht ungünstig zu beurteilen, weil das Instrument der freiwilligen Vereinbarungen möglicherweise geeignet ist, in der Wirtschaft das Gefühl aufkommen zu lassen, daß *Gestaltungsspielräume* existieren, die sich situationsspezifisch sinnvoll nutzen lassen. Insofern verstärken Beteiligungsregelungen auch nicht jenen Zustand, den Renate Mayntz gelegentlich treffend als „Krise regulativer Politik" (Mayntz 1979) bezeichnet hat. Man kann vielmehr der Meinung sein, daß sich das Instrument der Mitarbeiterbeteiligung im Prinzip dazu eignet, die *Wandlungs- und Anpassungsfähigkeiten der Unternehmen* zu verbessern. Die Attraktivität dieses Instruments besteht aber auch darin, daß es mancherlei Positives zur *Humanisierung der Arbeit* beizutragen vermag.

Literatur

Antoni, M., und G. Schanz (1984): Partizipation und Arbeitseinstellung. *Personalwirtschaft*, S. 193–197.

Coleman, J. S. (1979): *Macht und Gesellschaftsstruktur*. Tübingen: Mohr.

Drechsler, W. (1983): Genuß-Scheine – Kapitalbeteiligung ohne Mitsprache? *Personalwirtschaft*, S. 94–100.

Dobroschke, E. (1971): *Die Kapitalbeteiligung der Mitarbeiter am arbeitgebenden Unternehmen.* Hilden: AGP Untersuchungen und Berichte.

Esser, K., und K. Faltlhauser (1974): *Beteiligungsmodelle.* München: Moderne Industrie.

Guski, H.-G., und H. J. Schneider (1977/1983): *Betriebliche Vermögensbeteiligung in der Bundesrepublik Deutschland. Eine Bestandsaufnahme.* Teil II: Ergebnisse, Erfahrungen und Auswirkungen in der Praxis. Köln: Deutscher Instituts Verlag.

Hoppmann, K., und E. Stötzel (1981): *Demokratie am Arbeitsplatz.* Ein Modellversuch zur Mitwirkung von Arbeitnehmern an betrieblichen Entscheidungsprozessen. Frankfurt – New York: Campus.

Inglehart, R. (1977): *The Silent Revolution. Changing Values and Political Styles among Western Publics.* Princeton: Princeton University Press.

Kern, H., und M. Schumann (1983): Arbeit und Sozialcharakter: Alte und neue Konturen. *Krise der Arbeitsgesellschaft?* J. Matthes (Hrsg.) Verhandlungen des 21. Deutschen Soziologentages in Bamberg 1982, Frankfurt – New York: Campus, S. 353–365.

Kern, H., und M. Schumann (1984): *Das Ende der Arbeitsteilung? Rationalisierung in der industriellen Produktion.* München: Beck.

Kilian, H. (1978): *Betriebliche Kapitalbeteiligungsmodelle.* Wiesbaden: Betriebswirtschaftlicher Verlag.

Klages, H. (1984): *Wertorientierung im Wandel.* Frankfurt – New York: Campus.

Klages, H., G. Franz, und W. Herbert (1985): Wertewandel in der Jugend. *Personal,* Heft 2, 1985, S. 50–52.

Kmieciak, P. (1976): *Wertstrukturen und Wertwandel in der Bundesrepublik Deutschland.* Göttingen: Schwartz.

Lutter, M. (1985): Die zieladäquate Umsetzung des 4. Vermögensbildungsgesetzes in der unternehmensrechtlichen Praxis. *Sonderheft 5 der Zeitschrift für Unternehmens- und Gesellschaftsrecht.* Beteiligung der Arbeitnehmer am Produktivvermögen, G. Laßmann und E. Schwark (Hrsg.) Berlin – New York, S. 85–110.

Mayntz, R. (1979): Regulative Politik in der Krise? *Sozialer Wandel in Westeuropa.* J. Matthes (Hrsg.) Frankfurt – New York, S. 55–81.

Noelle-Neumann, E. (1977): *Werden wir alle Proletarier?* Zürich: Edition Interform.

Noelle-Neumann, E., und B. Strümpel (1984): *Macht Arbeit krank? Macht Arbeit glücklich?* München: Piper.

Pawlowsky, P. (1984): Berufsgruppenspezifische Ansprüche an die Arbeit. *Ansprüche an die Arbeit.* H.-J. Hoffmann-Nawotny und F. Gehrmann (Hrsg.) Frankfurt: Campus, S. 89–116.

Riekhof, H.-Ch. (1983): Das Beteiligungsmodell der Keramik Manufaktur Kupfermühle (Hohenlockstedt). *Zeitschrift Führung und Organisation,* S. 167–172.

Schanz, G. (1982): *Organisationsgestaltung. Struktur und Verhalten.* München: Vahlen.

Schanz, G. (1983): Unternehmensverfassungen in verfügungsrechtlicher Perspektive. *Die Betriebswirtschaft,* S. 259–270.

Schanz, G. (1983 a): Immaterielle Mitarbeiterbeteiligung – Ergebnisse einer Erhebung. *Personalwirtschaft,* S. 426–430.

Schanz, G. (1984): Die Verfassung des mittelständischen Unternehmens zwischen gesetzlicher Regelung und freiwilliger Vereinbarung. *Betriebswirtschaftslehre mittel-*

ständischer Unternehmen. H. Albach/Th. Held (Hrsg.) Stuttgart: Poeschel, S. 543–556.

Schanz, G. (1985): *Mitarbeiterbeteiligung. Grundlagen – Befunde – Modelle.* München: Vahlen.

Schanz, G. (1985 a): Wertwandel als personalwirtschaftliches und organisatorisches Problem. Teil 1: Wertwandel und Arbeitsorientierung; Teil 2: Praktische Konsequenzen. *WiSt – Wirtschaftswissenschaftliches Studium* 1985, S. 559–565 und S. 609–614.

Schanz, G., und H.-Ch. Riekhof (1982): Unternehmensverfassungen mit partizipativen Elementen. Ergebnisse einer empirischen Untersuchung in vorwiegend mittelständischen Betrieben. *Vervielfältigtes Manuskript,* Göttingen.

Schanz, G., und H.-Ch. Riekhof (1984): *Mitarbeiter-Kapitalbeteiligung in der Wirtschaft Niedersachsens.* Spardorf: Wilfer.

Schmidtchen, G. (1984): *Neue Technik – Neue Arbeitsmoral,* Köln: Deutscher Instituts Verlag.

Schneider, H. J., und E. Zander (1982): *Erfolgs- und Kapitalbeteiligung der Mitarbeiter in Klein- und Mittelbetrieben.* Freiburg im Breisgau: Haufe.

Stern, K. (1983): Staats- und Verfassungsrecht. *Einführung in das deutsche Recht,* München: dtv Beck Texte, S. 13–40.

Vanberg, V. (1982): *Markt und Organisation. Individualistische Sozialtheorie und das Problem korporativen Handelns.* Tübingen: Mohr.

Vollmer, L. (1976): *Die Entwicklung partnerschaftlicher Unternehmensverfassungen.* Köln – Berlin – Bonn – München: Heymann.

Yankelovich, D. (1978): Wer hat noch Lust zu arbeiten? *Psychologie heute,* Heft 11, S. 15–21.

IV. Zur ökonomischen Analyse von Mitarbeiterbeteiligungsrechten

Elke Michaelis und Arnold Picot

1. Problemstellung

Fragen der Beteiligung von Mitarbeitern an der Entscheidungsfindung, am erzielten Erfolg und am Kapital beschäftigen die betriebswirtschaftliche Forschung und Praxis seit langem. Die Diskussion ist im wesentlichen um die durch die verschiedenen gesetzlichen Bestimmungen verordneten Beteiligungsrechte der Mitarbeiter von Unternehmungen entbrannt und findet noch heute über Ländergrenzen hinweg statt. Die Meinungen von Befürwortern und Gegnern stehen einander – wie es oft scheint: unversöhnlich – gegenüber. Neben die gesetzlichen Regelungen zur Mitarbeiterbeteiligung (i. d. R. als Mitbestimmung bezeichnet) treten Regelungen zur Mitarbeiterbeteiligung auf freiwilliger Basis, die Arbeitnehmerinteressen positiv tangieren können, aber oft in erster Linie aus Zweckmäßigkeitsgründen der Erfüllung unternehmerischer Aufgaben gewählt werden.

Oft scheinen in der betriebswirtschaftlichen Debatte um die Mitbeteiligungsfragen von Mitarbeitern, die einen Teilbereich der Diskussion um die Unternehmungsverfassung darstellt, die Differenzen im wesentlichen aus den unterschiedlichen Antworten auf die Frage nach der Legitimität der Teilhabe verschiedener Bezugs- und Interessengruppen der Unternehmung und dem unterschiedlichen Gewicht dieser Fragestellung erklärbar. So sehr die Erörterung auf dieser Ebene auch berechtigt ist, sollten gerade Ökonomen sich der Aufgabe unterziehen, eine Beurteilung unter dem Gesichtspunkt der wirtschaftlichen Effizienz vorzunehmen, und zwar sowohl in beratender als auch nachträglich beurteilender Funktion. Damit ist dann zwar lediglich ein Aspekt beleuchtet, aber ein sehr wichtiger, der der Fachkompetenz von Wirtschaftswissenschaftlern in besonderer Weise entspricht und in vielen Abhandlungen leider zu kurz kommt oder nur eine sehr untergeordnete Rolle spielt. Die

Effizienzüberlegungen knüpfen an die interpersonelle Rechteverteilung in Unternehmungen an und ergeben sich aus einer rein instrumental angelegten Analyse.

Der property rights-Ansatz[1], der insbesondere von der Mikroökonomie entwickelt wurde, widmet sich einer solchen Analyse wirtschaftlicher Effizienzwirkungen. Er soll in diesem Beitrag zur Diskussion von Mitarbeiterbeteiligungsfragen herangezogen werden. Dazu wird es erforderlich sein, den Ansatz zunächst kurz zu skizzieren, bevor die Betrachtung verschiedener Formen der Mitarbeiterbeteiligung vorgenommen werden kann. Mitarbeiterbeteiligung wird als Oberbegriff für gesetzlich verordnete Mitbestimmung und freiwillig vereinbarte materielle und immaterielle Beteiligung (Beteiligung an Erfolg und Kapital bzw. Entscheidungen) verwendet (so auch Schanz 1985). Abschließend soll versucht werden, den Stellenwert der angestellten property rights-theoretisch begründeten Überlegungen einzuschätzen.

Die zu beleuchtende Problematik ist äußerst vielschichtig; deshalb können die Erörterungen nur relativ allgemein gehalten sein. So können etwa die vielen Detailregelungen der gesetzlichen Mitbestimmung nicht im einzelnen betrachtet werden. Außerdem ist der property rights-Ansatz, wie auch gerade jüngste Diskussionen zeigen, noch nicht genügend ausgereift, um eine abschließende Beurteilung und Bewertung seiner Eignung zur ökonomischen Analyse der Mitarbeiterbeteiligung zu ermöglichen. An seiner Weiterentwicklung wird gegenwärtig gearbeitet.

2. Property rights-Theorie und Transaktionskostentheorie als Analyseinstrumentarium

Von wirtschaftlicher Bedeutung ist nicht ein Eigentum an Gütern an sich, sondern an Rechten, die diesen Gütern anhaften. Eigentum oder Besitz von Gütern, die zu nichts berechtigen, sind ökonomisch uninteressant. Erst die

[1] Eine „richtige" Übersetzung des Terminus „property rights" ist nicht auszumachen. Vorgeschlagen und begründet werden Bezeichnungen wie z. B. „Eigentumsrechte", „Verfügungsrechte" oder „Handlungsrechte"; vgl. etwa Eschenburg (1978), S. 9–11, Leipold (1978), S. 518, Tietzel (1981), S. 209, Gäfgen (1984), S. 43, Buhbe (1980), S. 3. Angesichts der Uneinigkeit soll der Terminus unübersetzt bleiben.

Möglichkeit, Rechte an Gütern auszuüben, macht Güter für Wirtschaftssubjekte wertvoll (Picot 1981: 156f.). Das Bündel solcher Rechte wird in der property rights-Theorie üblicherweise in folgende Einzelrechte unterteilt, um eine tiefergehende Analyse zu ermöglichen (Alchian/Demsetz 1972: 783; Ridder-Aab 1980: 40; Pejovich 1976: 3):

(1) Nutzungsrecht an einem Gut
(2) Recht auf Veränderung von Form und Substanz des Gutes
(3) Recht auf Aneignung des Erfolgs
(4) Recht zur Veräußerung des Gutes

Die Rechte (1) und (2) lassen sich für die betriebswirtschaftliche Analyse von Rechten in Unternehmungen zum Koordinationsrecht zusammenfassen (Picot 1981: 161f.).

In einer Gesellschaft ergibt sich aufgrund staatlicher Normsetzung eine Verteilung von property rights, die für einzelwirtschaftliche Entscheidungen in der Regel als Datum anzusehen ist. Bereits vor dieser Verteilung sind wichtige Grundsatzfragen zu bedenken, etwa, ob property rights als privates, kollektives oder öffentliches Eigentum auszugestalten sind. Dies wird von gesamtgesellschaftlichen Ordnungsvorstellungen abhängig sein. Letztlich sind hier Fragen der Umsetzung einer aus der Gesellschaftsordnung abgeleiteten Wirtschaftsordnung angesprochen. Hieraus folgt, daß die Primärverteilung der property rights nicht ohne eine Theorie des Staates sinnvoll vorgenommen werden kann (Schüller 1985: 263); eine solche Theorie existiert jedoch erst in den Ansätzen (Furubotn/Pejovich 1972: 1140; Nozick 1974; Buchanan 1975). Als allokationseffiziente Form in einer marktwirtschaftlichen Ordnung, in der Preise die Lenkungsfunktion übernehmen, wird die Zuweisung als Privateigentum angesehen[2], denn positive und negative Erfolge tangieren den einzelnen Rechteinhaber bei gemeinschaftlichem Eigentum nur in geringerem Ausmaß (Pejovich 1976: 4).

Damit die Güterallokation effizient sein kann, müssen property rights den folgenden Anforderungen genügen (Leipold 1981: 38f.; Schmidtchen 1983: 9–11). Property rights müssen Individuen exklusiv, d. h. in eindeutiger Weise und uneingeschränkt, zugeordnet sein. Rechte müssen teilbar sein, um aus einem Rechtebündel Einzelrechte an andere übertragen zu können. Transferierbarkeit der Rechte muß gegeben sein, d. h. es muß prinzipiell die Möglich-

[2] Zu einem ausführlichen Beispiel vgl. Lehmann (1983), S. 35–43. Für den Bereich öffentlicher Güter gilt diese Aussage allerdings nicht.

keit des Tausches von Rechten existieren. Property rights müssen allgemein sein, was im einzelnen bedeutet, daß property rights auf alle Personen gleich anwendbar, abstrakt formuliert (nicht auf spezielle Gegebenheiten Bezug nehmend) und bestimmt sein müssen (Handelnde müssen die Konsequenzen verbotener Handlungen kennen oder kennen können).

Sind property rights privat zugeordnet, so muß der Inhaber der Rechte vor dem Eingriff in seine Rechte durch andere geschützt werden, andererseits darf er bei der Ausübung seiner Rechte nicht die Rechte anderer verletzen. Daraus resultiert, daß Rechtenutzungen verschiedener Personen prinzipiell konkurrieren können. Für diesen Fall muß bei der property rights-Zuordnung über Prioritäten entschieden werden. Die property rights-Theorie hat diesen Aspekt, den sozialen Kontext individuellen Handelns, herausgestellt. Sie sieht property rights als gesellschaftliche Instrumente an (Furubotn/Pejovich 1972: 1139; Stubblebine 1975: 14; Demsetz 1967: 347; Ridder-Aab 1980: 37). Angedrohte Sanktionen sollen den unberechtigten Eingriff in Rechte anderer möglichst verhindern, was allerdings nur selten vollkommen gelingt, so daß lediglich von einer Anreizwirkung zur Absicherung des Rechts durch Sanktionen gesprochen werden kann (Gäfgen 1984: 50).

Sollen für die Erstellung von Erzeugnissen und Dienstleistungen in Unternehmungen Ressourcen beschafft und eingesetzt werden, so sind ganz offensichtlich die property rights, die den Einsatzgütern anhaften, von erheblicher Bedeutung. Der bisherige Eigentümer überträgt mit Hilfe vertraglicher Vereinbarungen property rights-Bündel (Cheung 1970: 50). Verträge verändern die Ausstattung von Individuen mit property rights (Eschenburg 1978: 10; Hesse 1980: 489). Für den Erwerber ist es wichtig, die ihm zu übertragenden property rights genau kennenzulernen und möglichst sicherzustellen, daß der bisherige Eigentümer die Rechte auch komplett überträgt. Hierzu können, falls das allgemeine Vertragsrecht nicht ausreicht, besondere Vertragsausgestaltungen beitragen (Michaelis 1985: 52–54).

Hoheitliche Verteilung von property rights und interindividueller property rights-Tausch durch vertragliche Einzelvereinbarungen sind jedoch nicht die einzigen Möglichkeiten der Verteilung von property rights auf Individuen. Vielmehr können weitergehende Überlassungen von property rights vorgenommen werden, ohne daß unmittelbare Gegenleistungen im Sinne eines Austausches erwartet würden. In Unternehmungen ist die sinnvolle Bewältigung von Sachaufgaben, die der Verwirklichung von Formalzielen dienen soll, unter noch zu erörternden Bedingungen gar nicht möglich, ohne daß den

Ausführenden die hierzu notwendigen property rights bedingt übertragen würden. Hier wäre etwa an die Übertragung von Koordinationsrechten an Manager von Publikumsgesellschaften zu denken oder an property rights-Überlassungen im Rahmen der Ausgestaltung der Organisationsstruktur von Unternehmungen, die eine property rights-Zuordnung an organisatorische Einheiten auf Unternehmungsebene darstellt, in deren Rahmen dann der Vollzug von vertraglichem property rights-Tausch stattfindet. Es bleibt dabei allerdings im Rahmen der vertraglichen Vereinbarungen im Ermessen der ursprünglichen property rights-Eigner, diese Rechte zurückzunehmen oder anders zu verteilen.

Fragt man nun nach den Bedingungen, unter denen property rights in der einen oder anderen Weise ausgestaltet werden (sollten), so wird bei effizienzorientierter Betrachtungsweise der Umgang mit property rights so vorzunehmen sein, daß er einen möglichst großen Beitrag zur Zielerreichung leistet und möglichst geringe Kosten verursacht. Erst wenn unterschiedliche property rights-Zuordnungen in Unternehmungen unterschiedlichen wirtschaftlichen Aufwand verursachen, stellt sich die Optimierungsfrage der Organisation wirtschaftlicher Aktivitäten; und alternative Ausgestaltungen von Mitarbeiterbeteiligungsrechten stellen verschiedene Organisationsalternativen dar. Man wird also in Unternehmungen bei freiwilligen Umverteilungen von property rights (über Bedingungen in vertraglichen Vereinbarungen und Ausgestaltungen des allgemeinen Rahmens zur Abwicklung dieser Vertragsbeziehungen) diejenige Form wählen, die unter sonst gleichen Bedingungen mit geringsten Kosten verbunden ist. Die Wirkungen von Andersverteilungen aufgrund äußeren Zwanges wird man an demselben Kriterium zu messen haben.

Fragenkomplexe der sinnvollen wirtschaftlichen Organisation sowohl auf volkswirtschaftlicher als auch auf betriebswirtschaftlicher Ebene sind hier angesprochen. Ein relativ neuer organisationstheoretischer Ansatz, der Transaktionskostenansatz, der mit dem property rights-Ansatz auf das engste verbunden ist, widmet sich diesem Problemkreis. Die Kosten organisatorischer Arrangements werden von Vertretern dieses Ansatzes als Transaktionskosten bezeichnet. Transaktionskosten werden dann als Kriterium der Vorteilhaftigkeit von Alternativen der property rights-Verteilung zwischen Unternehmungseignern und gegen Entgelt beschäftigten Arbeitnehmern anzusehen sein. Ausgehend von dem Referenzfall, daß die Eigentümer der Unternehmung sämtliche Teil-property rights innehaben (Unternehmung kapitalistischer Vorstellung), sind die Mehr- oder Minder-Transaktionskosten bei abgeschwächten

(„verdünnten") property rights festzustellen. Wichtig ist dabei, wer die property rights de facto, nicht nur de lege, innehat (Tietzel 1981: 215). Außerdem sind evtl. – abhängig von der zu treffenden Entscheidung und der Entscheidungsebene – die Kosten der Rechtskonstituierung in die Transaktionskostenanalyse einzubeziehen (Wegehenkel 1980: 18f.).

Transaktionskosten sind in unterschiedlichem Umfang entscheidungsrelevant.[3] Sind staatliche Regelungen zur gesellschaftlichen property rights-Verteilung erlassen, so sind die damit verbundenen Kosten als sunk costs anzusehen, die für weitere Entscheidungen, insbesondere in Unternehmungen, bedeutungslos sind. Ebenso sind bereits angefallene Kosten der Errichtung einer bestimmten Organisationsstruktur unerheblich, wenn vertragliche Einzelvereinbarungen getroffen werden müssen. Analoge Überlegungen sind anzustellen, wenn im Rahmen bereits bestehender Verträge über alternative Aufgabenabwicklungen zu entscheiden ist. Transaktionskosten sind also immer für verschiedene Ebenen zu ermitteln, wobei auf vorgelagerten Ebenen jeweils die Konsequenzen für die nachfolgenden Ebenen zu bedenken sind. Bei der Rechtskonstituierung sind beispielsweise die Folgen der Umverteilung von property rights auf der Unternehmungsebene zu antizipieren und in einen Gesamtkalkül einzubeziehen.

Um alle relevanten Auswirkungen unterschiedlicher organisatorischer Abwicklungen erfassen zu können, dürfen die Transaktionskosten nicht auf monetär bewertbare Kostenbestandteile beschränkt bleiben, sondern müssen alle hinzunehmenden Nachteile enthalten.[4] Die Erfassung dieser Kosten kann wegen der

[3] Zur Entscheidungsrelevanz verschiedener Teil-Transaktionskosten vgl. Michaelis (1985), S. 94–100.

[4] Vgl. zur Diskussion um den Transaktionskostenbegriff z.B. Picot (1982), S. 270f., Picot (1985), S. 224, Michaelis (1985), S. 78–93. Bei der Ermittlung der Transaktionskosten reicht eine nur sehr vordergründige Betrachtung keineswegs aus. Es muß versucht werden, alle Auswirkungen der Verwirklichung der Organisationsalternativen zu berücksichtigen. Die Transaktionskosten einer Alternative können auch in der Nichtrealisierung von Vorteilen anderer Alternativen (Nachteile der betrachteten Alternativen) gesehen werden. Dies wird besonders deutlich bei Disincentivekosten. Disincentivekosten entstehen aufgrund des opportunistischen Verhaltens von Mitarbeitern – vgl. Windsperger (1983), S. 896 –, und fallen bei Andersgestaltung der Organisation eventuell in anderer Höhe oder auch gar nicht an. Wenn Schanz für eine umfassende Wirkungsanalyse von Verfassungsregelungen und für eine Einbeziehung der Nutzenkomponente plädiert, die die Transaktionskosten modifizieren soll – vgl. Schanz (1983), S. 269 –, so scheint ein zu enges Verständnis von Transaktionskosten

Schwierigkeit, alle Kostenelemente aufzudecken und sie zu quantifizieren oder einer qualitativen Bewertung zugänglich zu machen, mit erheblichen Problemen verbunden sein.

Die Transaktionskosten auf Unternehmungsebene lassen sich entsprechend der zeitlichen Abfolge von Transaktionen aufteilen in Informationsbeschaffungskosten, Vertragsabschlußkosten, Durchführungs- und Kontrollkosten (einschließlich Disincentive-Kosten) und eventuell Anpassungskosten.[5]

In der Literatur zur Transaktionskostentheorie wurden auf die Höhe von Transaktionskosten wirkende Einflußfaktoren herausgearbeitet.[6] Die Begründung für die Notwendigkeit dieser weitergehenden Betrachtung der Einflußgrößen an dieser Stelle ergibt sich daraus, daß zwar property rights die prinzipiellen Möglichkeiten des Umgangs mit den erlangten Rechten determinieren, daß die tatsächliche Rechteausübung aber von weiteren Faktoren abhängt. Diese weiteren Größen können korrigierend wirken, so daß eine property rights-Verdünnung letztlich auch effizienzsteigernd wirken kann. Solche Faktoren werden durch den Bedingungsrahmen für die organisatorische Abwicklung von Unternehmungsaufgaben angegeben. Für die Transaktionskostenhöhe sind danach Umweltfaktoren, die mit Humanfaktoren in Verbindung gebracht werden, verantwortlich. So sind bei hoher Komplexität und Dynamik der Aufgabenumwelt, die mit Hilfe entsprechender Informationsgewinnung tendenziell bewältigt werden könnten, begrenzte individuelle Fähigkeiten der Informationsgewinnung und -verarbeitung für die Transaktionskostenhöhe von Bedeutung.

Wichtiger als dieser Bereich ist für die hier zu behandelnde Problematik eine andere Paarung von Umwelt- und Humanfaktoren: die Wettbewerbssituation in Verbindung mit nutzenmaximierendem Verhalten von Individuen. Die These, daß Individuen die Maximierung ihres Nutzens erstreben, ist eine der zentralen Annahmen des property rights- bzw. Transaktionskostenansatzes.

vorzuliegen; vgl. zur Angemessenheit der Bezeichnung Transaktions*kosten* Michaelis (1985), S. 78f.

[5] Vgl. Windsperger (1983), S. 896, Eschenburg (1978), S. 19, Pethig (1975), S. 81f., Teece (1981), S. 3, Picot (1982), S. 270, Picot (1985), S. 224, Michaelis (1985), S. 95–100, vgl. auch Coase (1978), S. 164.

[6] Vgl. insbesondere Williamson (1975), S. 20–24; zu einer ausführlichen Diskussion dieses Bedingungsrahmens vgl. Michaelis (1985), S. 101–173, Williamson/Ouchi (1981), S. 349, Ouchi (1980), S. 133, Blair/Kaserman (1983), S. 18–23; vgl. zu einer anderen Einteilung der Einflußgrößen Picot (1982), S. 271–273.

Was Personen im einzelnen als nutzenstiftend empfinden, ist abhängig von der Gestalt ihrer Zielfunktion und den Argumenten, die die Nutzenfunktion enthält (Weede 1984: 3; Schanz 1983: 266–68; Michaelis 1985: 119–32). Erfolgreiche Nutzenrealisierung der Vertragspartner kann für die jeweils andere Seite mit Nutzeneinbußen einhergehen, die auch über die aus der legitimierten property rights-Zuordnung resultierenden Nutzenmöglichkeiten hinausgehen kann und oft wird, insbesondere wenn Kontrollkosten prohibitiv hoch sind. Es wäre nun sicherlich wichtig, die Nutzenfunktionen von Vertragspartnern näher kennenzulernen, was auf die altbekannten Probleme stößt. Sicherlich ist es aber nicht gerechtfertigt, den Inhalt von Nutzenfunktionen (sowohl von Kapitaleignern als auch von deren Vertragspartnern) lediglich in der Erzielung von quantifizierbaren Gütern (Geld, Sach- und Dienstleistungen) zu sehen.[7]

Verhalten von Individuen ist also abhängig von deren Nutzenfunktionen, und Transaktionskosten sind u. a. abhängig von diesem Verhalten. Es liegt damit nahe zu versuchen, Verhalten von Vertragspartnern auch mit Hilfe anderer Instrumente als der Verteilung von property rights zu steuern. In der letzten Zeit wird in diesem Zusammenhang in der Literatur besonders auf positive Auswirkungen der Schaffung eines Wertkonsenses hingewiesen, der eine vertrauensvolle Atmosphäre herbeiführt. Werte können auf verschiedenen Ebenen geschaffen werden. Traditionen und das Erziehungs- und Bildungssystem können Werte auf gesamtgesellschaftlicher Ebene formen (Ouchi 1980: 137; 1979: 838). Werte können aber auch für einzelne Subsysteme größerer Systeme auftreten, so für Unternehmungen in ihrer Gesamtheit oder für Unternehmungsteile (z. B. Divisionen, Abteilungen, Arbeitsgruppen).[8] Man kann in Unternehmungen also versuchen, eine Unternehmungskultur zu schaffen, die eine Ausrichtung auf gemeinsame Werte bewirkt, um so dem potentiell schädigenden Nutzenstreben weniger „gleichgerichteter“ Individuen entgegenzuwirken.

Neben dieser Möglichkeit der Verhaltenssteuerung, die instrumental einsetzbar ist und dafür sorgt, daß durch die Art der property rights-Verteilung

[7] Zur Diskussion über die Notwendigkeit eines realistischen Menschenbildes und die Kritik am Menschenbild der property rights-Theorie vgl. Riekhof (1984), S. 77–122.

[8] Solche durch gemeinschaftliche Wertvorstellungen verbundene Gruppenmitglieder nennt Ouchi „Clan“; vgl. Ouchi (1979), S. 838; vgl. außerdem Ouchi (1980), Ouchi/Jaeger (1978), Ouchi/Johnson (1978), Wilkins/Ouchi (1983), Williamson/Ouchi (1981), ähnlich Arrow (1969), S. 62. Zur Bedeutung einer Unternehmungskultur vgl. auch Heinen (1985).

prinzipiell mögliche Verhaltensspielräume nicht extensiv genutzt werden, wird eigeninteressiertes nutzenmaximierendes Verhalten durch eine Umweltgröße, die Wettbewerbsintensität, bestimmt. Intensiver Wettbewerb kann einen starken disziplinierenden Einfluß auf persönlichen Einsatz, Leistungswillen und Motivation der Mitarbeiter ausüben (Böbel 1978: 381 f.). In Situationen gering ausgeprägten Wettbewerbs kann diskretionäres Verhalten wegen nicht vorhandener Alternativen eher praktiziert werden, als wenn der Wettbewerb intensiv wäre.[9]

Zusammenfassend kann das Entstehen von Transaktionskosten erst dann sinnvoll erklärt werden, wenn die property rights-Verteilungen insbesondere unter der Einbeziehung der Wettbewerbssituation und der außerhalb der expliziten property rights-Verteilung erreichten bzw. erreichbaren Verhaltenssteuerung[10], etwa über die Schaffung von Werten, betrachtet werden. Hohe Transaktionskosten sind danach zu erwarten, wenn property rights stark abgeschwächt (verdünnt, wenig konzentriert) sind, der Wettbewerb schwach ist und Instrumente zur Verhaltenssteuerung bei gegebenen property rights nicht eingesetzt werden bzw. sich (noch) nicht ausgewirkt haben. Umgekehrt werden Ineffizienzen vermutlich nicht auftreten, wenn property rights beim Eigentümer konzentriert sind, hoher Wettbewerbsdruck herrscht und beispielsweise gemeinsame Wertorientierungen vorhanden sind. Hoher Wettbewerbsdruck und vorhandene gemeinsame Werte können auch dazu beitragen, das Transaktionskostenpotential stark abgeschwächter property rights nicht wirksam werden zu lassen, die Primärwirkungen aus verdünnten property rights abzuschwächen bzw. überzukompensieren, indem etwa Kontrolle überflüssig wird und zusätzliche Leistungsanreize ausgelöst werden.

Nachdem der property rights-theoretische Hintergrund aufgezeigt ist, ist zunächst zu fragen, auf welchen Ebenen von property rights-Zuordnungen verschiedene Formen der Mitarbeiterbeteiligung ansetzen und welche Teil-property rights jeweils betroffen sind. Mitbestimmung aufgrund gesetzlicher Vorschriften betrifft die gesellschaftliche Verteilung von property rights. Die Analyse ihrer wirtschaftlichen Auswirkungen ist am weitestreichenden anzulegen. Mitbestimmung auf freiwilliger Basis wird sich im wesentlichen im Bereich allgemeiner Regeln des Leistungsvollzugs, d. h. bei der Gestaltung der Organi-

[9] Vgl. Leibenstein (1980), S. 207 u. S. 233; zum Zusammenhang von Wettbewerbsintensität und Kostenhöhe vgl. auch Picot (1984a), S. 152–158.

[10] Auch property rights stellen Anreize dar und beeinflussen Verhalten; vgl. Furubotn/Pejovich (1972), S. 1139.

sationsstruktur, abspielen. Einzelvertragliche Vereinbarungen zur Mitbestimmung sind zwar nicht ausgeschlossen, müssen sich jedoch der aufbau- und ablauforganisatorischen Struktur anpassen. Die Schwierigkeit einer transaktionskostentheoretischen Analyse freiwilliger Mitbestimmung besteht darin, daß neben den aufgeführten Einflußfaktoren auch die Art der abgeschlossenen Einzelverträge im Zusammenhang mit den Transaktionskosten organisationsstruktureller Maßnahmen bedeutungsvoll sind. Für die Beurteilung von betrieblicher Entscheidungsteilhabe kann es nicht unerheblich sein, ob z. B. ein Arbeitsvertrag mehr oder weniger spezifiziert ist.[11]

Mitbestimmung betrifft die Mitwirkung von Mitarbeitern bei Entscheidungen in Unternehmungen. Sie bezieht sich damit auf die aufgeführten Rechte (1) und (2), die das Koordinationsrecht ausmachen. Mitbestimmung bedeutet also Abschwächung des Koordinationsrechts des oder der Eigentümer der Unternehmung und teilweise Überlassung dieses Rechts an Arbeitnehmer.

Während eine Erfolgsbeteiligung der Mitarbeiter eindeutig das Recht auf Aneignung des Erfolgs betrifft, ist die Kapitalbeteiligung den drei Rechtebereichen nicht zweifelsfrei zuordenbar. Beteiligungen am Eigenkapital können unterschiedliche Formen annehmen; die Grenzen zum Fremdkapital sind nicht immer klar erkennbar. Tendenziell erlangen am Eigenkapital beteiligte Mitarbeiter aber dieselben Rechte (Koordinationsrecht, Erfolgsaneignungsrecht, Veräußerungsrecht der Kapitalanteile) wie alle anderen Eigentümer der Unternehmung. Am Eigenkapital beteiligte Mitarbeiter schlüpfen zusätzlich zu ihrer Arbeitnehmerrolle in die Eigentümerrolle. Vor einer solchen Beteiligung sind deren Transaktionskostenkonsequenzen von den bisherigen Eigentümern zu bedenken. Selbstverständlich können auch verschiedene Formen der Mitarbeiterbeteiligung gepoolt auftreten, was aus Transaktionskostengründen auch sinnvoll sein kann, weil verschiedene property rights-Gestaltungen eventuell erst im Verbund ihre volle Wirkung entfalten.

[11] Die Kostenträchtigkeit von Verhalten der Vertragspartner wird auch in der Agency-(Agenten-)Theorie thematisiert; vgl. zur diesbezüglichen Parallele zwischen Agententheorie und Transaktionskostentheorie Williamson (1983), S. 355. Agent ist derjenige Vertragspartner, der im Rahmen der vertraglichen Beziehung Geschäfte für den Auftraggeber (den Prinzipal) besorgen soll. Fama/Jensen (1983), S. 327, beschreiben solche Agency-Probleme treffend so: „Agency problems arise because contracts are not costlessly written and enforced. Agency costs include the costs of structuring, monitoring, and bonding a set of contracts among agents with conflicting interests, plus the residual loss incurred because the cost of full enforcement of contracts exceeds the benefits“. Vgl. zur Agententheorie außerdem Ross (1973), Jensen/Meckling (1976), Reynolds (1976), Fama (1980), Grossman/Hart (1983).

3. Transaktionskostenkonsequenzen verschiedener Mitarbeiterbeteiligungsrechte

Ein Blick in die einschlägige wirtschaftswissenschaftliche Literatur zeigt, daß systematische Abhandlungen über Mitarbeiterbeteiligung im Rahmen eines Gesamtkonzepts eher selten sind. Unter dem Problembereich Mitbestimmung wird meistens sehr ausgiebig die kodifizierte Mitbestimmung abgehandelt; das Bundesverfassungsgerichtsurteil über das Mitbestimmungsgesetz von 1976, in dem die Vereinbarkeit mit dem Grundgesetz erörtert und bestätigt wird, hat hierzu weiteren Diskussionsstoff geliefert. Freiwillige Beteiligung von Mitarbeitern an Entscheidungen wird bei der Diskussion von Mitbestimmung kaum thematisiert.[12] Auch freiwillige Mitbestimmung bedeutet jedoch eine potentiell kostenträchtige Verdünnung von property rights, und die Abschwächung nimmt zu, je mehr die Rechte auf verschiedene Nutzer verteilt sind (Tietzel 1981: 215). Im folgenden soll zunächst die freiwillige und dann die gesetzlich vorgeschriebene Mitbestimmung unter property rights-Gesichtspunkten diskutiert werden. Dabei wird der in jüngerer Zeit intensiver erörterte Aspekt unternehmungsspezifischer Humankapitalinvestitionen zunächst vernachlässigt, um den Stand der bisher gängigen Diskussion aufzuzeigen (3.1 und 3.2). Diese Einschränkung wird in Abschnitt 3.3 aufgegeben. Danach werden Fragen der Erfolgs- und Kapitalbeteiligung kurz angesprochen (3.4 und 3.5). Das Hauptgewicht wird bei der Diskussion freiwilliger und gesetzlich vorgeschriebener Mitbestimmung liegen.

3.1. Freiwillig eingeräumte Mitbestimmungsrechte

Der Fragenkomplex freiwillig einzuräumender bzw. eingeräumter Mitbestimmungsrechte wird in der Organisationstheorie, speziell im sogenannten situativen Ansatz, im wesentlichen als eine der Strukturvariablen, nämlich als Verteilung von Entscheidungsrechten in der Unternehmung, betrachtet. Hierunter sind zwei Aspekte zusammengefaßt, nämlich die Entscheidungsdelegation und die Entscheidungspartizipation (Picot 1984: 122–24). Außerdem kann die Beteiligung von Mitarbeitern in Gremien vorgesehen werden.

[12] Dies gilt allerdings z. B. nicht für Schanz (1985) und Furubotn (1986).

3.1.1. Entscheidungsdelegation

Delegation von Entscheidungsrechten bedeutet Übertragung von Entscheidungskompetenzen von der obersten Ebene organisatorischer Einheiten an nachgelagerte Ebenen. Sie erfaßt die vertikale Autonomie und damit den Ermessensspielraum untergeordneter Stellen (Hill/Fehlbaum/Ulrich 1981: 224f.). Entscheidungsdelegation kann aus verschiedenen Gründen sinnvoll sein. Zunächst kann Delegation sogar zwingend erforderlich sein, wenn etwa in Publikumsaktiengesellschaften wegen mangelnder Möglichkeiten der Eigentümer, die Unternehmung zu führen, Manager eingestellt werden müssen (Picot/Michaelis 1984: 256). Delegation kann allgemein zu einer kapazitätsmäßigen Entlastung höherer Ebenen führen, die gerade bei großen Unternehmungen bedeutungsvoll ist. Die Qualität der Entscheidungen kann zunehmen, weil die Entscheidungen nun von besser und problemnäher Informierten getroffen werden. Die Entscheidungsfindung kann auch schneller vonstatten gehen, weil weniger Instanzen beteiligt sind. Die Zuordnung von Entscheidungskompetenzen kann individuell positiv bewertet werden und Motivationswirkungen zeigen, falls der Delegationsempfänger nicht überfordert wird. Allerdings besteht auch die Gefahr von Suboptimierung (Picot 1984: 123; Hill/Fehlbaum/Ulrich 1981: 232f.). Welcher Delegationsgrad (Grad der Entscheidungsdezentralisierung) realisiert wird, ist abhängig von der Art der zu lösenden Sachaufgaben (Picot 1984: 138–44).

Nichtausnutzung der genannten Vorteile würde die Organisation unnötig verteuern, d. h. vermeidbare Transaktionskosten verursachen. Überlassung von Entscheidungskompetenzen bedeutet aber bei mangelnden Möglichkeiten oder Kostenintensität der Kontrolle auch Eröffnung von Spielräumen für Nutzenaneignung der Delegationsempfänger und damit Transaktionskostenträchtigkeit, was für die managergeleitete Unternehmung besonders augenfällig wird und in der Literatur zu intensiven Diskussionen Anlaß gegeben hat.[13] Hier könnten die angeführten Korrektive, wie intensiver Wettbewerb auf Arbeits-, Kapital- und Gütermärkten, Ausgestaltung der Arbeitsverträge, Schaffung gemeinsamer Wertorientierung und eventuell Einsatz weiterer Mitarbeiterbeteiligungsinstrumente, wie Erfolgs- und Kapitalbeteiligung, gegensteuern. Eine umfassende Transaktionskostenanalyse, die allerdings den genannten Einschränkungen unterliegt, kann im Prinzip solche Fragen der property rights-Übertragung unter wirtschaftlichen Effizienzaspekten beantworten.

[13] Vgl. insbesondere Berle/Means (1968), Ridder-Aab (1980), Steinmann/Schreyögg/Dütthorn (1983), Picot/Michaelis (1984), Steinmann/Schreyögg (1984).

3.1.2. Entscheidungspartizipation

Partizipation liegt vor, wenn Stelleninhaber an der Willensbildung einer hierarchisch höheren Ebene teilhaben. Ausgeprägte Partizipation bedeutet eine hohe Verquickung hierarchischer Schichten bei der Entscheidungsfindung. Entscheidungsrechte werden hierbei nicht vollkommen übertragen, jedoch entsprechend dem Grad der Partizipation abgestuft überlassen. Mögliche Formen lassen sich anhand eines Kontinuums darstellen, das von der Einbeziehung in den entscheidungsvorbereitenden Informationsprozeß über Anhörungs-, Beratungs-, Mitentscheidungs- und Vetorechte bis zur Selbstabstimmung in autonomen Arbeitsgruppen reicht (Ulrich/Fluri 1984: 204; Hill/Fehlbaum/Ulrich 1981: 240–51, 262) und eine zunehmende Intensität der Mitwirkungsrechte anzeigt.

Entscheidungspartizipation kann ähnliche Auswirkungen haben wie die Delegation von Entscheidungen, zusätzlich können Informationsflüsse vereinfacht stattfinden und soziale Beziehungen verbessert werden. Neben diesen Vorteilen können Nachteile aus eventuell langwierigen und deshalb kostenintensiven Entscheidungsprozessen resultieren und Verantwortlichkeiten eventuell nicht mehr eindeutig zugeordnet werden (Picot 1983: 124; Hill/Fehlbaum/Ulrich 1981: 260f.). Auch der im Sinne möglichst organisations-(transaktions-)kostengünstiger Aufgabenerfüllung angemessene Partizipationsgrad hängt wiederum von der Ausprägung der Aufgabenmerkmale ab. Er ist unter Kostengesichtspunkten zu bestimmen.[14] Die auch bei der Delegation diskutierten weiteren Einflußgrößen wirken in gleicher Weise auf Transaktionskosten bei unterschiedlichem Partizipationsgrad ein.

3.1.3. Indirekte Arbeitnehmer-Mitwirkung

Die genannten Formen einer direkten Partizipation auf freiwilliger Basis können auch durch indirekte Mitbestimmung auf Unternehmungsebene ergänzt werden und sich auch auf Fragen, die die Arbeitssituation betreffen,

[14] Bei vorgegebener Aufgabe müssen für unterschiedliche Partizipationsgrade die mit dem Partizipationsgrad variablen Kosten betrachtet werden. Sie ergeben sich als Summe aus den Kosten, die aus der jeweiligen graduellen Beteiligung und Nichtbeteiligung resultieren (Konsensbildungs- bzw. Dissensfolgekosten). Das Minimum der aggregierten Kostenkurve determiniert den optimalen Partizipationsgrad. Vgl. zu einer solchen Analyse in verwandtem Zusammenhang Picot (1976), zur grundsätzlichen Vorgehensweise auch Buchanan/Tullock (1974).

beziehen. Zu denken wäre hier an die Vertretung des einzelnen Mitarbeiters durch gewählte Repräsentanten in Gremien (Schanz 1985: 122), wobei die Mitwirkungsrechte hier ähnlich wie bei direkter Partizipation unterschiedlich intensiv sein könnten. Auch für diese Art der Mitbestimmung muß versucht werden, die Transaktionskosten zu bestimmen. Auch diese Form der Mitbestimmung kann zusätzliche erfolgswirksame Effekte aufweisen, weil u. a. eventuell Informationsprozesse erleichtert, die Entstehung gegenseitigen Vertrauens gefördert und zusätzliche Anreize zu sorgfältiger Aufgabenerfüllung geschaffen werden.[15] Diese möglichen Vorteile sind wiederum den möglichen Nachteilen gegenüberzustellen.[16]

Bei indirekter Beteiligung ergeben sich allerdings möglicherweise Probleme aus der Tatsache, daß die Gesamtheit der Mitarbeiter oder Teilmengen sich durch Mandatsträger vertreten lassen müssen, die auf irgendeine Weise auszuwählen sind. Auch die Vertreter werden versuchen, eigenen Nutzen zu mehren, eventuell auch zu Lasten derjenigen, die sie beauftragt haben.[17] Hinzu kommt, daß Arbeitnehmerrepräsentanten die Interessen der Arbeitnehmerschaft eventuell nicht erkennen oder falsch wahrnehmen (Hentze/Brose 1985: 77). War es das Ziel der Unternehmungsleitung, ihre eigene Informationsversorgung zu verbessern, so wird dies unter Umständen wegen der Informationsfilterung nicht im beabsichtigten Umfang erreicht.

Als Zwischenergebnis läßt sich festhalten, daß die Effizienz von Mitbestimmungsregelungen in Unternehmungen situationsabhängig ist. Die Variablen der Organisationsstruktur, zu denen die Verteilung von Entscheidungsrechten zu zählen ist, müssen mit den Bedingungen der organisatorischen Gestaltung korrespondieren. Der Bedingungsrahmen ist mit Hilfe der Merkmale der Sachaufgaben beschreibbar. Die aufgabenangepaßte ist damit die effiziente Mitbestimmungsregelung. Unterschiedliche Aufgabenstrukturen in verschiedenen Unternehmungen müssen dann unter Effizienzaspekten zu unterschiedlichen Mitbestimmungsregelungen führen. Wandeln sich Aufgabenstrukturen im Zeitablauf, so muß die Entscheidungsrechtsverteilung verändert werden.

[15] Zur Interpretation von property rights als Gratifikationspotentiale vgl. Riekhof (1984), S. 124–128, Schanz (1982), S. 10f.

[16] Vgl. hierzu auch die Diskussion bei Heinen (1969), S. 83–85. Heinen weist auch darauf hin, daß verstärkte Mitbestimmung mit einer Zunahme der Unternehmungsrisiken verbunden sein kann; vgl. Heinen (1969), S. 84.

[17] Vgl. z.B. Furubotn (1982), S. 232f. Zu den Wirkungsweisen indirekter Entscheidungsbeteiligung vgl. Picot (1977), S. 149–151; vgl. auch Kirsch (1974), S. 225–261.

Die Möglichkeit, Mitbestimmung aufgabengerecht zu gestalten, was auch bedeutet, sie zu variieren, ist von der dispositiven Handhabung in der Unternehmung abhängig. Vor diesem Hintergrund wird im nächsten Abschnitt die Problematik gesetzlich geregelter Mitbestimmung zu diskutieren sein.

3.2. Gesetzliche Mitbestimmung

Wenn in realen Gesellschaftssystemen property rights individuell zugeordnet, teilbar und übertragbar sind, interpersonelle Umverteilungen entsprechend den Nutzenschätzungen also möglich sind, müßten sich allokationseffiziente property rights-Verteilungen ergeben. Weshalb sollten unter diesen Umständen – immer unter dem Aspekt der Allokationseffizienz argumentiert – staatliche Eingriffe zur Veränderung der Situation vorgenommen werden? Jede Unternehmung (bzw. deren Repräsentanten) kann im Prinzip Mitbestimmung (sach-)aufgabenangepaßt gestalten und wird dies tun, wenn sie entsprechend dem Rationalprinzip entscheidet, wozu sie um so mehr gezwungen ist, je stärker der Wettbewerb auf dem Gütermarkt ist, auf dem sie agiert. Das sinnvolle Maß an Mitbestimmung zu verwirklichen, kann so auch zur Überlebensfrage werden, insbesondere wenn sich die Unternehmung in internationaler Konkurrenz befindet. Möglicherweise führen staatliche Reglementierungen gerade dazu, daß effiziente Lösungen verhindert werden. In diese Richtung zielt die von property rights-Theoretikern vorgebrachte Kritik.[18]

Auch und gerade in der Bundesrepublik Deutschland existieren kodifizierte Mitbestimmungsregelungen, die z. T. relativ stark detailliert sind und die Rechte im einzelnen festlegen.[19] Die Bestimmungen sind im Montanmitbestimmungsgesetz von 1951, im Betriebsverfassungsgesetz von 1952, das 1972 novelliert wurde, und im sogenannten Mitbestimmungsgesetz von 1976 enthalten (zu einem Überblick vgl. Chmielewicz 1980), die unterschiedliche Anwendungsfelder betreffen und Regelungen z. T. unterschiedlicher Art beinhalten und Mitbestimmung unterschiedlichen Grades vorschreiben. In diesen Gesetzen sind einige Bestimmungen über individuelle (direkte) Rechte der Arbeitneh-

[18] Diese Kritik wird allerdings in neuesten Stellungnahmen differenzierter gesehen; Anlaß dazu hat insbesondere der in diesem Abschnitt noch nicht berücksichtigte Aspekt der Konsequenzen transaktionsspezifischer Investitionen gegeben.

[19] Statt Mitbestimmungsrechte detailliert zu kodifizieren, hätte auch eine Rahmengesetzgebung geschaffen werden können, die von den Partnern des Arbeitsmarktes auszufüllen gewesen wäre; vgl. zu einem Vergleich dieser grundsätzlichen Vorgehensweisen Goldberg/Wolff (1981), S. 106–128.

mer (z. B. Rechte bei Veränderung des Arbeitsbereiches, Recht auf Einsicht in die Personalakte) und indirekte Mitbestimmungsrechte enthalten. Die indirekten Rechte beziehen sich auf die Mitwirkung des Betriebsrats und der Jugendvertretung (soziale, personelle und wirtschaftliche Angelegenheiten) und auf die Vertretung von Arbeitnehmern im Aufsichtsrat und im Vorstand (Niedenhoff 1977: 27). Das Schwergewicht liegt also bei der Beteiligung von Arbeitnehmern über deren Vertreter.

Pejovich weist eindringlich darauf hin, daß gesetzliche Mitbestimmung die Vertragsfreiheit einengt. Sie kann deshalb effiziente Verhandlungsergebnisse verhindern. Gesetzliche Mitbestimmung schreibt die Organisation ökonomischer Aktivitäten teilweise vor und beschneidet die Freiheit, die günstigste Organisationsform zu wählen. Sinnvolle, d. h. zielentsprechende, Organisationsalternativen können damit eventuell nicht realisiert werden. „The fact that codetermination has not emerged on a nation wide scale out of voluntary contractual arrangements means that it is a costly (inefficient) form of economic organization, that it could not survive competition against other contractual arrangements, and that it could be brought into existence only by government ‚fiat'".[20]

Pejovich befürchtet, daß Mitbestimmungsgesetze durchgesetzt werden, ohne die Auswirkungen genau zu bedenken. Positive Folgen schließt er zwar nicht aus, hält sie aber für unwahrscheinlich (Pejovich 1978: 20). Aus der Verwässerung von property rights bei den Eignern der Unternehmung sind nach seiner Ansicht vielmehr mehrere Negativkonsequenzen zu erwarten[21], die auch aus volkswirtschaftlicher Sicht bedenklich sind. Die Träger des Gesamtrisikos in der Unternehmung sind nicht mehr in der Lage, frei und unabhängig Entscheidungen zu treffen, die im wesentlichen sie tangieren. Die Rolle der Erzielung von Gewinnen für die Ressourcenlenkung wird nicht ausreichend gewürdigt. Arbeitnehmer und Unternehmungseigner gehen von verschiedenen Planungshorizonten aus und weisen unterschiedliche Risikoneigungen auf, woraus sich ein Konfliktpotential ergeben kann, das die Bereitsteller des Risikokapitals nicht mehr zu ihren Gunsten auflösen können; auf diese Weise können Arbeitnehmer ihre Nutzenmaximierungsvorstellungen einbringen und eventu-

[20] Pejovich (1978), S. 18, ähnlich Furubotn (1981), S. 705, Jensen/Meckling (1979), S. 473.

[21] Vgl. Pejovich (1978), S. 18–20. Zu intensiv begründeten Bedenken mit tendenziell ähnlichen Ergebnissen vgl. von Weizsäcker (1984), S. 146–151.

ell durchsetzen. Außerdem wird die Befürchtung geäußert, daß infolge von Mitbestimmung höhere Löhne durchgesetzt werden könnten mit unerwünschten gesamtwirtschaftlichen Folgen (Gallaway 1978: 186f.), obwohl zunehmende Mitbestimmung, wenn sie als Argument in Nutzenfunktionen von Arbeitnehmern vorkommt, potentiell lohnsenkende Effekte aufweisen müßte, denn der Nutzen könnte konstant bleiben, wenn Nutzen aus monetärem Einkommen durch Nutzen aus Mitbestimmung substituiert würde (Furubotn 1982: 229; von Weizsäcker 1984: 147f.). Darüber hinaus ist nach Furubotn zu befürchten, daß weitere Staatseingriffe folgen und das Investitionsvolumen mitbestimmter Unternehmungen absinkt (Furubotn 1982a: 178). Die Wurzel der beschriebenen Probleme stellt die transaktionskostenverursachende Nutzenaneignung von Arbeitnehmervertragspartnern gegenüber einer Situation unverdünnter property rights dar, die gesetzlich zugestanden wird, aber auch darüber hinausgehen kann.

Kritiker dieser skeptischen Position von property rights-Theoretikern heben hervor, daß das Einflußpotential der Mitarbeiter aufgrund der Mitbestimmungsgesetze nicht überschätzt werden sollte[22] und daß Mitbestimmung auch positive Wirkungen haben kann (Riekhof 1984: 154–58; Nutzinger 1982: 38). Bisher haben Vertreter der property rights-Theorie keinen empirischen Beweis für die Ineffizienz von Mitbestimmung vorgelegt. Die Ergebnisse empirischer Unternehmungen sind zwar undeutlich und voneinander abweichend, tendenziell wird durch die empirische Forschung jedoch eher eine Steigerung der Effizienz bei Partizipation festgestellt[23] und gezeigt, daß der inhaltliche Einfluß der Arbeitnehmer durch das Mitbestimmungsgesetz von 1976 faktisch von eher geringer Bedeutung ist (Picot 1981: 169; Steinmann/Gerum 1980). Allerdings sind mit diesen Ergebnissen, so erstaunlich sie sich zunächst im Licht der Aussagen einiger property rights-Theoretiker darstellen, die skeptischen The-

[22] Die Mitbestimmungsgesetzgebung setzt nach Meinung von z. B. Gerum bei der Informationsversorgung des Aufsichts- und Betriebsrates an und hat dort ihr Schwergewicht; vgl. Gerum (1985), S. 747. Vgl. zu den Informationsrechten von Betriebsräten und dem Informationsverhalten der Geschäftsleitungen deutscher Unternehmungen Staehle/Osterloh (1985). Auf die (offensichtliche) Wichtigkeit, die Stärke der übergegangenen Rechte (Parität, Unter- bzw. Überparität) in die Analyse einzubeziehen, weisen auch Dorow/Weiermair (1984), S. 217, hin.

[23] Vgl. hierzu und zu einem Überblick über empirische Untersuchungen zu dieser Frage Kraft (1984), S. 41f. und S. 48–51, Witte (1980), Witte (1982), Kirsch/Scholl (1983). Zu einer sehr umfänglichen empirischen Untersuchung über Auswirkungen der Mitbestimmung vgl. Kirsch/Scholl/Paul (1984).

sen noch nicht widerlegt. Weitere tiefgreifende empirische Arbeit ist notwendig. Untersuchungen müßten auch den Aspekt möglicher Veränderungen auf Güter-, Kapital- und Arbeitsmärkten und eventuell veränderte Handhabung nicht durch gesetzliche Mitbestimmung berührter Instrumentarien berücksichtigen. Möglicherweise wird Mitbestimmung auch dort gesetzlich geregelt, wo sie ohnehin freiwillig eingeführt worden wäre, stellt also nur eine Substitution für freiwillige Regelungen dar. In diesem Fall wären positive Gesamtwirkungen nicht verwunderlich. Ebenso wäre eine bloße Konservierung schon bestehender property rights-Verteilungen durch gesetzliche Vorschriften zu beurteilen.

Bezüglich eines Punktes scheint Skepsis gegenüber gesetzlicher Mitbestimmung besonders angebracht: Die Art des Instrumenteneinsatzes zur Verwirklichung sinnvoller organisatorischer Arrangements hängt von den situativen Faktoren ab. Gesetze gelten generell ohne Bezug auf den Bedingungsrahmen, in dem Organisation vollzogen werden muß. Auf die Eigenheiten von Unternehmungen und die dort zu erfüllenden Aufgaben können gesetzliche Regelungen nicht eingehen (Kraft 1984: 40). Gegenüber freiwilligen Regelungen scheinen sie hier einen erheblichen Nachteil aufzuweisen, weil Optimallösungen vor dem speziellen Hintergrund jeder Unternehmung und den dort abzuwickelnden Sachaufgaben abzuleiten sind. Noch schwerer wiegt, daß organisatorische Rahmenbedingungen außerhalb der Mitbestimmungsgesetzgebung sich verändern können und oft werden, und daß zweckgerechte Anpassungen bei gesetzlicher Mitbestimmung eventuell unmöglich werden. Bei effizienzorientiertem (auch internationalem) Wettbewerb könnte dies letztlich zum Untergang der Unternehmung und damit zum Verlust der – vordergründig gesehen – besonders begünstigten Arbeitsplätze führen.

Der Hinweis darauf, daß gesetzliche Mitbestimmung eventuell keine negativen Effizienzwirkungen aufweist, kann jedoch auf keinen Fall der Argumentation von property rights-Theoretikern entgegengehalten werden. Denn wenn sich gesetzliche Mitbestimmung eventuell sogar positiv auswirkt, hätte diese Mitbestimmung doch im Prinzip freiwillig eingeführt werden können. Hier wird gelegentlich der Eindruck erweckt, als hätten die Unternehmungen durch gesetzliche Bestimmungen erst zu ihrem Glück (wirtschaftlicher Erfolg) gezwungen werden müssen und als sei die Harmonie (oder zumindest Indifferenz) der Mitarbeiter- und Unternehmungseignerziele nur nicht erkannt worden.[24]

[24] Unangemessen hierzu etwa Nutzinger (1982a), S. 63ff.

Lassen sich also aus wirtschaftlicher Sicht keine guten Gründe für die gesetzliche Einführung der Mitbestimmung aufzeigen? Man müßte, um eine Antwort zu finden, nach den Bedingungen fragen, unter denen die Veränderung von property rights durch staatliche Normsetzung vernünftig erscheint. Dieser Frage kann hier nicht umfassend nachgegangen werden. Es kann aber, wie eingangs ausgeführt, zur Beurteilung der Effizienz staatlicher Aktivitäten ebenfalls das Transaktionskostenkriterium herangezogen werden (vgl. auch Riekhof 1984: 152 f.), das die Theorie selbst nahelegt.

Selbstverständlich sind auch Arbeitnehmer mit property rights ausgestattet, nämlich mit property rights an ihrer Arbeitskraft, die sie möglichst nutzbringend verwerten wollen. Arbeitnehmer könnten die Überlassung von Rechten, die bisher Risikokapitaleignern exklusiv zugeordnet waren, als so dringlich ansehen, daß sie hierin eine wesentliche Komponente des Verwertungserfolgs ihrer Arbeitskraft sehen, die anderweitig nicht befriedigend kompensiert werden kann. Ob diese Annahme realistisch ist, sei dahingestellt. Sie könnte z. B. überprüft werden, wenn untersucht würde, ob Arbeitnehmer bereit wären, zugunsten des Mitbestimmungsrechts auf Teile des Lohns zu verzichten.

Auch die Transaktionskosten der Arbeitnehmer sind in Analysen auf gesamtwirtschaftlicher Ebene zu berücksichtigen. Die Transaktionskosten der individuellen und freiwilligen Vereinbarung und Umsetzung von Arbeitnehmer-Teilhabe können so hoch werden, daß sie den empfundenen Mitbestimmungsvorteil zunichte machen würden. Auch auf Arbeitgeberseite können die Transaktionskosten der Aushandlung von Mitbestimmung recht hoch sein, so daß eventuell grundsätzlich bestehende Mitbestimmungsvorteile nicht genutzt werden. Für die Bundesrepublik Deutschland haben erste Analysen zu Auswirkungen des Mitbestimmungsgesetzes von 1976 allerdings eher eine Fluchtbewegung aus der Mitbestimmung gezeigt (Oechsler 1985: 105), was nicht für eine Einsparung von Transaktionskosten auf Arbeitgeberseite aufgrund der gesetzlichen Mitbestimmungsregelung spricht.

Dasselbe gilt – vielleicht in abgeschwächter Form –, wenn man davon ausgeht, daß Arbeitsbedingungen teilweise kollektivvertraglich (durch Arbeitgeber- und Arbeitnehmerverbände) ausgehandelt werden. Allgemeinverbindliche Regeln entheben die Partner einer kostspieligen Aushandlung von Einzelregelungen. Sind sehr viele Mitglieder einer Gemeinschaft (Staat) betroffen, so sind die Transaktionskostenvorteile genereller Regeln offenbar besonders groß. Zu berücksichtigen ist allerdings, daß auch das Erlassen und das Überwachen von Vorschriften und die vorgelagerte Informationssuche nicht ohne wirtschaftlichen Aufwand möglich sind. Property rights sollten dann verändert werden, wenn damit Transaktionskostensenkungen möglich sind.[25] Wenn also freiwillige Mitbestimmung zuvor deshalb nicht stattfand, weil die Transaktionskosten dies verhinderten, so kann auch aus property rights-Sicht eine staatliche Regelung der Mitbestimmung akzeptabel werden. Dieses Argument für staatliche Gesetzgebungsaktivitäten gilt auch unabhängig von der hier behandelten Mitbestimmungsproblematik für alle anderen Bereiche. So können beispielsweise wegen bestehender Rechnungslegungsvorschriften die Informationskosten von Anteilseignern erheblich sinken; wegen des Vertragsrechts können Aushandlungs- und Durchsetzungskosten von Verträgen niedriger sein als ohne diese Bestimmungen.

Neben dieser aus property rights-Sicht sicherlich wichtigsten Begründung für gesetzliche Regelungen zur Arbeitnehmerteilhabe wird in der Literatur ein weiteres Argument für Mitbestimmung angeführt. Nicht befriedigte Bedürfnisse, zu denen man das Bedürfnis nach Mitbestimmung zählen kann, führen zu einem möglichen Konfliktpotential. Als Mittel zur Austragung solcher Arbeitnehmer-/Arbeitgeber-Konflikte wird von Gewerkschaftsseite eventuell der Streik eingesetzt. Tarifauseinandersetzungen sind kostenintensiv. Hier könnte gesetzliche Mitbestimmung eventuell kostensenkend wirken, denn das kollektivvertragliche System wird entlastet, weil es sich nicht auf die konkreten Organisations- und Arbeitsbedingungen der Unternehmungen ausrichten muß. Zwischen Konfliktneigung des gesamten Tarifsystems und gesetzlicher Mitbestimmung wird ein Zusammenhang entdeckt (Brinkmann/Kübler 1981: 686 f.) und als empirisch feststellbar betrachtet: „Gerade die angloamerikanische Industrial-Relations-Forschung zeigt, daß in den Ländern, in denen keine bzw. nur rudimentäre gesetzliche Mindestregelungen der Arbeitnehmerpartizipation bestehen, Streikhäufigkeit und Streikdauer besonders hoch sind" (Dorow/Weiermair 1984: 217). Man wird nicht leugnen können, daß ein Zusammenhang plausibel erscheint; ob und in welchem Umfang aber andere Faktoren (etwa kulturelle Einflüsse, bereits erreichtes Wohlstandsniveau) eine wichtige und eventuell wichtigere Rolle spielen, müßte genauer untersucht werden. Je mehr dies der Fall ist, um so weniger kann das Argument der Minderung von Konfliktkosten gelten. Darüber hinaus bliebe immer noch zu beweisen, daß die Kosten der Konfliktaustragung die Transaktionskosten aus gesetzlicher Mitbestimmung überstiegen hätten.

[25] Ähnlich Brinkmann/Kübler (1981), S. 685–687, Hesse (1980), S. 484, tendenziell auch Fleischmann (1983), S. 231 f.

Gesetzliche Mitbestimmung ist in der Bundesrepublik Deutschland zum größten Teil indirekte Mitbestimmung. Im Zusammenhang mit der Ausübung der erlangten Rechte resultieren aus der Notwendigkeit, sich von Repräsentanten vertreten zu lassen, auch für die betroffenen Arbeitnehmer Transaktionskostenprobleme. Diese können jedoch erheblich gravierender sein als bei freiwillig eingeführter indirekter Mitbestimmung. Zusätzlich zu den bereits diskutierten Schwierigkeiten muß nun bedacht werden, daß ein Arbeitgeber evtl. versucht, den Arbeitnehmervertreter in seinem Sinne zu beeinflussen. Auch Arbeitgeber sind nutzenmaximierende Individuen.[26] Diese Versuche werden bei ebenfalls nutzenorientierten Arbeitnehmervertretern auf fruchtbaren Boden fallen, soweit es die jeweilige Nutzenfunktion nicht verbietet, in Widerspruch zu den Aufträgen der zu Vertretenden zu geraten, falls solche überhaupt erkennbar sind. Die Anfälligkeit des Repräsentanten nimmt mit steigenden Kontrollkosten der „Basis" zu. Die Vorteile aus Kontrolle müßten die Nachteile mindestens aufwiegen, um Kontrolle sinnvoll werden zu lassen. Kollektive Kontrolle scheitert zudem oft an hohen Koordinationskosten. Durch einzelne ausgeübte Kontrolle kommt wegen hoher individueller Kosten (einschließlich Opportunitätskosten) und free rider-Verhaltens der anderen Gruppenmitglieder oft nicht zustande. Wegen der Möglichkeit, Vorteile aus arbeitgeberangepaßtem Verhalten zu erlangen, kommen Mitbestimmungsregelungen möglicherweise nur in geschmälertem Umfang zum Tragen und lassen Transaktionskosten für die Arbeitgeberseite nur eingeschränkt entstehen.

Die Überlegungen in diesem Abschnitt haben erwartungsgemäß ergeben, daß gesetzliche Mitbestimmung wegen der Nichteinbeziehung des organisatorischen Bedingungsrahmens erhebliche Transaktionskostenprobleme aufwerfen kann. Die Problematik indirekter Mitbestimmung darf nicht unterschätzt werden. Die Ableitung valider empirischer Ergebnisse dürfte besonders schwierig sein. Weitere empirische Arbeit ist hierzu aber dringend erforderlich. Es darf jedoch auch nicht übersehen werden, daß gesetzliche Regelungen auch positive Effizienzwirkungen aufweisen können, weil property rights-Tausch evtl. erleichtert wird. Transaktionskostenanalysen auf staatlicher Ebene dürften besonders schwierig sein, weil Daten vermutlich nicht in ausreichendem Umfang

[26] Auf die Problematik der Durchsetzung von Interessen der Risikokapitaleigner, die insbesondere bei notwendiger Vertretung, etwa durch angestellte Manager, auftritt, kann hier nicht ausführlich eingegangen werden. Vgl. hierzu etwa Ridder-Aab (1980), Picot/Michaelis (1984).

zur Verfügung stehen und entweder überhaupt nicht oder nur mit hohen Kosten erlangbar sind. Ein generelles effizienzorientiertes Urteil über die gesetzliche Mitbestimmung ist aber gegenwärtig nicht möglich.

3.3. Besondere Berücksichtigung des Aspekts unternehmungsspezifischer Humankapitalinvestitionen bei Mitbestimmungsüberlegungen

Bei den bisherigen Überlegungen ist die Frage noch nicht berücksichtigt worden, ob Mitbestimmung nicht allein deshalb sinnvoll sein kann, weil Humankapital geschaffen wurde oder wird, das nicht generell, sondern nur in einer bestimmten Unternehmung einsetzbar ist.[27] Die Grundgedanken dieser in der letzten Zeit geführten, längst nicht abgeschlossenen Diskussion sollen hier in der gebotenen Kürze angesprochen werden. Hierbei soll zunächst von dem typischen Fall ausgegangen werden, daß Arbeitnehmer Kontrakteinkommen beziehen. Gewinnbeteiligungsaspekte werden im folgenden Gliederungspunkt angesprochen.

Arbeitnehmer sind oft nicht in der Lage, die besonderen Aufgaben in der Unternehmung aufgrund ihrer bisherigen Ausbildung befriedigend zu erfüllen. Diese Kenntnisse und Fähigkeiten müssen dann noch erworben werden. Fraglich ist zunächst, wer diese Weiterqualifizierung finanziert. Investitionen in Humankapital, das beliebig anderweitig verwertbar ist, ist problemlos vom Arbeitnehmer zu finanzieren.[28] Seine Investitionssumme wird von austauschbaren Arbeitgebern c. p. über Lohnzahlungen abgegolten, weil auch die Leistungen höherwertig werden. Diese Wiedergewinnungswahrscheinlichkeit besteht jedoch nicht für unternehmungsspezifische Humankapitalinvestitionen. Hier müssen transaktionskostengünstige Organisations- und Finanzierungswege gefunden werden.

Das Problem der Spezifität von Investitionen wird in der Transaktionskostenliteratur als besonders wichtig für das Auftreten von Transaktionskosten angese-

[27] Vgl. zu dieser Diskussion insbesondere Furubotn (1983), Furubotn (1986), Wenger (1986), Monissen/Wenger (1986), Alchian (1984), Picot (1984b), Kraft (1984), Furubotn/Wiggins (1984), Weiermair (1985), S. 550f.

[28] Staatlich finanzierte Aus-, Fort- und Weiterbildung stellt, so gesehen, einen meritorischen Eingriff dar, der auch aus gesamtwirtschaftlichen und gesellschaftlichen Gründen vorgenommen wird.

hen.[29] Spezifische Investitionen unterliegen einem wesentlich höheren potentiellen Wertverlust als Investitionen in universal verwendbares Sach- und Humankapital. Die aus spezifischen Investitionen resultierenden sunk costs müssen aus „quasi rents" gedeckt werden. Eine quasi rent stellt den Überschuß über den Ertrag in der ex post zweitbesten Verwendungsmöglichkeit außerhalb des bestehenden Vertragsverhältnisses dar (Klein/Crawford/Alchian 1978: 298). Es ist offensichtlich, daß quasi rents bei Universalkapital im Extrem nicht anfallen und bei Spezialkapital sehr hoch sein können. Wichtig für das Auftreten von Transaktionskosten ist, daß Vertragspartner versuchen werden – streng egoistisches Verhalten vorausgesetzt –, sich Teile der quasi rents oder auch die gesamte quasi rent anzueignen, nachdem die Investition getätigt wurde, so daß der Investor Gefahr läuft, seinen Investitionsbetrag zu verlieren und die Erträge aus der Investition nicht vereinnahmen zu können, wenn nicht zuvor entsprechende Sicherungsmaßnahmen getroffen wurden. Dieser Verteilungskampf um die quasi rents selbst ist nicht kostenlos (Leibenstein 1979: 493); allerdings kann es auch Kräfte geben, die diesem Verteilungskampf entgegenwirken. Die Notwendigkeit quasi rents zu vereinnahmen, ergibt sich aus dem sunk cost-Charakter von spezifischen Investitionen.[30]

Bezogen auf die Frage der Humankapitalinvestitionen kommen sowohl Arbeitgeber als auch Arbeitnehmer als Investoren und Risikoträger in Frage, woraus sich drei mögliche Finanzierungsformen ergeben: die Finanzierung durch den Arbeitgeber oder durch den Arbeitnehmer oder die Teilung der Investitionssumme zwischen Arbeitgeber und Arbeitnehmer. Die Begründung für Mitbestimmung wird in arbeitnehmerfinanzierten unternehmungsspezifischen Humankapitalinvestitionen gesehen. Die Problematik ergibt sich letztlich aus unterschiedlichen Interessenlagen von Arbeitgeber und Arbeitnehmer bei Meßschwierigkeiten des Leistungsbeitrags der Ressourceninhaber.[31] Mitbestimmung könnte zur Lösung dieses Koordinationsproblems evtl. beitragen. Dies ist im folgenden zu diskutieren.

Wäre es möglich, Verträge beliebiger Ausgestaltung abzuschließen, könnte der jeweilige Financier sich vermutlich gegen eine Enteignung der quasi rent

[29] Vgl. etwa Alchian (1984), S. 36–38, Williamson (1984), S. 202–207, Masten (1982), S. 9f., Klein/Crawford/Alchian (1978).

[30] Vgl. Klein/Leffler (1981), S. 619, Williamson (1984), Wiggins (1984), S. 224, Hax (1984), S. 227f.

[31] Zur Ressourcenspezifität in Koalitionen vgl. Alchian (1984), S. 36–38; zu Meßproblemen des Leistungsbeitrags vgl. Alchian/Demsetz (1972).

ausreichend absichern, und der Frage nach der Finanzierung käme keine sehr große Bedeutung zu. Es ist nämlich grundsätzlich möglich, daß diejenigen, die nicht an der Unternehmungsleitung beteiligt sind, ihre Interessen auf andere Weise, nämlich über Vertragsbedingungen, die die gegenseitigen Ansprüche fixieren, geltend machen.[32] Je höher spezifische Investitionen sind und je länger der Zeitraum ihrer Rückgewinnung zu veranschlagen ist, um so langfristiger und ausgefeilter müßten die Arbeitsverträge sein. Neben Problemen der Inflexibilität bzw. der Kostenträchtigkeit von Vereinbarungen zur Flexibilisierung und Schwierigkeiten der Leistungsmessung stehen dem jedoch arbeitsrechtliche Grenzen entgegen, so daß Arbeitsverträge faktisch kurzfristige Verträge sind, die von beiden Seiten im Prinzip jederzeit kündbar sind.[33] Alternativ zu einem Begründungsversuch von Mitbestimmung aus transaktionsspezifischen Investitionen sollte man die Veränderung des Arbeitsrechts, das ohnehin mehr den sozialen Aspekt als den der Wettbewerbsangemessenheit betont, in Erwägung ziehen. Diese naheliegende Möglichkeit wird eigenartigerweise kaum diskutiert.

Während der Abschluß von Arbeitsverträgen mit ausreichender Fristigkeit nur de lege ferenda von Bedeutung ist, sind de lege lata Abfindungsregeln denkbar, die der jeweils begünstigten Seite in zeitlicher Staffelung den Ausgleich nicht wiedergewonnener Investitionskosten für den Fall des Austritts aus dem Vertragsverhältnis auferlegen. Die Frage der Angemessenheit von Abfindungszahlungen ist jedoch schwer zu beantworten und dürfte für den Fall des Rechtsstreits bei tendenziell arbeitnehmerfreundlichen Richtern eher zu Ungunsten des Arbeitgebers entschieden werden. Die Kosten der Vertragsaushandlung nehmen bei derartigen Abmachungen allerdings zu. Auch die Kosten dieser Alternative wären den Transaktionskosten bei Mitbestimmung gegenüberzustellen.

[32] Vgl. hierzu insbesondere Hax (1985), S. 130. Hax tritt der weitverbreiteten und nach seiner Auffassung irrigen Ansicht entgegen, „Interessen könnten in der Unternehmung nur durch irgendeine Form der Beteiligung an der Unternehmungsleitung geltend gemacht werden". Unternehmungsverfassungen als „interessenmonistisch" oder „interessenpluralistisch" zu klassifizieren – so Steinmann (1969), S. 231 –, könnte damit irreführend sein, weil die Problematik zu stark verkürzt würde. Zu ähnlicher Kritik vgl. Schneider (1985a), S. 559 f. Schneider bemängelt insbesondere die stillschweigende Negierung der Effizienzsteigerung durch Wettbewerbsprozesse; vgl. Schneider (1985a), S. 560.

[33] Vgl. zur Diskussion der Auffassung von Alchian/Demsetz (1972), S. 777, Michaelis (1985), S. 185–189.

Soll bzw. kann keine der beiden soeben angeführten Möglichkeiten ergriffen werden, so unterliegt die Finanzierung der spezifischen Humankapitalinvestitionen sowohl durch den Arbeitnehmer als auch den Arbeitgeber den Schwierigkeiten aus möglicher quasi rent-Aneignung. Alleinige Finanzierung durch den Arbeitgeber bedeutet für den Arbeitnehmer eine Schädigungsmöglichkeit, die er durch erhöhte Lohnforderungen, verbesserte Arbeitsbedingungen usw. realisieren kann. Arbeitnehmerfinanzierung der Humankapitalschaffung, die in der Einwilligung in niedrigere Anfangsgehälter[34] oder in der direkten Finanzierung bestehen kann (Wenger 1986), unterliegt umgekehrt der Gefahr, von Arbeitgeberseite entwertet zu werden. Der Arbeitnehmer begibt sich in die Abhängigkeit des Arbeitgebers, wenn er nicht auf den Rückfluß aus seiner Investition verzichten will. Allerdings ist hierbei zu bedenken, daß Nachfrager von Arbeitskraft auf dem Arbeitsmarkt einen Ruf zu verlieren haben. Je transparenter der Arbeitsmarkt ist, um so größer würden Schwierigkeiten sein, wenn spätere Einstellungen vorgenommen werden müssen. Dieses Argument wiegt um so schwerer, je größer das zukünftige Nachfragevolumen dieses Arbeitgebers ist (Wenger 1986).

Bei arbeitnehmerfinanzierten bzw. -teilfinanzierten spezifischen Humankapitalinvestitionen setzen die weitergehenden property rights-theoretisch fundierten Überlegungen zur Mitbestimmung in Unternehmungen an, obwohl auch die Frage zu stellen ist, ob nicht auch bei Arbeitgeberfinanzierung Mitbestimmung angezeigt sein kann. Nach der insbesondere von Furubotn neuerdings vorgetragenen Auffassung müssen in solchen Fällen die Arbeitnehmerrechte erweitert, d. h. die property rights an der Unternehmung neu verteilt werden (Furubotn 1986). Investitionen in ihre eigenen Fähigkeiten, die auch aus Unternehmungssicht sinnvoll und wünschenswert sind und die zu Risikozuwachs auf Arbeitnehmerseite führen, machen Arbeitnehmer nach dieser Meinung sogar zu Eigenkapitalhaltern (Furubotn 1986; ähnlich Alchian 1984: 12), woraus die Forderung nach Rechten der Arbeitnehmer an der Unternehmung abgeleitet wird. Mitarbeiter, die für die Funktionsfähigkeit der Unternehmung

[34] Der Ansatz eines „niedrigeren" Anfangsgehaltes setzt allerdings voraus, eine Größe festzusetzen, mit der das tatsächliche Entgelt verglichen wird. Diese konkret festzulegen, kann schwierig sein. Der Frage, wie man konkret feststellen könnte, ob Humankapitalinvestitionen arbeitgeber- oder arbeitnehmerfinanziert sind, wird in der Literatur bisher auch kaum nachgegangen. Eine Klärung wäre aber für die Antwort auf die Frage bedeutungsvoll, wessen Rechte zu schützen sind. Zu einem diesbezüglichen Ansatz vgl. Wenger (1986).

notwendige Investitionen vornehmen, sollen genauso behandelt werden, wie jeder andere Investor; arbeitnehmereigene Ressourcen seien durch Arbeitnehmerrepräsentanten zu schützen.[35] Diese Vorstellung scheint diskussionsbedürftig zu sein.

Unternehmungen können nur dann existieren, wenn für Abnehmer attraktive Leistungen erbracht werden, was bedeutet, daß zunächst die Idee für entsprechende Sachaufgaben vorhanden gewesen sein muß. Risikokapitaleigner investieren in das Gesamtprojekt. Sind die eingesetzten Mittel nicht beliebig wieder entziehbar, haben sie eine unternehmungsspezifische Investition vorgenommen, die in der Regel durch nichts geschützt ist. Dem Risiko des Kapitalverlusts steht lediglich die Chance der Kapitalmehrung gegenüber. Die Situation des Risikokapitaleigners unterscheidet sich also insoweit von der eines Mitarbeiters, der nicht erfolgsabhängig honoriert wird und dessen Investitionserfolg nicht absatzmarktabhängig ist. Entlassungsrisiken sind wegen arbeitsrechtlicher Bestimmungen und wegen der mit der Substitutionsnotwendigkeit verbundenen zusätzlichen Lasten nicht sehr gravierend.

Auch mit anderen Investitionen ist die Arbeitnehmerinvestition nur schwer gleichsetzbar. Werden mit den eingezahlten Mitteln Sachkapitalinvestitionen vorgenommen, die quasi rents aufweisen, so geht das Risiko des Verlusts dieser quasi rents zu Lasten der Eigner der Unternehmung. Werden für Kundenaufträge auftragsspezifische Investitionen vorgenommen, wird ein Investor eventuell erlössichernde Maßnahmen zu erreichen versuchen und etwa entsprechende vertragliche Abmachungen treffen, will er sich nicht der Gefahr aussetzen, die quasi rents zu verlieren. Möglicherweise wird er hierauf aber auch verzichten. Zum einen verursachen derartige Vereinbarungen selbst Kosten. Zum anderen ist die Erforderlichkeit der Absicherung nicht objektiv gegeben. Sie hängt von der Einschätzung zukünftigen Verhaltens des Vertragspartners ab. Eintrittswahrscheinlichkeiten und subjektive Risikoneigungen werden hierbei bedeutungsvoll sein.

Transaktionsspezifische Investitionen sind nicht etwa nur für den Investor selbst vorteilhaft, sondern auch für Vertragspartner, weil bei kostenangepaßter Preisgestaltung die Preise eventuell niedriger ausfallen werden. Vorgenommen

[35] Vgl. Furubotn (1986). Konsequenterweise dürfte diese Forderung wohl kaum auf Arbeitnehmerbeteiligungsfragen beschränkt bleiben, sondern müßte auch andere Unternehmungsbeteiligte einbeziehen. Gegen eine Verkürzung der Unternehmungsverfassungsfrage auf Teilaspekte wendet sich auch Albach (1981), S. 71.

wird die Investition jedoch nur, wenn sie bei Betrachtung aller Folgen aus der Entscheidung vorteilhaft erscheint, wenn also etwa der Kapitalwert positiv ist. Eine Absicherung von quasi rents ist aber überhaupt nur möglich, wenn konkrete Vertragspartner feststehen oder wenn Versicherungen abgeschlossen werden können.

Für humankapitalschaffende Arbeitnehmer müssen dieselben Überlegungen gelten. Auch diese Investoren handeln selbstverantwortlich und müssen die Sinnhaftigkeit ihrer Investition gesamtheitlich einzuschätzen versuchen und sämtliche Folgen in die Überlegungen einbeziehen. Bei der Qualifizierung für mit den bisherigen Kenntnissen nicht zu bewältigende Tätigkeiten handelt es sich jedoch keineswegs um eine Investition in die Unternehmung, sondern um eine Investition in die eigene Arbeitskraft, will man schon die Parallele zu anderen Investitionen aufgreifen. Deren Höhe hängt zudem u. a. von dem bisher erlangten Ausbildungsstand und der individuellen Lernfähigkeit ab und damit von Investitionen des Arbeitnehmers und des Staates in generelle Ressourcen. Vermutlich wird ein Arbeitnehmer nicht die vage Möglichkeit der Einkommenserzielung akzeptieren, sondern auf einem weitgehend fixen Lohn bestehen. Das allgemeine Risiko völlig gewinnabhängiger Bezahlung[36] wird er gerade wegen seiner gewählten Rolle als Arbeitnehmer nicht akzeptieren.[37] Solange dies aber nicht der Fall ist, trägt er auch nicht dasselbe Risiko wie ein Risikokapitaleigner.

Ob und in welcher Weise Absicherungen der Arbeitnehmerinvestition vorzunehmen sind, kann nur aus individueller Sicht beurteilt werden. Vertragliche Abmachungen sind durch Rechtsvorschriften eingegrenzt; ein auf Langfristigkeit angelegtes Arbeitsvertragsverhältnis kann nicht langfristig vereinbart werden. Es kann jedoch Bedingungen geben, unter denen aus der Sicht des Individuums derartige Sicherungsmaßnahmen nicht notwendig sind. So kann etwa der Wertkonsens in einer Unternehmung einen Grad erreicht haben, der ein entsprechendes Vertrauen schafft und die Wahrscheinlichkeit des Worthaltens aus Arbeitnehmersicht groß werden läßt. Durch Schaffung einer Unternehmungskultur kann eine faktische Langfristigkeit des Arbeitsverhältnisses erzeugt werden, die sich für beide Seiten transaktionskostensparend auswirken

[36] Die Verteilung des Unternehmungsergebnisses auf die Ressourceninhaber kann allerdings mit erheblichen Zurechnungsproblemen verbunden sein. Vgl. die Diskussion zur Teamproduktion bei Alchian/Demsetz (1972), S. 778–781.

[37] Gelegentlich wird die Unternehmerfunktion gerade darin gesehen, Einkommensunsicherheiten zu verringern; vgl. die Diskussion bei Schneider (1985), insbes. S. 1246.

kann. Außerdem können eventuell die späteren Vorteile aus der Investition als so wertvoll eingeschätzt werden, daß die Investition auch ohne besondere Sicherungsmaßnahmen durchgeführt wird, was wiederum von der Risikoneigung des Arbeitnehmers abhängt. Die Schaffung interner Arbeitsmärkte, die bei vorausgesetztem Weiterbestehen der Unternehmung Fortkommenschancen für bewährte Mitarbeiter bietet und damit Arbeitnehmer-Austrittskosten erhöht, wäre als weiteres Mittel langfristiger Bindung anzusehen.[38] Wie die Beispiele andeutungsweise zeigen, wäre es eine unzweckmäßige Verkürzung, wollte man das Problem unternehmungsspezifischer Humankapitalinvestitionen aus dem faktisch nicht sinnvollen Unternehmungsaustritt (exit) wegen mangelnder Verwertungsalternativen heraus ausschließlich mit der Forderung nach Mitspracherechten (voice)[39] lösen. Dies schwebt den Verfechtern einer vermeintlich property rights-fundierten Mitbestimmungsforderung offenbar vor.

Wenn Mitbestimmungsregelungen wegen der Absicherungsnotwendigkeit von Arbeitnehmerinvestitionen empfohlen werden, so geht man, mögliche Verbundeffekte zunächst außer Acht lassend, offenbar von folgenden Annahmen aus: Arbeitnehmer sind hochgradig risikoscheu, angemessene vertragliche Vereinbarungen sind nicht möglich, nicht ausreichend oder zu teuer, das Vertrauen zu dem Arbeitgebervertragspartner ist schwach ausgeprägt, und sonstige Bindungen können schwer aufgebaut werden. Darüber hinaus dürfen die erwarteten Kosten der Mitbestimmung die Investitionskosten nicht übersteigen, weil sonst der Arbeitgeber die Investition selbst durchführen würde, wenn die absatzmarktliche Bewertung der Erzeugnisse derartige Belastungsübernahmen überhaupt rechtfertigt.

Erst aus derartigen Transaktionskostenüberlegungen des Arbeitgebers ergäbe sich die ökonomische Sinnhaftigkeit von Mitbestimmung bei spezifischen Humankapitalinvestitionen, die Arbeitnehmer finanzieren bzw. mitfinanzieren. Weil diese Aufwendungen auch im Interesse der Aufgabenerfüllung liegen, wird der Arbeitgeber die kostengünstigste Form der Bereitstellung genügend qualifizierten Personals suchen. Nur weil der Arbeitsmarkt unvollkommen ist, ergibt sich überhaupt die Notwendigkeit, die Investitionsbedingungen für Arbeitnehmer zu verbessern und deren Risiken zu reduzieren. Die Funktionsfähigkeit des Arbeitsmarktes zu erhöhen, könnte zur Reduzierung von Transaktionskosten beitragen und auch gesamtwirtschaftlich vernünftig sein.

[38] Hierauf weist besonders Williamson (1975), S. 73–78, hin.

[39] Zur Alternative exit/voice vgl. Hirschman (1974).

Zu fragen ist nun weitergehend, wie gut Mitbestimmung geeignet ist, Arbeitnehmer-Humankapitalinvestitionen zu fördern, d. h. auf andere Weise nicht erreichbare Langfristigkeit von Vertragsbeziehungen zu simulieren. Dies hängt sicherlich davon ab, wie Mitbestimmung im einzelnen ausgestaltet und wie sie individuell empfunden wird. Es muß entschieden werden, ob Mitbestimmung direkte oder indirekte Rechte beinhalten soll, in welchen Bereichen von Entscheidungen in der Unternehmung Mitspracherechte eingeräumt werden sollen und wie intensiv diese Rechte im einzelnen sein sollen. Die Rechte müssen so weitgehend sein, daß sie die gewünschten Investitionen ermöglichen. Auf die einzelnen Ausgestaltungsmöglichkeiten kann hier leider nicht im einzelnen eingegangen werden. Hierzu wäre eine umfängliche Erörterung erforderlich.

Festzuhalten bleibt, daß auch die Einführung von Mitbestimmung aufgrund von Arbeitnehmerinvestitionen in ihre eigene Qualifizierung unter Effizienzaspekten nur durchgeführt wird, wenn dies für die Unternehmung transaktionskostengünstig ist und zur Lösung des Koordinationsproblems beiträgt. Zu vergleichen ist diese Alternative mit anderen Möglichkeiten der Begünstigung bzw. der eigenen Übernahme der Investition. Auch Arbeitgeberfinanzierung schließt Mitbestimmung natürlich nicht aus. Per Saldo positive Mitbestimmungswirkungen können auch die hieraus resultierenden Risiken abmildern. Dies ist ebenfalls in die Analyse einzubeziehen. In diesem umfänglichen Bewertungskalkül kann sich dann durchaus die Vorteilhaftigkeit der Einführung von Mitbestimmung und deren Eignung zur Reduktion von Risiken erweisen.

Es muß betont werden, daß eine gesetzliche Verordnung von Mitbestimmung, begründet aus dem Schutz von Arbeitnehmerinvestitionen, c. p. deshalb nicht sinnvoll erscheint, weil hierbei nicht ausreichend zwischen universal einsetzbarer Arbeitskraft und unternehmungsspezifisch qualifizierter Arbeitskraft differenziert werden kann. Obwohl gesetzlich festgelegte Mitbestimmungsmöglichkeiten ein günstiges Klima für die fraglichen Investitionen schaffen können, ist zu beachten, daß dieses „Klima“ seinen Preis hat, dessen Inkaufnahme nur auf Unternehmungsebene beurteilt werden kann.

Ob spezifische Humankapitalinvestitionen[40] empirisch überhaupt eine so be-

[40] Spezifische Investitionen können in ihrer Extension unterschiedlich festgelegt werden. Gelegentlich werden die Grenzen recht weit gezogen. Alchian (1984), S. 39, führt beispielhaft für Arbeitnehmerinvestitionen auch die Mobilitätskosten („location of residence“) auf. Zu einer besonders weitgehenden Aufzählung vgl. Furubotn (1986).

deutsame Rolle spielen, ist schwer abzuschätzen. Für viele industrielle Arbeiter werden sie von untergeordneter Bedeutung sein, für andere haben sie großes Gewicht. Bei Verwaltungs- und Führungskräften z. B. ist das Erfordernis unternehmungsspezifischer Qualifikation in vielen Fällen stark ausgeprägt, zugleich aber auch der Einsatz genereller Fähigkeiten gefragt. Ob die Unternehmungsspezifität eindeutig festlegbar ist, muß bezweifelt werden. Oft werden sich in Konkurrenzunternehmungen analoge Anwendungsmöglichkeiten ergeben, oder gerade die spezifischen Kenntnisse können für andere Unternehmungen aus Gründen der besseren Einschätzung der Konkurrenz besonders wichtig und damit wertvoll sein. Je einfacher und problemloser in einer Volkswirtschaft konkurrenzhervorrufende imitatorische Prozesse, die Innovationen sozialisieren und zu neuen Innovationen anregen, vonstatten gehen, um so weniger bedeutungsvoll ist das Problem der Spezifität von Humankapital. Der Wettbewerbspolitik kommt auch für diesen Fragenkreis erhebliche Bedeutung zu.

3.4 Gewinnbeteiligung

Die Gewinnbeteiligung von Arbeitnehmern wird im Rahmen der Entgeltpolitik in personalwirtschaftlichen Abhandlungen seit langem diskutiert (z. B. von Eckardstein/Schnellinger 1978: 191–206). Sie zählt zum Instrumentarium der Unternehmungsleitung und wird zur Verwirklichung einer möglichst weitgehenden Unternehmungszielerreichung eingesetzt.[41]

Bei Einführung einer Gewinnbeteiligung verzichten die Unternehmungseigner freiwillig auf die Vereinnahmung des gesamten Gewinns für sich. Der Gewinnentgang durch Arbeitnehmergewinnbeteiligung ist gegen die Vorteile aufzurechnen, die diese property rights-Abnahme begleiten. Die Hoffnung auf eine positive Differenz ergibt sich vor allem aus den Verhaltenswirkungen, die allerdings unklar sind. Zum einen ist nicht gesichert, daß finanzielle Anreize überhaupt eine ausreichende Leistungsmotivation bewirken. Zum anderen besteht nur ein recht loser Zusammenhang zwischen individuellen Anstrengungen und dem erlangten Gewinnanteil. Gewinn wird zum großen Teil von Faktoren bestimmt, die sich einer direkten Einwirkung des Arbeitnehmers

[41] Zur Abgrenzung der Gewinnbeteiligung und der Ertragsbeteiligung und zur Differenzierung in Unternehmungs-, Ausschüttungs- und Substanzgewinnbeteiligung vgl. von Eckardstein/Schnellinger (1978), S. 195–198.

entziehen (Schanz 1985: 82–4); dies gilt vor allem, wenn Gewinnbeteiligungen in Betriebsvereinbarungen, also nicht individuell, ausgehandelt werden. Eventuell ist es günstiger, Entlohnungen von der Erreichung von Teilleistungszielen abhängig zu machen. Gewinnbeteiligung wird um so eher positive Wirkungen zeigen, je eher für den Mitarbeiter ein direkter Zusammenhang zwischen Leistung und Entlohnung erkennbar wird. Wichtig ist auch hier, zielentsprechende Ausgestaltungen der Gewinnbeteiligung zu finden.

Die Lösung derartiger Fragen wird besonders bedeutungsvoll, wenn Gewinnbeteiligung mit Mitbestimmung gekoppelt werden soll. Je eher es gelingt, einen sinnvollen Anknüpfungspunkt erfolgsabhängiger Entgeltzahlungen zu finden, desto positiver kann Mitbestimmung wirken. An dieser Stelle muß der Aspekt arbeitnehmerfinanzierter unternehmungsspezifischer Humankapitalinvestitionen erneut aufgegriffen und in Verbindung mit gewinnabhängiger Entlohnung betrachtet werden. Würde wegen der spezifischen Qualifizierung kein Kontrakteinkommenszuwachs gegenüber dem Kontrakteinkommen bei universal einsetzbarer Arbeitskraft vereinbart (was im übrigen natürlich auch für den gesamten Arbeitseinsatz möglich wäre), so müßte eine Abgeltung über erfolgsabhängige Zahlungen erfolgen, wobei wiederum die Schwierigkeit der Messung des Leistungsbeitrags besteht. Der Eigner des Ressource Arbeitskraft würde dann (teilweise) Residualeinkommen beziehen. Er wäre insoweit als Bezieher von (Human-)Risikokapitaleinkommen anzusehen, der auch das Risiko der Erfolglosigkeit der Investition zu tragen hätte. Es muß allerdings offen bleiben, ob die Bereitschaft zur Übernahme solcher Risiken überhaupt besteht. Eine derartige Entgeltregelung wird um so eher verwirklicht werden können, je größer die Einflußmöglichkeiten des Ressourceneinbringers auf die Unternehmungspolitik sind; denn sein Einkommen hängt von der Wertschöpfung ab, die auch durch die Markthandlungen der Unternehmung bestimmt wird.[42] Möglicherweise vertraut der Arbeitskrafteigner aber auch darauf, daß Entscheidungen der Unternehmungsleitung auf das (jetzt gemeinsame) Ziel der Residualeinkommensmaximierung gerichtet sind. Die Einräumung von Mitbestimmungsrechten kann aber die Bereitschaft zur Übernahme von Einkommensrisiken erhöhen, weil hierdurch die Abhängigkeit des Investitionserfolgs von anderen tendenziell vermindert wird.

[42] Zur Notwendigkeit der Orientierung der Unternehmungspolitik am Residualeinkommen als Voraussetzung für die Funktionsfähigkeit von Unternehmungen in einer marktwirtschaftlichen Umwelt vgl. Hax (1985), S. 129.

Sind schon die Wirkungen von Gewinnbeteiligung und von Mitbestimmung, isoliert betrachtet, unklar, so werden die Folgen der Kombination der beiden Instrumente besonders schwer einschätzbar. Es erscheint grundsätzlich plausibel, daß zur Mitentscheidung befugte Mitarbeiter, wenn sie auch am Erfolg beteiligt sind, tendenziell so handeln werden, daß die Zielerreichung der Empfänger von Residualeinkommen positiv tangiert wird. Das Instrumentarium zur Ausgestaltung von Mitbestimmung und Gewinnbeteiligung ist allerdings so facettenreich und die Wirkungsanalyse so schwierig, daß konkrete Empfehlungen bisher kaum möglich sind. Zu beachten ist hier insbesondere, daß die Kombination von Mitbestimmung und Gewinnbeteiligung c. p. den Kompetenz- und Verteilungskonflikt zwischen Kapitaleignern und Arbeitnehmern verstärkt. Dem Abbau von property rights der Alteigentümer steht die Erwartung einer Stärkung der Leistungskraft der Unternehmung gegenüber. Hier existiert noch ein weites Feld für weitere Forschungsbemühungen; abschließende Beurteilungen sind z. Z. keineswegs möglich.

3.5 Kapitalbeteiligung

In diesem Abschnitt ist noch auf die wohl am weitesten gehende Form der Mitarbeiterbeteiligung, die Kapitalbeteiligung, einzugehen. Beteiligung von Mitarbeitern am Fremdkapital führt kaum zur Einbindung in die Unternehmung und kann damit kaum transaktionskostensenkende Wirkungen durch Verbesserung des Leistungsverhaltens hervorbringen. Beteiligung am Eigenkapital kann in mehreren Varianten auftreten. Sie ist zunächst abhängig von der Gesellschaftsform der Unternehmung, kann jedoch rechtsformunspezifisch z. B. auch als typische oder atypische stille Beteiligung oder Genußscheinbeteiligung ausgestaltet und aus direkten Einzahlungen des Arbeitnehmers oder aus nicht ausgeschöpften Gewinnanteilen finanziert werden. Stille Beteiligungen und Genußscheinbeteiligungen bewirken keine Teilhabe an Leitungsrechten, sie weisen also bezüglich der property rights-Wirkungen geringere Probleme auf als typische Eigenkapitalbeteiligungen. Ähnliches gilt für die Beteiligung in Form stimmrechtsloser Vorzugsaktien.

In dem Transaktionskostenkalkül, das auch für Kapitalbeteiligungen wieder aufzustellen ist, sind die Wirkungen ähnlich schwer einschätzbar wie bei der Gewinnbeteiligung (vgl. auch Riekhof 1984: 162). Da sich jedoch über die Kapitalbeteiligung nicht nur Rechte am erzielten Erfolg, sondern auch am Kapital, das veräußerungsfähig ist, und (in vielleicht recht eingeschränktem

Umfang) an Koordinationsrechten ergibt, können die Effekte eventuell verstärkt auftreten.

Kapitalbeteiligungen können zu einer erhöhten Identifikation mit der Unternehmung führen, die wiederum von der Höhe des gehaltenen Anteils und von dem Grad des übernommenen Risikos abhängen kann (z. B. die selten praktizierte Verlustbeteiligung, Nachschußpflichten). Die Identifikation führt ihrerseits zu einem verstärkten Zugehörigkeitsgefühl und zur stärkeren Integration, weil das Erreichen von Unternehmungszielen mit dem Erreichen von persönlichen Zielen verbunden wird. Damit werden Leistungsbereitschaft und individuelle Zufriedenheit erhöht, und Absentismus und Fluktuation gehen zurück (Riekhof 1984: 162–68; Riekhof 1985: 195f.; Schanz 1985: 95–7). Positive Wirkungen sollen mit einer Ausrichtung der Mitarbeiterziele auf Unternehmungsziele erreicht werden, indem Mitarbeiter selbst zu Kapitaleignern werden. Doch dürfen auch die Motivationswirkungen der Kapitalbeteiligung nicht überschätzt werden. Es gibt viele intervenierende Variable, so daß der Zusammenhang wiederum nur indirekt ist (Riekhof 1984: 167).

Als Negativkomponenten sind in dem Vergleich die Gewinnauszahlungen an Mitarbeiter, die man auch als Aufwand zur Erreichung eines hohen Zielerreichungsgrades interpretieren kann, und die möglichen Konsequenzen aus der Wahrnehmung der Veräußerungs- und Mitwirkungsrechte zu berücksichtigen. Allerdings ist eine Korrektur um zahlreiche steuerliche Entlastungen vorzunehmen, die eingeräumt werden, weil aus staatspolitischen Gründen die Kapitalbildung in Arbeitnehmerhand gefördert werden soll. Außerdem müssen vermiedene Transaktionskosten anderer Formen der Kapitalbeschaffung entgegengehalten werden.

Aus der Abgabe von property rights in Form von Koordinationsrechten selbst ergeben sich möglicherweise Probleme, weil nun Einflüsse eines erweiterten Kreises von Miteigentümern über Informations-, Kontroll- und Direktionsrechte geltend gemacht werden können. Auf diese Weise können Mitarbeiter ihre Zielsetzungen direkt in die Unternehmungspolitik einbringen. Ob eine tatsächliche Einflußnahme größeren Umfangs jedoch gelingt, ist recht zweifelhaft. Zum einen werden die bisherigen Eigner den Umfang der Kapitalbeteiligung von Mitarbeitern begrenzen, so daß die Erfüllung eigener Ziele nicht übermäßig gefährdet wird, wobei allerdings zu bedenken ist, daß Mitarbeiterbeteiligung selbst ein eigenständiges Element der Zielfunktion sein kann. Zum anderen werden die Kapitalanteile unter den Mitarbeitern weit gestreut sein, so daß der Anteil eines einzelnen Mitarbeiters relativ gering sein wird. Die

Koordination der Arbeitnehmer-/Eigentümer-Interessen kann aus den schon früher aufgezeigten Gründen große Schwierigkeiten aufweisen. Es kann zwar prinzipiell Surrogate direkter Eigentümerkontrolle geben (vgl. z. B. Picot/Michaelis 1984: 259–65), die aber vermutlich wegen des nicht ausreichenden Anteils der Arbeitnehmer als Gruppe am Gesamteigenkapital der Unternehmung kaum zum Tragen kommen. Dies bedeutet natürlich, daß die neu gewonnenen Miteigentümerrechte der Arbeitnehmer faktisch recht eingegrenzt sind, soweit sie das Koordinationsrecht betreffen.

Zur reinen Erfolgsbeteiligung von Mitarbeitern liegt bisher kaum empirisches Material vor. Die Kapitalbeteiligung wird in einer empirischen Untersuchung von Guski/Schneider positiv beurteilt. Die Autoren kommen zu dem Ergebnis, daß die Beteiligung sowohl für die Mitarbeiter als auch für die Unternehmung vorteilhaft ist. Beteiligungsunternehmungen sind nach der Studie im Branchendurchschnitt meistens erfolgreicher. Die Autoren messen dies an der Eigenkapitalausstattung, dem Pro-Kopf-Umsatz, der Umsatzrendite und ähnlichen Kennziffern (Guski/Schneider 1983: 44–6).

Zu beachten ist auch, daß verschiedene Maßnahmen der Mitarbeiterbeteiligung kombiniert auftreten und sich gegenseitig begünstigen können (Müller-Welser 1977: 36–8; Furubotn 1986). Hierzu haben FitzRoy/Kraft eine empirische Untersuchung vorgelegt, in der die These einer Leistungssteigerung durch nicht gesetzlich verordnete Mitarbeiterbeteiligung überprüft und bestätigt wird (FitzRoy/Kraft 1985).

4. Einschätzung der Ergebnisse

In den vorstehenden Überlegungen wurde versucht, mögliche Wirkungen von property rights-Veränderungen, die aus Mitarbeiterbeteiligung folgen können, aufzuzeigen. Ob sie per Saldo als günstig oder ungünstig einzustufen sind, konnte wegen der Notwendigkeit differenzierterer Betrachtungen und nicht genügend konkreter Aussagen verhaltenswissenschaftlicher Forschung nicht eindeutig herausgearbeitet werden. Hierzu sind im einzelnen viele Positiv- und Negativeffekte zu berücksichtigen, die sich erst im Zusammenspiel mit weiteren Bedingungen und Variablen ergeben. Zudem muß für eine eingehende Analyse auf die verschiedenen sehr vielfältigen Abstufungsmöglichkeiten von Mitarbeiterbeteiligungsmaßnahmen eingegangen werden.

Für den Bereich der freiwillig einführbaren Mitarbeiterbeteiligung ist die Betriebswirtschaftslehre aufgefordert, ihre Beratungsfunktion zu erfüllen. Property rights- und Transaktionskostentheorie liefern wichtige Ausgangsüberlegungen zur Erfüllung dieser Aufgabe, sofern Fragen der rein wirtschaftlichen Effizienz angesprochen sind. Gesetzlich nicht vorgeschriebene Mitarbeiterbeteiligung wird nur dann eingeführt, wenn sie positive Nutzenzuwächse erwarten läßt. Property rights-Abschwächungen sind insoweit unter Effizienzaspekten unbedenklich.

Über diesen begrenzten Rahmen hinaus sollten die aus der property rights-Theorie abgeleiteten Erkenntnisse jedoch in Diskussionen um die sinnvolle staatliche Ausgestaltung der Unternehmungsverfassung Eingang finden. Die Entstehung von gesetzlicher Mitbestimmung kann evtl. als transaktionskostensenkende Regelung verstanden werden, durch die zumindest einer an Mitbestimmung interessierten Seite die u. U. prohibitiv hohen Kosten der Aushandlung von Beteiligungsrechten abgenommen werden. Die hier herangezogene property rights-Theorie ist in der Lage, wirtschaftliche Effizienzwirkungen alternativer Verfassungsregelungen aufzuzeigen. Die Analyse ergibt, daß gesetzliche Mitbestimmung auf dieser Grundlage eher pessimistisch eingeschätzt werden muß, obwohl auch Pro-Argumente angegeben werden können. Die Effizienzanalyse muß sich sowohl auf die Normenwirkung als auch auf die Normenentstehung erstrecken.

In einer Wirtschaftsordnung mit dezentralisierten Entscheidungskompetenzen wirkt gesetzliche Mitbestimmung im wesentlichen nachteilig. Solange man von marktwirtschaftlichen Lenkungskräften und ihrer Überlegenheit ausgeht, sind Mitbestimmungsregelungen als systeminkonforme Eingriffe anzusehen. Interessen von Marktpartnern müssen auf den jeweiligen Märkten zu befriedigen gesucht werden. Bereitsteller von Risikokapital müssen Nachfrager auf dem Markt für Unternehmungsbeteiligungen suchen, Anbieter von Produkten auf dem Gütermarkt und Anbieter von Arbeitskraft auf dem Arbeitsmarkt. Die Koordination erfolgt über Preise. Wer dieses einfache Grundprinzip vernachlässigt, entfernt sich vom allokationseffizienzorientierten marktwirtschaftlichen Ideal. Das in letzter Zeit gelegentlich herangezogene Bild von der Ressourcenzusammenlegung zur Betrachtung von Unternehmungen (Vanberg 1982: 152; Riekhof 1984: 139–45; Sauter 1985: 2), wonach individuelle Träger von Verfügungsrechten ihre Ressourcen in einen gemeinsamen Pool einbringen, verdeckt diese Zusammenhänge.

Einsatzgüter sollen gerade nicht gemeinsam genutzt werden, sondern Eignern von Risikokapital muß die Möglichkeit gegeben werden, sich an der Umsetzung unternehmerischer Aufgaben zu beteiligen und Residualeinkommen zu erzielen.[43] Hierzu müssen Ressourcen beschafft werden, die für die Aufgabenerfüllung erforderlich sind, nämlich Sachgüter und Dienstleistungen einschließlich Arbeitskraft. Sind diese Möglichkeiten eingeschränkt, werden tendenziell auch weniger Mittel als Eigenkapital von Unternehmungen zur Verfügung gestellt. Genau dies ist der kritische Punkt für Mitbestimmungsüberlegungen.[44] Unternehmungen müssen in der Lage sein, entsprechend ihren auf Effizienzerzielung gerichteten Kalkülen zu entscheiden. Ändert sich der rechtliche Rahmen, der dazu zwingt, property rights an Vertragspartner abzutreten, muß die Unternehmung c. p. eventuell sogar aufgelöst werden, weil die Eigner ihre Finanzierungsmittel zurückziehen und in andere Anlageobjekte investieren. Auch die gesamtwirtschaftliche Effizienz wird hierdurch betroffen.[45] Es wäre wohl tatsächlich viel gewonnen, „wenn unsere Nachbarwissenschaft, die Jurisprudenz, sich einiger der Analysemethoden der Ökonomie bemächtigen würde" (von Weizsäcker 1984: 150), was in Ansätzen allerdings bereits geschieht.[46] Das liberale Modell weist viele Vorteile auf, die auch das Gemeinwohl fördern (vgl. auch Hax 1985: 121). Deshalb ist es c. p. weder erforderlich noch sinnvoll, die privatwirtschaftliche Unternehmungsverfassung abzuändern, was durch eine zwangsweise Einführung von Mitbestimmung bewirkt wird, sofern dies nicht selbst transaktionskostensenkend wirkt und diese Transaktionskostenminderung ohne hoheitliche Eingriffe nicht zustande kommen würde. Es wurde gezeigt, daß die gesetzlich verordnete Mitarbeiterbeteiligung nur unter speziellen Bedingungen zu Effizienzsteigerung führt. Vor allem dürfen bei der Mitbestimmungsdiskussion Alternativen zur Mitbestimmung nicht außer Acht gelassen werden.

Wie mehrmals ausdrücklich betont, wird mit property rights- bzw. transaktionskostentheoretischen Analysen auf den Aspekt der wirtschaftlich effizien-

[43] Dies ist eine Notwendigkeit und „hat nichts mit einem ethisch-normativen Postulat nach gerechtem Entgelt zu tun"; Hax (1985), S. 129, vgl. auch S. 127.

[44] Auch Albach scheint einen Zusammenhang zwischen Rückzug aus dem Eigenkapital und Abnahme des Alleinbestimmungsrechts zu sehen; vgl. Albach (1981), S. 58.

[45] Vgl. zur transaktionskostentheoretischen Begründung der Ineffizienz der Mitbestimmung und weiteren negativen Auswirkungen von Weizsäcker (1984), S. 146–151. Vgl. ferner Meyer (1983), S. 173–176.

[46] Vgl. zur ökonomischen Analyse des Rechts die Arbeiten von Juristen, aber auch von Wirtschaftswissenschaftlern, z. B. von Posner (1977), Coase (1978), Calabresi (1978), Kirchner (1984), Schanze (1982), Lehmann (1983), Schmidt (1980), Kübler (1984).

ten Ressourcenverwendung abgestellt. Dies muß nicht das einzige Ziel in einer Gesellschaft sein. Wenn gesetzliche Mitbestimmung unter dem Gesichtspunkt ökonomischer Effizienz auch kaum überzeugt, so bedeutet dies nicht, daß es nicht andere gute Gründe geben kann, sie dennoch einzuführen bzw. beizubehalten.[47]

Gesellschaftliche Wohlfahrtsfunktionen, die Auskunft über die außerökonomische Wünschbarkeit von Mitarbeiterbeteiligung geben könnten, existieren aber nicht. Vielmehr hängt die Mitbestimmungsgesetzgebung auch von politischen und ökonomischen Bedingungen ab, die sich im Zeitablauf verändern (Thimm 1980: xiii). Politische Machtkonstellationen spielen offenbar eine große Rolle (Wächter 1983: 162), die gerade deshalb existieren, weil ein Konsens über gesellschaftliche Ziele kaum erreichbar ist. Argumentationen für gesetzliche Mitbestimmung wegen angeblich vorhandener „legitimer Interessen" von Arbeitnehmern, denen „job rights" (Furubotn 1983: 1; 1986) zugrunde liegen sollen, bleiben höchst unbestimmt und entbehren i. d. R. nachprüfbarer Grundlagen. Ebenso ist die Ableitung von Mitbestimmungsforderungen aus dem Mittelcharakter zur Erreichung des übergeordneten Ziels „Demokratisierung der Wirtschaft" zu beurteilen.[48] Das Problem besteht darin, daß man zwar von einer Wertordnung ausgehen muß, wenn property rights verteilt bzw. umverteilt werden sollen, die aber kaum feststellbar ist. Forderungen haben deshalb meist normativen Charakter. Andererseits kann aber auch nicht davon ausgegangen werden, daß die Verwirklichung einer Unternehmungsverfassung nicht als ein angemessen empfundener und intendierter sozialer Konsens anzusehen ist (vgl. insbesondere Randall 1975: 739f.; Picot 1981: 175).

Sollen die Wirkungen von in Aussicht genommenen Verfassungsregelungen untersucht werden, so müssen die Konsequenzen für alle Teilziele berücksichtigt werden. Die Folgen für die Allokationseffizienz müssen dann mit den Folgen für andere Ziele konfrontiert werden. Die ökonomischen Wirkungen sind dabei zwar nicht nur, aber auch bedeutungsvoll. Es gibt allerdings Hinweise, daß der ökonomischen Analyse der dominierende Platz gebührt. Die

[47] Zu möglichen Gründen vgl. Picot (1981), S. 170f.; Gutenberg (1983), S. 504f., Ridder-Aab (1980), S. 137; zu einer ausführlichen Diskussion von Begründungen für Mitbestimmung vgl. Wächter (1983), S. 3–27, vgl. auch Wilpert/Rayley (1983), S. 110–113. Zur Notwendigkeit von trade off-Betrachtungen vgl. Wickenkamp (1983), S. 9, Picot/Michaelis (1984), S. 269.

[48] Vgl. zur Beschreibung dieses Ziels z. B. Fleischmann (1983), S. 212. Von Weizsäcker (1984), S. 148, bestreitet, daß Mitbestimmung der Demokratisierung dient.

Diskussion um die Überlegenheit eines „Effizienzregimes“ gegenüber einem „Verteilungsregime“ kann hier nicht geführt werden.[49] Geht man von einer Vorziehungswürdigkeit des Effizienzregimes aus – bei verschärftem internationalen Wettbewerb erscheint dies notwendig –, so verstärkt sich die Dringlichkeit ökonomischer Analysen. Allokationseffizienzwirkungen sind mit dem Analyseinstrumentarium der property rights-Theorie grob abschätzbar. Zu anderen Zielwirkungen kann und will die property rights-Theorie keine Aussagen treffen. Dies allein ist ihr Anliegen.

Das Potential der property rights- bzw. Transaktionskostentheorie zur Beurteilung von Arbeitnehmerbeteiligungsfragen wurde bisher weder für die theoretische Analyse noch für die empirische Arbeit ausreichend genutzt. Neben der in unserem Lande breit geführten Diskussion über die gesetzliche Regelung sollten auch die Bedingungen zur freiwilligen Mitarbeiterbeteiligung intensiver unter wirtschaftlichen Gesichtspunkten erörtert werden. Auch hierzu kann der Ansatz der ökonomischen Analyse wertvolle Unterstützung leisten.

Literatur

Albach, H. (1981): Verfassung folgt Verfassung. Ein organisationstheoretischer Beitrag zur Diskussion um die Unternehmensverfassung. *Unternehmungsverfassung als Problem der Betriebswirtschaftslehre*, H. Bohr, J. Drukarczyk, H.-J. Drumm und G. Scherrer (Hrsg.). Berlin: E. Schmidt, S. 53–79.

Alchian, A. A. (1984): Specificity, Specialization, and Coalitions. *Zeitschrift für die gesamte Staatswissenschaft*, S. 34–49.

Alchian, A. A., und H. Demsetz (1972): Production, Information Costs, and Economic Organization. *The American Economic Review*, S. 777–795.

Arrow, K. J. (1969): The Organization of Economic Activity: Issues Pertinent to the Choice of Market versus Nonmarket Allocation. *Analysis and Evolution of Public Expenditures: The PPB-System.* A Compendium of Papers, Washington, Vol. 1, Part 1, Section A, S. 47–64.

Berle, A. A., und G. C. Means (1968): *The Modern Corporation and Private Property.* New York: Harcourt, Brace and World, überarbeitete Auflage 1968; erste Auflage 1932.

Blair, R. D., und D. L. Kaserman (1983): *Law and Economics of Vertical Integration and Control.* New York usw.: Academic Press.

[49] Vgl. zu dieser Diskussion von Weizsäcker (1984), S. 128–133.

Böbel, I. (1978): *Marktmacht und ökonomische Wohlfahrt. Unter besonderer Berücksichtigung der Messung der durch Marktmacht verursachten Wohlfahrtsverluste.* Diss. Nürnberg.

Brinkmann, T., und F. Kübler (1981): Überlegungen zur ökonomischen Analyse von Unternehmensrecht. *Zeitschrift für die gesamte Staatswissenschaft*, S. 681–688.

Buchanan, J. M. (1975): *The Limits of Liberty. Between Anarchy and Leviathan.* Chicago/London: The University of Chicago Press.

Buchanan, J. M., und G. Tullock (1974): Eine allgemeine Theorie der Verfassung. *Politische Ökonomie des Wohlfahrts-Staates.* H. P. Widmaier (Hrsg.) Frankfurt am Main: Fischer Athenäum, S. 67–87. Übersetzung von: The Calculus of Consent, Kapitel 6: A Generalized Theory of Constitutions, Ann Arbor 1962, S. 63–84, Übersetzer: L. Zeise.

Buhbe, M. (1980): *Ökonomische Analyse von Eigentumsrechten. Der Beitrag der economics of property rights zur Theorie der Institutionen.* Frankfurt am Main: Lang.

Calabresi, G. (1978): Die Entscheidung für oder gegen Unfälle. Ein Ansatz zur nichtverschuldensbezogenen Allokation von Kosten. *Ökonomische Analyse des Rechts.* H.-D. Assmann, Ch. Kirchner und E. Schanze (Hrsg.). Königstein/Ts.: Athenäum, S. 259–289. Originaltitel: The Decision for Accidents. An Approach to Nonfault Allocation of Costs. *Harvard Business Review*, 1965, S. 713 ff., Übersetzung und Einleitung von E. Schanze.

Cheung, St. N. S. (1970): The Structure of a Contract and the Theory of Non-Exclusive Resources. *The Journal of Law and Economics*, S. 49–70.

Chmielewicz, K. (1980): Gremien der Unternehmungsverfassung. *Handwörterbuch der Organisation.* E. Grochla (Hrsg.). 2. Aufl., Stuttgart: Poeschel, Sp. 2272–2282.

Coase, R. H. (1978): Das Problem der sozialen Kosten. *Ökonomische Analyse des Rechts.* H.-D. Assmann, Ch. Kirchner, E. Schanze (Hrsg.) Kronberg/Ts.: Athenäum, S. 146–202. Originaltitel: The Problem of Social Cost, *The Journal of Law and Economics*, 1960, S. 1–44, Übersetzung und Einleitung von Ch. Kirchner.

Demsetz, H. (1967): Toward a Theory of Property Rights. *The American Economic Review*, S. 347–359.

Dorow, W., und K. Weiermair (1984): Markt versus Unternehmung: Anmerkungen zu methodischen und inhaltlichen Problemen des Transaktionskostenansatzes. *Betriebswirtschaftslehre und Nationalökonomie. Wissenschaftstheoretische Standortbestimmungen und Perspektiven.* G. Schanz (Hrsg.). Wiesbaden: Gabler, S. 191–224.

Eckardstein, D. v., und F. Schnellinger (1978): *Betriebliche Personalpolitik.* 3. Aufl., München: Vahlen.

Eschenburg, R. (1978): Vertragstheoretisches Denken in der Ökonomie. *Hamburger Jahrbuch für Wirtschafts- und Gesellschaftspolitik.* H.-D. Ortlieb, B. Molitor und W. Krone (Hrsg.). Tübingen: Mohr, S. 221–236.

Fama, E. F. (1980): Agency Problems and the Theory of the Firm. *The Journal of Law and Economics,* S. 288–307.

Fama, E. F. und M. C. Jensen (1983): Seperation of Ownership and Control. *The Journal of Law and Economics,* S. 301–325.

FitzRoy, F. R. und K. Kraft (1985): Mitarbeiterbeteiligung und Produktivität: Eine ökonometrische Untersuchung, *Zeitschrift für Betriebswirtschaft*, S. 21–36.

Fleischmann, G. (1983): Mitbestimmung und Neue Politische Ökonomie, *Jahrbuch für Neue Politische Ökonomie*. E. Böttcher, Ph. Herder-Dorneich und K.-H. Schenk (Hrsg.). 2. Band, Tübingen: Mohr, S. 212–236.

Furubotn, E. G. (1981): Codetermination and the Efficient Partitioning of Ownership Rights in the Firm. *Zeitschrift für die gesamte Staatswissenschaft*, S. 702–709.

– (1982): Information, organisatorische Struktur und die möglichen Vorteile der Mitbestimmung. *Eigentumsrechte und Partizipation*. J. Backhaus und H. G. Nutzinger (Hrsg.). Frankfurt am Main: Haag und Herchen, S. 203–237.

– (1982a): Die wirtschaftlichen Auswirkungen der Mitbestimmung auf die private Investitionstätigkeit. *Eigentumsrechte und Partizipation*. J. Backhaus und H. G. Nutzinger (Hrsg.). Frankfurt am Main: Haag und Herchen, S. 127–181.

– (1983): *The Rights of Workers to their Jobs: An Analysis to the Changing Nature of the Employment Relation*. University of Texas.

– (1986): A General Model of Codetermination. *Codetermination*. J. Backhaus und H. G. Nutzinger (Hrsg.). Heidelberg und New York: Springer, im Druck.

Furubotn, E., und S. Pejovich (1972): Property Rights and Economic Theory: A Survey of Recent Literature. *The Journal of Economic Literature*. S. 1137–1162.

Furubotn, E. G. und St. N. Wiggins (1984): Plant Closings, Worker Reallocation Costs and Efficiency, Gains to Labor Representation on Board of Directors. *Zeitschrift für die gesamte Staatswissenschaft*, S. 176–192.

Gäfgen, G. (1984): Entwicklung und Stand der Theorie der Property Rights. Eine kritische Bestandsaufnahme. *Ansprüche, Eigentums- und Verfügungsrechte. Schriften des Vereins für Socialpolitik*. M. Neumann (Hrsg.). Neue Folge, Band 140. Berlin: Duncker & Humblot, S. 43–62.

Gallaway, L. (1978): The Economic Consequences of Codetermination on Employment and Income Distribution. *The Codetermination Movement in the West. Labor Participation in the Management of Business Firms*. S. Pejovich (Hrsg.). Lexington/Mass. und Toronto: Heath, S. 169–189.

Gerum, E. (1985): Information und Unternehmensverfassung – Betriebswirtschaftliche Anmerkungen zu den organisationsrechtlichen Regelungen für Aufsichts- und Betriebsrat. *Information und Wirtschaftlichkeit*. W. Ballwieser und K.-H. Berger (Hrsg.). Wiesbaden: Gabler, S. 747–775.

Goldberg, W. und R. Wolff (1981): Verhandelte oder kodifizierte Mitbestimmung. Ein Vergleich der Mitbestimmungsregelungen in der Bundesrepublik Deutschland und in Schweden. *Die Betriebswirtschaft*, S. 106–128.

Grossman, S. J. und O. D. Hart (1983): An Analysis of the Principal-Agent Problem. *Econometrica*, S. 7–45.

Guski, H.-G. und H. J. Schneider (1983): *Betriebliche Vermögensbeteiligung in der Bundesrepublik Deutschland. Teil II: Ergebnisse, Erfahrungen und Auswirkungen in der Praxis*. Köln: Deutscher Instituts-Verlag.

Gutenberg, E. (1983): *Grundlagen der Betriebswirtschaftslehre*. 1. Bd.: Die Produktion. 24. Aufl., Berlin usw.: Springer.

Hax, H. (1984): The Economics of Governance: Framework and Implications. Comment. *Zeitschrift für die gesamte Staatswissenschaft*, S. 227–228.

– (1985): Die arbeitsgeleitete Unternehmung. Kritische Überlegungen zu einer alternativen Unternehmenskonzeption für die Marktwirtschaft. *Selbstinteresse und Gemeinwohl. Beiträge zur Ordnung der Wirtschaftsgesellschaft.* A. Rauscher (Hrsg.) Berlin: Duncker und Humblot, S. 121–157.

Heinen, E. (1969): Zur Mitbestimmung bei Kapitaldispositionen. *Verantwortliche Betriebsführung.* E. Gaugler (Hrsg.) Stuttgart: Poeschel, S. 74–85.

– (1985): Entscheidungsorientierte Betriebswirtschaftslehre und Unternehmenskultur. *Zeitschrift für Betriebswirtschaft*, S. 980–991.

Hentze, J. und P. Brose (1985): *Unternehmensführung und Mitbestimmung.* Würzburg und Wien: Physica.

Hesse, G. (1980): Der Property-Rights-Ansatz. Eine ökonomische Theorie der Veränderung des Rechts? *Jahrbuch für Nationalökonomie und Statistik.* K. Borchardt, A. E. Ott und H. Strecker (Hrsg.). Stuttgart: Fischer, S. 481–495.

Hill, W., R. Fehlbaum und P. Ulrich (1981): *Organisationslehre.* Bd. 1 und 2, 3. Aufl., Bern und Stuttgart: Haupt.

Hirschman, A. O. (1974): *Abwanderung und Widerspruch. Reaktionen auf Leistungsabfall bei Unternehmungen, Organisationen und Staaten.* Tübingen: Mohr. Originaltitel: Exit, Voice and Loyalty. Cambridge/Mass. 1970, Übersetzer: L. Wallentik.

Jensen, M. C. und W. H. Meckling (1976): Theory of the Firm. Managerial Behavior, Agency Costs and Ownership Structure. *Journal of Financial Economics*, S. 305–360.

– (1979): Rights and Production Functions: An Application to Labor-managed Firms and Codetermination. *Journal of Business*, S. 469–506.

Kirchner, Ch. (1984): Ansätze zur ökonomischen Analyse des Konzernrechts. *Jahrbuch für Politische Ökonomie.* E. Boettcher, Ph. Herder-Dorneich und K. E. Schenk (Hrsg.). 3. Band, Tübingen: Mohr, S. 223–251.

Kirsch, G. (1974): *Die Betroffenen und die Beteiligten.* München: Ehrenwirth.

Kirsch, W. und W. Scholl (1983): Was bringt die Mitbestimmung: Eine Gefährdung der Handlungsfähigkeit und/oder Nutzen für die Arbeitnehmer? *Die Betriebswirtschaft*, S. 541–562.

Kirsch, W., W. Scholl und G. Paul (1984): *Mitbestimmung in der Unternehmenspraxis. Eine empirische Bestandsaufnahme.* Herrsching.

Klein, B., R. G. Crawford und A. A. Alchian (1978): Vertical Integration, Appropriable Rents, and Competitive Contracting Process. *The Journal of Law and Economics*, S. 297–326.

Klein, B. und K. B. Leffler (1981): The Role of Market Forces in Assuring Contractual Performance. *Journal of Political Economy*, S. 615–641.

Kraft, K. (1984): *Partizipation und Interner Arbeitsmarkt. Wechselwirkungen von Humankapital und Mitarbeiterbeteiligung.* Frankfurt am Main und New York: Campus.

Kübler, F. (1984): Was leistet die Konzeption der „Property Rights" für aktuelle rechtspolitische Probleme? *Ansprüche, Eigentums- und Verfügungsrechte. Schriften des Vereins für Socialpolitik.* M. Neumann (Hrsg.). Neue Folge, Band 140, Berlin: Duncker und Humblot, S. 105–122.

Lehmann, M. (1983): *Bürgerliches Recht und Handelsrecht – eine juristische und ökonomische Analyse.* Stuttgart: Poeschel.

Leibenstein, H. (1979): A Branch of Economics is Missing: Micro-Micro Theory. *The Journal of Economic Literature*, S. 477–502.

– (1980): *Beyond Economic Man. A New Foundation for Microeconomics.* Cambridge/ Mass. und London: Harvard University Press.

Leipold, H. (1978): Theorie der Property Rights: Forschungsziele und Anwendungsbereiche. *Wirtschaftswissenschaftliches Studium*, S. 518–525.

– (1981): Eigentümerkontrolle und Managerverhalten. *Anreiz- und Kontrollmechanismen in Wirtschaftssystemen I.* G. Hedtkamp (Hrsg.). Berlin: Duncker und Humblot, S. 29–66.

Masten, S. (1982): *Transaction Costs, Institutional Choice and the Theory of the Firm.* Diss. University of Pennsylvania.

Meyer, W. (1983): Entwicklung und Bedeutung des Property Rights-Ansatzes in der Nationalökonomie. *Property Rights und ökonomische Theorie.* A. Schüller (Hrsg.). München: Vahlen, S. 1–44.

Michaelis, E. (1985): *Organisation unternehmerischer Aufgaben – Transaktionskosten als Beurteilungskriterium.* Frankfurt am Main usw.: Lang.

Monissen, H. G. und E. Wenger (1986): Organizational Problems with Specific Human Capital: Reflections on Furubotn's ‚General Model of Codetermination'. *Codetermination.* J. Backhaus und H. G. Nutzinger (Hrsg.). Heidelberg und New York: Springer, im Druck.

Müller-Welser, H.-J. (1977): *Mitbestimmung und Mitbeteiligung als Mittel der Unternehmenspolitik.* Berlin: Duncker und Humblot.

Niedenhoff, H.-U. (1977): *Mitbestimmung in der Bundesrepublik Deutschland.* Köln: Deutscher Instituts-Verlag.

Nozick, R. (1974): *Anarchy, State, an Utopia.* New York: Basic Books.

Nutzinger, H. G. (1982): Die Mitbestimmungsbewegung in den westlichen Demokratien aus der Sicht der ökonomischen Theorie der Eigentumsrechte: Eine Rezension. *Eigentumsrechte und Partizipation.* J. Backhaus und H. G. Nutzinger (Hrsg.). Frankfurt am Main: Haag und Herchen, S. 33–39.

– (1982a): Die ökonomische Theorie der Eigentumsrechte – Ein neues Paradigma in den Sozialwissenschaften? *Eigentumsrechte und Partizipation.* J. Backhaus und H. G. Nutzinger (Hrsg.). Frankfurt am Main: Haag und Herchen, S. 43–72.

Oechsler, W. A. (1985): Personal und Arbeit. Einführung in die Personalwirtschaft. München und Wien: Oldenbourg.

Ouchi, W. G. (1979): A Conceptual Framework for the Design of Organizational Control Mechanisms. *Management Science*, S. 833–848.

– (1980): Markets, Bureaucracies, and Clans. *Administrative Science Quarterly*, S. 130–141.

Ouchi, W. G. und A. M. Jaeger (1978): Type Z Organization: Stability in the Midst of Mobility. *Academy of Management Review*, S. 305–314.

Ouchi, W. G. und J. B. Johnson (1978): Types of Organizational Control and their Relationship to Emotional Well Being. *Administrative Science Quarterly*, S. 293 bis 317.

Pejovich, S. (1976): The Capitalist Corporation and the Socialist Firm; a Study of Corporate Efficiency. *Schweizerische Zeitschrift für Volkswirtschaft und Statistik,* S. 1–25.

– (1978): Codetermination: A New Perspective for the West. *The Codetermination*

Movement in the West. Labor Participation in the Management of Business Firms. S. Pejovich (Hrsg.). Lexington/Mass. und Toronto: Heath.

Pethig, R. (1975): *Zur Theorie der Transaktionen. Ein Beitrag zur mikroökonomischen Grundlegung der Geldtheorie.* Tübingen: Mohr.

Picot, A. (1976): Freiwillige Beteiligung externer Gruppen als Konsensbildungsinstrument für Unternehmungsentscheidungen. *Die Unternehmung*, S. 245–259.

– (1977): *Betriebswirtschaftliche Umweltbeziehungen und Umweltinformationen. Grundlagen einer erweiterten Erfolgsanalyse für Unternehmungen.* Berlin: Duncker und Humblot.

– (1981): Der Beitrag der Theorie der Verfügungsrechte zur ökonomischen Analyse von Unternehmungsverfassungen. *Unternehmungsverfassung als Problem der Betriebswirtschaftslehre.* K. Bohr, H. J. Drukarczyk, H. J. Drumm und G. Scherrer (Hrsg.). Berlin: Schmidt, S. 153–197.

– (1982): Transaktionskostenansatz in der Organisationstheorie: Stand der Diskussion und Aussagewert. *Die Betriebswirtschaft*, S. 267–284.

– (1984): Organisation. *Vahlens Kompendium der Betriebswirtschaftslehre.* Bd. 2, München: Vahlen, S. 95–158.

– (1984a): Theoretische Überlegungen zur Kostenpolitik der Unternehmung bei rückläufiger Wirtschaftsentwicklung. *Betriebswirtschaftliche Entscheidungen bei Stagnation.* L. Pack und D. Börner (Hrsg.). Wiesbaden: Gabler, S. 145–163.

– (1984b): Specifity, Specialization, and Coalitions. Comment. *Zeitschrift für die gesamte Staatswissenschaft*, S. 50–53.

– (1985): Transaktionskosten. *Die Betriebswirtschaft*, S. 224 f.

Picot, A. und E. Michaelis (1984): Verteilung von Verfügungsrechten in Großunternehmungen und Unternehmungsverfassung. *Zeitschrift für Betriebswirtschaft*, S. 252–271.

Posner, R. A. (1977): Unternehmenskorporationen. *Ökonomische Analyse des Rechts.* H. D. Assmann, C. Kirchner und E. Schanze (Hrsg.). Kronberg/Ts.: Athenäum, S. 241–258. Übersetzung von Kapitel 14: Corporations, Economic Analysis of Law, 2. Aufl., Boston und Toronto 1977, Übersetzer: E. Schanze.

Randall, A. (1975): Property Rights and Social Microeconomics. *Natural Resources Journal*, S. 729–741.

Reynolds, F. M. B (1976): Agency: Theory and Practice. *The Law Quarterly Review*, S. 224–238.

Ridder-Aab, Ch.-M. (1980): *Die moderne Aktiengesellschaft im Lichte der Theorie der Eigentumsrechte.* Frankfurt am Main: Campus.

Riekhof, H.-Ch. (1984): Unternehmensverfassung und Theorie der Verfügungsrechte. Wiesbaden: Gabler.

– (1985): Kapitalbeteiligung von Mitarbeitern. Gestaltungsformen und Auswirkungen auf das Mitarbeiterverhalten. *Zeitschrift Führung und Organisation*, S. 194–202.

Ross, St. A. (1973): The Economic Theory of Agency: The Principal's Problem. *The American Economic Review.* Papers and Proceedings, S. 134–139.

Sauter, R. (1985): *Transaktionskostentheorie der Organisation.* München: GBI.

Schanz, G. (1982): *Organisationsgestaltung. Struktur und Verhalten.* München: Vahlen.

– (1983): Unternehmensverfassungen in verfügungsrechtlicher Perspektive. *Die Betriebswirtschaft*, S. 259–270.

– (1985): *Mitarbeiterbeteiligung. Grundlagen – Befunde – Modelle.* München: Vahlen.

Schanze, E. (1982): Rechtsnorm und ökonomisches Kalkül. *Zeitschrift für die gesamte Staatswissenschaft*, S. 297–312.

Schmidt, R. H. (1980): *Ökonomische Analyse des Insolvenzrechts.* Wiesbaden: Gabler.

Schmidtchen, D. (1983): *Property Rights, Freiheit und Wettbewerbspolitik.* Tübingen: Mohr.

Schneider, D. (1985): Die Unhaltbarkeit des Transaktionkostenansatzes für die „Markt oder Unternehmung"-Diskussion. *Zeitschrift für Betriebswirtschaft*, S. 1237–1254.

– (1985a): *Allgemeine Betriebswirtschaftslehre.* 2. Aufl. der „Geschichte betriebswirtschaftlicher Theorie". München und Wien: Oldenbourg.

Schüller, A. (1985): Zur Ökonomik der Property Rights. *Wirtschaftsstudium*, S. 259–265.

Staehle, W. H. und M. Osterloh (1985): Wie, wann und warum informieren deutsche Manager ihre Betriebsräte? *Information und Wirtschaftlichkeit.* W. Ballwieser und K.-H. Berger (Hrsg.). Wiesbaden: Gabler, S. 777–812.

Steinmann, H. (1969): *Das Großunternehmen im Interessenkonflikt.* Stuttgart: Poeschel.

Steinmann, H. und E. Gerum (1980): Unternehmenspolitik in der mitbestimmten Unternehmung. *Die Aktiengesellschaft*, S. 1–10.

Steinmann, H. und G. Schreyögg (1984): Zur Bedeutung des Arguments der „Trennung von Eigentum und Verfügungsgewalt" – Eine Erwiderung. *Zeitschrift für Betriebswirtschaft*, S. 273–283.

Steinmann, H., G. Schreyögg und C. Dütthorn (1983): Managerkontrolle in deutschen Großunternehmen – 1972 und 1979 im Vergleich. *Zeitschrift für Betriebswirtschaft*, S. 4–25.

Stubblebine, W. (1975): On Property Rights and Institutions. *The Economics of Legal Relationships. Readings in the Theory of Property Rights.* H. G. Manne (Hrsg.). St. Paul usw.: West Publishing Company, S. 11–22.

Teece, D. J. (1981): The Multinational Enterprise: Market Failure and Market Power Considerations. *Sloan Management Review*, S. 3–7.

Thimm, A. L. (1980): *The False Promise of Codetermination. The Changing Nature of European Worker's Participation.* Lexington/Mass. und Toronto: Heath.

Tietzel, M. (1981): Die Ökonomie der Property Rights: Ein Überblick. *Zeitschrift für Wirtschaftspolitik/Wirtschaftspolitische Chronik*, S. 207–243.

Ulrich, P. und E. Fluri (1984): *Management. Eine konzentrierte Einführung.* 3. Aufl., Bern und Stuttgart: Haupt.

Vanberg, V. (1982): *Markt und Organisation. Individualistische Sozialtheorie und das Problem korporativen Handelns.* Tübingen: Mohr.

Wächter, H. (1983): *Mitbestimmung. Politische Forderung und betriebliche Reaktion.* München: Vahlen.

Weede, E. (1984): Kosten-Nutzen-Kalküle als Grundlage einer allgemeinen Konfliktsoziologie. *Zeitschrift für Soziologie*, S. 3–19.

Wegehenkel, L. (1980): *Transaktionskosten, Wirtschaftssystem und Unternehmertum.* Tübingen: Mohr.

Weiermair, K. (1985): Worker Incentives and Worker Participation: On the Changing Nature of the Employment Relationship. *Journal of Management Studies*, S. 547–570.

Weizsäcker, C. Ch. von (1984): Was leistet die Property Rights-Theorie für aktuelle wirtschaftspolitische Fragen? *Ansprüche, Eigentums- und Verfügungsrechte, Schriften des Vereins für Socialpolitik.* M. Neumann (Hrsg.). Neue Folge, Band 140, Berlin: Duncker und Humblot, S. 123–152.

Wenger, E. (1986): Unternehmensverfassung und Arbeitsmarkt: Die Berücksichtigung von Arbeitnehmerinteressen im Entscheidungsprozeß der Unternehmung. *Interdependenzen von Unternehmens- und Wirtschaftsordnung.* H. Leipold und A. Schüler (Hrsg.), Stuttgart: Fischer, im Druck.

Wickenkamp, R. (1983): *Unternehmensmitbestimmung und Verfügungsrechte. Die paritätische Aufsichtsratsbesetzung nach dem Mitbestimmungsgesetz von 1976 im Licht der ökonomischen Theorie der property rights.* Köln.

Wiggins, St. N. (1984): Organizational Structures and Economic Efficiency. Comment. *Zeitschrift für die gesamte Staatswissenschaft*, S. 224–226.

Wilkins, A. L. und W. E. Ouchi (1983): Efficient Cultures: Exploring the Relationship Between Culture and Organizational Performance. *Administrative Science Quarterly*, S. 468–481.

Williamson, O. E. (1975): *Markets and Hierarchies: Analysis and Antitrust Implications. A Study in the Economics of Internal Organization.* London: The Free Press.

– (1983): Organizational Form, Residual Claimants, and Corporate Control. *The Journal of Law and Economics*, S. 351–366.

– (1984): The Economics of Governance: Framework and Implications. *Zeitschrift für die gesamte Staatswissenschaft*, S. 195–223.

Williamson, O. E. und W. G. Ouchi (1981): The Markets and Hierarchies and Visible Hand Perspectives. The Markets and Hierarchies Program of Research: Origins, Implications, Prospects. *Perspectives on Organization Design and Behavior.* A. Van de Ven und W. F. Joyce (Hrsg.) New York: Wiley, S. 347–370.

Wilpert, B. und J. Rayley (1983): *Anspruch und Wirklichkeit der Mitbestimmung.* Frankfurt am Main und New York: Campus.

Windsperger, J. (1983): Transaktionskosten in der Theorie der Firma. *Zeitschrift für Betriebswirtschaft*, S. 889–903.

Witte, E. (1980): Das Einflußpotential der Arbeitnehmer als Grundlage der Mitbestimmung. Eine empirische Untersuchung. *Die Betriebswirtschaft*, S. 3–26.

– (1982): Das Einflußsystem der Unternehmung in den Jahren 1976 und 1981. Empirische Befunde im Vergleich. *Schmalenbachs Zeitschrift für betriebswirtschaftliche Forschung*, S. 273–296.

Teil II
Empirische Analyse

V. Betriebliche Strategien der Befriedigung von Arbeitnehmerbedürfnissen – Voraussetzungen und Konsequenzen

Wolfgang Scholl

In der Wirtschaftspraxis gibt es in den verschiedenen Unternehmen eine sehr große Bandbreite der Befriedigung von Arbeitnehmerbedürfnissen. Neben Unternehmen, in denen auch heute noch sehr harte Arbeitsbedingungen vorherrschen bei eher geringen Löhnen, gibt es Unternehmen, die mehr oder auch sehr viel mehr zur Befriedigung von Arbeitnehmerbedürfnissen tun. Dies betrifft sowohl die Entlohnung, wie die gesamten Arbeitsbedingungen und schließlich auch die materielle und immaterielle Mitarbeiterbeteiligung. Diese Variabilität kann sicher auf bestimmte Faktoren zurückgeführt werden, wobei die Wirksamkeit solcher Faktoren nicht mechanistisch zu denken ist. Vielmehr lassen sich im Zusammenhang mit diesen Faktoren auch Aktoren identifizieren, die ganz bestimmte betriebliche Strategien verfolgen.

Mit solchen Strategien der Befriedigung von Arbeitnehmerbedürfnissen von betrieblichen Aktoren befaßt sich der folgende Artikel. Die betrieblichen Aktoren können ihre Strategien natürlich nicht beliebig auswählen, sondern sind ihrerseits abhängig von den gegebenen Bedingungen, Problemen und Möglichkeiten. Diese sollen im folgenden theoretisch und – im Verlauf der Ausführung zunehmend – auch empirisch untersucht werden.[1] Zu Beginn soll deshalb kurz die Anlage der empirischen Untersuchung dargestellt werden.

[1] Die empirischen Daten stammen aus dem Projekt „Der Einfluß von Partizipation und Mitbestimmung auf unternehmenspolitische Entscheidungsprozesse", das von der DFG im Rahmen des Schwerpunktprogramms „Empirische Entscheidungstheorie" finanziell gefördert wurde. Es wurde am Institut für Organisation der Universität München unter der Leitung von Prof. Dr. Werner Kirsch durchgeführt; der Verfasser war dabei für das Projektmanagement verantwortlich.

1. Anlage der empirischen Untersuchung

Um möglichst genau die konkreten Probleme zu erfassen, die sich der Unternehmensleitung und den Mitbestimmungsorganen in bezug auf die Befriedigung von Arbeitnehmerbedürfnissen in den Unternehmen stellen, haben wir – mit Bezug auf den jeweils größten Betrieb des Unternehmens – die Entscheidungsbereiche der Personalplanung und -politik einerseits sowie der Investitionsplanung und -politik andererseits ausgesucht und daran unsere Fragestellungen geknüpft. Innerhalb dieser beiden Entscheidungsbereiche werden die wichtigsten Arbeitnehmerinteressen unmittelbar berührt.

Daraus ergibt sich, wie Abb. 1 zeigt, eine doppelt spiegelbildliche Untersuchung: Zum einen lassen sich die Mitbestimmungsverhältnisse im Personalbereich mit denen im Investitionsbereich vergleichen, zum anderen lassen sich die Antworten der Unternehmensleitungen denen der Betriebsräte gegenüberstellen.

Zu diesen vier Fragebogen, die von den jeweiligen Spezialisten auf Seiten der Unternehmensleitung und des Betriebsrats beantwortet werden sollten, kamen noch zwei weitere allgemeine Fragebogen. In einem Fragebogen an die Unternehmensleitung wurden allgemeine Betriebs- und Unternehmensdaten für die Hintergrundinterpretation erhoben, in einem anderen Fragebogen an den

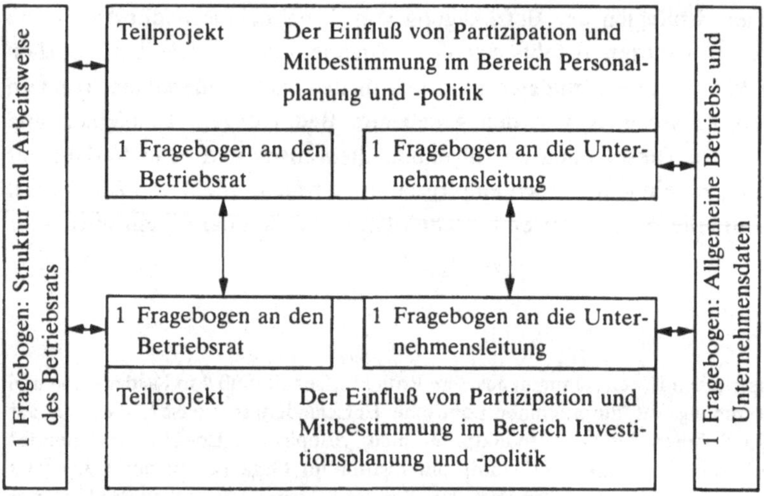

Abb. 1: Befragungskonzeption

Betriebsrat wurden nähere Auskünfte über die Struktur und Arbeitsweise dieses Gremiums erfragt. Diese Aufteilung der Fragestellungen auf je 3 Fragebogen an die Unternehmensleitung und den Betriebsrat diente zum einen dazu, die jeweiligen Beantworter nicht allzu sehr zeitlich zu überlasten. Zum anderen war es durch diese Fragebogenaufteilung möglich, die theoretischen Kernvariablen in mehreren Fragebogen unterzubringen und auf diese Weise den gleichen Sachverhalt von verschiedenen Personen einer Unternehmung zu erfragen. Dies war vor allem deswegen nötig, da es sich hier oft um subjektive Einschätzungen der Situation handelt, bei denen eine einzige Antwort den Ansprüchen auf Reliabilität und Validität der Messung in der Regel nicht genügen kann. Um eine möglichst gute Information zu erhalten, wurden die jeweils zuständigen Spezialisten von der Unternehmensleitung und dem Betriebsrat um Beantwortung gebeten.

Insgesamt wurden 601 Unternehmen angeschrieben. Dabei handelt es sich um eine Vollerhebung in 8 ausgewählten Branchen (Bergbau, Metallerzeugung, Straßenfahrzeugbau, Maschinenbau, Chemische Industrie, Bauindustrie, Kreditinstitute und Versicherungen) in bezug auf Kapitalgesellschaften mit mehr als 500 Beschäftigten. Eine ausführlichere Beschreibung der Untersuchung und ihres Verlaufs soll hier aus Platzgründen nicht gegeben werden.[2]

Bei der Datenerhebung gab es etliche Schwierigkeiten, die wohl zum Teil mit der Länge der Fragebogen, zum Teil mit dem brisanten Themenkomplex der Mitbestimmung und besonders mit dem belasteten Klima der Arbeitgeber-Arbeitnehmer-Beziehungen nach der Verfassungsklage der Arbeitgeber gegen das Mitbestimmungsgesetz von 1976 zu tun haben. Unglücklicherweise fiel nämlich der Zeitpunkt der empirischen Erhebung, die von Ende 1978 bis Mitte 1979 erfolgte, voll mit dem Zeitraum zwischen der mündlichen Verhandlung in Karlsruhe im November 1978 und der Urteilsverkündung am 1. März 1979 zusammen. Diese Schwierigkeiten der Datenerhebung haben sich auch im Rücklauf niedergeschlagen, wie aus der folgenden Abb. 2 zu entnehmen ist.

Wegen des geringen Rücklaufs haben wir anhand verschiedener Variablen untersucht, ob eine Stichprobenverzerrung vorliegt. Wir benutzten dazu sowohl Angaben aus Geschäftsberichten als auch die Antworten auf einen einseitigen Minifragebogen, auf dem drei Fragen aus dem Gesamtfragebogenwerk wiederholt wurden, bei denen am ehesten Verzerrungen zu erwarten waren. Bei den meisten Variablen zeigten sich keine signifikanten Abweichun-

[2] Vgl. dazu Kirsch, Scholl und Paul (1984), Kap. 2, 3 und 11.

Insgesamt angeschriebene Unternehmen	Anzahl 601	% (100%)
Antworten der Unternehmensleitung	99	(16%)
Antworten des Betriebsrates	215	(36%)
Beantwortet sowohl vom Betriebsrat als auch von der Unternehmensleitung	55	(9%)
Unternehmen, von denen mindestens eine Seite die Fragebögen beantwortet hat	259	(43%)

Abb. 2: Rücklauf

gen zwischen antwortenden und nicht-antwortenden Unternehmen, bei einigen Variablen gab es kleinere Unterschiede; z. B. sind wirtschaftlich stark angeschlagene Unternehmen etwas geringer in unserer Stichprobe vertreten. Insgesamt sind jedoch keine gravierenden Stichprobenverzerrungen zu verzeichnen.

2. Sozio-ökonomische Grundstruktur der Unternehmung

Die theoretische Interpretation der Berücksichtigung und Befriedigung von Arbeitnehmerbedürfnissen wird meist im Rahmen interessenpluralistischer Ansätze vollzogen; dabei werden die verschiedensten Teilnehmer(gruppen) nebeneinander aufgeführt, so als würden sich ihre Beziehungen zur Unternehmung strukturell ähnlich sein.[3] Demgegenüber sind nach unserer Auffassung die Arbeitgeber-Arbeitnehmer-Beziehungen in besonderer Weise durch eine Gleichzeitigkeit kooperativer und konkurrierender Austauschstrukturen gekennzeichnet, vgl. die Abb. 3.

Aufgrund des Dispositionsrechts des Managements über den Arbeitseinsatz durch den Abschluß von Arbeitsverträgen, also aufgrund innerbetrieblicher Herrschaft, ist ein starker Interessengegensatz angelegt. Die Verteilung und Organisation der Arbeit wird meist unter die Maximen der Kostensenkung, Rationalisierung und Arbeitsintensivierung gesetzt. Für diese Maximen ist nicht nur der Konkurrenzdruck bestimmend, sondern auch das Eigeninteresse des Managements an einer Verteilung der Arbeitsbedingungen im Unternehmen möglichst zu eigenen Gunsten.[4]

[3] Vgl. für viele andere March und Simon (1976).

[4] Vgl. Scholl (1983a, 1983b).

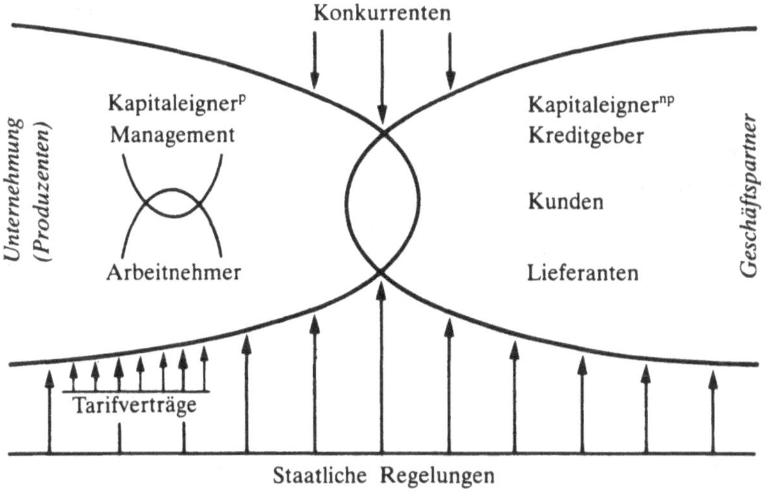

Legende:

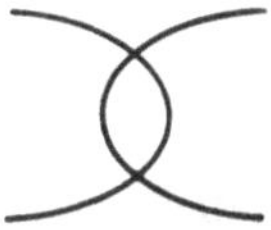

Transaktionsbeziehungen

Kapitaleigner^{p} = partizipierende Kapitaleigner oder Eigentümerunternehmer

Kapitaleigner^{np} = nicht partizipierende Kapitaleigner

Abb. 3: Sozio-ökonomische Beziehungen der Unternehmung

Auf der anderen Seite haben Arbeitnehmer und Management eine gemeinsame Produzentenrolle in der Auseinandersetzung mit den anderen Marktkräften: Konkurrenten, Kunden, Lieferanten und Kreditgebern. Unterschiedliche Rollen haben die Kapitaleigner, von denen Kleinanleger und institutionelle Anleger sich in ihren Interessen um Kapitalerhaltung und Kapitalverzinsung nicht wesentlich von anderen Kreditgebern unterscheiden, während Großanleger häufig auch gestaltenden Einfluß auf die Unternehmungen ausüben wollen, also in gewissem Maße eine Managementrolle mit übernehmen. Alles, was die Position des Unternehmens in der Auseinandersetzung mit den anderen Marktkräften stärkt, ist günstig für beide Produzentenparteien, Arbeitnehmer und Management. Die sozio-ökonomische Grundstruktur der Arbeitgeber-Arbeitnehmer-Beziehungen läßt sich daher als „antagonistische Kooperation“

bezeichnen.[5] In den Begriffen der Spieltheorie handelt es sich um ein Spiel mit variablen Summen, das in der Grundstruktur dem Gefangenendilemma ähnelt.[6]

Nach außen erhöht eine strategisch günstige Wettbewerbsposition die Gewinnchancen eines Unternehmens. Von hohen Gewinnen profitieren nicht nur Kapitaleigner und Manager, deren Zinserträge, Gehälter und Karrierechancen damit verknüpft sind, sondern auch Arbeitnehmer, deren Arbeitsqualität positiv von der Gewinnsituation beeinflußt wird.[7] Von innen her wird dagegen die Position eines Unternehmens geschwächt, wenn der Konfliktstoff zwischen Management und Arbeitnehmern aufgrund des vorhandenen Antagonismus zu sehr anwächst und zu größeren innerbetrieblichen Reibungsverlusten führt. In einem solchen Fall sind letztlich beide Seiten, Management und Arbeitnehmer, negativ betroffen. Diese Verluste aufgrund schlechter innerbetrieblicher Konflikthandhabung müssen sich natürlich nicht gleichmäßig auf die beiden Seiten, Management und Arbeitnehmer, verteilen; je nachdem, welche Seite sich im innerbetrieblichen Konflikt und Machtkampf stärker durchsetzt, werden die Konfliktbelastungen auch ungleich verteilt, wobei bei größeren Verlusten des Unternehmens meist keine Seite ungeschoren davonkommt.[8]

Aus diesen strukturellen Rahmenbedingungen der Unternehmenstätigkeit ergeben sich für das Problem der Befriedigung von Arbeitnehmerbedürfnissen zwei Fragen:

(1) Welche innerbetriebliche Aktoren setzen sich für die Befriedigung von Arbeitnehmerbedürfnissen in welcher Weise ein?
(2) Welche betrieblichen Strategiekombinationen resultieren daraus und was sind ihre typischen Merkmale?

In den folgenden Punkten werden wir zunächst die erste Frage intensiv behandeln, um dann im sechsten Punkt auch zur zweiten Frage Antworten geben zu können.

[5] Der Begriff der antagonistischen Kooperation wurde von Sumner 1906 eingeführt und in Deutschland vor allem von Vilmar verwendet, vgl. z.B. Vilmar (1975), S. 21; Vilmar und Sattler (1978), S. 110.

[6] Vgl. etwa Shubik (1965) und Deutsch (1976).

[7] Vgl. dazu die theoretische Ableitung bei Chmielewicz (1975): „4.2 Bedeutung des Gewinnstrebens", besonders S. 92.

[8] Dieses theoretische Modell wurde für die Gesamtinterpretation der empirischen Ergebnisse unseres Forschungsprojektes entwickelt, vgl. Kirsch und Scholl (1983) und Kirsch, Scholl und Paul (1984), S. 618ff.

3. Arbeitnehmervertreter und Unternehmensleitung als Aktoren der Bedürfnisberücksichtigung

Die Befriedigung von Arbeitnehmerbedürfnissen hängt zunächst einmal im wesentlichen von ihrer Berücksichtigung im innerbetrieblichen Entscheidungsprozeß ab. Es mag zwar sicher auch Fälle geben, in denen eine tatsächliche Bedürfnisbefriedigung in dieser Form nicht beabsichtigt war, sondern sich als unbeabsichtigte Nebenfolge anderer Maßnahmen ergeben hat. Dies dürfte jedoch eher die Ausnahme sein, so daß es notwendig ist zu klären, wie und vor allem durch wen die Berücksichtigung von Arbeitnehmerbedürfnissen erfolgt. In deutschen Unternehmen kommen als Initiatoren vor allem die im Rahmen der Mitbestimmungsgesetze gewählten Arbeitnehmervertreter einerseits und die Unternehmensleitung und ihre Vertreter andererseits in Frage.

Der Einsatz dieser beiden betrieblichen Aktoren entspricht zwei unterschiedlichen Grundformen der Bedürfnisberücksichtigung.[9] Die Mitbestimmung der Arbeitnehmervertreter läßt sich als indirekte *Partizipation* charakterisieren, bei der die Arbeitnehmervertreter die Bedürfnisse der betroffenen Arbeitnehmer artikulieren, mit der Unternehmensführung über eine möglichst hohe Berücksichtigung dieser Bedürfnisse bei den anstehenden Entscheidungen diskutieren sowie die ihnen zur Verfügung stehenden Machtmittel dabei einsetzen.

Die Bedürfnisberücksichtigung durch die Unternehmensleitung entspricht meist der Grundform des *Marketing*, ein Begriff, der hier nicht auf Konsumgüter beschränkt wird, sondern auch auf alle anderen wirtschaftlichen und gesellschaftlichen Bereiche Anwendung findet.[10] Marketing ist – in verschiedenen Ausprägungen natürlich – bei all den Entscheidungen und Handlungen im Spiel, die zumindest eine stillschweigende Akzeptanz oder Hinnahme durch die Betroffenen bedürfen, die nicht selbst beteiligt sind. Gerade weil Betroffene oder ihre Vertreter nicht partizipieren, aber in irgendeiner Weise Einfluß ausüben können, z. B. durch Abwanderung, müssen ihre Interessen und Bedürfnisse in irgendeiner Form berücksichtigt werden. Es werden daher, zum Teil über intensive Marktforschung, Meinungsumfragen usw., Informationen

[9] Zu den Grundformen der Bedürfnisberücksichtigung vgl. Scholl, Gerl und Paul (1978), Kirsch und Scholl (1977) und Scholl (1981).

[10] Vgl. vor allem Kotler (1972) und die entsprechende Diskussion in Fischer-Winkelmann und Rock (1976).

über Bedürfnisse der Betroffenen gesammelt und bei den Entscheidungen und Handlungen in dem notwendig erscheinenden Ausmaß berücksichtigt. Die erfolgte Bedürfnisberücksichtigung wird dann meist noch den Betroffenen so positiv wie möglich geschildert durch werbende Information über die verschiedenen Medien oder „Marketing-Kanäle", um die Akzeptanz der Maßnahmen zu erhöhen. Viele Instrumente der unternehmerischen Personalpolitik zeigen sehr deutlich ein Personal-Marketing in unserem Sinne. Mitarbeiter – orientierter Führungsstil, Maßnahmen zur Förderung des Betriebsklimas, betriebliche Sozialeinrichtungen, übertarifliche Zulagen, Gewinnbeteiligung, gleitende Arbeitszeit und betriebliche Weiterbildung sind Beispiele für ein solches Personal-Marketing.

In unserem Mitbestimmungsprojekt haben wir versucht, empirisch zu ermitteln, welche relative Bedeutung diese beiden Formen der Bedürfnisberücksichtigung für die Befriedigung der Arbeitnehmerbedürfnisse hat.

Die *Befriedigung von Arbeitnehmerbedürfnissen* haben wir durch einen Index der *Qualität des Arbeitslebens* erfaßt, dem sieben vorwiegend objektive Indikatoren aus der betrieblichen Statistik zugrunde liegen:

1. Das Beschäftigungsrisiko für die Arbeitnehmer im Betrieb, gemessen als Prozentsatz betriebsbedingter Kündigungen im Untersuchungsjahr 1978.

2. Das Lohnniveau, gemessen als Durchschnitt der Jahresbruttozahlungen (einschließlich aller Zulagen) aus drei genau definierten tariflichen Positionen, die in jedem Betrieb vorkommen.

3. Die Aufstiegs- und Abstiegschancen, gemessen als Prozentsatz der Höhergruppierungen minus der Abgruppierungen im Jahr 1978.

4. Die Verbesserungen der Arbeitsbedingungen durch Investitionsentscheidungen, gemessen auf einer subjektiven Skala von 1–7, auf der die befragten Unternehmensleitungen angegeben haben, in welchem Ausmaß die Arbeitsbedingungen bei Investitionen an den Menschen angepaßt werden, anstatt die Menschen zur Anpassung an die Maschinen zu zwingen.

5. Die Existenz und die Qualität betrieblicher Sozialeinrichtungen, wie Kantine, Kindergarten, Sportplatz, Erholungsheim oder Werkswohnungen, die auf einer Skala von 0–6 eingestuft und aufsummiert wurden.

6. Die Fehlzeitenrate, gemessen als der Prozentsatz von Arbeitsstunden, die wegen Krankheit oder Arbeits- und Wegeunfällen ausgefallen sind, mit der auf körperlich und nervlich krankmachende Arbeitsbedingungen, Arbeits-

unfälle sowie auf das „Krankfeiern“ als Reaktion auf die Arbeitsumstände geschlossen werden kann.

7. Die Abwanderungsquote, gemessen als der Prozentsatz freiwilliger Arbeitnehmerkündigungen, die als verhaltensmäßige Beurteilung der Arbeitsqualität insgesamt durch die Arbeitnehmer aufgefaßt werden kann, auch wenn die lokale Arbeitsmarktsituation als Störfaktor diese Quote mit beeinflußt.

Diese sieben Indikatoren wurden standardisiert und zu einem Gesamtindex der Arbeitsqualität zusammengefaßt. Anhand einer aus vier Antworten kombinierten subjektiven Gesamteinschätzung der Arbeitsqualität durch je zwei Führungskräfte und Betriebsräte wurde eine relativ hohe Validität für die beiden Maße ermittelt; der „objektive“ Index und die subjektive Einschätzung korrelieren mit +.74*** (n=45) miteinander.[11]

Die *Bedürfnisberücksichtigung* durch die *Partizipation der Arbeitnehmervertreter* und das *Personal-Marketing des Managements* wurde folgendermaßen gemessen. Im Anschluß an die oben erwähnte subjektive Einschätzung der Arbeitsqualität mit der Zustimmung oder Ablehnung zu der Aussage: „Unser Unternehmen tut sehr viel für die Beschäftigten, was sich an den vorbildlichen Sozialeinrichtungen, den hohen Löhnen und den guten Arbeitsbedingungen ablesen läßt“ konnten je zwei Führungskräfte und Betriebsräte ihre Zustimmung oder Ablehnung zur Bedürfnisberücksichtigung durch Partizipation oder durch Personal-Marketing ausdrücken:

„Dies ist primär bedingt durch die Zusammenarbeit mit den Arbeitnehmervertretern im Betriebsrat, Gesamtbetriebsrat und Aufsichtsrat, welche die Wünsche und Interessen der Beschäftigten vortragen und sich dafür einsetzen.“
sowie
Dies ist primär bedingt durch die eigenen Überlegungen und Recherchen der Führungskräfte in bezug auf die Wünsche und Interessen der Beschäftigten.“

Die vier betrieblichen Antworten auf diese beiden Aussagen wurden jeweils zu einer Gesamteinschätzung zusammengefaßt, um die Unterschätzungen und/oder Überschätzungen von Führungskräften und Betriebsräten auszugleichen und ein relativ zuverlässiges und gültiges Urteil zu bekommen.

Mit Hilfe dieser empirischen Messungen zu den beiden Formen der Bedürfnisberücksichtigung und der tatsächlichen Bedürfnisbefriedigung erhielten wir

[11] Folgende statistische Signifikanzniveaus werden verwendet: ***=p<0.001; **=p<0.01; *=p<0.05; sowie bei geringen Fall-Zahlen: $^{+}$=p<0.10; n.s. = nicht signifikant.

folgende Ergebnisse. Die Bedürfnisberücksichtigung durch die Partizipation der Arbeitnehmervertreter, also die Mitbestimmung, wird mit 3.69 im Durchschnitt signifikant (*) höher eingeschätzt als die Bedürfnisberücksichtigung durch das Personal-Marketing der Führungskräfte mit 3.05. Entsprechend unseren theoretischen Vermutungen sind die beiden Formen der Bedürfnisberücksichtigung positiv mit der Bedürfnisbefriedigung korreliert. Dabei ist die Befriedigung der Arbeitnehmerbedürfnisse, gemessen an dem objektiven Index der Arbeitsqualität, mit +.43*** (n=44) von der Bedürfnisberücksichtigung durch die Partizipation der Arbeitnehmervertreter stärker abhängig als vom Personal-Marketing der Führungskräfte, wo die Korrelation mit der Arbeitsqualität nur +.27* (n=43) beträgt.

Neben der Partizipation der Arbeitnehmervertreter und dem Personal-Marketing der Führungskräfte kommt als dritter zentraler Erklärungsfaktor für die Arbeitsqualität nach unseren theoretischen und empirischen Analysen vor allem die Gewinnsituation des Unternehmens in Frage. Je größer die Gewinne sind, desto mehr werden tendenziell auch Kosten für eine höhere Arbeitsqualität verkraftet, hohe Gewinne erweitern den Verteilungsspielraum. Mit Hilfe einer Regressionsanalyse läßt sich nun prüfen, wie stark der relative Beitrag dieser drei Faktoren für eine hohe Arbeitsqualität ist. Für die Zwecke der multiplen Regression erweist es sich als vorteilhaft, daß die drei Variablen statistisch fast völlig unabhängig voneinander sind:

Partizipation × Marketing:	$-.19^{+}$	(n=48)
Partizipation × Gewinnsituation:	−.07 n.s.	(n=40)
Marketing × Gewinnsituation:	+.14 n.s.	(n=39)

Das Ergebnis der multiplen Regressionsanalyse ist in der folgenden Abbildung 4 dargestellt.

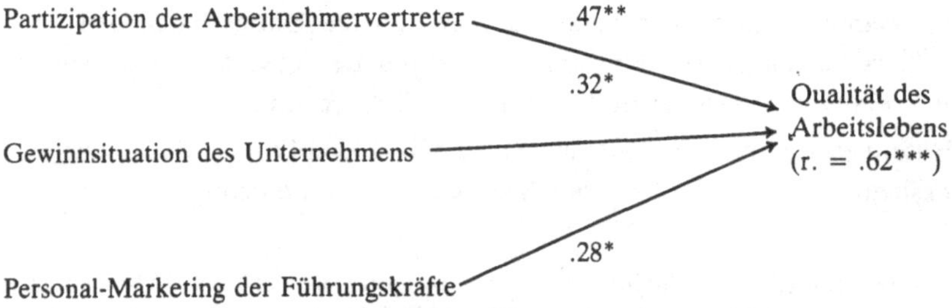

Abb. 4: Bestimmungsgründe für die Qualität des Arbeitslebens

Die Pfeile in der Abbildung 4 symbolisieren die vermutete Ursache-Wirkungs-Beziehung. Die Zahlen über den Pfeilen sind die partiellen, standardisierten Regressionskoeffizienten, die den Zusammenhang zwischen zwei Variablen unter Ausschluß aller anderen Variablen beziffern.

Es zeigt sich, daß die Mitbestimmung bzw. die Partizipation der Arbeitnehmervertreter für die Bedürfnisbefriedigung der Arbeitnehmer die größte Bedeutung hat mit einem partiellen Regressionskoeffizienten von +.47**. Die Gewinnsituation und die Marketingbemühungen der Führungskräfte sind in der Praxis ebenfalls wichtig, aber in geringerem Ausmaß; die partiellen Regressionskoeffizienten sind mit +.32* und +.28* ebenfalls signifikant, aber doch um einiges geringer. Zwischen diesen drei Faktoren und dem objektiven Index der Arbeitsqualität als Maß für die Bedürfnisbefriedigung der Arbeitnehmer ergibt sich eine multiple Korrelation von +.62*** (n=38).

Die Partizipation der Arbeitnehmervertreter als Form der Bedürfnisberücksichtigung hat also für die Arbeitnehmer relativ hohen Nutzen.

Die Tätigkeit der Führungskräfte wirkt sich demgegenüber im geringeren Maße, dafür aber auf zweierlei Art auf die Arbeitsqualität aus. Zum einen ist für die Arbeitnehmer eine direkte Orientierung der Führungskräfte an ihren Bedürfnissen über ein ausgeprägtes Personal-Marketing von Nutzen, zum anderen ein generell gutes Management, mit der das Unternehmen eine günstige Wettbewerbsposition erreichen und ausreichende Gewinne machen kann.

Mit dieser Analyse der Bedeutung der Bedürfnisberücksichtigung durch die betrieblichen Aktoren Arbeitnehmervertreter und Führungskräfte haben wir die Grundlage dafür geschaffen, in den folgenden beiden Punkten die Voraussetzungen dieser beiden betrieblichen Strategien der Bedürfnisberücksichtigung zu ermitteln.

4. Voraussetzungen für wirksame Partizipation der Arbeitnehmervertreter

Sowohl die Bedürfnisberücksichtigung durch die Partizipation der Arbeitnehmervertreter als auch durch das Personal-Marketing der Führungskräfte weisen eine beträchtliche Streuung auf, d. h. sie können sehr niedrig und sehr hoch sein. Es ist daher nun zu fragen, wodurch eine hohe Bedürfnisberücksichtigung

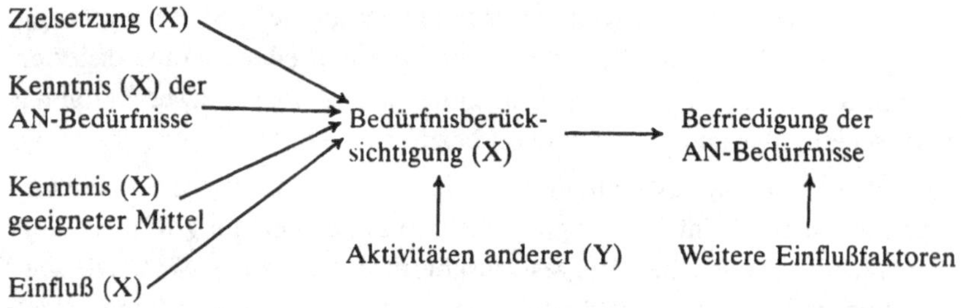

Abb. 5: Einflußfaktoren der Berücksichtigung und Befriedigung von Arbeitnehmer(AN)-Bedürfnissen durch einen Aktor (X)

im Unterschied zu einer geringen bedingt ist. Die zu erwartenden Einflußfaktoren sind in Abbildung 5 zusammengefaßt.

Wie aus Abbildung 5 ersichtlich, hängt das Ausmaß der Bedürfnisberücksichtigung zunächst einmal von der Zielsetzung eines Aktors X ab, nämlich ob und inwieweit er überhaupt eine Berücksichtigung der Bedürfnisse beabsichtigt. Des weiteren sind zur Bedürfnisberücksichtigung einige Kenntnisse notwendig, nämlich zum einen eine Kenntnis der zu berücksichtigenden Bedürfnisse und zum zweiten die Kenntnis geeigneter Mittel, um die Berücksichtigung dieser Bedürfnisse mit anderen Zielsetzungen vereinbaren zu können. Sicherlich muß der Aktor X auch einflußreich sein, um bei betrieblichen Entscheidungsprozessen diese Zielsetzung und Kenntnisse wirksam umsetzen zu können. Natürlich kommt es in der Regel nicht nur auf einen Aktor an, sondern auch auf die Aktivitäten anderer, die störend oder unterstützend intervenieren können. Schließlich ist die Bedürfnisbefriedigung auch nicht allein von der Bedürfnisberücksichtigung durch verschiedene Aktoren abhängig, wie wir an der Gewinnsituation im letzten Abschnitt bereits gesehen haben.

In der empirischen Untersuchung war es leider nicht möglich, diese entscheidungsorientierte Analyse einfach in eine Befragungskonzeption umzusetzen. Dazu wäre die detaillierte Analyse einer Vielzahl von Entscheidungsprozessen nötig gewesen, was allenfalls bei einer Fallstudie, aber nicht bei einer Breitenerhebung möglich ist. Wir müssen daher im folgenden auf einige indirekte und einige generalisierende Angaben zurückgreifen.

In bezug auf die Bedürfnisberücksichtigung durch die Partizipation der Arbeitnehmervertreter haben wir keine direkten Angaben zur Zielsetzung der Arbeitnehmervertreter. Grundsätzlich wird man davon ausgehen müssen, daß eine hohe Berücksichtigung von Arbeitnehmerbedürfnissen das Hauptziel der Arbeitnehmervertreter ist, weil sie zu diesem Zweck gewählt wurden, hinsichtlich der Wiederwahl auch einer gewissen Kontrolle durch die Arbeitnehmer unterliegen und schließlich keiner anderen Gruppe direkt verantwortlich sind. Dies schließt natürlich nicht aus, daß z. B. die Unternehmensleitung oder die Gewerkschaft die Zielsetzung der Arbeitnehmervertreter im gewissen Maße beeinflußt. Wir werden jedoch im Zusammenhang mit der Einflußanalyse ein indirektes Indiz noch heranziehen.

Der Einfluß der Arbeitnehmervertreter, den wir durch Mittelung von je drei Antworten von Führungskräften und Betriebsräten gemessen haben[12], zeigt folgende Korrelationen mit dem Ausmaß der Bedürfnisberücksichtigung durch die Partizipation der Arbeitnehmervertreter, vgl. die Abbildung 6.

		Einfluß der (des)	Korrelationen	
Bedürfnisberücksichtigung durch indirekte Partizipation	mit	Arbeitnehmervertreter im Aufsichtsrat	+.37*	(n = 38)
		Betriebsrates	+.64***	(n = 46)
		Belegschaft	+.33*	(n = 40)
		Gewerkschaften	+.39*	(n = 41)

Abb. 6: Korrelationen zwischen dem Einfluß der Arbeitnehmervertreter und der Bedürfnisberücksichtigung durch indirekte Partizipation

Für die Bedürfnisberücksichtigung durch die Partizipation der Arbeitnehmervertreter ist der Einfluß der Arbeitnehmer und ihrer Vertretungsorgane von Bedeutung. Bei ihnen allen, und nur bei ihnen, wie die anderen Daten zeigen, ergeben sich signifikante Korrelationen im erwarteten Sinne. Während der Einfluß der Arbeitnehmervertreter im Aufsichtsrat, der Belegschaft (Arbeiter und Angestellte) und der Gewerkschaften ähnlich hohe, signifikante Korrelationen mit Bedürfnisberücksichtigung durch indirekte Partizipation aufweist, besteht beim Einfluß des Betriebsrats eine deutlich höhere, hoch-signifikante Korrelation von +.64***. Damit zeigt sich die überragende Rolle des Betriebsrats für eine erfolgreiche Partizipation, der aufgrund seiner Zeit, der Erfahrungsmöglichkeiten und seines relativ hohen Einflusses als das Aktionszentrum

[12] Genauere Angaben zur Einflußmessung in Kirsch, Scholl und Paul (1984), Kapitel 4.2 und 4.4.

der Arbeitnehmervertretung insgesamt zu gelten hat. Damit bestätigt sich zum einen die Vermutung, daß ein hoher Einfluß der Arbeitnehmervertreter wichtig ist für eine hohe Bedürfnisberücksichtigung; zum anderen muß man auch den Schluß ziehen, daß der Zusammenhang von Einfluß und Bedürfnisberücksichtigung nur dann so hoch sein kann, wenn auch die Zielsetzung, mit der der Einfluß der Arbeitnehmervertreter ausgeübt wird, primär an der Berücksichtigung von Arbeitnehmerbedürfnissen orientiert ist.

Nachdem wir über den Einfluß und indirekt auch über die Zielsetzung der Arbeitnehmervertreter etwas in Erfahrung gebracht haben, soll nun die Bedeutung der Kenntnisse beleuchtet werden. Um herauszubekommen, welche Rolle die Ermittlung von Arbeitnehmerbedürfnissen für die Bedürfnisberücksichtigung durch indirekte Partizipation spielt, haben wir folgende Fragen gestellt:

„Die Unternehmensleitung wird über die Meinungen, Stimmungen und Probleme der Beschäftigten ständig und ausführlich unterrichtet.“

Mit dieser einleitenden Aussage sollte das generelle Niveau der Bedürfnisermittlung festgestellt werden, wobei diese Aussage auf einer von 0 (= trifft nicht zu) bis 6 (= trifft völlig zu) reichenden Skala einzustufen war von je zwei Vertretern der Unternehmensleitung und des Betriebsrats. Von diesen vier Einschätzungen wurde, genau wie bei den Fragen zur Bedürfnisberücksichtigung, eine kombinierte Einschätzung gebildet. Die Bedürfnisermittlung durch den Betriebsrat als Vermittlungsagentur zwischen Belegschaft und Unternehmensleitung wurde durch eine Folgefrage operationalisiert:

„Dies geschieht vor allem durch häufige, regelmäßige Besprechungen mit dem Betriebsrat, der zum Teil unterstützt durch die Vertrauensleute im ständigen Kontakt mit den Beschäftigten steht.“

Das generelle Niveau der Bedürfnisermittlung wird im Durchschnitt der befragten Unternehmen mit 4.1 (n=51) angegeben. Genau so hoch wird die Bedürfnisermittlung durch den Betriebsrat eingeschätzt mit 4.1 (n=53). Zwischen dieser Bedürfnisermittlung durch den Betriebsrat und der Bedürfnisberücksichtigung durch indirekte Partizipation ergibt sich eine Korrelation von +.42** (n=51). Damit bestätigt sich die Vermutung, daß die Bedürfnisermittlung eine wichtige Vorbedingung für die Bedürfnisberücksichtigung ist.

Gegenüber der Kenntnis der Arbeitnehmerbedürfnisse als Voraussetzung für eine hohe Bedürfnisberücksichtigung ist es viel schwieriger, etwas über die Kenntnis geeigneter Mittel der Bedürfnisberücksichtigung durch Arbeitnehmervertreter zu erfahren, denn hier müßte man wieder jede Entscheidung gesondert betrachten. Aus der Analyse verschiedener Konflikthandhabungsstile der Arbeitnehmervertreter gegenüber der Unternehmensleitung haben wir jedoch ein indirektes Indiz für die Bedeutung der Kenntnis geeigneter Mittel. In unserer Analyse konnten wir vier verschiedene Konflikthandhabungsstile unterscheiden: Argumentation (problems solving), Kompromiß (compromise), Druck (forcing) und Harmonie (smoothing over differences).[13] Von diesen vier Konflikthandhabungsstilen erscheint ein Stil der Argumentation am besten geeignet, Mittel für eine hohe Bedürfnisberücksichtigung in der Diskussion mit der Unternehmensleitung zu finden. Beim Kompromißstil wird nämlich nicht so ausgiebig das Problem selbst diskutiert, sondern es wird mehr auf das Auffinden eines Schlichtungspunktes geachtet, der zwischen den ursprünglichen Vorstellungen der beiden Seiten liegt. Wenige Argumente werden bei Druck ausgetauscht, hier versucht einfach eine Seite sich durchzusetzen. Bei Harmonie werden schließlich die tatsächlichen Probleme eher verschleiert als gründlich untersucht, um des lieben Friedens willen.

Korreliert man diese Konflikthandhabungsstile mit der Bedürfnisberücksichtigung durch indirekte Partizipation, dann gibt es nur zwischen dem Stil der Argumentation und der Bedürfnisberücksichtigung eine signifikante Korrelation von +.50*** (n=50). Diese Korrelation entspricht voll der dargelegten Vermutung.

Das analytische Schema der Einflußfaktoren der Bedürfnisberücksichtigung aus Abbildung 5 hat sich also in bezug auf die Arbeitnehmervertreter bewährt. Im folgenden Punkt werden wir dasselbe Schema auf die Bedürfnisberücksichtigung durch das Personal-Marketing der Führungskräfte anwenden.

5. Voraussetzungen für wirksames Personal-Marketing der Unternehmensleitung

Für die Analyse der Zielsetzung der Unternehmensleitung in bezug auf die Berücksichtigung von Arbeitnehmerbedürfnissen haben wir ebenfalls keine direkte Messung. Wir können jedoch einige indirekte Indizien heranziehen, wenn wir uns zunächst einmal theoretisch klarmachen, unter welchen Umständen das Management an einer hohen Berücksichtigung von Arbeitnehmerbedürfnissen interessiert sein könnte.

[13] Vgl. Blake, Shepard und Mouton (1964) sowie Lawrence und Lorsch (1967).

Zwischen der Partizipation der Arbeitnehmervertreter und dem Personal-Marketing der Führungskräfte ist eine gewisse Konkurrenz zu erwarten. Arbeitnehmer können nämlich im allgemeinen sehr wohl unterscheiden, auf wessen Initiative und Durchsetzungskraft die Befriedigung ihrer Bedürfnisse und Interessen zurückzuführen ist. Für beide Seiten wäre es daher günstig, wenn dies jeweils ihren eigenen Bemühungen, also der Partizipation der Arbeitnehmervertreter oder dem Personal-Marketing der Führungskräfte zugeschrieben wird. Diese angenommene Konkurrenzsituation spiegelt sich insofern in unseren Daten wieder, als zwischen der Bedürfnisberücksichtigung durch Partizipation und der durch Marketing eine, wenn auch nur schwach signifikante negative Korrelation von $-.19^{+}$ (n=48) besteht. Dies liegt daran, daß die Zahl der Unternehmen, bei der eine Seite in der Bedürfnisberücksichtigung die andere deutlich „hinter sich läßt", nicht viel größer ist als die, wo entweder beide Seiten sich gar nicht groß herausfordern oder sich „ein Kopf-an-Kopf-Rennen" liefern.

Auf diesem Hintergrund können wir nun weiterfragen. Da die Unternehmensleitung und die dort tätigen Führungskräfte nicht nur Arbeitnehmerbedürfnisse, sondern auch die Interessen von Kapitaleignern oder Konsumenten berücksichtigen müssen, während die Arbeitnehmervertreter ausschließlich Arbeitnehmerinteressen zu vertreten haben, ist es nicht verwunderlich, daß die Bedürfnisberücksichtigung durch Partizipation im Schnitt höher ist als die durch Personal-Marketing. Gerade deshalb ist es aber besonders erklärungsbedürftig, warum nun doch in einigen Fällen das Marketing des Managements überwiegt und eine höhere Bedürfnisberücksichtigung daraus resultiert. Angesichts der oben erwähnten Konkurrenzmotive zwischen Unternehmensleitung und Arbeitnehmervertreter könnte das Management versuchen, seinen Planungs- und Entscheidungsvorteil zu einer hohen Berücksichtigung und letztlich Befriedigung von Arbeitnehmerbedürfnissen zu nutzen, um damit die Loyalität und Unterstützung der Arbeitnehmer zu sichern. Dadurch ließe sich auch möglicherweise die Position des Managements stärken in den Verhandlungen mit den Arbeitnehmervertretern, da dann der Rückhalt und die generelle Unterstützung durch die Arbeitnehmer für das Management ähnlich hoch oder sogar höher sind als für die Arbeitnehmervertreter. Eine solche, besonders aktive Marketing-Strategie des Managements setzt jedoch voraus, daß es sich in der Lage sieht, eine überdurchschnittliche Arbeitsqualität herzustellen, weil nur dann den grundsätzlich immer möglichen weitergehenden Forderungen der Arbeitnehmervertreter die Überzeugungskraft genommen werden kann. Und dementsprechend muß sich das Management auch in der Lage sehen, die höheren Kosten für eine höhere Arbeitsqualität aufzubringen.

Aus diesen Überlegungen ergibt sich die Hypothese, daß die Bedürfnisberücksichtigung durch Personal-Marketing dann höher ist als durch indirekte Partizipation, wenn die wirtschaftliche Lage des Unternehmens besonders gut ist oder wenn die Unternehmensleitung im besonderen Maße auf die Arbeitsbereitschaft der Arbeitnehmer angewiesen ist.

Um diese Vermutungen empirisch zu prüfen, wurde zunächst einmal eine neue Variable gebildet, die den Vorrang von Partizipation oder Marketing zum Ausdruck bringt. Dazu wurde einfach der Schätzwert für Partizipation genommen und davon der Schätzwert für Personal-Marketing abgezogen. Ein positiver Wert bringt demnach den Vorrang von Partizipation zum Ausdruck, ein negativer Wert von Vorrang von Marketing. Dieser Vorrang von Partizipation oder Marketing läßt sich nun mit der wirtschaftlichen Lage des Unternehmens in Beziehung bringen, vgl. die Abbildung 7.

Aspekte der wirtschaftlichen Lage nach Einschätzung der Unternehmensleitung	Korrelationen zwischen dem Vorrang von Partizipation oder Marketing mit der wirtschaftlichen Lage des Unternehmens		Betriebes	
Wachstumsrate	–.37**	(37)	–.14 n.s.	
Umsatzentwicklung von 1977 auf 1978 (in %)	–.22+	(44)	–.36+	(21)
Kapazitätsausnutzung	–.20 n.s.		–.27*	(40)
Rentabilität	–.27*	(38)	–.08 n.s.	

Abb. 7: Vorrang von Partizipation (+) oder Marketing (–) im Zusammenhang mit der wirtschaftlichen Lage

In Abbildung 7 haben wir die wirtschaftliche Lage des Unternehmens (linke Spalte) und des Betriebes (rechte Spalte) vergleichend einbezogen. Die Korrelationen sind jeweils negativ; obwohl die Höhe und die Signifikanzen etwas schwanken, ergibt sich doch in beiden Spalten eine einheitliche Tendenz. Je höher die Wachstumsrate, die Umsatzentwicklung, die Kapazitätsausnutzung und die Rentabilität sind, um so eher ist ein Vorrang des Personal-Marketing der Führungskräfte für die Berücksichtigung von Arbeitnehmerbedürfnissen gegenüber der Partizipation der Arbeitnehmervertreter gegeben.

Die Erklärung dafür erscheint relativ einfach: das Management handelt, wie es in einer Marktwirtschaft zweifellos notwendig ist, sehr stark absatz- bzw.

marktorientiert. Schrumpft der Absatz, dann werden entsprechende Anpassungen versucht, die dann leicht zu Lasten der Arbeitnehmer gehen und eben eine geringere Bedürfnisberücksichtigung zum Ausdruck bringen. Die Arbeitnehmervertreter werden in solchen Situationen versuchen, in den Verhandlungen mit der Unternehmensleitung darauf zu dringen, daß die Probleme nicht zu Lasten der Arbeitnehmer gelöst werden oder daß zumindest weniger einschneidende Maßnahmen getroffen werden, was eine höhere Bedürfnisberücksichtigung bedeutet. Bei guter Umsatzentwicklung, guter Kapazitätsausnutzung und hoher Wachstumsrate dagegen ist das Management mehr geneigt, aus eigenem Antrieb und eigener Verantwortung Arbeitnehmerbedürfnisse zu berücksichtigen und dieses Feld nicht allein den Arbeitnehmervertretern zu überlassen. Starkes Wachstum und auch eine hohe Rentabilität schaffen die Basis für ein ausgeprägtes positives Personal-Marketing; hohe Umsatzsteigerungen und voll ausgelastete Kapazitäten machen dies u. U. sogar erforderlich, um die vorhandene Nachfrage tatsächlich ohne Störungen befriedigen zu können.

Die bisher zusammengestellten empirischen Daten sind also indirekte empirische Stützen für folgende Behauptungen zur Zielsetzung des Managements in bezug auf die Berücksichtigung von Arbeitnehmerbedürfnissen:

Eine hohe Berücksichtigung von Arbeitnehmerbedürfnissen wird um so mehr in die Zielsetzung des Managements eingehen,

(a) je wichtiger die Arbeits- und Kooperationsbereitschaft der Beschäftigten für die Produktivität des Unternehmens ist,
(b) je eher die wirtschaftlichen Bedingungen des Unternehmens eine hohe Bedürfnisberücksichtigung zulassen, und
(c) je mehr es glaubt, den Arbeitnehmervertretern den Wind aus den Segeln nehmen zu können.

Anders als bei den Arbeitnehmervertretern dürfte das Ausmaß des Einflusses des Managements keine wesentliche Rolle für das Ausmaß der Bedürfnisberücksichtigung durch Personal-Marketing spielen, einfach weil die Unternehmensleitungen in allen Fällen den höchsten Einfluß im Unternehmen haben und damit auch genügend Einfluß, um ein Personal-Marketing durchzusetzen. Dies wird zunächst bestätigt durch die gering positive, jedoch nicht-signifikante Korrelation von +.19 zwischen dem Einfluß der Unternehmensleitung und der Bedürfnisberücksichtigung durch Personal-Marketing. Eine gewisse Einschränkung ergibt sich jedoch aus der negativen Korrelation von $-.25^{+}$ (n=34) zwischen dem Einfluß der Anteilseignervertreter im Aufsichtsrat und dem Personal-Marketing; sehr einflußreiche Anteilseignervertreter sind offensichtlich geneigt, etwaige Überschüsse zugunsten eigener Interessen und nicht zugunsten der Arbeitnehmer verwendet zu sehen und können dies dann auch gegenüber der Unternehmensleitung durchsetzen.

Dagegen dürfte die Kenntnis bzw. die Ermittlung der Arbeitnehmerbedürfnisse für das Personal-Marketing noch wichtiger sein als für die indirekte Partizipation, da die Führungskräfte von den durchschnittlichen Arbeitnehmerproblemen im allgemeinen wohl weniger Ahnung haben als die Arbeitnehmervertreter, weil sie nicht aus demselben Arbeitsmilieu kommen. Das Ausmaß der Bedürfnisermittlung durch Führungskräfte haben wir durch eine ähnliche Frage wie bei den Arbeitnehmervertretern gemessen. Im Anschluß an die Aussage: „Die Unternehmensleitung wird über die Meinungen, Stimmungen und Probleme der Beschäftigten ständig und ausführlich unterrichtet" wurde folgende Aussage zur Zustimmung oder Ablehnung gestellt:

„Dies geschieht vor allem durch Berichte der Führungskräfte auf allen Ebenen, durch Personalbeurteilungsgespräche, durch Umfragen bei den Beschäftigten, usw."

Als Meßwert wurde, wie schon oben, die kombinierte Einschätzung von je zwei Vertretern der Unternehmensleitung und des Betriebsrats verwendet. Die Intensität der Bedürfnisermittlung durch Führungskräfte wird mit einem Durchschnitt von 2.9 (n=50) weit geringer eingeschätzt als das Ausmaß der Bedürfnisermittlung durch Arbeitnehmervertreter, das ja 4.1 betrug. Andererseits ist die Korrelation zwischen Bedürfnisermittlung und Bedürfnisberücksichtigung bei den Führungskräften mit +.55*** (n=47) höher als die entsprechende Korrelation bei den Arbeitnehmervertretern von +.42**. Dies bestätigt, daß für eine hohe Bedürfnisberücksichtigung durch Personal-Marketing die Bedürfnisermittlung durch Führungskräfte äußerst wichtig ist, daß aber im allgemeinen das Niveau der Bedürfnisermittlung bei den Führungskräften geringer ist als bei den Arbeitnehmervertretern. Die im Durchschnitt geringe Bedürfnisermittlung durch Führungskräfte läßt auch darauf schließen, daß Unternehmensleitungen dem Betriebsrat in starkem Maße die interne Bedürfnisermittlung überlassen. Manche Unternehmensleitung wird dabei an den Aufwand für eine eigenständige Ermittlung denken und lieber die Informationen vom Betriebsrat übernehmen, dessen Aufwand die Unternehmensleitung so oder so zu tragen hat.

Inwieweit die Kenntnis geeigneter Mittel zur Befriedigung von Arbeitnehmerbedürfnissen auch für die Unternehmensleitung eine wichtige Voraussetzung zur Bedürfnisberücksichtigung ist, können wir mit unseren Daten leider nicht prüfen. Die Daten zu den Konflikthandhabungsstilen, die wir bei der Bedürfnisberücksichtigung durch indirekte Partizipation der Arbeitnehmervertreter verwendet haben, eignen sich in bezug auf das Personal-Marketing der Führungskräfte nicht; denn dieses macht ja gerade die Interaktion und Auseinandersetzung mit dem Betriebsrat und den anderen Arbeitnehmervertretern weitgehend überflüssig. Dementsprechend gibt es auch keine signifikante Korrelationen zwischen der Bedürfnisberücksichtigung durch Personal-Marketing und den Konflikthandhabungsstilen der Unternehmensleitung.

Insgesamt kann man nur spekulieren, daß die Unternehmensleitung vor allem größerer Unternehmungen über einen Stab mit beträchtlichem Know-how verfügt, mit dessen Hilfe es leicht sein müßte, Mittel zur Befriedigung von Arbeitnehmerbedürfnissen zu finden, die auch die Berücksichtigung anderer Zielsetzungen gewährleisten. Andererseits kann die vorherrschende Denkweise in einem Unternehmen u. U. auch die Gewinnung von Kenntnissen zur Befriedigung von Arbeitnehmerbedürfnissen erheblich behindern. Die Kenntnis geeigneter Mittel zur Befriedigung von Arbeitnehmerbedürfnissen wird also auch für das Personal-Marketing der Führungskräfte wichtig sein, aber wir können unsere Vermutungen nicht durch Daten belegen.

Insgesamt hat sich das Schema der Einflußfaktoren von Abbildung 5 auch für die Analyse der Bedürfnisberücksichtigung durch Personal-Marketing der Führungskräfte bewährt. Im nächsten Punkt werden wir nun diese beiden Formen der Bedürfnisberücksichtigung, Partizipation der Arbeitnehmervertreter und Personal-Marketing der Führungskräfte, zu einer Typologie betrieblicher Strategien verbinden.

6. Eine Typologie betrieblicher Strategien der Befriedigung von Arbeitnehmerbedürfnissen

In unserer Untersuchung wurde jeder Betrieb in bezug auf die Bedürfnisberücksichtigung zweimal eingeschätzt, nämlich einmal danach, ob bei ihm eine niedrige oder hohe Bedürfnisberücksichtigung durch die Partizipation der Arbeitnehmervertreter vorliegt, und zum anderen danach, ob bei ihm eine niedrige oder hohe Bedürfnisberücksichtigung durch das Personal-Marketing der Führungskräfte vorliegt. Bei diesen beiden Formen der Bedürfnisberücksichtigung weisen die Betriebe ein durchschnittliches Niveau von 3.69 bzw. 3.05

auf einer von 0–6 reichenden Skala auf. Wenn wir den Mittelwert dieser beiden einzelnen Mittelwerte von 3.37 als gemeinsamen Teilungspunkt für eine Unterscheidung zwischen niedriger und hoher Bedürfnisberücksichtigung verwenden, dann ergibt sich daraus eine Vier-Felder-Matrix, die vier mögliche Strategie-Kombinationen angibt, vgl. Abbildung 8.

		Bedürfnisberücksichtigung durch Personal-Marketing der Führungskräfte		
		gering		hoch
Bedürfnisberücksichtigung durch Partizipation der Arbeitnehmervertreter		2067 (8)	Beschäftigte	7058 (3)
	gering	–.21 (11)	Bedürfnis-	+0.18 (4)
	hoch	+.25 (12)	befriedigung	+0.58 (7)
		10987 (9)	Beschäftigte	11525 (8)

Abb. 8: Typologie betrieblicher Bedürfnisberücksichtigung und tatsächliche Befriedigung von Arbeitnehmerbedürfnissen (Fallzahlen in Klammern)

(a) Die erste Strategiekombination ist gegeben, wenn die Bedürfnisberücksichtigung durch beide betriebliche Aktoren gering ist. Die Arbeitnehmervertreter haben vermutlich zu wenig Einfluß oder zu wenig Kenntnisse, die Führungskräfte sehen entweder die Notwendigkeit oder die wirtschaftliche Möglichkeit für eine hohe Berücksichtigung von Arbeitnehmerbedürfnissen nicht. Entsprechend gering fällt dann die tatsächliche Befriedigung der Arbeitnehmerbedürfnisse aus. Solche Verhältnisse sind vor allem in den kleinsten Unternehmen unserer Stichprobe anzutreffen (wir haben Unternehmen ab 500 Beschäftigte in die Untersuchung einbezogen).

(b) Anders sieht es schon in der Kombination von hoher Bedürfnisberücksichtigung durch Personal-Marketing mit geringer Bedürfnisberücksichtigung durch indirekte Partizipation aus. Hier ist bereits eine deutlich höhere Bedürfnisbefriedigung zu verzeichnen. Die Unternehmen dieses Strategietyps sind mit durchschnittlich 7000 Beschäftigten wesentlich größer.

(c) Eine dritte Kombination ist gegeben, wenn die Bedürfnisberücksichtigung durch die Partizipation der Arbeitnehmervertreter hoch ist, während die durch Personal-Marketing gering ist. Die tatsächliche Bedürfnisbefriedigung fällt hier noch ein bißchen höher aus, vor allem aber sind die Unternehmen mit durchschnittlich 11 000 Beschäftigten erheblich größer.

(d) Am günstigsten ist die Situation für Arbeitnehmer, wenn die Bedürfnisberücksichtigung sowohl durch Arbeitnehmervertreter als auch durch Führungskräfte hoch ausfällt. Die durchschnittliche Bedürfnisbefriedigung erreicht hier eindeutig den höchsten Wert, während die Unternehmen mit durchschnittlich 11 500 Beschäftigten ein bißchen größer sind als bei der Kombination (c).

Wie aus Abbildung 8 deutlich wird, bringt die Berücksichtigung dreier Variablen gleichzeitig leider eine zusätzliche Verkleinerung der Stichprobe mit sich. Da für die beiden Formen der Bedürfnisberücksichtigung ein gemeinsamer Teilungspunkt in niedrige und hohe Bedürfnisberücksichtigung gewählt wurde, obwohl der Durchschnitt bei der Bedürfnisberücksichtigung durch Personal-Marketing darunter liegt, während der Durchschnitt bei der Bedürfnisberücksichtigung durch indirekte Partizipation darüber liegt, ergeben sich zwangsläufig auch ungleiche Häufigkeiten in den vier Feldern der Matrix. Beeinträchtigt werden ganz besonders Aussagen über das Feld (b). Trotz dieser Stichprobenprobleme spiegelt sich bei der Bedürfnisbefriedigung die aus den früheren Analysen zu erwartende Verteilung wieder. Auch die unterschiedlichen Unternehmensgrößen in den vier Feldern der Matrix sind durchaus erwartet: es ist bekannt, daß die Arbeitnehmervertretung in Großbetrieben besser organisiert ist, so daß dort eine höhere Bedürfnisberücksichtigung durch indirekte Partizipation zu erwarten ist; auch ein hohes Personal-Marketing ist in der Regel in größeren Unternehmungen mit ihrem ausdifferenzierten Management stärker verbreitet als in kleineren.

Die beiden Formen der Bedürfnisberücksichtigung haben vermutlich sowohl Voraussetzungen als auch Konsequenzen in bezug auf die Einflußverteilung im Betrieb. Wie wir gesehen haben, ist ein relativ hoher Einfluß der Arbeitnehmervertreter Voraussetzung für erfolgreiche Bedürfnisberücksichtigung durch Partizipation. Andererseits hatten wir die Vermutung ausgesprochen, daß ein hohes Personal-Marketing der Unternehmensleitung auch dazu dient, den Einfluß der Arbeitnehmervertreter zurückzudrängen. Zur Überprüfung dieser Vermutungen haben wir in Abbildung 9 in den einzelnen Feldern der Matrix den Einfluß des Betriebsrates, den Einfluß der Belegschaft (unabhängig vom Betriebsrat) und den gewerkschaftlichen Organisationsgrad der Belegschaft eingetragen.

		Bedürfnisberücksichtigung durch Personal-Marketing der Führungskräfte gering		hoch
Bedürfnis-		36% (8)	Organisationsgrad	24% (3)
berücksich-			Belegschaft	
tigung	gering	1.89 (11)	Einfluß	1.46 (4)
durch			Belegschaft	
Partizi-		3.08 (11)	Einfluß	3.15 (4)
pation			Betriebsrat	
der		4.48 (12)		3.95 (7)
Arbeit-		2.41 (12)	Einfluß	2.20 (7)
nehmer-			Belegschaft	
vertreter	hoch	58% (9)	Organisationsgrad	40% (8)
			Belegschaft	

Abb. 9: Arbeitnehmereinfluß und betriebliche Strategien der Bedürfnisberücksichtigung

Sehr deutlich ist aus Abbildung 9 abzulesen, daß ein hoher gewerkschaftlicher Organisationsgrad offensichtlich eine wichtige Voraussetzung für eine hohe Bedürfnisberücksichtigung durch indirekte Partizipation ist (58% versus 36% bzw. 40% versus 24%), vermutlich weil sie die Einflußposition des Betriebsrates stärkt. Gleichzeitig ist zu sehen, daß ein hohes Personal-Marketing offensichtlich einen dämpfenden Einfluß auf die Bereitschaft zur gewerkschaftlichen Organisation hat(24% versus 36% bzw. 40% versus 58%); die Arbeitnehmer sind dann eher mit ihrer Situation zufrieden und sehen sich weniger genötigt, zur Verteidigung ihrer Interessen einer Gewerkschaft beizutreten.

Interessant ist, daß diese beiden Tendenzen sich im Einfluß der Belegschaft widerspiegeln. Dies paßt zur Vermutung, daß die Kausalbeziehung zwischen dem Einfluß und den Formen der Bedürfnisberücksichtigung unterschiedlich ist: während ein höherer Organisationsgrad und Einfluß der Belegschaft eine Ursache für höhere Bedürfnisberücksichtigung durch indirekte Partizipation zu sein scheint, ist der niedrigere Einfluß und Organisationsgrad wohl eher eine Folge einer hohen Bedürfnisberücksichtigung durch Personal-Marketing. In bezug auf den Einfluß des Betriebsrates ist das Bild nicht ganz so eindeutig. Während die erste Tendenz sich auch hier bestätigt, daß ein hoher Einfluß des Betriebsrates eine wichtige Voraussetzung für Bedürfnisberücksichtigung durch indirekte Partizipation ist, ist eine Verringerung des Betriebsratseinflusses durch Personal-Marketing anscheinend nur in Feld (d) gegenüber (c) festzustellen; ob der etwa gleichhohe Einfluß des Betriebsrates im Feld (b) gegenüber (a) aus gegenläufigen Sondereinflüssen wie z. B. der Unternehmensgröße resultiert oder aus einer Zufallsabweichung, die bei der sehr kleinen Stichprobe von Feld (b) durchschlägt, läßt sich schwer sagen.

In Abbildung 9 zeigt sich eine Tendenz, die aus den betrieblichen Strategien der beiden Aktoren Betriebsrat und Unternehmensleitung resultiert, die in manchen anderen Ländern viel ausgeprägter anzutreffen sind. So ist gerade aus den USA bekannt, daß Unternehmensleitungen auf zwei verschiedene Arten versuchen, ihren Betrieb gewerkschaftsfrei zu halten. In einem Fall, der in der Wirkung dem Feld (a) entspricht, versucht die Unternehmensleitung, mit versteckten oder offenen Repressalien gegenüber den Beschäftigten, diese trotz Unzufriedenheit über die schlechte Arbeitsqualität an einer gewerkschaftlichen Organisation zu hindern. In anderen Betrieben wird geradezu der umgekehrte Weg eingeschlagen, nämlich durch ein möglichst hohes Personal-Marketing den Beschäftigten den Anreiz zur gewerkschaftlichen Organisation zu nehmen. Da in den USA 50% der Belegschaft der Zulassung einer Gewerkschaft als offiziellem Verhandlungspartner der Unternehmensleitung zustimmen müssen, haben solche Strategien der Unternehmensleitung dort natürlich eine viel größere Bedeutung, als in der Bundesrepublik, wo de jure mit dem Betriebsrat immer ein Verhandlungspartner der Unternehmensleitung bereitsteht, der Arbeitnehmerinteressen vertreten kann. Natürlich gibt es de facto erhebliche Unterschiede im Ausmaß der Interessenvertretung, wie die Analysen in vorangegangenen Abschnitten gezeigt haben.

Aus dieser Analyse ergibt sich auch ein Bezug zu den anderen Beiträgen, die sich mit Fragen der Kapital- oder Erfolgsbeteiligung befassen. Kapital- oder Erfolgsbeteiligungen werden fast immer von Seiten der Unternehmensleitung initiiert[14], sind also ein Instrument des Personal-Marketing. Betriebsräte zählen dagegen ganz selten zu den Initiatoren, und in den seltenen Fällen sind sie meist auch nur Mit-Initiatoren, weil sich die Unternehmensleitung frühzeitig an sie gewandt hat. Auf dem Hintergrund unserer bisherigen Diskussion ist dann z. B. zu fragen, ob tatsächlich ein hoher gewerkschaftlicher Organisationsgrad die materielle Beteiligung negativ beeinflußt, wie FitzRoy und Kraft annehmen[15], oder ob man das Modell nicht gerade umgekehrt spezifizieren muß, d. h. daß die Gewinnbeteiligung sich negativ auf den gewerkschaftlichen Organisationsgrad auswirkt, wie wir vermuten.

[14] Vgl. Schanz und Riekhof (1983), S. 34 f.

[15] Vgl. FitzRoy und Kraft (1985), S. 32.

Nicht nur die materielle Gewinnbeteiligung, sondern auch die immaterielle Beteiligung der Mitarbeiter an betrieblichen Entscheidungen sind, soweit von Management initiiert, meist Maßnahmen im Sinne des Personal-Marketing. Überlegungen und empirische Ergebnisse, die eine höhere Produktivität bei materieller und immaterieller Mitarbeiterbeteiligung nahelegen, lassen sich in die umfassendere Erklärung auf der Basis der sozio-ökonomischen Grundstruktur der Unternehmung einbetten, die wir eingangs skizziert haben. Wir wollen diesen Gedanken zum Abschluß noch einmal aufgreifen.

7. Die Verringerung des betrieblichen Antagonismus als Produktivitätsfaktor

Im zweiten Abschnitt dieses Artikels wurde ausgeführt, daß die sozio-ökonomische Grundstruktur von Unternehmen im Verhältnis Unternehmensleitung bzw. Arbeitgeber zu den Arbeitnehmern und umgekehrt durch eine Struktur der antagonistischen Kooperation gekennzeichnet ist. Daraus wurde abgeleitet, daß eine Verringerung der antagonistischen Elemente und eine Stärkung der kooperativen Elemente in dieser Beziehung über die Verringerung von Friktionen zu höherer Produktivität führen muß. Die beiden Formen der Bedürfnisberücksichtigung, die indirekte Partizipation und das Personal-Marketing, können als solche Maßnahmen angesehen werden, um den Antagonismus zu verringern und die kooperativen Elemente zu stärken. Dabei weisen die beiden Formen unterschiedliche Qualitäten auf. Die indirekte Partizipation durch Arbeitnehmervertreter verringert die antagonistischen Herrschaftselemente durch eine Mitherrschaft der Betroffenen bzw. ihrer Vertreter, die sich dann stärker zu Gunsten der Arbeitnehmer einsetzen. Das Personal-Marketing der Führungskräfte kann dagegen weniger als Verringerung der Herrschaft angesehen werden, denn der Einfluß der Arbeitnehmer ist hier geringer (siehe Abb. 6). Stattdessen könnte man hier eher von einer „aufgeklärteren" Herrschaft sprechen.

Im gesamten Artikel wurde gezeigt, daß beide Formen der Bedürfnisberücksichtigung sich positiv für die Befriedigung der Arbeitnehmerbedürfnisse auswirken. Daß dies nicht zu Lasten der Gewinne geht, wurde im 3. Abschnitt deutlich, wo sich diese drei Größen als weitgehend unkorreliert herausgestellt haben. Die höhere Befriedigung von Arbeitnehmerbedürfnissen, die sicherlich zum Teil Kosten verursacht, geht also nicht zu Lasten der Gewinne. Die

Befriedigung von Arbeitnehmerbedürfnissen, die aus der indirekten Partizipation der Arbeitnehmervertreter und/oder dem Personal-Marketing der Führungskräfte resultiert, dürfte also tatsächlich aus den verringerten Friktionen finanziert werden. Darüber hinaus ist natürlich denkbar, daß die erhöhte Befriedigung von Arbeitnehmerbedürfnissen sich positiv auf die Arbeitsbereitschaft niederschlägt und insofern die Produktivität erhöht. Wenn Gewinne durch die beiden Formen der Bedürfnisberücksichtigung nicht negativ berührt werden, obwohl diese erhöhte Bedürfnisberücksichtigung selbst sicherlich Kosten verursacht, läßt sich daraus auf eine höhere Wertschöpfung schließen. Dies gilt für beide Formen der Bedürfnisberücksichtigung[16] und wohl auch für eine ganze Reihe von unterschiedlichen Maßnahmen der Berücksichtigung und Befriedigung von Arbeitnehmerbedürfnissen, wie z. B. für die materielle und immaterielle Mitarbeiterbeteiligung. Allerdings dürfte die Verteilung der Wertschöpfung bei den beiden Formen der Bedürfnisberücksichtigung unterschiedlich sein. Während Arbeitnehmer mehr von einer hohen Bedürfnisberücksichtigung durch Mitbestimmung profitieren (siehe Abschnitt 3), dürften Manager und Anteilseigner mehr von einem Personal-Marketing gegenüber den Arbeitnehmern profitieren, etwa in Form eines höheren cash-flow, besonders wenn Personal-Marketing sich in einer materiellen und/oder immateriellen Mitarbeiterbeteiligung konkretisiert.[17]

Die unterschiedliche Einflußverteilung, die mit den beiden Formen der Bedürfnisberücksichtigung verbunden ist, schlägt sich danach auch in der Verteilung des Nutzens aus der Produktivitätserhöhung nieder.

[16] FitzRoy und Kraft (1985, 1986) finden bei ihren Mehrgleichungsmodellen einen negativen Effekt von der Existenz eines Betriebsrats auf die Wertschöpfung, was im Gegensatz zu den hier vorgetragenen Daten und Interpretationen steht. Man muß allerdings berücksichtigen, daß sie viel kleinere Unternehmen (Mittelwert: 626 Beschäftigte) in ihrer Stichprobe haben, in denen Betriebsräte in der Regel viel weniger faktische Macht haben als in den Unternehmen unserer Stichprobe und als die Autoren aus der formalen Analyse des BetrVG herauslesen (1985, S. 3ff; vgl. auch Kotthoff 1981). Im Sinne unserer Typologie (Abbildungen 8 und 9) enthält ihre Stichprobe daher wohl primär Unternehmen der Typen (a) und (b), was die anscheinend widersprechenden Ergebnisse und Interpretationen vereinbar machen würde.

[17] Vgl. FitzRoy und Kraft (1985).

Literatur

Blake, R. R., H. A. Shepard und J. S. Mouton (1964): Managing intergroup conflict in industry. Houston: Gulf.

Chmielewicz, K. (1975): *Arbeitnehmerinteressen und Kapitalismuskritik in der BWL*. Reinbek: Rowohlt.

Deutsch, M. (1976): Konfliktregelung. München: Reinhardt.

Fischer-Winkelmann, W. F., und R. Rock (Hrsg.) (1976): *Markt und Konsument*, Teilband II: Kritik der Marketing-Theorie. München: Goldmann.

FitzRoy, F. R., und K. Kraft: (1985): Mitarbeiterbeteiligung und Produktivität: Eine ökonometrische Untersuchung. *Zeitschrift für Betriebswirtschaft*, 54, S. 21–36.

– (1986): Efficiency and Internal Organization: Works Councils in West German Firms. Berlin: International Institute of Management, mimeo.

Kirsch, W., und W. Scholl (1977): Demokratisierung – Gefährdung der Handlungsfähigkeit organisatorischer Führungssysteme? *Die Betriebswirtschaft*, 37, S. 235–246.

– (1983): Was bringt die Mitbestimmung: Eine Gefährdung der Handlungsfähigkeit und/oder Nutzen für die Arbeitnehmer?, Ergebnisse einer empirischen Untersuchung. *Die Betriebswirtschaft*, 43, S. 541–562.

Kirsch, W., W. Scholl, und G. Paul (1984): *Mitbestimmung in der Unternehmenspraxis – eine empirische Bestandsaufnahme*. München: B. Kirsch.

Kotler, P. (1972): A Generic Concept of Marketing. *Journal of Marketing*, 36, S. 46 bis 54.

Kotthoff, H. (1981): *Betriebsräte und betriebliche Herrschaft*. Frankfurt, New York: Campus.

Lawrence, P., und J. Lorsch (1967): *Organization and Environment*. Cambridge, Mass.: Harvard University Press.

March, J. G., und H. A. Simon (1976): *Organisation und Individuum*. Wiesbaden: Gabler.

Schanz, G., und H. Riekhof (1983): *Mitarbeiter-Kapitalbeteiligung in der Wirtschaft Niedersachsens*. Hannover: Der Niedersächsische Minister für Wirtschaft und Verkehr.

Scholl, W. (1981): Gesellschaftliche Arbeitsteilung und das Problem der Bedürfnisbefriedigung – Elemente eines interdisziplinären sozio-ökonomischen Bezugsrahmen. Arbeitspapier, München.

– (1983a): Management: Herrschaft als Beruf. *Paradigmawechsel in der Betriebwirtschaftslehre*. W. F. Fischer-Winkelmann (Hrsg.) Spardorf: Wilfer, S. 517–542.

– (1983b): Der Manager als homo (socio-)oeconomicus und die Entwicklung der Arbeitsteilung. *Homo oeconomicus I*. Manfred Holler (Hrsg.) München: Leudemann, S. 130–141.

Scholl, W., K. Gerl, und G. Paul (1978): Bedürfnisartikulation und Bedürfnisberücksichtigung in Unternehmen – Theoretische Ansätze zur Analyse von Mitbestimmungsregelungen. *Arbeitsqualität in Organisationen*. K. Bartölke, E. Kappler, S. Laske, und R. Nieder (Hrsg.) Wiesbaden: Gabler, S. 157–172.

Shubik, M. (1965): *Spieltheorie und Sozialwissenschaften*. Hamburg: Fischer.

Vilmar, F. (Hrsg.) (1975): *Industrielle Demokratie in Westeuropa.* Reinbek: Rowohlt.
Vilmar, F., und K.-O. Sattler (1978): *Wirtschaftsdemokratie und Humanisierung der Arbeit.* Köln/Frankfurt: Europäische Verlagsanstalt.

VI. Trennung von Eigentum und Verfügungsgewalt und Mitbestimmung. Empirische Befunde zum Mitbestimmungspotential in eigentümer- und managerkontrollierten Unternehmen*

Horst Steinmann, Werner Fees und Elmar Gerum

1. Problemstellung

Neben der traditionellen gewinnmaximierenden Eigentümerunternehmung werden in der volkswirtschaftlichen Theorie der Firma als neue Konzepte der Typ der umsatzorientierten (Baumol 1977) und, verallgemeinernd, der Typ der nutzenmaximierenden Firma (Williamson 1975) entwickelt, wobei für die nutzenmaximierende Firma die „Trennung von Eigentum und Verfügungsgewalt" konstituierend ist. Gegenstand unserer Untersuchung ist nun die Frage, ob und inwieweit die Eigentümerstruktur als ein Einflußfaktor für die Ausgestaltung des institutionell abgesicherten Mitbestimmungspotentials der Arbeitnehmervertreter im mitbestimmten Aufsichtsrat (MitbestG 1976) angesehen werden kann.

Die Qualität des Mitbestimmungspotentials bestimmt sich nicht allein und ausschließlich durch die gesetzlichen Regelungen, sondern in erheblichem Umfang durch die privatautonome Ausfüllung des gesetzlichen Rahmens in den Satzungen und Geschäftsordnungen von Aufsichtsrat und Vorstand (vgl. Steinmann/Gerum 1980). Diese Ebene der privatautonomen Verfassungsgestaltung, an der unsere empirische Untersuchung ansetzt, liegt zwischen der Ebene des Gesetzes einerseits und der Ebene des faktischen Miteinanderhandelns der Interessenträger im Unternehmen andererseits. Erhoben wurden

* Die Langfassung dieses Beitrages mit ausführlichen Literaturnachweisen und detaillierter Darstellung der empirischen Befunde erscheint demnächst in der Zeitschrift für Betriebswirtschaft.

materielle Regelungen (zustimmungspflichtige Geschäfte des Aufsichtsrates und der Gesellschafterversammlung bei der GmbH; Weisungsrecht der Gesellschafterversammlung) zur Abschätzung der Einwirkungsmöglichkeiten des mitbestimmten Aufsichtsrates auf die Unternehmenspolitik, und ferner *formelle* Aspekte der Ausgestaltung des Entscheidungsprozesses im Aufsichtsrat von Aktiengesellschaften.

Greift man auf bekannte Argumentationsmuster zum Manager- bzw. Eigentümerverhalten in der Literatur zurück, so lassen sich zu unserem Thema zwei einander widersprechende Thesen formulieren:

These 1: In managerkontrollierten Unternehmen verfügen die Arbeitnehmer über ein höheres (formelles) Mitbestimmungspotential als in Eigentümerunternehmen.

Zur Erklärung könnte darauf verwiesen werden, daß der diskretionäre Handlungsspielraum in Managerunternehmen, wie er durch die weitgehende Elimination des Eigentümereinflusses entsteht, positiv für das Mitbestimmungspotential genutzt wird.

These 2: Das (formelle) Mitbestimmungspotential ist in managerkontrollierten Unternehmen und Eigentümerunternehmen gleich hoch.

Hier könnte etwa von Vertretern des Property-Rights-Ansatzes argumentiert werden, daß sich Manager bei der Ausgestaltung der Mitbestimmungsstrukturen unter dem Druck des Wettbewerbs, des Kapitalmarkts etc. wie Eigentümer verhalten müßten (vgl. Ridder-Aab 1980).

Diese beiden Thesen werden anhand der Situation in solchen Aktiengesellschaften und Gesellschaften mbH empirisch überprüft, die zum Stichtag 31. 5. 1979 dem Mitbestimmungsgesetz 1976 unterlagen.

2. Managerherrschaft in der Mitbestimmten Unternehmung

In Übereinstimmung mit Berle und Means (Berle/Means 1932) wurden die Unternehmungen in einer *Analyse erster und zweiter Stufe* nach ihrer Eigentumsstruktur klassifiziert (Schreyögg/Steinmann 1981):

Analyse erster Stufe:

(1) Managerunternehmen (MU):

a) Kein Eigentümer hält *mehr als 1%* des Grund- bzw. Stammkapitals oder

b) ein oder mehrere Eigentümer halten *höchstens 25%* des Kapitals und der Rest ist in Streubesitz oder
c) das Unternehmen befindet sich in öffentlicher Hand.

(2) Eigentümerunternehmen (EU):
Alle anderen Fälle mit entsprechend stärkerer Kapitalkonzentration.

Analyse zweiter Stufe:

(1) Managerunternehmen (MU):
a) Alle MU der Stufe 1 und
b) solche EU der Stufe 1, bei denen die kontrollfähige Mehrheit oder Minderheit letztlich als managerkontrolliert zu qualifizieren ist.

(2) Eigentümerunternehmen (EU): Alle restlichen Fälle

Die Analyse 2. Stufe ist unverzichtbar, denn der (ökonomische) Zweck einer einheitlichen Konzernleitung impliziert notwendigerweise die Maßgeblichkeit der Zielfunktion der Mutter für die der Töchter. Die These, managerkontrollierte Mütter würden ihre Töchter wie ein gewinnmaximierender Eigentümer führen, ist zurückzuweisen.

Unter Anwendung der genannten Kontrollkategorien ergab sich nach der Analyse 2. Stufe für alle mitbestimmten Unternehmen der Befund der Tabelle 1:

Tab. 1: Kontrollsituation in allen nach dem MitbestG 1976 mitbestimmten Unternehmen zum 31.5.1979.
(In Klammern Zahl der öffentlichen Unternehmen).

Rechtsform	AG		GmbH		Gesamt	
Kontrollsituation	abs.	rel.	abs.	rel.	abs.	rel.
Eigentümerkontrolle	88	31,3%	65	34,4%	153	33,6%
Managerkontrolle	193 (51)	68,7%	109 (18)	62,6%	302 (69)	66,4%
Gesamt	281	100%	174	100%	455	100%

Tabelle 1 zeigt, daß 66,4% aller mitbestimmten Unternehmen 1979 als managerkontrolliert zu qualifizieren sind.

Eliminiert man aus der Untersuchungsgesamtheit wegen gewisser atypischer Einflußfaktoren auf das Mitbestimmungspotential die öffentlichen Unternehmen, ferner die von ausländischen multinationalen Unternehmen beherrschten Gesellschaften sowie die Töchter montanmitbestimmter Obergesellschaften, so erhält man die Datenbasis des hier *theorierelevanten Falles* von 275 Unternehmen, deren Eigentümerstruktur sich in Tabelle 2 widerspiegelt.

Tab. 2: Kontrollsituation in der Untersuchungsgesamtheit

Rechtsform Kontrollsituation	AG	GmbH	Gesamt
Eigentümerkontrolle	82 (45,3%)	60 (63,8%)	142 (51,6%)
Managerkontrolle	99 (54,7%)	34 (36,2%)	133 (48,4%)
Gesamt	181 (100%)	94 (100%)	275 (100%)

Gegenüber Tabelle 1 ist aus den Befunden der Tabelle 2 eine (erwartete) Verschiebung festzustellen, die sich in einer Abschwächung der „Manager-Dominanz" ausdrückt.

3. Empirische Befunde

3.1 Datenbasis

Von den 275 theorierelevanten Fällen liegen sämtliche Satzungen und ein wesentlicher Teil der Geschäftsordnungen vor. Nach Expertenauskünften aus dem Kreis beider Sozialpartner sind die für 1979 erhobenen Daten auch für die Gegenwart noch in hohem Maße aussagekräftig.

3.2 Vorgehensweise

Für die Prüfung der genannten Thesen ist ein Gesamtvergleich zwischen EU und MU nicht ausreichend, wenn man den bekannt hohen Konzernierungsgrad bei mitbestimmten Unternehmen beachtet. Bei den konzernfreien Gesellschaften und den Konzernmüttern kommt der Einfluß der Eigentümerstruktur auf das Mitbestimmungspotential direkt zum Tragen. Dagegen könnte es bei Konzerntöchtern zu einer Überformung dieses Einflusses durch Bedürfnisse der Konzernsteuerung kommen. Um diesem Argument gerecht zu werden, wird in einem zweiten Schritt jeweils ein *Partialvergleich* durchgeführt. Die Kontrollgruppen und deren Eigentumsverhältnisse sind der Tabelle 3 zu entnehmen.

Für die Einschätzung der Vergleichsergebnisse ist noch darauf hinzuweisen, daß es hier um eine Vollerhebung aller theorierelevanten Unternehmen geht; für die Anwendung der schließenden Statistik ist also kein Raum.

Tab. 3: Konzernstellung und Kontrollsituation in der Untersuchungsgesamtheit

Kontrollsituation	MU		EU	
Konzernstellung	AG n = 99	GmbH n = 34	AG n = 82	GmbH n = 60
Konzernspitzen und konzernfreie Unternehmen	29 (29,3%)	2 (5,9%)	42 (51,2%)	39 (65,0%)
Konzernuntergesellschaften	49 (49,5%)	27 (79,4%)	29 (35,4%)	15 (25,0%)
Rest	21 (21,2%)	5 (14,7%)	11 (13,4%)	6 (10,0%)

3.3 Die mitbestimmte Aktiengesellschaft

3.3.1 Zustimmungspflichtige Geschäfte als zentrale unternehmenspolitische Kompetenz des Aufsichtsrates

Für die Abschätzung des Mitbestimmungspotentials ist hier zunächst die unternehmenspolitische Kompetenz des Aufsichtsrates zu erheben, wie sie sich in der Existenz und der Bedeutung der ihm zur Verfügung stehenden zustimmungspflichtigen Geschäfte ausdrückt.

Tab. 4: Existenz zustimmungspflichtiger Geschäfte des Aufsichtsrates im Gesamtvergleich (AG)

Existenz zustimmungspflichtiger Geschäfte	MU n = 99	EU n = 82
Ja	62 (62,6%)	48 (58,5%)
Nein	37 (37,4%)	34 (41,5%)

Tabelle 4 zeigt, daß bei MU im Gesamtvergleich etwas häufiger Vorbehaltskataloge existieren; der Unterschied ist jedoch gering (4,1%).

Dieses Bild gewinnt schärfere Konturen, wenn man im Partialvergleich den Einfluß berücksichtigt, der aus der Konzernsteuerungsproblematik resultiert.

Tabelle 5 enthält die diesbezüglichen Auswertungsergebnisse.

Tab. 5: Existenz zustimmungspflichtiger Geschäfte in Konzernspitzen und konzernfreien Unternehmungen sowie in Konzernuntergesellschaften

Existenz zustimmungspflichtiger Geschäfte	Konzernspitzen und konzernfreie Unternehmungen MU n = 29	EU n = 42	Konzernuntergesellschaften MU n = 49	EU n = 29
Ja	20 (69,0%)	20 (47,6%)	30 (61,2%)	19 (65,5%)
Nein	9 (31,0%)	22 (52,4%)	19 (38,8%)	10 (34,5%)

Bei den *konzernfreien Gesellschaften und den Konzernmüttern* tritt jetzt der Einfluß der Eigentümerstruktur klar hervor: MU haben prozentual sehr viel mehr zustimmungspflichtige Geschäfte als EU (69,0% vs. 47,6%). Dabei macht die inhaltliche Qualität der vorgefundenen Vorbehaltsgeschäfte keine Einschränkung dieses Urteils erforderlich; auf eine Darstellung der Befunde wird deshalb verzichtet.

Betrachtet man dagegen die *Konzernuntergesellschaften*, so steigt bei den EU der Prozentsatz der Konzerntöchter mit zustimmungspflichtigen Geschäften wesentlich an. Dieses Ergebnis läßt sich so deuten, daß in EU zustimmungspflichtige Geschäfte bewußt zur Konzernsteuerung eingesetzt werden und man dabei in Kauf nimmt, daß insoweit das Einflußpotential des Aufsichtsrates in der Untergesellschaft und damit auch das der Arbeitnehmer steigt. Eine Nachprüfung für die hier relevante *faktische* Konzernierung der Untergesellschaften unterstreicht diese Interpretation. Zustimmungspflichtige Geschäfte liegen bei den EU hier sogar in 68,4% der Fälle vor. Für managerkontrollierte Konzerntöchter scheint sich auf den ersten Blick eine negative Veränderung des Mitbestimmungspotentials zu ergeben (61,2% vs. 69%). Fokussiert man auf die argumentationserhebliche faktische Konzernierung der Töchter, so gleicht sich jedoch das Mitbestimmungspotential wieder an (65,7% vs. 69%).

3.3.2 Einbeziehung von Regelungen zum Entscheidungsprozeß

Für die Abschätzung des gesamten Mitbestimmungspotentials ist nun weiter die Frage zu prüfen, ob die Befunde zu den zustimmungspflichtigen Geschäften durch die Einbeziehung der statutarischen Regelungen zum Entscheidungsprozeß in ihrer Tendenz bestätigt oder konterkariert werden. Vom Ergebnis her ist festzustellen, daß die Befunde in die gleiche Richtung weisen. MU sind auch hier im großen und ganzen mitbestimmungsfreundlicher.

Für die Aufbereitung der Befunde zum Entscheidungsprozeß war eine wesentliche Informationsverdichtung vorzunehmen. Die Vielfalt der vorgefundenen Prozeßregelungen mußte typisiert werden. Dazu wurden die folgenden drei Regelungskomplexe herangezogen, die wegen ihrer Sensibilität für die Machtverteilung im Aufsichtsrat als geeignete Indikatoren für die Ausprägung des Mitbestimmungspotentials erschienen:

- Die Machtaufladung der *Position* des (von den Anteilseignern gestellten) *Aufsichtsratsvorsitzenden* durch Kompetenzanreicherung (z. B. Gültigkeit von Aufsichtsratsbeschlüssen nur bei Anwesenheit des Vorsitzenden, Recht zur Vertagung von Entscheidungen, Stimmpflicht des Vorsitzenden bei zweiter Abstimmung).
- Erhöhung der *Zahl der stellvertretenden Aufsichtsratsvorsitzenden* mit dem Ziel, diese Position an Anteilseignervertreter zu übertragen.
- Einrichtung von *entscheidungsbefugten Ausschüssen*, die übergewichtig oder ausschließlich mit Anteilseignern zu besetzen sind.

Die Befunde zum Gesamt-Mitbestimmungspotential wurden in eine Matrix eingeordnet, auf deren einer Achse die (inhaltliche) Regelungsintensität zustimmungspflichtiger Geschäfte und auf der anderen Achse die Häufigkeit von Regelungen zum Entscheidungsprozeß aufgetragen ist. Die folgende Abbildung verdeutlicht diese Vorgehensweise und zeigt, welche Matrixfelder dann den Klassen „Hohes Gesamtmitbestimmungspotential" und „Niedriges Gesamtmitbestimmungspotential" zugeordnet wurden:

Nach diesen Kriterien wurde sowohl eine Gesamtanalyse wie auch eine Analyse unter dem Konzernaspekt durchgeführt (Tabelle 6).

Tab. 6: Gesamtmitbestimmungspotential unter Berücksichtigung der Konzernierungssituation (AG)

Gesamtmitbestimmungspotential Kontrollgruppen		hoch	niedrig
Gesamt	MU	39,4%	39,4%
	EU	34,2%	45,1%
Konzernspitzen und konzernfreie Unternehmen	MU	31,0%	37,9%
	EU	26,2%	54,8%
Konzernuntergesellschaften	MU	38,8%	38,8%
	EU	37,9%	41,4%

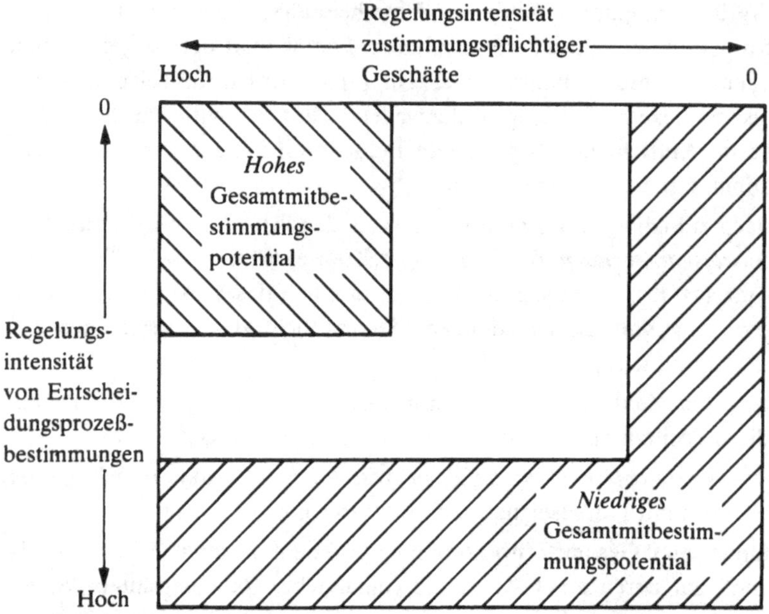

Analog zu unseren (Einzel-)Befunden zu Vorbehaltsgeschäften zeigt auch die mit Entscheidungsprozeßregelungen kombinierte Betrachtung im Gesamtvergleich eine – wenn auch geringere – günstigere Mitbestimmungssituation in den MU: In diesen Gesellschaften ist relativ häufiger ein hohes Mitbestimmungspotential gegeben (39,4% vs. 34,2%); in relativ weniger Fällen steht lediglich ein niedriges Mitbestimmungspotential zur Verfügung (39,4% vs. 45,1%).

Ebenfalls übereinstimmend mit den Einzelergebnissen sind die Befunde, wenn man die Konzernleitungsproblematik berücksichtigt: In Konzernmüttern und konzernfreien Gesellschaften gewinnt die Differenz zwischen EU und MU wieder deutlichere Konturen, besonders was den ungünstigen Fall mit niedrigem Mitbestimmungspotential angeht (37,9% vs. 54,8%). Der hier in reiner Form zum Tragen kommende Einfluß der Eigentümerstruktur schlägt sich offenbar auf das Mitbestimmungspotential so nieder, daß in den MU jedenfalls in deutlich geringerem Umfange mitbestimmungs*negative* Bestimmungen getroffen werden; doch auch bei der aktiven Gestaltung eines *positiven* Mitbestimmungspotentials bleibt eine Differenz von ca. 5% (31,0% gegenüber 26,2%) bestehen. In Konzerntöchtern läßt sich dagegen (wieder) keine Abweichung in Abhängigkeit von der Eigentümerstruktur feststellen. Dieses Ergebnis kann man erneut so deuten, daß hier der Gesichtspunkt der Konzernsteuerung dominiert.

Insgesamt zeigen unsere Befunde, daß auch nach Einbezug von interessenrelevanten Regelungen zum Entscheidungsprozeß sowohl für den Gesamt- wie den Partialvergleich ein deutlicher Unterschied bezüglich des Mitbestimmungspotentials in MU und EU verbleibt.

3.4 Die mitbestimmte GmbH

3.4.1 Zur Rechtslage

Will man ähnliche Aussagen für Unternehmen in der Rechtsform der GmbH gewinnen, so müssen neben den Kompetenzen des Aufsichtsrates auch die Rechte der Gesellschafterversammlung erhoben werden. Allerdings ist nach der Implantation des mitbestimmten Aufsichtsrates in die Verfassungsstruktur der GmbH (§ 25 MitbestG) die Kompetenzverteilung zwischen Gesellschafterversammlung, Aufsichtsrat und Geschäftsführung nicht mehr eindeutig geregelt. Diese unklare Rechtslage hat im Schrifttum zu drei Auffassungen geführt (vgl. Steinmann/Fees/Gerum 1984):

(1) Die *gesellschaftsrechtliche Option* hält an der Omnipotenz der Gesellschafterversammlung zu Lasten der Kontrollkompetenz und Personalhoheit des mitbestimmten Aufsichtsrates fest. Das bedeutet, die Gesellschafterversammlung kann jederzeit durch Weisungen an die Geschäftsführer in die Geschäftsführung eingreifen, ferner bestimmte Geschäfte einem Zustimmungsvorbehalt unterwerfen und sie allein ist zum Abschluß der Anstellungsverträge mit den Geschäftsführern befugt.

(2) Die *mitbestimmungsrechtliche Option* geht davon aus, daß mit der Einführung der Mitbestimmung durch das MitbestG 76 diese Omnipotenz der Gesellschafterversammlung entfallen ist. Danach würde dem Aufsichtsrat sowohl die Personalhoheit wie das Kontrollmonopol über die Geschäftsführung zustehen.

(3) Die *vermittelnde Option* versucht für Lösungen zu argumentieren, die das Nebeneinanderbestehen von Rechten der Gesellschafterversammlung und des mitbestimmten Aufsichtsrates vorsehen. Diese Option entwickelte sich in der Zwischenzeit zur herrschenden Meinung.

Soll sich die Grundtendenz, wie sie bei der AG festgestellt wurde, auch bei der GmbH bestätigen, so muß man erwarten, daß EU relativ häufiger als MU der gesellschaftsrechtlichen Option bei ihren Satzungsregelungen den Vorzug geben, d. h. das Mitbestimmungspotential stärker einzuengen versuchen. Unsere Auswertungen bestätigen ganz eindeutig diese Tendenz. Das wird sowohl aus der Analyse der Verteilung der Kontrollkompetenzen wie aus Regelungen zur Personalhoheit deutlich.

3.4.2 Die Kontrollkompetenz gegenüber der Geschäftsführung

Die Verteilung der Kontrollkompetenz gegenüber der Geschäftsführung erfolgt im Gesellschaftsvertrag im wesentlichen über drei Instrumente, nämlich

- die zustimmungspflichtigen Geschäfte des Aufsichtsrates,
- die zustimmungspflichtigen Geschäfte der Gesellschafterversammlung und
- die explizite statutarische Verankerung des Weisungsrechts der Gesellschafterversammlung als Indiz für die beabsichtigte Inanspruchnahme dieses Rechts.

a) Zustimmungspflichtige Geschäfte des Aufsichtsrates

Für die Gesamtzahl der 94 Gesellschaften mbH ergibt die Analyse (Tabelle 7), daß in MU deutlich häufiger zustimmungspflichtige Geschäfte existieren als in EU (35,3% vs. 16,7%).

Interessant sind weiter die folgenden zwei Befunde bei Konzernuntergesellschaften (Tabelle 7), die im deutlichen Gegensatz zu denen bei der AG stehen und die andersgeartete Steuerungssituation im GmbH-Konzern reflektieren:

Tab. 7: Existenz zustimmungspflichtiger Geschäfte des Aufsichtsrates unter Berücksichtigung der Konzernierungssituation (GmbH)

Existenz zustimmungspflichtiger Geschäfte des Aufsichtsrates	MU	EU
Gesamt	35,3% (n = 34)	16,7% (n = 60)
Konzernuntergesellschaften	40,7% (n = 27)	13,3% (n = 15)

- Bei eigentümerbeherrschten Konzerntöchtern steigt die Häufigkeit der zustimmungspflichtigen Geschäfte nicht an, sie sinkt sogar von 16,7% auf 13,3%.
- Bei managerbeherrschten Konzerntöchtern erhöht sich dagegen die Häufigkeit von 35,3% auf 40,7%.

Der Vergleich mit der AG legt die *folgende Interpretation* nahe: Da die GmbH-Tochter über Weisungsrecht und/oder Zustimmungsvorbehalte der Gesellschafterversammlung gesteuert werden kann, was bei der AG nicht der Fall ist, erübrigt sich hier eine hohe Regelungsintensität bei den zustimmungspflichtigen Geschäften des Aufsichtsrates. Dies um so mehr, als ja zustimmungspflichtige Geschäfte des Aufsichtsrates dort das Mitbestimmungspotential erhöhen würden. Wichtig ist die gegenläufige Tendenz bei EU und MU. MU nutzen diese Möglichkeit zur Reduzierung des Mitbestimmungspotentials deutlich weniger aus als EU.

b) Kompetenzgefüge Aufsichtsrat – Gesellschafterversammlung

Diese Tendenzaussage läßt sich auch dann aufrecht erhalten, wenn man nicht nur auf die Kompetenzen des Aufsichtsrates abstellt, sondern die der Gesellschafterversammlung (zustimmungspflichtige Geschäfte und/oder Weisungsrecht) hinzunimmt. Es ergibt sich dann für die Gesamtzahl der Gesellschaften mbH einerseits und die Tochtergesellschaften andererseits das Bild der Tabellen 8 und 9.

Tab. 8: Kompetenzgefüge Aufsichtsrat – Gesellschafterversammlung im Gesamtvergleich (GmbH)

	MU n = 34		EU n = 60	
GV-Rechte** AR-Rechte*	Ja	Nein	Ja	Nein
Ja	6 (17,6%)	6 (17,6%)	5 (8,3%)	5 (8,3%)
Nein	17 (50,0%)	5 (14,7%)	47 (78,3%)	3 (5,0%)

* Existenz zustimmungspflichtiger Geschäfte des Aufsichtsrates
** Explizites Weisungsrecht und/oder zustimmungspflichtige Geschäfte der Gesellschafterversammlung

Tab. 9: Kompetenzgefüge Aufsichtsrat – Gesellschafterversammlung in Konzernuntergesellschaften (GmbH)

	MU n = 27		EU n = 15	
GV-Rechte** / AR-Rechte*	Ja	Nein	Ja	Nein
Ja	6 (22,2%)	5 (18,5%)	–	2 (13,3%)
Nein	13 (48,2%)	3 (11,1%)	13 (86,7%)	–

* Existenz zustimmungspflichtiger Geschäfte des Aufsichtsrates

** Explizites Weisungsrecht und/oder zustimmungspflichtige Geschäfte der Gesellschafterversammlung

Aus Tabelle 8 wird ersichtlich, daß die EU deutlich die gesellschaftsrechtliche Option (Nein/Ja-Feld) präferieren (78,3%). Dem stehen lediglich 50,0% der Fälle bei den MU gegenüber. Die mitbestimmungsrechtliche Option (Ja/Nein-Feld) findet sich mit 17,6% in der managerkontrollierten GmbH etwa doppelt so häufig wie in der eigentümerkontrollierten GmbH. Das gleiche gilt für die vermittelnde Option (Ja/Nein-Feld).

Bei einem Vergleich mit der Tabelle 9 für die *Konzernuntergesellschaften* gewinnt die gesellschaftsrechtliche Option für die EU noch weiter an Profil. Um die Konzernsteuerung zu erleichtern – so die Deutung –, werden die Kompetenzen des Aufsichtsrates in 13 Gesellschaften (86,7%) auf Null gesetzt und gleichzeitig die Gesellschafterversammlung gestärkt. So wird eine Konzernsteuerung durch die Führung der Obergesellschaft in der Gesellschafterversammlung der Tochter ohne Konzessionen an die Mitbestimmung möglich. Bei den MU zeigen die Befunde, daß hier die gesellschaftsrechtliche Option eine deutlich geringere Rolle spielt (48,2%). Sie ist außerdem im Vergleich mit der Gesamtzahl – ganz im Gegensatz zu den EU – leicht zurückgegangen. Die vermittelnde und die mitbestimmungsrechtliche Option erhalten dagegen ein relativ höheres Gewicht (22,2% und 18,5%). Hierin manifestiert sich wiederum, daß in MU die Konzernsteuerung nicht zu einer (weiteren) Aushöhlung der Mitbestimmung führt.

3.4.3 Die Personalhoheit

Zum Untersuchungszeitpunkt (1979) ging man bezüglich der Personalhoheit ganz überwiegend davon aus, daß die Kompetenz zum Abschluß der Anstellungsverträge dem mitbestimmten Aufsichtsrat zustünde. Der Bundesgerichtshof entschied 1983 auch genau in diesem Sinne (vgl. BGH 1983). Daneben existierte jedoch eine Mindermeinung, die dieses Recht allein der Gesellschafterversammlung zugestehen wollte, was eine bedeutende Schmälerung der Personalhoheit des mitbestimmten Aufsichtsrates zur Folge gehabt hätte. Dieser gesellschaftsrechtlichen Option schlossen sich nur zwei (5,9%) der 34 MU, aber immerhin 13 (23,3%) der 60 EU an. Sie verankerten in ihren Statuten explizit eine entsprechende Kompetenzzuweisung an die Gesellschafterversammlung.

4. Resümee

Resümierend seien alle Einzelbefunde zum Mitbestimmungspotential bei eigentümer- und managerkontrollierten Unternehmen gegenübergestellt:

1. MU weisen durchwegs ein höheres formales Mitbestimmungspotential im Hinblick auf die zustimmungspflichtigen Geschäfte auf. Dies gilt sowohl für die AG wie für die GmbH. Bei der GmbH nutzen MU darüber hinaus die Möglichkeiten zur Reduktion des Mitbestimmungspotentials über eine Stärkung der Gesellschafterversammlung sehr viel weniger als EU.
2. Dieser Unterschied zwischen MU und EU kommt besonders deutlich zum Tragen, wenn man den Einfluß der Konzernsteuerung berücksichtigt:
   (a) Bei konzernfreien Unternehmen und Konzernobergesellschaften sind EU wesentlich mitbestimmungsrestriktiver als MU.
   (b) Kompatibel mit diesen Befunden ist das Ergebnis bei Konzernuntergesellschaften. EU reduzieren das Mitbestimmungspotential bei Untergesellschaften dort, wo sie (rechtsformbedingt) über andere Instrumente zur Konzernsteuerung verfügen (GmbH). Bei der AG nehmen sie dagegen zur Durchsetzung ihrer Interessen im Konzern ein höheres Mitbestimmungspotential in Kauf; denn im Vergleich zur GmbH steigen bei eigentümerkontrollierten AG-Konzerntöchtern die zustimmungspflichtigen Geschäfte relativ zur Konzernmutter deutlich an. Die MU

nutzen bei der GmbH die Möglichkeiten zur Reduktion des Mitbestimmungspotentials im Konzern kaum aus.

3. Die Analyse des Entscheidungsprozesses deckt sich mit den Ergebnissen zum materiellen Aspekt und ergänzt ihn.
4. Stimmig mit den bisherigen Aussagen sind schließlich die Befunde zur Personalhoheit bei der GmbH: in EU wird sehr viel häufiger das diesbezügliche Recht des Aufsichtsrates verkürzt.

Insgesamt ergibt sich als Fazit eine *Bestätigung* unserer *ersten These:* Das Mitbestimmungspotential in MU ist höher als bei EU. Der diskretionäre Handlungsspielraum der Manager, wie er durch die Trennung von Eigentum und Verfügungsgewalt entsteht, wird also offenbar in gewissem Umfang für eine Umorientierung der Zielfunktion der Firma genutzt. Insoweit ist dann auch die aus der Property-Rights-Theorie abgeleitete These 2 widerlegt, daß sich Manager bei der Ausgestaltung der Mitbestimmungsstruktur unter dem Druck des Wettbewerbs wie Eigentümer verhalten müßten.

Literatur

Baumol, W. J. (1977): *Business Behavior, Value, and Growth.* (rev. ed.) New York: Harcourt, Brace a. World.

Berle, A. A., and G. C. Means (1932): *The Modern Corporation and Private Property.* New York: Macmillan.

BGH (1983): Urteil v. 14.11.1983 = DB 37 (1984), S. 104ff.

Ridder-Aab, C.-M. (1980): *Die moderne Aktiengesellschaft im Lichte der Theorie der Eigentumsrechte.* Frankfurt/New York: Campus.

Schreyögg, G., und H. Steinmann (1981): Zur Trennung von Eigentum und Verfügungsgewalt – eine empirische Analyse der Beteiligungsverhältnisse in deutschen Großunternehmen. *ZfB* 51 (1981), S. 533ff.

Steinmann, H., und E. Gerum (1980): Unternehmenspolitik in der Mitbestimmten Unternehmung. *AG* 1/1980, S. 4f.

Steinmann, H., W. Fees, und E. Gerum (1984): Multinationale Unternehmen und Mitbestimmung. *ZfB* 54 (1984), S. 374f.

Williamson, E. E. (1975): *Markets and Hierarchies: Analysis and Antitrust Implications.* New York: Free Press.

VII. Formen der Arbeitnehmer-Arbeitgeberkooperation und ihre Auswirkungen auf die Unternehmensleistung und Entlohnung

Felix R. FitzRoy und Kornelius Kraft

1. Einleitung

In der Bundesrepublik Deutschland lassen sich verschiedene historisch entwikkelte Formen der Vertretung von Arbeitnehmerinteressen unterscheiden. Aufgabe aller Organe der Arbeitnehmer ist es, die Arbeitnehmerinteressen in Verhandlungen und Diskussionen mit Vertretern der Arbeitgeber und des Managements durchzusetzen. Thema dieses Beitrages soll es sein, eine Untersuchung der Auswirkungen der unterschiedlichen Formen der Arbeitnehmerorganisation auf die Leistungsfähigkeit von Unternehmen und die Entlohnung der Beschäftigten durchzuführen.

Die am weitesten beachtete Art der Arbeitnehmervertretung ist die gewerkschaftliche Organisierung. Neben den Gewerkschaften sind jedoch noch andere Wege der Arbeitnehmervertretung zu nennen. Durch gesetzliche Initiative wurden die Institutionen des Betriebsrates und der Mitbestimmung der Beschäftigten über den Aufsichtsrat geschaffen. Sowohl die historisch entwikkelte gewerkschaftliche Organisation wie die durch staatliche Eingriffe ins Leben gerufenen Institutionen Betriebsrat und Mitbestimmung haben gemeinsam, daß die Unternehmensleitung durch kollektiven Druck oder Gesetz zu einer Kooperation bzw. zu Verhandlungen veranlaßt wird. Der Anstoß zur Institutionalisierung der Kommunikation ist von außen dem Unternehmen vorgegeben worden. Demgegenüber entwickeln sich in jüngerer Zeit eine Reihe von Experimenten, bei denen den Arbeitnehmern freiwillig eine Beteiligung an Entscheidungen und Erlös eingeräumt wird. Die Gewinn- und Kapitalbeteiligung und die immaterielle Partizipation und Kommunikation können ebenfalls als eine Form der Vertretung der Arbeitnehmerinteressen gesehen werden. Im Unterschied zur gewerkschaftlichen und gesetzlich initiierten Diskussion von Arbeitnehmervertretern mit der Unternehmensleitung ist die Mitarbeiterbeteiligung eine freiwillig im Unternehmen eingeführte Form der Kooperation. Ziel der Mitarbeiterbeteiligung ist es, über eine Anregung der Motivation der Beschäftigten die Produktivität zu verbessern und somit den verteilbaren Erlös für Arbeitnehmer *und* Arbeitgeber zu erhöhen. In diesem Beitrag soll untersucht werden, welche Auswirkungen eine dem Unternehmen von außen vorgegebene und eine intern entwickelte Struktur der Arbeitnehmer-Arbeitgeberkooperation auf die Produktivität und Lohnhöhe haben.

2. Die Formen der Arbeitnehmervertretung

Die Form der Vertretung von Arbeitnehmerinteressen, die in der öffentlichen und wissenschaftlichen Diskussion die größte Aufmerksamkeit auf sich zieht, ist die gewerkschaftliche Organisation. Im Bereich der Wirtschaftswissenschaften finden sich vor allem aus den angelsächsischen Staaten eine Vielzahl von Studien zu den Auswirkungen von Gewerkschaften.[1] Andere Aspekte der Arbeitnehmervertretung werden hingegen stark vernachlässigt. Dies ist unserer Meinung nach für alle Länder, insbesondere jedoch für die Bundesrepublik Deutschland nicht sinnvoll. Die Aufgabe der Gewerkschaften beschränkt sich in der Bundesrepublik auf die Teilnahme an zentralen Lohnverhandlungen und eine Mitwirkung bei der Gestaltung der Rahmenbedingungen der Arbeitsbeziehungen auf überregionaler Ebene. Auf betrieblicher Ebene werden in der Bundesrepublik die Interessen der Beschäftigten durch andere Organe vertreten.[2]

Die gewerkschaftliche Interessenvertretung hat ihren Usprung in dem Kampf der Arbeitnehmer um bessere Arbeitsbedingungen und höhere Löhne im 19. Jahrhundert. Die Vorgehensweise und die Einstellung der Gewerkschaften

[1] Vgl. für einen Überblicksartikel über die Auswirkungen von Gewerkschaften auf die Lohnhöhe Parsley (1980), für Produktivitätsaspekte Brown/Medoff (1978), Freeman/Medoff (1984), Clark (1980, 1984) und zur „Nachfrage" nach Gewerkschaftlicher Organisation Farber/Saks (1980). Für die Bundesrepublik finden sich Beiträge von Neumann et al. (1980, 1981) und Addison/Gerlach (1983).

[2] Es bleibt aber unbestritten, daß die übergeordnete Gewerkschaftspolitik sich indirekt in der Arbeit von Gewerkschaftsmitgliedern in diesen Organen niederschlagen kann.

bei Tarifauseinandersetzungen heutzutage sollte trotz völlig verschiedener Rahmenbedingungen unter Berücksichtigung der historischen Entwicklung der Gewerkschaftsbewegung gesehen werden. Die Arbeiterbewegung hat ihre Erfolge aufgrund von harten Auseinandersetzungen errungen, und weniger durch freiwillige Vereinbarungen mit den Arbeitgebern. Auch wenn zum Teil Abkommen ohne Arbeitskampfmaßnahmen getroffen wurden, so war die Grundlage dieser Regelungen dennoch das Potential der Gewerkschaften, Konflikte auszulösen und für sich erfolgreich zu beenden. Die Gewerkschaften können als eine Form der Interessenvertretung der Arbeitnehmer gesehen werden, die sich aufgrund ihrer historischen Entwicklung und Erfahrungen bei Auseinandersetzungen auch auf das Drohpotential von Arbeitskämpfen besinnt.

Neben der eher übergeordneten Funktion der Gewerkschaft sind in der Bundesrepublik der Betriebsrat und die betriebliche Mitbestimmung als Institutionen der Vertretung von Arbeitnehmerrechten von Bedeutung. Während die Mitbestimmung durchaus Gegenstand von Untersuchungen ist[3], wird die Funktionsweise und die Auswirkungen der Arbeit des Betriebsrates in der ökonomischen Literatur relativ selten behandelt. Dies ist unseres Erachtens jedoch nicht berechtigt. Auf der Grundlage des Betriebsverfassungsgesetzes hat der Betriebsrat erhebliche Einflußmöglichkeiten und ist nach Einschätzung von Experten von größerer Bedeutung als die international mehr beachtete gesetzliche Mitbestimmung.

Die Trennung von Betriebsrat und gewerkschaftlicher Interessenvertretung ist in der Praxis so nicht möglich. Über 80% der Betriebsräte in der Bundesrepublik sind auch Mitglied einer Gewerkschaft des DGB. Die Gewerkschaftspolitik hat neben ihren branchen- und gesellschaftspolitischen Aktivitäten auch eine betriebliche Seite, die vermittels der gewerkschaftlich organisierten Betriebsräte realisiert werden soll. Ebenso sind ein großer Teil der Arbeitnehmerverteter im Aufsichtsrat, die die gesetzliche Mitbestimmung ausüben, Mitglied einer Gewerkschaft.[4] Die Gewerkschaftsstrategie bezieht ihre Vertreter auf Betriebsebene in ihre Überlegungen mit ein. Daß jedoch keine vollkommene Übereinstimmung zwischen gewerkschaftlicher Strategie und dem Verhalten

[3] Theoretische Arbeiten finden sich in Pejovich (1978), in Backhaus/Nutzinger (1982) und von McCain (1980). Empirische Untersuchungen kommen von Witte (1982), Kirsch/Scholl (1983) und Steinmann/Fees/Gerum (1984).

[4] Vertreter der Arbeitnehmer im Aufsichtsrat werden z. T. auch direkt aus den Verwaltungszentralen der Gewerkschaften entsandt.

der Betriebsräte herrscht, drücken schon die häufigen Klagen von Gewerkschaftsvertretern über den „Betriebsegoismus“ und die „Unternehmensborniertheit“ von vielen Betriebsräten aus.

Die Grundlage zur Vertretung von Arbeitnehmerrechten durch den Betriebsrat und durch die Mitbestimmung sind gesetzliche Regelungen. Das Betriebsverfassungsgesetz von 1972 und das Mitbestimmungsgesetz von 1976 bilden die Basis der Einflußrechte des Betriebsrates und der Arbeitnehmervertreter im Aufsichtsrat.

Sowohl die gewerkschaftliche Organisation wie die Institutionen Betriebsrat und Mitbestimmung basieren auf einer außerhalb des Unternehmens bestimmten Möglichkeit der Einflußnahme auf die Handlungen der Unternehmensleitung. Durch Drohpotential oder über gesetzliche Rechte besitzen die Arbeitnehmer die Möglichkeit, auf Unternehmensentscheidungen einzuwirken. Diese Mitwirkungsrechte sind jedoch nicht freiwillig eingeräumt worden, sondern sind exogen vorgegebene Restriktionen für das Management und die Kapitaleigner.

In den letzten Jahren sind in einer Reihe von Unternehmen neue Formen der Kooperation und Kommunikation zwischen Unternehmensleitung und Arbeitnehmern entwickelt worden. Diese Betriebe versuchen mit der Beteiligung der Arbeitnehmer am Gewinn und Kapital sowie an Entscheidungen den Gegensatz der Interessen zwischen Arbeit und Kapital abzubauen und statt dessen eine produktive Kooperation zu ermöglichen. Damit können diese Experimente als ein Weg aus der traditionellen Verhandlungssituation gesehen werden, bei der durch historisch gewachsene oder gesetzlich vorgegebene Machtpositionen versucht wird, einen möglichst großen Teil des erwirtschafteten Überschusses den Arbeitnehmern zukommen zu lassen. Gewinn- und Kapitalbeteiligung sind hingegen Möglichkeiten, die Verteilungsfrage zu entschärfen. Die Anteile an dem erzielten Erlös werden durch die Gewinn- bzw. Kapitalbeteiligung festgelegt. Eine Kooperation zwischen Arbeitnehmern und Unternehmensleitung kann sich dann auf die Erzielung bzw. Maximierung des insgesamt zu Verteilenden richten. Diese Kooperation kann sich auch in Form von größeren Mitspracherechten für die Arbeitnehmer niederschlagen.

Im Unterschied zur gesetzlich oder aus einer historischen Entwicklung exogen vorgegebenen Struktur der Vertretung der Arbeitnehmer kann sich Partizipation betriebsintern entwickeln. Materielle und immaterielle Mitarbeiterbeteiligung sind somit eine Alternative zu der Vertretung von Arbeitnehmerrechten in der Form von gewerkschaftlicher Organisation, Mitbestimmung und dem

Betriebsrat. Es bleibt aber natürlich unbestritten, daß Mitarbeiterbeteiligung nur dann an die Stelle von collective bargaining-Vereinbarungen treten kann, wenn das Management, die Kapitaleigner und die Arbeitnehmer dazu bereit sind. Dies ist durchaus nicht überall der Fall.

Thema dieses Papiers soll es sein, die Auswirkungen einer intern entwickelten Kommunikation vermittels Partizipation der Beschäftigten mit einer extern vorgegebenen Verhandlungssituation durch gewerkschaftliche Organisation, Betriebsrat und Mitbestimmung auf die Unternehmensleistung und die Lohnhöhe zu untersuchen. Der Schwerpunkt der empirischen Analyse soll aus Gründen der Datengewinnung auf dem Vergleich von gewerkschaftlicher Organisation sowie dem Betriebsrat mit Gewinn- und Kapitalbeteiligung liegen.

3. Die Auswirkungen auf die Produktivität

3.1 Theoretische Betrachtungen

Der überwiegende Teil der ökonomischen Literatur zur Gewerkschaft sieht in dieser Form der Arbeitnehmervertretung lediglich einen Versuch, einen möglichst hohen Anteil des Wertproduktes für die Arbeitnehmer zu erkämpfen. Eine kollektive Interessenvertretung schafft dieser Meinung nach eine Monopolisierung des Arbeitskräfteangebotes und eine Erhöhung des Lohnes über dem Marktergebnis bei einem freien Angebot der Arbeitskräfte. Als Reaktion auf den zu hohen Preis für den Faktor Arbeit werden die Unternehmen mit einer Substitution von Arbeit durch Kapital reagieren. Gewerkschaften haben in dieser Sichtweise ein Verteilungsziel, das sich unter Umständen auch negativ auf das Gesamtergebnis auswirken kann. Falls Gewerkschaften überhaupt einen Effekt auf die Gesamtleistung haben, dann einen negativen, der sich in reduziertem Output und verringerter Beschäftigung sowie in Abwandern von Unternehmen in Niedriglohnländer niederschlägt.

In den letzten Jahren haben einige amerikanische Ökonomen eine andere Theorie für die Auswirkungen von Gewerkschaften auf die Produktivität entwickelt. Vor allem Freeman und Medoff (1984) argumentieren, daß Gewerkschaften eine positive Funktion für die Leistungsfähigkeit von Unternehmen besitzen, in dem sie den Aufbau von Kommunikationsstrukturen fördern. Diese Erklärung basiert auf der von Hirschman (1970) dargelegten Alternative zwischen dem Verlassen (exit) eines Betriebes und der Artikulation von

Unzufriedenheit bei Konflikten (voice). Es wird postuliert, daß eine gewerkschaftliche Organisation die Kommunikation zwischen Arbeitnehmern und Unternehmensleitung ermöglicht und damit Betriebsaustritte verringert. Eine geringere Fluktuation erhöht natürlich die Leistungsfähigkeit einer Organisation. Nach der Theorie von Freeman und Medoff kann eine gewerkschaftliche Organisation über die Initiierung der Kommunikation und einem Schutz vor Willkürakten durch die Unternehmensführung die Produktivität erhöhen.

Bei einer Übertragung dieser Theorie auf deutsche Verhältnisse sollten die den Gewerkschaften nachgesagten Kommunikationsfähigkeiten bei den Betriebsräten spürbar werden. Die Leistungsfähigkeit der Unternehmen wird, wenn überhaupt, von betrieblichen Konfliktaussprachen berührt und nicht von gesellschafts- oder branchenbezogenen Aktivitäten der Gewerkschaften. Der Betriebsrat hat weitgehende Konsultationsrechte bei Entlassungen, Einstufung der Arbeitsplätze in branchenweit ausgehandelte Klassifikationsstufen, Lohnzulagen und bei Personalumsetzungen. Der Betriebsrat ist in der Bundesrepublik das Organ, das die Interessen der Arbeitnehmer auf Betriebsebene in den vielen, von den industrieweiten Tarifabschlüssen nicht geregelten Fragen – gestützt auf die gesetzliche Grundlage – gegenüber der Unternehmensführung vertritt.

Es stellt sich natürlich die Frage, wieso in jedem Falle ein externer Anstoß für eine effiziente Kommunikation im Unternehmen notwendig ist. Viele Unternehmen machen sich Gedanken über ihr Betriebsklima, und es ist nicht klar, wieso ein effektives Management nicht von sich aus eine funktionsfähige Kommunikationsstruktur entwickeln kann. Eine unfähige ober übertrieben partriarchische Unternehmensführung kann sicherlich mit einer Kontrolle durch den Betriebsrat von Willkürreaktionen abgebracht werden. In der Folge kann die Fluktuation und die Produktivität zum Besseren hin verändert werden. Wir können aber nicht unbedingt davon ausgehen, daß solch eine Unternehmensführung die Regel ist. Falls unfähige oder autokratische Unternehmen die Ausnahme sind, besteht kein Anlaß, den Betriebsräten oder im amerikanischen Kontext den Gewerkschaften, bei einer Betrachtung aller Unternehmen im Durchschnitt eine positive Produktivitätswirkung zuzusprechen. Wenn jedoch die Mehrzahl der Unternehmen ihren Belegschaftsangehörigen keine Mitspracherechte einräumen, können gesetzlich garantierte Kommunikationsorgane von Vorteil sein. Die zweitgenannte Hypothese, daß die Mehrzahl der Unternehmen ihren Beschäftigten keine Mitsprachemöglichkeiten einräumen, halten wir jedoch für die weniger wahrscheinliche.

Auch die erwähnte „Monopoltheorie“ der Gewerkschaften läßt sich bei der Arbeit des Betriebsrates anwenden. Obwohl dem Betriebsrat eine Mitwirkung bei der Lohnfestlegung gesetzlich untersagt ist, so gibt es doch Einflußmöglichkeiten dieses Organs. Der Betriebsrat bespricht mit der Unternehmensführung die Einstufung von Arbeitsplätzen in die Kategorien der überregional ausgehandelten Arbeitsplatzbewertung. In den zentralen Verhandlungen wird die Bezahlung von Arbeitnehmern in Relation zu einem Ecklohn festgelegt. Auf betrieblicher Ebene müssen die zentral vereinbarten Arbeitsplatzkategorien auf im Unternehmen vorhandene Arbeitsaufgaben angewendet werden. Ein Betriebsrat kann nun eine möglichst „hohe“ Bewertung der betrieblichen Arbeitsanforderungen durchsetzen. Die Folge sind im Durchschnitt hohe Löhne. Ebenso müssen Schicht- und Überstundenzahlungen sowie andere Sonderzahlungen mit dem Betriebsrat abgesprochen werden. Dies ist insbesondere deshalb von Bedeutung, weil der Betriebsrat Überstunden und Sonderschichten zustimmen muß. Der Betriebsrat hat auch aus sonstigen Vetorechten durchaus eine Verhandlungsmacht. Der Betriebsrat könnte die Kosten für den Faktor Arbeit erhöhen und hierüber die gleichen negativen Effekte hervorrufen, wie sie den Gewerkschaften von den Vertretern der „Monopoltheorie“ in bezug auf die Effizienz nachgesagt werden.

Bei der Diskussion über die Auswirkungen einer Kommunikation zwischen der Unternehmensleitung und Gewerkschaftsvertretern bzw. dem Betriebsrat wird übersehen, daß es noch andere Formen der Aussprache geben kann. Die Unternehmensführung ist zu einer Auseinandersetzung mit dem Betriebsrat durch gesetzliche Vorschriften gezwungen. Demgegenüber kann sich Kommunikation auch auf freiwilliger Basis entwickeln. Das Management und die Kapitaleigner können zu der Überzeugung gelangen, daß eine Kooperation mit den Arbeitnehmern als Alternative zu einer Konfliktsituation die Produktivität steigern kann. Um eine kooperative Verhandlungssituation zu erreichen, kann als ein Weg eine Mitarbeiterbeteiligung eingeführt werden.

Wirtschaftswissenschaftler bestreiten häufig, daß eine Mitarbeiterbeteiligung eine positive Auswirkung auf die Produktivität hat, da ein Gruppenlohn zu free-rider Problemen führen würde.[5] Die Argumentation lautet, daß eine Leistungszurückhaltung eines einzelnen den Erlös insgesamt nur wenig verringert. Das Einkommen aus Gewinnbeteiligung des einzelnen Arbeitnehmers ist relativ unempfindlich gegenüber dem Umfang der individuellen Leistungsin-

[5] Repräsentiv für diese Meinung sind Williamson (1980) und Homstrom (1982).

tensität. Demgegenüber kann der Beschäftigte das Arbeitsleid durch eine geringere Arbeitsanstrengung stark reduzieren. Bei n Arbeitnehmern würde der Beschäftigte bei einer Leistungszurückhaltung, die keine Auswirkungen auf die Arbeitsintensität der Kollegen hat, einen Einkommensverlust von einem n-ten Teil des Gewinnes erleiden, der bei vollem Leistungseinsatz an die Arbeitnehmer ausgeschüttet würde. Bei einem großen Unternehmen kann dann kein Anreiz zu einer guten Leistung bestehen. In dieser Ausgangslage könnte eine Leistungszurückhaltung aller Arbeitnehmer und eine dementsprechend schlechte Produktivität das Ergebnis sein.

Die Vertreter dieser Theorie basieren ihre Aussagen auf den Annahmen eines kollektiven Lohnes und einer fehlenden Interaktion zwischen den Arbeitnehmern am Arbeitsplatz (Cournot-Nash-Verhalten). Diese Interaktion existiert jedoch, und Beschäftigte auf der gleichen Hierarchieebene kennen besser als jeder Vorgesetzte die Möglichkeiten zur Leistungserfüllung oder -zurückhaltung. Bei einem gemeinsamen Entlohnungsanteil wird nun erst – im Unterschied zum Festlohn – der Anreiz geschaffen, Leistungszurückhaltung bei Kollegen zu kritisieren und hiergegen vorzugehen. Eine Gewinn- oder Kapitalbeteiligung kann eine gegenseitige Kontrolle der Beschäftigten auf der gleichen Hierarchieebene zur Folge haben. Die Mitarbeiterbeteiligung kann – falls unsere Theorie richtig ist – gerade zu einer Verringerung von free-rider Problemen führen, da sich ein „Drücken" eines Beschäftigten direkt im Einkommen seiner Kollegen niederschlägt. Bei einem Festlohn gilt dies nicht, und die Arbeitnehmer akzeptieren eine Leistungszurückhaltung eines Mitarbeiters unter dem Blickwinkel eines z. T. vorhandenen latenten Gefühls einer Ausbeutung aller Arbeitnehmer durch die Kapitaleigner. Ob dieses Gefühl berechtigt ist oder nicht spielt keine Rolle, entscheidend ist die Auswirkung, d. h. eine geringe Motivation zur Kontrolle von Kollegen und bei der eigenen Arbeitserfüllung. Mitarbeiterbeteiligung kann hier ansetzen und die Grundstimmung im Unternehmen zu mehr gemeinschaftlichem Denken fördern und so die unkooperative Verhandlungssituation zwischen der Unternehmensführung und den Arbeitnehmervertretern verhindern.

Es gibt sicherlich auch andere Möglichkeiten, neben einer Gewinn- oder Kapitalbeteiligung ein kooperatives Klima zu schaffen. Wir wählen jedoch diese Erscheinungsformen, weil sie klar meßbar sind, und sie unseres Erachtens sinnvolle Ansätze sind, um von dem Fixlohn als Verhandlungsziel wegzukommen.

Ein intern entwickeltes Kooperations- und Kommunikationssystem kann anders als ein für alle Unternehmen verbindliches Schema den individuellen Bedürfnissen gerecht werden. Da die Unternehmensführung sich freiwillig zur Einführung solcher kooperativer Führungsformen entschlossen hat, dürfte die Verhandlungssituation entspannter und erfolgversprechender als bei Konsultationen mit dem Betriebsrat sein. Weiterhin kann eine Mitarbeiterbeteiligung stärker die Arbeitnehmer auf unteren Ebenen ansprechen. Bei einer Arbeitnehmervertretung durch zentrale Organe besteht stets die Gefahr einer Verselbständigung der Ziele, d. h. ein Versuch von gewählten oder ernannten Sprechern eingeräumte Rechte für eigene Interessen vorteilhaft auszunutzen.

Zusammenfassend soll die Hypothese formuliert werden, daß ein positiver Einfluß von Kommunikation auf die Leistungsfähigkeit einer Organisation bei freiwilligen Vereinbarungen wahrscheinlicher ist als bei einer Einführung durch externe Veranlassung. Es ist unverständlich, daß die Vertreter der exit-voice-Theorie lediglich die Institution Gewerkschaft betrachten und nicht auch andere Möglichkeiten der Interessenvertretung von Arbeitnehmern und der Kommunikation zwischen Management und Beschäftigten berücksichtigen.

3.2 Empirisch überprüfbare Hypothesen

In einer einfachen ökonometrischen Schätzung soll eine Produktionsfunktion geschätzt werden. Unsere Hypothese ist es, daß eine Förderung der Motivation und Kommunikation durch freiwillige Vereinbarungen über eine Gewinn- und/oder Kapitalbeteiligung eher die Produktivität erhöht als die Vertretung der Arbeitnehmerrechte durch einen Betriebsrat. Die Bestimmung der Rolle der gewerkschaftlichen Organisation ist in unserer Untersuchung nicht einfach. Einen direkten Einfluß der Gewerkschaft auf die innerbetriebliche Kommunikationsstruktur ist nach den Bestimmungen des Betriebsverfassungsgesetzes nicht möglich. Ein hoher Grad von gewerkschaftlicher Organisation könnte aber mit dem Vertrauensleutekörper die Artikulation von Arbeitnehmerinteressen über den Betriebsrat erleichtern. Ein hoher Anteil gewerkschaftlich organisierter Arbeitnehmer in einem Unternehmen würde in diesem Falle die Vertretung der Interessen der Beschäftigten unterstützen. Die Gewerkschaften würden dann die Arbeit des Betriebsrats effektiv mitgestalten.[6]

[6] In die empirische Untersuchung gehen mittelständische Unternehmen ein, bei denen die Bedeutung des Vertrauensleutekörpers geringer ist als in Großbetrieben.

Eine alternative Theorie bei der Erklärung von Gewerkschaftsverhalten ist jedoch, daß sich die Arbeitnehmer in besonders produktiven Unternehmen organisieren, um über die Vertretung des Betriebsrates hohe Zulagen und Einstufungen in die in den Manteltarifverträgen festgelegten Lohnkategorien zu erreichen. Der hohe Anteil gewerkschaftlich organisierter Mitarbeiter kann die Verhandlungsposition des Betriebsrates verbessern und spiegelt wider, daß die Beschäftigten eine kollektive Interessenvertretung mit ihrem Droh- und Kampfpotential für notwendig zur Durchführung ihrer Ziele halten. Ein positives Vorzeichen der Gewerkschaftsvariable in einer Produktionsfunktion ist dann nicht als Ursache der hohen Produktivität aufzufassen. Kausalitätsuntersuchungen lassen sich in solchen Fällen nicht mit Querschnittsdaten durchführen.

Eine dritte Erklärung für ein positives Vorzeichen einer Variable, die den Grad der gewerkschaftlichen Organisation anzeigt, ist die, daß sich die Arbeitnehmer zusammenschließen, um auf harten Arbeitsdruck des Managements zu reagieren. Die kollektive Organisation soll als Schutz vor unangenehmen Arbeitsbedingungen durch Arbeitshetze dienen. Genau aus diesem Grund sind Gewerkschaften auch historisch gesehen entstanden. Es ist anzunehmen, daß ein hoher Arbeitsdruck Freiräume zur Arbeitszurückhaltung abbaut und die Produktivität steigert. Die gewerkschaftliche Organisation ist dann wie bei der „Monopoltheorie" die Reaktion auf die hohe Produktivität. Die Ursache der Produktivität ist hier jedoch vorgegeben durch einen hohen Arbeitsdruck.

Die Hypothesen bezüglich der Auswirkungen der Arbeitnehmervertretungen lassen sich wie folgt zusammenfassen. Falls die voice-Theorie von Freeman und Medoff stimmt, finden wir – bei einer Übertragung auf deutsche Verhältnisse – ein positives Vorzeichen für eine Variable, die die Existenz eines Betriebsrates anzeigt und ebenso ein positives Vorzeichen für die Variable, die den gewerkschaftlichen Organisationsgrad mißt. Positive Vorzeichen dieser beiden Variablen können aber ebenfalls die „Monopoltheorie" unterstützen, d. h. in besonders produktiven Unternehmen organisieren sich die Arbeitnehmer zu einem hohen Grad und erkämpfen über den Betriebsrat hohe Lohnzuschläge.

Ein negatives oder insignifikantes Vorzeichen der Betriebsratsvariable kann damit erklärt werden, daß gesetzliche Regelungen hier *nicht* die Effizienz erhöhen. In diesem Falle wäre das Ergebnis, daß der innerbetriebliche Kommunikationsprozeß nicht durch eine externe Veranlassung effizient gestaltet werden kann oder der Kommunikationsprozeß für ein gutes Betriebsergebnis nicht notwendig ist. Ein negativer Koeffizient kann auch zeigen, daß in

Unternehmen, die einen Betriebsrat benötigen, die Produktivität niedriger ist, weil dort ein schlechteres Betriebsklima als in Unternehmen ohne Betriebsrat herrscht. Die Variable Betriebsrat kann als ein Indikator des Betriebsklimas gewertet werden, wobei dieses Vertretungsorgan nicht die Ursache der geringeren Produktivität ist. Der Betriebsrat kann lediglich die Folge eines unkooperativen Klimas in einem Unternehmen sein, womit diese Institution notwendig wird. Diese Erklärung geht aber nicht konform mit der These, daß extern garantierte Mitspracherechte von Arbeitnehmern die Produktivität erhöhen.

Ein positives Vorzeichen der Variablen zur Kennzeichnung von Gewinn- und Kapitalbeteiligung würde für die Produktivitätswirkung eines kollektiven Entlohnungsanteils sprechen. Es würde sich erweisen, daß eine Mitarbeiterbeteiligung die Motivation der Beschäftigten verbessern kann und über gegenseitige Kontrolle die Leistungsfähigkeit einer Organisation erhöht wird. Damit könnte auch gezeigt werden, daß kooperative Strukturen in einem Betrieb durch eine Erlösbeteiligung erzeugt werden können. Konflikte über die Verteilung des Erlöses in Verhandlungen über Lohnzulagen werden durch eine Teilung des Gewinnes abgeschwächt. Damit ändert sich der Verteilungskampf auf Unternehmensebene zu einem gemeinsamen Ziel, der Gewinnerzielung. Als eine Konsequenz muß sich nicht in jedem Falle auch die Kommunikation modifizieren. Es liegt aber nahe, daß eine Atmosphäre mit weniger Konfliktstoff auch die Mitsprachemöglichkeiten der Beschäftigten verbessert. Die Gewinn- und Kapitalbeteiligung kann somit als ein Beitrag zu einem intern entwickelten Kommunikationssystem gesehen werden.

3.3 Beschreibung der Daten

Die Daten zu dieser Untersuchung wurden in persönlichen Interviews in 65 Unternehmen erhoben. Von diesen Unternehmen lieferten 61 Datenangaben für 1977 und 62 für 1979, wobei eine Dummy-Variable (Zeit) Beobachtungen aus dem Jahre 1977 erfaßt.

Die Unternehmen sind alle im Metallbereich angesiedelt, jedoch nach der Klassifikation des Statistischen Bundesamtes in drei verschiedenen Branchen. Zwei Dummy-Variablen kennzeichnen Unternehmen aus der Maschinenbau- (ID 3) sowie aus der Eisen-Blech- und Metallwarenindustrie (EBM) (ID 2). In der Konstanten werden die Unternehmen aus der Metallerzeugung und -verarbeitung erfaßt.

Tab. 1 Variablen Liste

	Mittelwert	Standard-abweichung	
Herf	0,139	0,142	Herfindahl Index
Zeit	0,496	0,502	Dummy für Beobachtungen aus dem Jahre 1977
ID 2	0,244	0,431	Branchen-Dummy für EBM
ID 3	0,659	0,476	Branchen-Dummy für Maschinenbau
Tech	0,951	0,216	Technologie-Dummy für „mittlere" Technologie
Gebe	1,048	4,622	Höhe der Gewinnbeteiligung je Beschäftigten (TDM)
Kap	48460,9	90832,1	fixes und umlaufendes Kapital (Tausend DM)
Train	0,857	0,847	Ausgaben für Weiterbildung je Beschäftigtem (TDM)
Kabe	0,00565	0,0182	Kapital in Händen der Arbeitnehmer/Gesamtkapital
Betrat	0,797	0,404	Dummy-Variable für Betriebsrat (ja = 1, nein = 0)
Gew	37,41	28,28	Anteil der gewerkschaftlich organisierten Mitarbeiter (%)
Std	662273,0	1165810,0	Anzahl der geleisteten Arbeitsstunden
Ang	212,7	393,9	Anzahl der Angestellten
Einzel	0,415	0,495	wenig integrierte Einzelfertigung (Dummy)
AKK	0,196	0,289	Anteil der Akkordzahlungen an den Gesamtlöhnen (%)
Fluq	0,138	0,347	Dummy-Variable zur Fluktuation von qualifizierten Arbeitern, mit 1 = hoch, 0 = niedrig
Fluun	0,366	0,484	Dummy-Variable zur Fluktuation von unqualifizierten Arbeitern, mit 1 = hoch, 0 = niedrig
DIFF	1,511	0,464	Gehalt je Angestelltem zu Lohn je Arbeiter
Unqual	1,988	3,226	Verhältnis der unqualifizierten Arbeiter zu den qualifizierten Arbeitern
Mann	82,84	23,97	Anteil der männlichen Arbeiter (%)

Fortsetzung Tab. 1 Variablen Liste

	Mittelwert	Standard-abweichung	
EXP	30,26	23,99	Anteil der Produktion, der exportiert wird (%)
Größe	626	1026	Anzahl der Beschäftigten
Kapin	66,57	30,98	Kapital je Beschäftigtem (TDM)
Anang	0,33	0,12	Verhältnis Angestellte zu Arbeiter
CTOP	0,64	0,48	Dummy-Variable, mit dem Wert = 1, wenn die Geschäftsführung mindestens 25% des Kapitals besitzt

In Tabelle 1 sind alle verwendeten Variablen aufgeführt. Die meisten Größen benötigen keine Erläuterung, bei einigen ist jedoch eine zusätzliche Information angebracht. Zu einzelnen Fragen waren leider nur ungenaue Antworten von den Unternehmen zu erhalten. Die meisten Unternehmen hatten keine exakte Statistik zur Arbeitnehmerfluktuation, so das lediglich Dummy-Variablen für eine hohe oder niedrige Fluktuation der qualifizierten (Fluq) und unqualifizierten Arbeitnehmer (Fluun) gebildet werden können.

Ein ähnliches Problem ergab sich bei den Angaben zur Marktstruktur. Nur relativ wenige Unternehmen konnten den Marktanteil der vier größten Anbieter in ihrem speziellen Absatzmarkt angeben. Fast alle Unternehmen konnten jedoch die Zahl der Mitbewerber nennen. Aus diesem Grund verwenden wir den Reziprokwert der Zahl der Anbieter als Proxy-Größe für Wettbewerbsintenstität (Herf).

Als zweites Maß für die Wettbewerbsintensität nehmen wir den Anteil der Produktion, der in den Export geht (Exp). Damit soll die Beteiligung am internationalen Wettbewerb repräsentiert werden. Eine Hypothese ist, daß bei einem hohen Exportanteil eine höhere Wettbewerbsintensität und geringe Möglichkeiten zu Absprachen bestehen.

Die Variable Exp kann jedoch noch in einer anderen Richtung hin interpretiert werden.[7] Exportprodukte aus der Bundesrepublik werden sich vermutlich durch einen relativ hohen Qualitätsstandard und durch eine fortschrittliche

[7] Vgl. für eine Diskussion über die Aussagefähigkeit dieser Variable Neumann et al. (1980).

Technologie auszeichnen. Da die Bundesrepublik Deutschland bekanntermaßen ein Hochlohnland ist, können deutsche Güter nur dort konkurrieren, wo eine anspruchsvolle Technik gefragt ist. Unternehmen, die einen hohen Anteil der Produktion exportieren, können sich folglich durch besser qualifizierte Arbeitnehmer von ihren Konkurrenten unterscheiden. Die Variable Exp kann auch ein hohes Maß an akkumuliertem Wissen bzw. Humankapital ausdrükken.

Die Technologie der Unternehmen wurde ursprünglich in fünf Klassen eingeordnet, die, von der Verwendung einfacher Handwerkszeuge bis zum Einsatz numerisch gesteuerter Anlagen reichend, unterschiedliche Entwicklungsstufen der Technologie darstellen. Eine Berücksichtigung der fünf Dummies zeigte signifikante Unterschiede der Technologien auf einer „mittleren" Entwicklungsstufe. Zur Erhöhung der Freiheitsgrade wurde eine neue Dummy-Variable Tech gebildet, die den Einsatz „mittlerer" Technologie im Unterschied zur Verwendung von Handwerkszeugen oder vollautomatischen Anlagen mißt. Ein F-Test zeigt, daß hierdurch gegenüber der Berücksichtigung von fünf Technologie-Variablen keine Information verlorengeht.

Den Produktionsfaktor Arbeit messen wir mit zwei getrennten Variablen. Zum einen wird die Anzahl der Angestellten, und zum anderen die Anzahl der Arbeitsstunden verwendet. Die Differenzierung in Angestellte und Arbeiter kann Qualifikationsunterschiede und ihre Produktivitätsauswirkungen berücksichtigen. Die Erfassung der Leistung der Arbeiter in Form der geleisteten Stunden kann genauer als die Anzahl der Arbeiter den Input dieses Produktionsfaktors ausdrücken. Kurzfristige Anpassungen an Nachfrageveränderungen werden häufig mit Hilfe von Überstunden oder einem Abbau der Überstunden bewältigt. Eine Messung der Anzahl der Arbeiter kann diesen Effekt nicht widerspiegeln.

Die wichtigsten Variablen für diese Untersuchung sind der Grad der gewerkschaftlich organisierten Mitarbeiter, die Existenz eines Betriebsrates und die Gewinn- und Kapitalbeteiligung. Die gewerkschaftliche Organisation und die Existenz eines Betriebsrates konnte bei den persönlichen Interviews in Erfahrung gebracht werden. Interessant ist, daß die Unternehmen lediglich zu 80% einen Betriebsrat besitzen. Da große Unternehmen fast immer einen Betriebsrat haben, ist ein Test über die Auswirkungen dieses Organs nicht mit veröffentlichten Daten von Aktiengesellschaften möglich.

Etwa die Hälfte der Unternehmen in unserem Sample hat eine Gewinnbeteiligung. Die Gewinnbeteiligung wird als ausgeschütteter Gewinn je Arbeitnehmer erfaßt. Die Anzahl der Unternehmen mit einer Kapitalbeteiligung ist kleiner als diejenige der Unternehmen mit einer Gewinnbeteiligung. Die Kapitalbeteiligung wird als Anteil des Kapitals in Arbeitnehmerhand am Gesamtkapital gemessen. Da die Kapitalbeteiligung noch relativ geringe Ausmaße annimmt, sind die Ergebnisse von geringerer Aussagefähigkeit als diejenigen zur Gewinnbeteiligung.

3.4 Empirische Ergebnisse zur Produktivität

Wir schätzen eine Cobb-Douglas Produktionsfunktion als einfachste Möglichkeit, den Produktionsprozeß ökonometrisch abzubilden. Zur Bereinigung von Heteroskedastizität wird eine Schätzung mit der gewichteten Kleinst-Quadrate-Methode (WLS) durchgeführt. Die Ergebnisse sind in Tabelle 2 aufgeführt. Alle Größen bis auf die Dummy-Variablen und die Gewinn- und Kapitalbeteiligungs-Variable sind in logarithmischer Form gemessen. Die Gewinnbeteiligungsvariable nimmt bei etwa der Hälfte der Beobachtungen den Wert Null an. Eine Logarithmierung wäre deshalb nicht möglich gewesen. Bei der Variable Kapitalbeteiligung gilt das gleiche. Diese Variablen gehen deshalb in linearer Form in die Regression ein. Wir können nicht alle Variablen in die Schätzgleichung aufnehmen, da dann die Multikollinearität zu erheblichen Unsicherheiten über die Höhe der Varianzen führen würde. Aus diesem Grund werden mit Hilfe von F-Tests der Erklärungsgehalt einzelner Variablen überprüft, und irrelevante Variablen werden z. T. nicht berücksichtigt.

Es erweist sich, daß die Gewinn- und Kapitalbeteiligung signifikant die Produktivität erhöhen.[8] Diese Form der Entlohnung erhöht die Leistungsfähigkeit der Unternehmen. Damit sehen wir auch eine Unterstützung der These, daß eine intern entwickelte Kooperation sich für Unternehmensleitung und Arbeitnehmer bezahlt macht.[9]

Die Variable GEW, die den Prozentsatz von Arbeitnehmern in der Gewerkschaft mißt, ist ebenfalls positiv. Wie im Abschnitt 3.2 dargelegt wurde, lassen sich für dieses Ergebnis jedoch mehrere Erklärungen heranziehen.

[8] Dieses Ergebnis findet sich auch in einem simultanen Tobit-Modell, bei dem die Faktorproduktivität und die Gewinnbeteiligung endogene Größen sind. Vgl. FitzRoy/Kraft (1985d).

[9] Es läßt sich in einem simultanen Tobit-Modell mit den endogenen Variablen Rentabilität und Gewinnbeteiligung nachweisen, daß eine Gewinn- und Kapitalbeteiligung signifikant die Rendite erhöht. Vgl. FitzRoy/Kraft (1985e).

Tab. 2 WLS-Schätzung der Wertschöpfung

Konstante	0,14	Unqual	− 0,07
	(0,22)		(− 1,30)
Kap	0,12	Diff	0,30
	(2,12)**		(2,45)**
Std	0,40	Exp	0,03
	(5,27)**		(0,79)
Ang	0,47	R^2	0,97
	(5,99)**		
Gebe	0,036		
	(9,23)**		
ID 2	0,28		
	(2,11)**		
ID 3	− 0,07		
	(− 0,47)		
Akk	0,09		
	(0,67)		
Betrat	− 0,23		
	(− 2,13)**		
Train	0,38		
	3,74)**		
Tech	0,43		
	(2,38)**		
Zeit	− 0,10		
	(− 1,76)*		
Kabe	6,79		
	(3,59)**		
Gew	0,08		
	(2,78)**		

t-Werte in Klammern

* signifikant auf dem 10%-Niveau (zweiseitiger Test)

** signifikant auf dem 5%-Niveau (zweiseitiger Test)

Eine Interpretation dieses Ergebnisses wird durch das negative und schwach signifikante Vorzeichen der Betriebsratsvariable Betrat erleichtert. Die Gültigkeit der voice-Theorie für gewerkschaftliche Interessenvertretung bedingt auch ein positives Vorzeichen von Betrat. Bei einer Übertragung der Theorie von Freeman und Medoff auf deutsche Verhältnisse müßte sich der positive voice-Effekt bei der Variable Betrat zeigen.

Es läßt sich der Einwand erheben, daß die theoretische Erörterung auf eine simultane Bestimmung der Wahrscheinlichkeit der Einrichtung eines Betriebsrates und der Produktivität hinweist. Bei Gültigkeit des simultanen Zusammenhanges wäre der Koeffizient der Variable Betriebsrat verzerrt. Aus diesem Grund wird auch ein simultanes Probit-Modell geschätzt, bei dem die Variablen Wahrscheinlichkeit für die Existenz eines Betriebsrates und Faktorproduktivität die endogenen Variablen sind.[10] Es erweist sich, daß die Produktivität einen positiven Einfluß auf die Wahrscheinlichkeit der Existenz eines Betriebsrates hat. Umgekehrt hat der Betriebsrat einen stark negativen Effekt auf die Produktivität. Diese Ergebnisse unterstützen die Monopol- und Management-Druck-Theorie, sprechen jedoch gegen die exit-voice Theorie.

Aus diesem Ergebnis sollte nicht der voreilige Schluß gezogen werden, daß der Betriebsrat gesamtgesellschaftlich gesehen eine wohlfahrtsmindernde Wirkung hat. Ein umfassendes Maß der gesellschaftlichen Wohlfahrt müßte auch Variablen wie Arbeitszufriedenheit oder Gesundheitszustand der Beschäftigten berücksichtigen. In unserer Untersuchung wird festgestellt, daß der Betriebsrat die Produktivität eines Unternehmens verringert. Dies kann deshalb der Fall sein, weil ein Betriebsrat Schutzrechte durchsetzt und somit die vom Gesetzgeber bewußt geschaffenen Einflußrechte wahrnimmt. Produktivitätsverluste als Resultat von verminderter Arbeitshetze und Schutz von Arbeitnehmern vor gesundheitlicher Schädigung wird nicht jedermann (und vermutlich auch der Gesetzgeber nicht) als Wohlfahrtsverluste interpretieren. Es kann ein trade-off zwischen dem Schutz von Arbeitnehmern und der Produktivität bestehen, und die gesellschaftlich optimale Kombination an Schutzrechten und Leistungsfähigkeit von Firmen soll und kann von uns nicht bestimmt werden.

Die Ergebnisse zusammen weisen darauf hin, daß intern gestaltete Motivations- und Kommunikationsstrukturen effektiver als von außen vorgegebene sind. Gewinn- und Kapitalbeteiligung sind als Entlohnungssystem flexibler als fixe Löhne und können die unter Umständen destruktive Bargaining-Situationen zwischen Betriebsrat und Unternehmensführung entschärfen.

Es muß natürlich darauf hingewiesen werden, daß alle Ergebnisse auf der Basis der heute zu beobachtenden industriellen Beziehungen gemessen werden. Eine Mitarbeiterbeteiligung kann sich unter der exogen vorgegebenen Restriktion Betriebsrat sowohl für den Unternehmer als auch für die Arbeitnehmer positiv auswirken. Würde nun z. B. der Betriebsrat und eine gewerkschaftliche Organisation gesetzlich verboten, könnten die Unternehmer eine Rückkehr zur Ausbeutung der Beschäftigten und eine Abkehr von der Partizipation als vorteilhaft betrachten, wenn die Situation am Arbeitsmarkt dies erlauben würde. Als Resultat könnte sich der Gewinnanteil der Kapitaleigner erhöhen, obwohl eine verringerte Leistung insgesamt zu befürchten wäre. Unsere Re-

[10] Vgl. FitzRoy/Kraft (1985c).

gressionen können nicht untersuchen, wie sich Unternehmer und Arbeitnehmer unter anderen Rahmenbedingungen verhalten.
Die Ergebnisse der anderen Variablen entsprechen den Erwartungen. Ausgaben für Weiterbildung wirken sich produktivitätserhöhend aus. Dieses an sich naheliegende Ergebnis wurde in anderen Untersuchungen bislang – vermutlich wegen Problemen der Datengewinnung – unseres Wissens nach nicht nachgewiesen. Die Anzahl der Arbeiterstunden und die Anzahl der Angestellten sind beide hochsignifikant.

Die EBM-Branche zeigt eine höhere Produktivität als die in der Konstanten erfaßten Unternehmen aus der Metallerzeugung und -verarbeitung. Ebenso erweist sich die Verwendung einer „mittleren Technologie“ als produktivitätssteigernd. Eine höhere Produktivität wird auch von Unternehmen erzielt, die hohe Gehaltszahlungen im Vergleich in den Lohnzahlungen aufweisen. Die Zeitvariable gibt an, daß die Produktivität im Jahre 1977 unter derjenigen von 1979 liegt. Dies kann auch einen Inflationseffekt wiedergeben.

4. Die Auswirkungen auf die Lohnhöhe

4.1 Überprüfbare Hypothesen

Aus der Diskussion über die Auswirkungen einer gewerkschaftlichen Organisierung, des Betriebsrates und der Mitarbeiterbeteiligung wird klar, daß sich auch Hypothesen über die Entlohnung der Mitarbeiter ergeben. Die „Monopoltheorie“ zur Wirkung von gewerkschaftlicher Organisation hat die einfache und klare Hypothese, daß die Arbeitnehmer durch kollektiven Zusammenschluß hohe Lohnzahlungen erkämpfen. Bei der exit-voice-Theorie von Freeman und Medoff (1984) werden ebenfalls Lohnsteigerungen bei gewerkschaftlicher Organisation prognostiziert; diese höhere Entlohnung „verdienen“ die Beschäftigten aber auch durch ihre höhere Produktivität. Dieser Produktivitätseffekt wird bei der „Monopoltheorie“ verneint. Die dritte dargestellte Theorie zur gewerkschaftlichen Organisation erklärt einen hohen Organisationsgrad aus dem ausgeübten Leistungsdruck durch das Management. Die Arbeitnehmer reagieren mit einem Zusammenschluß gegen eine übermäßige Arbeitsbelastung und versuchen, Lohnerhöhungen als Ausgleich für die unangenehmen Arbeitsbedingungen zu erzielen. Allen drei Theorien ist gemeinsam, daß in einer Regression zur Erklärung der Lohnhöhe ein positives Vorzeichen bei der Variable gewerkschaftlicher Organisationsgrad vorhergesagt wird.

Bei der Betriebsratsvariable sind ebenfalls bei einem positiven Vorzeichen mehrere Erklärungen möglich. Die „Monopoltheorie" sagt ein positives Vorzeichen voraus, da die Bargaining-Macht verstärkt wird. Die exit-voice-Theorie wird ebenfalls ein positives Vorzeichen erwarten lassen. Falls der Betriebsrat nicht die Kommunikation verbessert und der „Monopoleffekt" nicht zum Tragen kommt, wird ein insignifikantes oder negatives Vorzeichen das Ergebnis sein. Die „Management-Druck"-Theorie wird auch ein positives Vorzeichen vorhersagen, da der Betriebsrat versuchen wird, für unangenehme Arbeitsbedingungen (und eine hohe Produktivität) ein Lohndifferential durchzusetzen. Eine Tendenz gegen hohe Löhne bei der Existenz eines Betriebsrates besteht jedoch in dem Versuch des Managements, Beschäftigte von der Einrichtung eines Betriebsrates abzuhalten. Um seine Freiheit zu bewahren, kann ein rationales Management hohe Löhne bezahlen, um so der Belegschaft keinen Anlaß für das Verlangen nach einem Betriebsrat zu geben.[11]

In bezug auf die Mitarbeiterbeteiligung wird teilweise die These vertreten, daß diese Formen der Entlohnung lediglich ein raffiniertes Instrument der Ausbeutung sind. Falls die Beschäftigten an der höheren Produktivität nicht beteiligt werden, kann eine Gewinn- und Kapitalbeteiligung eine negative Auswirkung auf die Lohnhöhe haben. Materielle Partizipation wäre in diesem Falle nur eine Alternative zu Lohnzahlungen und keine Ergänzung. Die teilweise ablehnende Haltung der Gewerkschaften zur Mitarbeiterbeteiligung wäre dann verständlich. Wenn aber – wie hier angenommen wird – eine partizipative Organisation die Leistungsfähigkeit erhöht, so besteht kein Grund, die Arbeitnehmer nicht auch an der Mehrleistung zu beteiligen. Es fällt schwer zu glauben, daß sich die Beschäftigten längerfristig zu einer höheren Leistung bewegen lassen, ohne auch ein insgesamt höheres Entgelt zu erhalten.

[11] In FitzRoy/Kraft (1985b) wird die Beziehung zwischen gewerkschaftlicher Organisation, Betriebsrat und Entlohnung ausführlicher diskutiert. Insbesondere wird auch die Auswirkung von gewerkschaftlicher Organisation und dem Betriebsrat auf die Gehälter theoretisch und empirisch untersucht. Für die Management-Druck-Theorie spricht ein starker positiver Zusammenhang zwischen der Höhe der Gehälter und dem gewerkschaftlichen Organisationsgrad und ein negativer Effekt des Betriebsrates auf die Gehälter.

4.2 Empirische Ergebnisse zur Lohnhöhe

Die Ergebnisse einer WLS-Regression zur Erklärung der Lohnhöhe finden sich in Tabelle 3. Zur Bereinigung von Heteroskedastizität wird die Schätzung mit der gewichteten Kleinst-Quadrate-Methode (WLS) durchgeführt. Als abhängige Variable wird der Stundenlohn pro Arbeiter verwendet. Alle stetigen Variablen außer der Gewinn- und Kapitalbeteiligung sind in logarithmischer Form gemessen. Die Variable GEW hat einen positiv signifikanten Einfluß auf die Lohnhöhe. Die Existenz eines Betriebsrates reduziert jedoch die Lohnhöhe. In bezug auf die Überprüfung der in Abschnitt 4.1 skizzierten Theorien erhalten wir ein negatives Ergebnis. Die Monopol-, die „voice"- und die Management-Druck-Theorien werden durch das negative Zeichen der Betrat-Variable als unzutreffend abgelehnt. Der Zusammenhang zwischen gewerkschaftlicher Organisation, der Existenz eines Betriebsrates und der Lohnhöhe

Tab. 3 WLS-Schätzung der Lohnhöhe

Konstante	1,09 (2,72)**	Gebe	0,002 (0,38)
ID 2	0,19 (2,28)**	Herf	– 0,01 (– 0,68)
ID 3	0,11 (1,18)	Exp	0,07 (2,72)**
Betrat	– 0,12 (– 1,75)*	Größe	– 0,04 (– 1,80)*
Train	0,06 (0,97)	Anang	– 0,68 (– 2,06)**
Zeit	– 0,13 (– 3,50)**	Unqual	– 0,01 (– 0,19)
Gew	0,09 (3,96)**	Kabe	2,06 (2,40)**
Einzel	– 0,07 (– 1,45)	CTOP	– 0,005 (– 0,11)
Fluq	0,04 (0,49)	R^2	0,51
Fluun	– 0,04 (– 0,55)	t-Werte in Klammern	
Mann	0,26 (3,52)**	* signifikant auf dem 10%-Niveau (zweiseitiger Test)	
Kapin	0,03 (0,78)	** signifikant auf dem 5%-Niveau (zweiseitiger Test)	

ist nicht leicht zu entwirren. Die – unserer Meinung nach – plausibelste Theorie ist diejenige, daß der Betriebsrat nicht die Kooperation zwischen Arbeitgeber und Arbeitnehmer fördert. Die Unternehmensleitung möchte die Einrichtung eines Betriebsrates verhindern, um den Auseinandersetzungen mit dieser Institution aus dem Wege zu gehen. Die „Nachfrage" der Beschäftigten nach einem Betriebsrat wird um so geringer sein, je höher die Löhne und je besser die Arbeitsbedingungen sind. Bei einer guten Entlohnung besteht kein Grund, mit einem Vertretungsorgan Nachbesserungen zu vereinbarten Lohnsätzen zu erkämpfen. Die Arbeitnehmer erkennen ihre im Vergleich zu anderen Unternehmen relativ gute Versorgung und verzichten auf die Einrichtung eines Betriebsrates. Das Management und die Kapitaleigner wiederum bezahlen ihre Handlungsfreiheit ohne die Mitspracherechte des Betriebsrates mit den höheren Lohnzahlungen. Die Unabhängigkeit der Geschäftsleitung hat ihren Preis in der Form des Arbeitnehmerentgelts. Da der Betriebsrat nicht die Produktivität erhöht – wie in Abschnitt 3.4 gezeigt wird –, ist der „Preis" für das Fernhalten des Betriebsrates nicht zu hoch.[12]

Eine Reihe von weiteren interessanten Ergebnissen können vermerkt werden. Erwartungsgemäß erhalten Männer einen höheren Lohn als Frauen, was durch den positiven Koeffizienten der Variable Mann gezeigt wird. Der negative Koeffizient der Zeit-Variable gibt an, daß die Löhne 1977 signifikant geringer als 1979 waren. Dies ist ein naheliegendes Resultat.

Die Variable Exp, die den Anteil der exportierten Produktion ausdrückt, hat ein signifikant positives Vorzeichen. Dies deutet darauf hin, daß diese Variable die Qualifikationsstruktur der Arbeitnehmer mißt. Deutsche Produkte setzen sich im internationalen Handel durch ihren technologischen Vorsprung durch. Deshalb werden Unternehmen mit einem hohen Exportanteil Beschäftigte mit einem hohen Humankapital anstellen. Die gut qualifizierten Beschäftigten werden auch höhere Löhne verlangen können als Arbeitnehmer in anderen Unternehmen.

Im Unterschied zu amerikanischen Untersuchungen wird hier ein negativer Einfluß der Unternehmensgröße auf die Lohnhöhe festgestellt. Da in unserem

[12] Simultane Schätzungen in FitzRoy/Kraft (1985b) mit den endogenen Variablen Löhne, Gehälter, gewerkschaftlicher Organisationsgrad und Rentabilität ergeben qualitativ dieselben Ergebnisse wie die hier präsentierte OLS-Regression. Interessant ist, daß der gewerkschaftliche Organisationgrad mit Löhnen, Gehältern und der Rendite positiv korreliert, der Betriebsrat jedoch negativ korreliert ist. Dies spricht klar gegen die voice-Theorie von Freeman und Medoff.

Sample jedoch die großen Aktiengesellschaften nicht berücksichtigt sind, könnte sich dieses Ergebnis bei einem anderen Sample verändern. Es erweist sich, daß Arbeiter in der EBM-Branche höher entlohnt werden als in anderen Bereichen.

Es zeigt sich auch, daß Gewinn- oder Kapitalbeteiligung nicht als Alternative zu Lohnzahlungen benutzt werden. Eine Kapitalbeteiligung wirkt sich im Gegenteil sogar positiv auf die Höhe der Lohnzahlungen aus. Die Mitarbeiterbeteiligung erhöht die Produktivität, und damit wäre eine konstante Entlohnung der Beschäftigten ungerecht. Eine Politik, die Arbeitnehmer nicht auch an den zusätzlichen Erlösen beteiligt, wird langfristig zu einem Verschwinden der höheren Leistung führen. Die Befürchtung der Gewerkschaften, daß Mitarbeiterbeteiligung als ein Instrument der Ausbeutung der Beschäftigten benutzt werden kann, findet hier keine Bestätigung.

5. Schlußbemerkung

Das Ziel unserer empirischen Studie ist eine Analyse der Auswirkungen verschiedener Formen der Arbeitgeber-Arbeitnehmerkooperation auf die Produktivität und die Entlohnung. Dies soll auf der Grundlage von vor allem in angelsächsischen Ländern entwickelten Theorien zu den Auswirkungen einer gewerkschaftlichen Interessenvertretung und den spezifischen deutschen Institutionen geschehen. Ein zentraler Punkt ist die These, daß eine Aussprache über Konflikte (voice) die Leistungsfähigkeit erhöhen kann. Unsere Untersuchung unterstützt diese Theorie, kann aber keinen Anhaltspunkt dafür finden, daß eine von außen vorgegebene Institution wie der Betriebsrat eine effiziente Form der Arbeitgeber-Arbeitnehmerkooperation ist. Diese Aussage bedarf jedoch einiger Einschränkungen. Es ist unserer Meinung nach durchaus möglich, daß ein externer Anstoß zur Kommunikation in schlecht geführten Unternehmen die Leistungsfähigkeit verbessert. Offensichtlich ist die Mehrzahl der in unsere Untersuchung eingehenden Firmen in dieser Hinsicht gut geleitet. Ein zweiter Punkt betrifft die gesellschaftliche Wohlfahrt. Das Betriebsverfassungsgesetz und der Betriebsrat sind zum Schutz der Beschäftigten eingerichtet worden. Bei Gültigkeit der Management-Druck-Theorie wird die Belegschaft in der Ausgangssituation durch schlechte Arbeitsbedingungen wie hohes Arbeitstempo belastet. Die Einrichtung eines Betriebsrates kann nun diese Belastungen verringern helfen. Als eine Folge wird die Produktivität sinken. Gesellschaftliche Wohlfahrt ist jedoch mehr als Produktivität. Gesundheitszustand und Schutz vor Ausbeutung sind auch Werte einer Gesellschaft, die jedoch nicht bei der Messung des Bruttosozialproduktes erfaßt werden. Eine Senkung der Produktivität durch eine Reduzierung von Arbeitsdruck und -intensität muß nicht die gesellschaftliche Wohlfahrt insgesamt reduzieren. Das Betriebsverfassungsgesetz kann seine Kosten haben, denen auch Erlöse in nicht-monetären Kategorien gegenüberstehen mögen.

Aufgrund dieses Ergebnisses sind wir auch skeptisch in bezug auf die Aussagekraft der in den USA nachgewiesenen positiven Korrelation zwischen einer gewerkschaftlichen Organisation und der Produktivität. Ein positives Vorzeichen in einer Regression kann nichts über die Kausalitätsfrage aussagen, welche Variable welche Größe beeinflußt. Brown und Medoff (1978), Freeman und Medoff (1984) und Clark (1980) sehen in diesen Ergebnissen empirische Evidenz für die These der produktivitätssteigernden Wirkung der Gewerkschaften. Es ist aber auch möglich, daß sich Gewerkschaftsmitglieder besonders zahlreich in produktiven Unternehmen finden lassen, da sich dort höhere Löhne aufgrund von Kampfmaßnahmen erzielen lassen.

In anderen Arbeiten wird auch ein direkter Test der exit-voice-Theorie vorgenommen (Kraft 1984, 1986). Hierbei kann bestätigt werden, daß Mitsprachemöglichkeiten der Beschäftigten die Fluktuationsneigung reduzieren; es zeigt sich, daß weder der gewerkschaftliche Organisationsgrad noch die Existenz eines Betriebsrates die Fluktuationsrate beeinflussen.

Literatur

Addison, J. T., und K. Gerlach (1983): Gewerkschaften und Produktivität: Fehlallokation von Ressourcen oder Produktivitätssteigerung. *Zeitschrift für die gesamte Staatswissenschaft* 139, S. 215–228.

Backhaus, J., und H. G. Nutzinger (1982): *Eigentumsrechte und Partizipation*. Frankfurt/M.: Verlag Haag und Herchen.

Brown, C., und J. Medoff (1978): Trade Unions in the Production Process. *Journal of Political Economy* 46, no. 3.

Clark, K. B. (1980): Unionization and Productivity. *Quarterly Journal of Economics* 94, S. 613-639.

Clark, K. B. (1984): Unionization and Firm Performance. *American Economic Review* 74, S. 893–919.

Farber, H. S., und D. H. Saks (1980): Why Workers Want Unions: The Role of Relative Wages and Job Characteristics. *Journal of Political Economy* 88, S. 349–369.

FitzRoy, F. R., und K. Kraft (1985a): Mitarbeiterbeteiligung und Produktivität: Eine ökonometrische Untersuchung. *Zeitschrift für Betriebswirtschaft*, 55, S. 21–36.

FitzRoy, F. R., und K. Kraft (1985b): Wages, Unions and Profits: Evidence From the West German Metal Industry. *Kyklos*, 38, S. 537–554.

FitzRoy, F. R, und K. Kraft (1985c). Efficiency and Internal Organization: Works Councils in West German Firms. Mimeo, Berlin: IIMV/SP.

FitzRoy, F. R., und K. Kraft (1985d): Cooperation, Productivity and Profit-Sharing. Erscheint im *Quarterly Journal of Economics*.

FitzRoy, F. R., und K. Kraft (1985e): Profitability and Profit-Sharing. Erscheint im *Journal of Industrial Economics*.

Freeman, R. B., und J. L. Medoff (1984): *What do Unions Do?* Basic Books.

Holmstrom, B. (1982): Moral Hazard in Teams. *Bell Journal of Economics 13*, S. 324–340.

Kirsch, W., und W. Scholl (1983): Was bringt die Mitbestimmung: Eine Gefährdung der Handlungsfähigkeit und/oder Nutzen für die Arbeitnehmer? *Die Betriebswirtschaft* 43, S. 541–562.

Kraft, K. (1984): *Partizipation und interner Arbeitsmarkt, Wechselwirkungen von Humankapital und Mitarbeiterbeteiligung*. Frankfurt/M.: Campus Verlag.

Kraft, K. (1986): The Impact of „Voice“, Human Capital and Working Conditions on Quits of Unskilled Workers. Erscheint in der *Zeitschrift für die gesamte Staatswissenschaft*.

McCain, R. A. (1980): A Theory of Co-Determination. *Zeitschrift für Nationalökonomie* 40, S. 65–90.

Neumann, M., I. Böbel, und A. Haid (1980): Marktmacht, Gewerkschaften und Lohnhöhe in der Industrie der Bundesrepublik Deutschland. *Kyklos* 33, S. 230–45.

Neumann, M., I. Böbel, und A. Haid (1981): Market Structure and the Labour Market in West German Industries – A Contribution Towards Interpreting the Structure – Performance Relationship. *Zeitschrift für Nationalökonomie* 41, S. 97–109.

Pejovich, S. (1978): *The Co-Determination Movement in the West*. Lexington: Lexington Books.

Steinmann, H., W. Fees, und E. Gerum (1984): Multinationale Unternehmen und Mitbestimmung. *Zeitschrift für Betriebswirtschaft* 54. Jg., S. 368–387.

Williamson, O. E. (1980): The Organization of Work: A Comparative Institutional Assessment. *Journal of Economic Behaviour and Organization* 1, S. 5–38.

Witte, E. (1982): Das Einflußsystem der Unternehmung in den Jahren 1976 und 1981. Empirische Befunde im Vergleich. *Schmalenbachs Zeitschrift für betriebswirtschaftliche Forschung* 33, S. 273–296.

VIII. Mitbestimmung in zeitlicher Perspektive Ergebnisse einer Fallstudie in einem Großbetrieb der Automobilindustrie

Hans G. Nutzinger, Ulrich Schasse und Volker Teichert

1. Einleitung

Die empirische Mitbestimmungsforschung in der Bundesrepublik Deutschland hat sich bisher fast ausnahmslos auf die Untersuchung einzelner *Zeitpunkte* konzentriert und dabei Veränderungen der Mitbestimmungspraxis im Zeitablauf weitgehend außer acht gelassen. Dies gilt sowohl für theoretische Überlegungen und Sekundärauswertungen wie auch für die rund 50 Primärerhebungen zur Praxis der Mitbestimmung auf Betriebs- und Unternehmensebene, die in ihrer überwiegenden Mehrzahl als Fallstudien in einzelnen oder wenigen Industriebetrieben entstanden sind.[1] Wie dies auch für unsere eigene, im folgenden dargestellte Untersuchung gilt, befassen sie sich fast alle mit Einschätzungen der Mitbestimmung durch die beteiligten Akteure, also die betriebliche Interessenvertretung der Arbeitnehmer (Betriebsräte, Vertrauensleute, Arbeitsdirektoren), durch das Management, die Vertreter von Arbeitgebern und Gewerkschaften und, wenn auch nur zum Teil, durch die Belegschaften selbst.

In dem von uns durchgeführten Forschungsprojekt in einem nordhessischen Großbetrieb der Automobilindustrie wurden erstmals systematisch vergleichende Befunde vorgelegt, die zu zwei verschiedenen Zeitpunkten erhoben wurden, und zwar im Jahre 1975 vor Verabschiedung des Mitbestimmungsgesetzes und 1981, knapp fünf Jahre nach dessen gesetzlichem und drei Jahre nach dessen praktischem Inkrafttreten.[2]

[1] Vgl. dazu u. a. Pirker u. a. (1955); Neuloh (1960); Popitz/Bahrdt (1957); Kotthoff (1981); Kirsch u. a. (1984). – Zu einer Gesamtübersicht über das Forschungsfeld siehe Diefenbacher (1983).

[2] Zur ausführlichen Darstellung des Forschungsprojektes siehe Diefenbacher/Kißler/Nutzinger/Teichert (1984).

1975 wurde die Belegschaft des Betriebes erstmals nach ihrem Wissen, nach ihren Informationsmöglichkeiten, ihrer Einstellung und ihrem Interesse hinsichtlich der Mitbestimmung befragt (vgl. Georg/Kißler/Scholten 1981). Diese vier Dimensionen bildeten auch im Jahre 1981 die Grundlage für unsere Nachfolgeuntersuchung, in der mögliche Auswirkungen des Mitbestimmungsgesetzes von 1976 und der Praxis des Betriebsverfassungsgesetzes von 1972 auf die Belegschaft, die betriebliche Interessenvertretung und das Management aufgezeigt werden sollten.

Obwohl die Ergebnisse unserer Fallstudie sicherlich nicht ohne weiteres verallgemeinert werden können, so geben sie doch einen Einblick in die herrschende Mitbestimmungspraxis (in einem einzelnen Betrieb und, mit Einschränkungen, in einem Großunternehmen), die Bestandteil jener umfassenderen Realität ist, die den Gegenstand der Mitbestimmungsforschung bildet. Dies gilt besonders dann, wenn auf Basis dieser Forschung in der Mitbestimmungsdiskussion wissenschaftlich begründete Forderungen, etwa nach einem Ausbau der Mitbestimmung oder der Einführung betrieblicher Gewinn- und Vermögensbeteiligung, erhoben werden (sollen).

In den folgenden Abschnitten werden zunächst das konkrete Forschungsobjekt (Sample) und die verwendeten Methoden vorgestellt, danach werden einzelne Ergebnisse des Querschnittsvergleichs von 1981 (zwischen Stamm- und Randbelegschaft) erörtert. Im vierten Teil werden diese Befunde dann wenigstens teilweise mit den entsprechenden Ergebnissen der Erstbefragung von 1975 verglichen. Zum Schluß werden einige Überlegungen zur Praxis und Forschung der Mitbestimmung angestellt.

2. Forschungsmethoden und Forschungssample

Wegen des angestrebten zeitlichen Vergleichs wurden in der von uns durchgeführten Nachfolgebefragung des Jahres 1981 grundsätzlich dieselben Forschungsmethoden wie 1975 benutzt. Bei 160 Beschäftigten wurden mit Hilfe eines halboffenen Fragebogens etwa einstündige *standardisierte Interviews* durchgeführt; dabei gelang es, von 146 bereits 1975 befragten Arbeitnehmern wiederum 102 Teilnehmer für die Interviews zu gewinnen. Die Ausfälle beruhen teils auf Fluktuation, teils auf Krankheit oder Urlaub der Arbeitnehmer im Untersuchungszeitraum; nur zwei Teilnehmer der Befragung von 1975 lehnten ausdrücklich die Teilnahme an unserer Wiederholungsuntersuchung ab. Der Kreis der Befragten wurde gegenüber der Untersuchung von 1975, in die nur männliche deutsche Arbeitnehmer einbezogen waren, im Jahre 1981 erweitert: Neben weiteren 39 zufällig ausgewählten männlichen deutschen Arbeitnehmern wurden auch zusätzlich 10 weibliche und 9 ausländische Arbeitnehmer in die standardisierten Interviews mit aufgenommen. Die Zusammensetzung der Teilnehmer in den standardisierten Interviews entsprach weitgehend der Zusammensetzung der Grundgesamtheit.

Um die Vergleichbarkeit der Ergebnisse von 1975 und 1981 zu sichern, wurden die Fragestellungen der standardisierten Interviews und die zugrunde gelegten Forschungsdimensionen – Wissen, Information, Einstellung und Interesse – grundsätzlich beibehalten. Zusätzlich aufgenommen wurden detaillierte Fragestellungen zum Verlauf der Erwerbsbiographie vor Eintritt in den untersuchten Betrieb, um die befragten Arbeitnehmer nicht nur anhand ihrer derzeitigen Stellung im Betrieb und den damit verbundenen Arbeitsbedingungen sowie ihren Persönlichkeitsmerkmalen zu beschreiben, sondern auch unter Berücksichtigung ihrer gesamten Erfahrungen im Erwerbsleben.[3]

Ergänzt wurden diese standardisierten Interviews durch die Aufzeichnung und Auswertung von zehn *Gruppendiskussionen* mit Mitgliedern verschiedener Funktionsgruppen sowie durch vierzehn *Tiefeninterviews*, die einzelnen Beschäftigten und Funktionsträgern die Möglichkeit gaben, ihre eigenen Probleme und ihr individuelles Erleben der Arbeits- und Produktionsbedingungen darzustellen und zu erörtern.[4] Auch hier wurden in Erweiterung des For-

[3] Eine genauere Auswertung der biographischen Daten geben wir in Diefenbacher/Kißler/Nutzinger/Teichert (1984: 89 ff.). Darin zeigen wir, daß sich bei einem Teil der Beschäftigten eine relativ „kontinuierliche" Erwerbsbiographie feststellen läßt, d. h. der Ausbildungsphase in einem kleineren oder mittleren Betrieb (bis zu 500 Beschäftigte) folgt alsbald der Übertritt in den untersuchten Großbetrieb, in dem allerdings der erlernte Beruf in aller Regel nicht mehr ausgeübt wird. Ein anderer Teil der Belegschaft weist hingegen eine eher „diskontinuierliche" Biographie auf: Vor Eintritt in den Großbetrieb haben diese Beschäftigten häufiger den Arbeitsplatz gewechselt, und dabei haben sich auch oft ihre Tätigkeiten verändert. Für die Unterbrechungen der Erwerbstätigkeit waren etwa Arbeitslosigkeit, Erziehung von Kindern und Krankheit verantwortlich.

[4] Im einzelnen wurden folgende Diskussionsgruppen gebildet: weibliche Arbeitnehmer, Preßwerker, Betriebsräte, Vertrauensleute, Mitglieder des Christlichen Metallarbeiter Verbandes (CMV), Facharbeiter, technische Angestellte, Auszubildende, ausländische Arbeiter, Bandarbeiter. Bei den Tiefeninterviews wurden Beschäftigte folgender Bereiche oder Funktionen befragt: ein Auszubildender, eine Verwaltungsange-

schungssamples von 1975 weibliche und ausländische Arbeitnehmer sowie Auszubildende in die Untersuchung mit einbezogen.

Diese Erweiterung des Kreises der Befragten um weibliche, ausländische und jugendliche Arbeitnehmer erlaubte uns auch eine Untersuchung der Frage, ob es Anzeichen für eine Gliederung (Segmentation) der Belegschaft in eine Stamm- und eine Randbelegschaft gibt und welche Konsequenzen dies für die Einbindung der einzelnen Belegschaftssegmente in das System der betrieblichen Interessenvertretung hat.

3. Die Untersuchungsergebnisse von 1981 im Querschnittsvergleich

3.1 Hinweise auf eine Gliederung in Stamm- und Randbelegschaft

Die Ausweitung des befragten Kreises auf die Gesamtbelegschaft zeigt deutliche Anzeichen für eine Gliederung in eine relativ stark in die Mitbestimmung eingebundene Stammbelegschaft (typischerweise männliche deutsche Arbeitnehmer in mittlerem und höherem Alter, in der Regel zwischen 35 und 55 Jahren, mit einer Betriebszugehörigkeit von mehr als 10 Jahren) und eine in sich selbst sehr heterogene, weniger stark in die Mitbestimmung einbezogene Randbelegschaft (vor allem ausländische, weibliche und jüngere Arbeitneh-

Tab. 1a: Zusammensetzung des Betriebsrates im untersuchten Unternehmen

	Betriebsrat 1984		Betriebsrat 1981	
	absolut	in vH	absolut	in vH
männlich dt.	33	89,2	33	89,2
weiblich dt.	2	5,4	2	5,4
männlich ausl.	2	5,4	2	5,4
Gesamt	37	100,0	37	100,0

stellte, ein ausländischer Arbeitnehmer, ein Betriebsratsmitglied, ein männliches und ein weibliches Mitglied des Vertrauensleutekörpers, ein Meister, ein Vorarbeiter (= Vizemeister), zwei Arbeitnehmer aus der Produktion sowie ein Verbindungsmann, der den Kontakt zwischen der Produktplanung und der Entwicklung herstellt. Hinzu kamen nichtleitfadengebundene Tiefeninterviews mit dem Betriebsratsvorsitzenden, dem Leiter des Getriebebaus und dem Leiter der Personalabteilung.

Tab. 1b: Altersstruktur des Betriebsrates

	Betriebsrat 1984		Betriebsrat 1981	
	absolut	in vH	absolut	in vH
unter 25 Jahren	–	–	–	–
25 bis 34 Jahre	1	2,7	–	–
35 bis 44 Jahre	18	48,6	16	43,2
45 bis 54 Jahre	15	40,5	15	40,5
über 55 Jahre	3	8,1	6	16,2
Gesamt	37	100,0	37	100,0

mer), die außerdem im Betriebsrat nur mangelhaft vertreten ist (vgl. Tabellen 1a, 1b). Die Zusammensetzung des Betriebsrats hinsichtlich Geschlecht, Nationalität und Alter weicht zugunsten der Stammbelegschaft signifikant von der Zusammensetzung der Gesamtbelegschaft ab. Dafür, daß der Betriebsrat von diesem Belegschaftssegment getragen wird, gibt es mehrere Gründe:

- Ältere Arbeitnehmer mit längerer Betriebszugehörigkeit sehen kaum noch eine Möglichkeit, außerhalb des Betriebes einen entsprechenden Arbeitsplatz zu erhalten. Ihre „exit option" („Abwanderungsmöglichkeit") schwindet. Ihr demzufolge verstärktes Interesse an Bestand und Qualität ihres Arbeitsplatzes äußert sich dann in einer verstärkten Unterstützung der betrieblichen Interessenvertretung: Die „voice option" („Widerspruchsmöglichkeit") gewinnt an Bedeutung.[5]
- Vor allem die jugendlichen Arbeitnehmer sind nicht unbedingt bereit, nach Ende ihrer Ausbildung auf die Möglichkeit des innerbetrieblichen Aufstiegs zu warten, wenn ihnen eine entsprechende Beschäftigung in einem anderen Betrieb geboten wird oder eine Weiterqualifizierung im öffentlichen Bildungssystem möglich ist.
- Weibliche Arbeitnehmer haben oftmals keine innerbetrieblichen Aufstiegsmöglichkeiten, vor allem wegen der in diesem Betrieb meist fest umrissenen Frauenarbeitsplätze (z. B. einfachste Hand- und Bandarbeiten im Verpackungsbereich oder im Lager). Auch bei der Lohngruppenverteilung fühlen sich die Frauen schlechter gestellt als ihre männlichen Kollegen.
- Viele ausländische Arbeitnehmer sind noch stark von der zumindest gedanklichen Alternative geprägt, in absehbarer Zeit in ihre Heimatländer zurück-

[5] Zu den Begriffen „voice option" und „exit option" vgl. Hirschman (1970).

zukehren. Dieser subjektiven Wahrnehmung entsprechen auch objektive Befunde: Überproportionale Schwankungen in der Beschäftigungsentwicklung der ausländischen Arbeitnehmer des Betriebes deuten auf eine erhöhte Unsicherheit ihrer Arbeitsplätze hin.

Die drei letztgenannten Gründe sind wohl vor allem dafür verantwortlich, daß in den Gruppen der jüngeren, weiblichen und ausländischen Arbeitnehmer die „exit option" eine besondere Bedeutung erhält, während die „voice option" – also auch ein verstärktes Interesse an der betrieblichen Arbeitnehmervertretung – angesichts geringerer Einbindung in und Identifizierung mit dem Betrieb an Gewicht verliert.

Die aufgeführten personenbezogenen Kriterien zur Bestimmung von Stamm- und Randbelegschaft (Nationalität, Geschlecht, Alter und Dauer der Betriebszugehörigkeit) dürfen jedoch nicht so ausgelegt werden, als gebe es starre Grenzen zwischen den beiden Belegschaftsteilen. Andere hier nicht berücksichtigte Merkmale (z. B. Fehlzeiten, Art des Arbeitsplatzes, Betriebsloyalität) lassen den Übergang vielmehr fließend erscheinen. Die Unterschiede sind also eher graduell: Die individuelle Wahrnehmung der „voice option" wird auch für den Stammarbeiter dadurch eingeschränkt, daß er nicht allzu negativ auffallen darf, und umgekehrt sind die Mitglieder der Randbelegschaft nicht so mobil, daß für sie die Wahrnehmung der „exit option" die tägliche Entscheidungsalternative ist. Mit der Gliederung in eine Stamm- und Randbelegschaft haben wir vielmehr versucht, betriebliche und unternehmensbezogene Mitbestimmung auch unter dem Gesichtspunkt der Theorie segmentierter Arbeitsmärkte zu betrachten. Unsere Überlegungen können gegenwärtig nur vorläufiger Natur sein, nicht zuletzt deswegen, weil von einer Fallstudie noch nicht auf die Gesamtheit aller industriellen Großunternehmen geschlossen werden kann. Gleichwohl zeigen die Ergebnisse unserer Untersuchung von 1981 durchaus Anzeichen für eine unterschiedliche Rezeption der Mitbestimmung in den beiden Belegschaftssegmenten.

In einer zweiten von uns durchgeführten Untersuchung in einem Betrieb der elektrotechnischen Industrie wird der Zusammenhang von betrieblicher Interessenvertretung und Mitbestimmung mit der Existenz von Segmentationslinien im Betrieb noch genauer untersucht werden.[6] Dabei bleiben Forschungsansatz und -methoden im Vergleich zu der hier präsentierten Untersuchung im wesentlichen unverändert, so daß auch ein Vergleich zwischen zwei verschiedenen Betrieben durchgeführt werden kann.

[6] Siehe dazu Nutzinger/Schasse/Teichert (1986).

3.2 Das Wissen über Mitbestimmungsmöglichkeiten

Standardisierte Interviews, Gruppendiskussionen und Tiefeninterviews zeigen ein breites Spektrum von Vorstellungen und Ansprüchen, welche die Arbeitnehmer mit dem Begriff Mitbestimmung verknüpfen. Sie reichen von Mitbestimmung am Arbeitsplatz über mitzubestimmende Arbeitsbereiche, Mitbestimmungsträger und -gesetze bis hin zur Idee einer allgemeinen gesellschaftlichen Mitbestimmung. Am häufigsten genannt wurden solche Vorstellungen, die den Anspruch der Arbeitnehmer auf Gehör, Mitentscheidung und Mitverantwortung hervorheben, oder die Mitbestimmung als Gegenmacht oder gar als Weg zur Selbstverwaltung verstehen.

Obwohl zwischen der ersten Untersuchung und unserer jetzt durchgeführten Befragung das Mitbestimmungsgesetz von 1976 in Kraft trat und seit etwa 1978 praktiziert wurde, ergeben sich im Mitbestimmungswissen der Arbeitnehmer keine gravierenden Unterschiede im Vergleich zur Untersuchung von 1975; dies hängt zweifellos auch mit den geringen *unmittelbaren* Wirkungen des Gesetzes auf Betriebsebene zusammen: Im untersuchten Betrieb war auch schon nach der früheren drittelparitätischen Regelung der Betriebsratsvorsitzende Aufsichtsratsmitglied der Arbeitnehmerseite. Dagegen bestehen weiterhin erhebliche Unterschiede im Mitbestimmungswissen zwischen einzelnen Beschäftigtengruppen: Während für die un- und angelernten Arbeiter die erweiterte Teilnahme von Arbeitnehmervertretern im Aufsichtsrat weitgehend abgehoben – weil annonym – verläuft, fällt es selbst qualifizierten Facharbeitern und Vertrauensleuten schwer, detaillierte Erläuterungen zur Mitbestimmung im Aufsichtsrat zu geben, obwohl sie deren Bedeutung für eine mögliche Veränderung betrieblicher Strukturen durchaus sehen.

Betriebliche Mitbestimmung wird von den un- und angelernten Arbeitern vor allem mit Erfolgen des Betriebsrats verbunden; dagegen kann der Begriff der betrieblichen Mitbestimmung selbst nur mit Schwierigkeiten eingeordnet und umschrieben werden. Dieser Befund wird unmittelbar in Tabelle 2 offensichtlich:

Dies zeigt, daß für den Großteil der Belegschaft Mitbestimmungswissen kein abstrakter und abrufbarer Wissensschatz ist, sondern eine Sammlung instrumenteller, „praktischer", auf die eigene Arbeitssituation bezogener Kenntnisse. Dies gilt auch für viele Facharbeiter.

Selbst die Vertrauensleute hatten Schwierigkeiten, die durch das Betriebsverfassungsgesetz verankerten Rechte des Betriebsrates in einen Zusammenhang

Tab. 2: Gibt es eigentlich bei uns schon so etwas wie eine Mitbestimmung der Arbeitnehmer in den Betrieben?

	Stammbelegschaft		Randbelegschaft		Gesamt	
	abs.	in vH	abs.	in vH	abs.	in vH
keine Angaben	1 (1)	1,0 (1,5)	1	1,7	2	1,3
ja	54 (40)	53,5 (59,7)	33	55,9	87	54,4
nein	33 (19)	32,7 (28,4)	16	27,1	49	30,6
weiß nicht	13 (7)	12,9 (10,4)	9	15,3	22	13,8
Gesamt	101 (67)	100,0 (100,0)	59	100,0	160	100,0

(in Klammern die Vergleichszahlen von 1975)

mit der Mitbestimmung generell zu stellen. Da kein abfragbares Wissen über den Begriff der Mitbestimmung vorliegt, werden bei der Belegschaft damit bestimmte Vorstellungen assoziiert (= Assoziationswissen); wie oben angeführt, reichen diese Vorstellungen von der Mitbestimmung am Arbeitsplatz als einem im Vergleich zu 1975 wichtiger gewordenen Problemfeld bis hin zu allgemeiner gesellschaftlicher Mitbestimmung. Das in vielen früheren Untersuchungen festgestellte geringe Mitbestimmungswissen[7] zeigt sich auch wieder in unserer Untersuchung; es ist aber wohl dahingehend zu relativieren, daß Mitbestimmung für die Arbeitnehmer keine erlernbare „Rechtstatsache" darstellt, sondern auf konkrete Handlungsmöglichkeiten bezogen ist – und diese sind, jedenfalls in dem untersuchten Betrieb, in rudimentärer Form bei den meisten Arbeitnehmern vorhanden.

3.3 Die Aneignung und Verarbeitung von Informationen zur Mitbestimmung

Den Beschäftigten des untersuchen Betriebes steht eine Vielzahl von Informationsquellen über Mitbestimmung zur Verfügung:

- personale Informationsquellen wie Betriebsräte und Vertrauensleute;
- mediale Informationsquellen wie gewerkschaftliche Publikationen (u. a. die Zeitschrift METALL), Betriebszeitungen (BR-Kontakt, Der Scheinwerfer, Autogramm) und die Massenmedien (vor allem Tageszeitungen, Rundfunk und Fernsehen);

[7] Siehe dazu etwa die Übersicht bei Diefenbacher (1983: 247f.).

- institutionelle Informationsquellen wie Betriebsversammlungen, Gewerkschaftsschulungen und -kurse.

Welche dieser Informationskanäle sind den Arbeitnehmern bekannt, und wie werden sie genutzt? Diese Frage läßt sich nach unserer Untersuchung zusammenfassend so beantworten:

Die betriebliche Interessenvertretung wird als Informationsquelle eindeutig gegenüber den Medien bevorzugt. Erste „Anlaufstelle" für Mitglieder der Stamm- *und* der Randbelegschaft ist meist der Vertrauensmann/die Vertrauensfrau, während der Betriebsrat nur selten und nur in außergewöhnlichen Fällen unmittelbar kontaktiert wird. Die große Mehrzahl der Befragten hat während ihrer gesamten Betriebszugehörigkeit den Betriebsrat überhaupt noch nie aufgesucht. Der einzelne Arbeitnehmer wird seinerseits auch nur ausnahmsweise einmal direkt wegen eines betrieblichen Problems von Vertrauensleuten oder Betriebsräten angesprochen.

Auch die Betriebsversammlung ist wegen ihrer ritualisierten, mehr auf Darstellung erreichter Erfolge als auf Kommunikation ausgerichteten Abwicklung eine Instanz, die bei allen Belegschaftsgruppen nur wenig Anklang findet. Die betriebliche Interessenvertretung sieht sie eher als Möglichkeit der (Gegen-) Machtdemonstration gegenüber der Werksleitung an. Die Beschäftigten betrachten die Betriebsversammlung dagegen eher als Möglichkeit, wenigstens einmal im Vierteljahr früher nach Hause gehen zu können oder zumindest ein paar Stunden „arbeitsfreie" Zeit zu haben.

Bei den medialen Informationsquellen werden vor allem die gewerkschaftliche Mitgliederzeitung „Metall" und die Firmenzeitung „Autogramm" gelesen, während andere Publikationen der Arbeitnehmerseite nur wenig von den Beschäftigten genutzt werden. Nach Abschluß unserer Untersuchung hat indes die Gewerkschaft versucht, diesem geringen Interesse durch eine besondere Zeitschrift entgegenzutreten, in der auf die konkreten Bedürfnisse der Arbeitnehmer „vor Ort" eingegangen wird.

Die Massenmedien (Radio, Fernsehen, Zeitungen) werden zwar von allen Befragten generell zur Information und zur Unterhaltung genutzt, doch nur wenige fühlen sich durch sie über Mitbestimmung ausreichend informiert. Aktuelle Tagesfragen stehen dort im Vordergrund, Mitbestimmungsfragen werden dagegen nur gelegentlich, meist aus irgendeinem konkreten Anlaß, aufgegriffen, aber nicht kontinuierlich behandelt.

Sowohl die Angehörigen der Stamm- wie der Randbelegschaft beurteilen ihren eigenen Informationsstand eher skeptisch (vgl. Tabelle 3). Nur ein Drittel der

Tab. 3: Informationsmöglichkeiten über Mitbestimmung

	Stammbelegschaft		Randbelegschaft		Gesamt	
	abs.	in vH	abs.	in vH	abs.	in vH
keine Angaben	7	6,9	5	8,5	12	7,5
besser geworden	33	32,7	22	37,3	55	34,4
gleich geblieben	59	58,4	29	49,2	88	55,0
schlechter geworden	2	2,0	3	5,1	5	3,1
Gesamt	101	100,0	59	100,0	160	100,0

Befragten geht demnach davon aus, daß sich die Information zur Mitbestimmung verbessert habe, während 58,4% der Stamm- und 49,2% der Randbelegschaft sie für unverändert halten. Entsprechend befürworten fast drei Viertel der von uns befragten Belegschaftsmitglieder eine bessere Unterrichtung über die Mitbestimmung; in den Gruppendiskussionen und Tiefeninterviews wurden die schlechten Informationsmöglichkeiten mit der unzureichenden Kontinuität der betrieblichen und gewerkschaftlichen Informationspolitik über Mitbestimmung erklärt.

Neben der unregelmäßigen Informationsvermittlung werden zudem Informationsbarrieren beklagt, die eng mit den Arbeitsbedingungen zusammenhängen: Physische und psychische Arbeitsbelastungen sowie die Schichtarbeit erlauben kaum ausgiebige Gespräche zwischen den Arbeitern. Die klare Trennung zwischen Arbeit und Freizeit im Bewußtsein der meisten Beschäftigten läßt darüber hinaus Information und Diskussion über betriebliche Probleme generell und speziell Mitbestimmung eher zur Ausnahme werden.

Betrachtet man unsere gesamte Stichprobe, so werden im Durchschnitt die verschiedenen Informationsquellen nicht sehr intensiv genutzt. Dabei ist die Teilnahme an Gewerkschaftsschulungen deutlich positiv mit der Nutzung anderer inner- und außerbetrieblicher Informationsquellen korreliert. Dieser Zusammenhang ist aber nicht kausal zu interpretieren, sondern verweist auf eine Interdependenz: Einerseits finden sich Arbeitnehmer(innen), die ein grundsätzliches Interesse an Mitbestimmung haben und sich dementsprechend informieren, häufiger als ihre Kolleg(inn)en zur Teilnahme an gewerkschaftlichen Weiterbildungsmaßnahmen bereit; auf der anderen Seite werden die Arbeiter durch Schulungen und Kurse der Gewerkschaften motiviert, sich auch weiterhin aus den verfügbaren Quellen über Mitbestimmung zu informieren und darüber zu diskutieren. Damit besteht aber auch die Gefahr, daß im

Zeitablauf die Kluft zwischen „Interessierten“ und „Informierten“ einerseits und den nur wenig interessierten und informierten Beschäftigten andererseits eher zunimmt.
Unmittelbar einleuchtend ist der deutliche Zusammenhang zwischen der Häufigkeit, mit der verschiedene Informationskanäle genutzt werden, und der Fähigkeit der Befragten, ein inhaltliches Mitbestimmungsverständnis zu formulieren. Bei der Korrelation zwischen Information und Wissen zeigt sich aber auch, daß kein klarer Zusammenhang zwischen der Häufigkeit der Nutzung einzelner Informationsquellen und den inhaltlichen Vorstellungen zum Begriff der Mitbestimmung besteht. Dies beruht darauf, daß die einzelnen Informationsmedien – Betriebsräte, Vertrauensleute, Betriebszeitungen, Massenmedien, Gewerkschaftsschulungen – nicht jeweils nur einen spezifischen Mitbestimmungsbegriff vermitteln. Das individuelle Mitbestimmungsverständnis der Beschäftigten wird weitaus stärker durch andere Faktoren – insbesondere die Arbeitsbedingungen – geprägt, die zur „subjektiven Informationsfilterung“ beitragen. Ausreichende Information über Mitbestimmung bleibt grundsätzlich Bedingung für die Aneignung von Mitbestimmungswissen; die persönliche Ausgestaltung dieses Wissens wird aber durch andere Einflüsse mitgeprägt. Dabei stößt das Thema „Mitbestimmung am Arbeitsplatz“ im Vergleich zu 1975 auf größeres Interesse; offenkundig wird dieses Interesse jedoch durch Informationsangebote, insbesondere durch gewerkschaftliche Schulungen, nur wenig befriedigt.

3.4 Mitbestimmung als Einstellungsproblem

Insgesamt zeigt sich bei den befragten Arbeitnehmern eine durchaus positive Grundeinstellung zur Mitbestimmung:

Tab. 4: Persönliche Einstellung zur Mitbestimmung

Sie ist für den Arbeitnehmer	Stammbelegschaft abs.	Stammbelegschaft in vH	Randbelegschaft abs.	Randbelegschaft in vH	Gesamt abs.	Gesamt in vH
wichtig	96	95,0	47	79,7	143	89,4
nebensächlich	5	5,0	7	11,9	12	7,5
überflüssig	–	–	1	1,7	1	0,6
weiß nicht	–	–	3	5,1	3	1,9
keine Angabe	–	–	1	1,7	1	0,6
Gesamt	101	100,0	59	100,0	160	100,0

Mitbestimmung wird von rund 75% der in den standardisierten Interviews befragten Arbeitnehmer als sozial, fortschrittlich und notwendig bezeichnet. Dieser zunächst sehr positiven Besetzung des Mitbestimmungsbegriffs steht jedoch entgegen, daß sich nur 50,9% der Untersuchungsteilnehmer aus der Stammbelegschaft und 54,2% der Befragten aus der Randbelegschaft persönliche Vorteile durch Mitbestimmung erhoffen. Interessant sind dabei vor allem die unterschiedlichen Erwartungen, die von den beiden Belegschaftsgruppen mit der Mitbestimmung verbunden werden: So erwartet die Stammbelegschaft vor allem einen sicheren Arbeisplatz, höheren Lohn und angenehmere Arbeitsbedingungen. Bei der Randbelegschaft liegt dieser letztgenannte Punkt dagegen eindeutig an der Spitze: Daß sie sich vor allem für eine Veränderung der herrschenden Arbeitsbedingungen einsetzt, ist angesichts ihrer spezifischen, besonders belastungsreichen Arbeitssituation nur allzu verständlich.

Obwohl überwiegend Vorteile von Mitbestimmung gesehen werden, erwarten aber immerhin auch 32,7% der Stamm- und 37,3% der Randbelegschaftsmitglieder gewisse Nachteile durch sie. Bei der Stammbelegschaft wird vor allem das unzureichende Fachwissen der Arbeiter bemängelt, und es werden zusätzliche finanzielle Einbußen sowie Entlassungen von Belegschaftsmitgliedern befürchtet. Randbelegschaftsangehörige, die, wie bereits bemerkt, weniger in die betriebliche Interessenvertretung eingebunden sind, befürchten dagegen eine zu große Macht der Betriebsräte und damit einhergehend eine Zunahme von Konflikten zwischen Arbeitgebern und Arbeitnehmern.

Das Mitbestimmungsgesetz von 1976 wird von der Belegschaft generell sehr skeptisch und zurückhaltend beurteilt. Zwar sehen die befragten Stamm- und Randbelegschaftsmitglieder die Stellung des Betriebsrates durch dieses Gesetz gestärkt, doch vermögen sie nur selten anzugeben, daß dieser erwartete Positionsgewinn tatsächlich nur indirekt über die Rückkopplung zum Aufsichtsrat und zum Arbeitsdirektor möglich sein kann. Unterschiedlich wird dagegen der Einfluß des Gesetzes auf die Stellung der Vertrauensleute beurteilt: Die befragten Stammbelegschaftsmitglieder sehen einen deutlich gewachsenen Einfluß des Vertrauensleutekörpers, während die Randbelegschaftsmitglieder sich hier wesentlich skeptischer äußern.

Persönliche wie gesamtgesellschaftliche Veränderungen durch das Mitbestimmungsgesetz von 1976 werden nur von knapp einem Viertel der Befragten mit Sicherheit wahrgenommen; dabei ist das geringe Differenzierungsvermögen der Arbeitnehmer zwischen persönlichen und gesamtgesellschaftlichen Veränderungen auffällig. Im Mittelpunkt der wahrgenommenen Veränderungen stehen die Sicherung von Arbeitsplätzen und die Verbesserung der Arbeitsbedingungen. Obwohl also nur eine geringe Anzahl von Arbeitnehmern glaubt, Veränderungen durch das Mitbestimmungsgesetz von 1976 wahrgenommen zu haben, sind die zukünftigen Erwartungen daran groß: Fast ein Drittel der Befragten in den standardisierten Interviews erhofft sich für die Zukunft von der Mitbestimmung einen Einfluß auf Gewinnverteilung und die Planung von Produktion und Investitionen. Betrachtet man die in den Interviews geäußerte Streikbereitschaft der Belegschaft, so konzentrieren sich sowohl Stamm- als auch Randbelegschaft vor allem auf die Sicherung der Arbeitsplätze; an zweiter Stelle der Streikziele steht höherer Lohn und erst danach die Bereitschaft, auch für den Erhalt der Mitbestimmung Kampfmaßnahmen zu ergreifen (vgl. Tabelle 45a).

Darüber hinaus ist die Streikbereitschaft aber auch von der grundsätzlichen Einstellung zu den Gewerkschaften geprägt sowie von der prinzipiellen Art und Weise, wie die Befragten die industriellen Beziehungen sehen. Die Einstellung zur Mitbestimmung zeigt auch eine erkennbare Korrelation mit dem Umfang der innerbetrieblichen Kommunikation zu diesem Thema. Es läßt sich allerdings nicht entscheiden, ob eine positive Einstellung häufiger zu Gesprächen über Mitbestimmung führt oder umgekehrt; wahrscheinlich ist, daß beide Faktoren sich wechselseitig verstärken.

3.5 Das Interesse an Mitbestimmung

Will man den Begriff „Interesse an Mitbestimmung" operationalisieren, so zeigt sich die Schwierigkeit, zwischen den von uns zugrunde gelegten Forschungsdimensionen genau abzugrenzen: Natürlich drückt sich das Mitbestimmungsinteresse auch aus in der Existenz von Wissen über Mitbestimmung, in dem Informationsverhalten oder in der Fähigkeit, eine eigene Einstellung zur Mitbestimmung zu formulieren. Entsprechend sind die Ergebnisse zu interpretieren:

Ein prinzipielles Interesse an Mitbestimmung – zumindest in der Form, daß man sich bessere Information wünscht – läßt sich bei Stamm- und Randbelegschaft gleichermaßen feststellen. Probleme bestehen vor allem darin, daß die Arbeitnehmer nur wenig Wissen über Mitbestimmung besitzen und daß auch die Informationen nicht ausreichen, um sich ein Bild von der betrieblichen und gewerkschaftlichen Arbeit ihrer Interessenvertreter zu machen. Noch größer sind die Informationsdefizite, wenn es darum geht, Vorstellungen über Funk-

Tab. 5: Streikbereitschaft

	Stammbelegschaft			Randbelegschaft			Gesamt		
	abs.	in vH	Häufigkeit der Fälle in vH*	abs.	in vH	Häufigkeit der Fälle in vH*	abs.	in vH	Häufigkeit der Fälle in vH*
mehr Lohn	61	26,5	61,6	36	25,7	62,1	97	26,2	61,8
Sicherheit des Arbeitsplatzes	76	33,0	76,8	52	37,1	89,7	128	34,6	81,5
angenehmere Arbeitsbedingungen	25	10,9	25,3	18	12,9	31,0	43	11,6	27,4
Erhalt der Mitbestimmung	40	17,4	40,4	21	15,0	36,2	61	16,5	38,8
mehr Freizeit	24	10,4	24,2	13	9,3	22,4	37	10,0	23,6
andere Forderungen	4	1,7	4,0	–	–	–	4	1,1	2,5
Gesamt	230	100,0	(232,3)	140	100,0	(241,4)	370	100,0	(235,6)
Befragte	99			58			157		

* = von wieviel Prozent der Befragten genannt

tion und Arbeitsweise des Aufsichtsrates zu entwickeln. Dieser Befund beruht auch darauf, daß die wesentlichen Entscheidungen jeweils auf „Spitzenebene" – also zwischen dem (Gesamt-)Betriebsrat und der Leitung des Unternehmens bzw. des Werkes – getroffen oder verabredet werden. Bei den Arbeitnehmern herrscht deshalb der Eindruck vor, im Zusammenspiel von Betriebsrat und Unternehmensleitung würden die sie betreffenden Regelungen und Beschlüsse im großen und ganzen zu ihrer Zufriedenheit abgewickelt. Dieser „Service-Charakter" der Mitbestimmung und die entsprechende „Service-Funktion" des Betriebsrats tragen also nicht dazu bei, das vorhandene, aber recht unbestimmte Mitbestimmungsinteresse bei den Arbeitnehmern zu fördern und weiterzuentwickeln.

Obwohl die Mehrzahl der Befragten annimmt, daß seit 1976 mehr über Mitbestimmung geredet werde, wie Tab. 6 ausweist, können wir kein eindeuti-

* = von wieviel Prozent der Befragten genannt

Tab. 6: Interesse an Mitbestimmung

	Stammbelegschaft		Randbelegschaft		Gesamt	
	abs.	in vH	abs.	in vH	abs.	in vH
keine Angaben	2	2,0	3	5,1	3	3,1
es wird mehr davon geredet	57	56,4	31	52,5	88	55,0
genausoviel	9	8,9	5	8,5	14	8,8
kein Unterschied	16	15,8	7	11,9	23	14,4
weniger geredet	16	15,8	7	11,9	23	14,4
interessiert mich nicht	1	1,0	2	3,4	3	1,8
weiß nicht	–	–	4	6,8	4	2,5
Gesamt	101	100,0	59	100,0	160	100,0

ges Meinungsbild in der Belegschaft feststellen, das zweifelsfrei ein gestiegenes Interesse an Mitbestimmung belegen würde. Betrachtet man allerdings den Zusammenhang zwischen betrieblicher Kommunikation und Mitbestimmungsinteresse, so wird deutlich, daß mit zunehmenden Kommunikationsmöglichkeiten auch eher die Position vertreten wird, Mitbestimmung sei heutzutage populärer als vor 1976. Es zeigt sich also, daß nur solche Arbeitskräfte, die gut informiert sind und ein inhaltliches Verständnis zur Mitbestimmung haben, einen deutlichen Standpunkt dazu einnehmen können, ob das Interesse zu- oder abgenommen habe. Gründe für ein verstärktes Mitbestimmungsinteresse sehen vor allem die Diskussionsgruppen der Facharbeiter und der Vertrauensleute in der durch das Mitbestimmungsgesetz von 1976 indirekt gestärkten Stellung des Betriebsrates. Insbesondere der verbesserte Informationsfluß zwischen Aufsichtsrat und Betriebsrat (der seinerseits die Vertrauensleute informiert) und damit verbunden eine verbesserte gewerkschaftliche Informationsarbeit, die durch den bescheidenen „Machtzuwachs" infolge des Mitbestimmungsgesetzes von 1976 begünstigt wurde, haben nach Ansicht der Facharbeiter und der Vertrauensleute das Interesse der Beschäftigten an der Mitbestimmung insgesamt erhöht.

4. Mitbestimmung im zeitlichen Vergleich

Die nahezu identischen Fragestellungen der Untersuchung von 1975 und 1981, die gleichen Forschungsmethoden (standardisierte Interviews, Gruppendiskussionen, Tiefeninterviews) und die Möglichkeit, von 146 Teilnehmern der Untersuchung von 1975 erneut 102 Beschäftigte im Jahre 1981 zu befragen, sichern den Längsschnittcharakter der Studie und erlauben empirisch fundierte Aussagen zu möglichen Veränderungen. Um Verzerrungen aufgrund der Erweiterung des Forschungssamples auch auf ausländische, weibliche und jüngere Beschäftigte auszuschließen, haben wir den zeitlichen Vergleich auf die jeweilige Stammbelegschaft beschränkt.

Insgesamt zeigt der Vergleich der Befunde von 1975 und 1981, daß sich in der Zwischenzeit in puncto Mitbestimmungswissen wenig verändert hat. Dieses Ergebnis stimmt mit nahezu allen früheren empirischen Mitbestimmungsuntersuchungen seit dem Ende des Zweiten Weltkriegs unverkennbar überein.[8]

Immerhin 38,8% der 1975 befragten Arbeitnehmer bestreiten die Existenz einer betrieblichen Mitbestimmung oder wissen gar nichts von ihr. Überraschenderweise ist die Gruppe derer, die Mitbestimmung des Betriebsrates als nicht gegeben ansehen, inzwischen größer geworden (1981: 45,6%). Dieses Ergebnis deutet darauf hin, daß die in den zurückliegenden Jahren in der

Tab. 7: Gibt es eigentlich bei uns schon so etwas wie eine Mitbestimmung der Arbeitnehmer in den Betrieben?

	Stammbelegschaft 1975		Stammbelegschaft 1981	
	abs.	in vH	abs.	in vH
ja	40	59,7	54	53,5
nein	19	28,4	33	32,7
weiß nicht	7	10,4	13	12,9
keine Angabe	1	1,5	1	1,0
Gesamt	67	100,0	101	100,0

[8] Siehe die zusammenfassende Darstellung der Ergebnisse früherer Untersuchungen zum Mitbestimmungswissen bei Heinrich (1981: 68 ff.).

Tab. 8: Meinen Sie, daß Ihnen die Mitbestimmung persönliche Vorteile bringen wird?

	Stammbelegschaft 1975		Stammbelegschaft 1981	
	abs.	in vH	abs.	in vH
ja	28	41,2	51	50,5
nein	14	20,6	34	33,7
weiß nicht	24	35,3	16	15,8
keine Angabe	2	2,9	–	–
Gesamt	68	100,0	101	100,0

Öffentlichkeit – vor allem auch in den Gewerkschaften – geführte Mitbestimmungsdiskussion kaum Auswirkungen auf das Wissen der Arbeitnehmer gehabt hat und somit weitgehend an den Beschäftigten vorbeigegangen ist.

Außerdem bestehen erhebliche Wissensunterschiede hinsichtlich der einzelnen Mitbestimmungsebenen (Arbeitsplatz, Betrieb, Unternehmen) und der auf ihnen handelnden Mitbestimmungsträger, insbesondere Betriebsrat und Aufsichtsrat. Man kann die Ergebnisse hierzu auf einen einfachen Nenner bringen: Je weiter die Mitbestimmungsträger vom eigenen Arbeitszusammenhang entfernt sind, je höher also die Mitbestimmungsebene, desto geringer ist das Wissen über die Mitbestimmungskompetenzen der Akteure. 1975, mitten in der Auseinandersetzung um das dann 1976 verabschiedete Mitbestimmungsgesetz, nannten 20,6% der Stammbelegschaft auf die Frage nach ihrem Mitbestimmungsverständnis die Mitbestimmung auf Unternehmensebene, die ja im Zentrum der damaligen Diskussion war; 1981 waren dies nur noch 5,9%. Im Gegensatz dazu stieg von 1975 bis 1981 der Anteil der Befragten, die auf die Frage nach dem allgemeinen Mitbestimmungsverständnis die *Mitbestimmung am Arbeitsplatz* nannten, von 11,8% auf immerhin 17,8%.

Darüber hinaus steht das Mitbestimmungswissen in erkennbarem Zusammenhang mit der beruflichen Qualifikation und der betrieblichen Position. Angestellte und gut qualifizierte Facharbeiter kennen ihre eigenen Rechte, aber auch die Rechte der Mitbestimmungsträger besser als weniger qualifizierte un- und angelernte Arbeiter. Die direkt in der Produktion beschäftigten Arbeitnehmer zeigen dagegen ein „konkretistisches Mitbestimmungsverständnis“: Sie beziehen Mitbestimmung primär auf den Arbeitsplatz und dessen direktes Umfeld. Mitbestimmungswissen läßt sich demnach nicht als „politisches“

Wissen von der beruflichen Qualifikation abstrahieren oder gar in Gegensatz zu ihr bringen; es ist auf konkrete Handlungsmöglichkeiten bezogen und kein abstrakter, abrufbarer Wissensschatz.

Die Erwartungen an die Mitbestimmung haben sich zwischen 1975 und 1981 deutlich verändert: Im Vergleich zu 1975 hat der Anteil der Belegschaftsmitglieder zugenommen, die sich Vorteile aus der Mitbestimmung versprechen. Genauso ist aber auch der Anteil derjenigen gestiegen, die von der Mitbestimmung keine Vorteile erwarten:

Es zeigt sich also eine wachsende Ambivalenz gegenüber der Mitbestimmungsforderung. Daneben hat sich aber auch die Hierarchie der *erwarteten Vorteile* geändert. 1981 erhofften sich die Arbeitnehmer vor allem einen sicheren Arbeitsplatz, bessere Chancen für betriebliches Fortkommen und angenehmere Arbeitsbedingungen. Auch 1975 stand Arbeitsplatzsicherheit an erster Stelle, jedoch gefolgt von der Erwartung, einen größeren Einfluß auf den Betriebsablauf zu nehmen; es folgte der Wunsch nach besseren Arbeitsbedingungen. Bemerkenswert an dieser Umschichtung der Erwartungshierarchie ist die Ausblendung der Partizipationshoffnung aus dem Erwartungshorizont: Erwarteten 1975 noch fast die Hälfte der Befragten von der Mitbestimmung „mehr Einfluß auf das Betriebsgeschehen“, so ist dieser Anteil inzwischen drastisch, nämlich auf ein Sechstel, gesunken. Dieses Ergebnis erscheint zunächst paradox: Von der Mitbestimmung wird ein Mitbestimmen kaum noch erwartet. Aber ist dies nicht zugleich Ausdruck einer *realistischeren* Einschätzung der praktizierten und zukünftig zu erwartenden Mitbestimmung?

Daß sich die Streikpräferenzen der Arbeitnehmer – sowohl für Mitbestimmung als auch für andere Forderungen – seit 1975 kaum verändert haben, ist mit dieser Interpretation durchaus vereinbar: Engagement, das über innere Anteilnahme hinausgeht und sich in Handlungsbereitschaft niederschlägt, setzt direkte Betroffenheit voraus. Arbeitnehmer engagieren sich nicht *für* den Erhalt oder die Verwirklichung eines gesellschaftlichen, gewerkschaftlichen oder allgemeinpolitischen, aber für sie abstrakten Ziels, sondern in der Regel *gegen* eine befürchtete oder tatsächliche Verletzung ihrer Interessen.[9] Hierfür spielt sicherlich das „konkretistische“ Bewußtsein der abhängig Beschäftigten, ihre pragmatische Orientierung am hier und jetzt Machbaren und damit die eigene

[9] Zu den Basisinteressen der Arbeitnehmer an Arbeitsplatzsicherheit, Lohn, qualifikationsadäquatem Arbeitseinsatz, menschenwürdigen Arbeitsbedingungen und beruflicher Autonomie siehe Fricke (1979) und Georg/Kißler (1981: 37 ff.).

unmittelbare Betroffenheit im Arbeits- und Lebensbereich eine ausschlaggebende Rolle. Das dem studentischen Protest gegen Imperialismus, Vietnam-Krieg usw. zugeschriebene Grundmotiv des „Leidens aus dritter Hand“ ist dem Arbeitnehmer jedenfalls fremd.

Legt man diese Interpretation zugrunde, so verwundert es nicht, daß auch in der Dimension „Interesse an Mitbestimmung“ zwischen 1975 und 1981 keine grundlegenden Unterschiede festzustellen sind: Das Mitbestimmungsinteresse ist im wesentlichen kein selbständiges, sondern ein abgeleitetes Interesse, das sich im allgemeinen nur dann zeigt, wenn es mit konkreten, unmittelbar erfahrbaren Problemen des Arbeitnehmers verbunden werden kann; besonders wichtig ist dabei das Interesse an Arbeitsplatzsicherheit und an verbesserten Arbeitsbedingungen.

Auf die Frage, wie die Beschäftigten das Interesse der Gewerkschaften an der Mitbestimmung einschätzen, geben immerhin 66,3% der befragten Stammbe-

Tab. 9: Gründe für das Mitbestimmungsinteresse der Gewerkschaften

	Stammbelegschaft 1975			Stammbelegschaft 1981		
	abs.	in vH	Häufigkeit der Fälle in vH*	abs.	in vH	Häufigkeit der Fälle in vH*
Schutz vor Willkürmaßnahmen	41	32,5	60,3	60	32,1	59,4
gleiches Recht für alle	48	38,1	70,6	67	35,8	66,3
Kluft zwischen Arbeitnehmern und Arbeitgebern verringern	15	11,9	22,1	38	20,3	37,6
Sozialismus auf kaltem Wege	2	1,6	2,9	2	1,1	2,0
mehr Funktionärsmacht	20	15,9	29,4	20	10,7	19,8
Gesamt	126	100,0	185,3	187	100,0	(185,1)
Befragte	68			101		

* = von wieviel Prozent der Befragten genannt

legschaftsmitglieder an, das Interesse der Gewerkschaften an der Mitbestimmung bestünde vor allem darin, gleiche Rechte für alle in der Wirtschaft Arbeitenden zu verwirklichen. Weiter vertreten 59,4% dieser Gruppe die Auffassung, die Gewerkschaften wollten mit der Mitbestimmung die Arbeitnehmer vor Willkürmaßnahmen der Unternehmer schützen. Auch 1975 wurden diese Argumente von den Befragten als entscheidendes Interesse der Gewerkschaften an der Mitbestimmung angegeben. Überdies hat offenbar die kritische Distanz gegenüber den Gewerkschaften im Zeitablauf abgenommen: 1975 nahmen noch 29,4% der Befragten an, die Gewerkschaften seien an der Mitbestimmung lediglich deshalb interessiert, um die Macht für die Funktionäre auszubauen; 1981 glaubten dies nur noch 19,8% (vgl. Tabelle 79a).

Dieses Ergebnis legt folgende Interpretation nahe: Die Mitbestimmung wird vom eigenen Arbeitszusammenhang abgespalten und als gewerkschaftliche Funktionärsarbeit begriffen, was sie in der Praxis auch bleibt, wenn die Koppelung mit unmittelbaren Beschäftigungs- und Lohninteressen der Arbeitnehmer nicht gelingt. Gilt diese Feststellung, so ist hieraus auch eine zentrale Aufgabe für die gewerkschaftliche Informationspolitik und Arbeiterbildung abzuleiten: Das Beschäftigungs- und Lohninteresse der Arbeitnehmer muß *auch* als Mitbestimmungsinteresse verstanden werden. Gelingt dies, so läßt sich auch jene weitere Barriere im Interessenhorizont der abhängig Beschäftigten beseitigen, die bislang bewirkt, daß sie sich oft selbst, wenn es um die Durchsetzung ihrer Interessen geht, aus dem Handlungsimpetus von Mitbestimmung herausnehmen; dies setzt allerdings voraus, daß der objektive Zusammenhang von Arbeitsplatz- und Lohnsicherung mit der Mitbestimmung erkannt wird. Diese Barriere bezeichnen Diefenbacher/Nutzinger (1982) als „arbeitsteiliges Gegenmachtmodell"; es besagt, daß man mit der Wahl der Interessenvertreter als Mitbestimmungsträger das Mitbestimmen an jene delegiert. Ebenso wie das geringe Interesse ist auch das Informationsvakuum nach wie vor ein Defizit praktizierter Mitbestimmung.

Mit 5,9% der Befragten ist der Anteil derjenigen unverändert niedrig, die keine Möglichkeiten kennen, sich im Betrieb über Mitbestimmung zu informieren. Betriebsrat und Vertrauensleute nehmen in der Aufzählung von Informationsmöglichkeiten 1975 wie 1981 eine herausragende Stellung ein. Weiterhin niedrig ist aber auch der Nutzungsgrad der verschiedenen, den Arbeitnehmern bekannten Informationsquellen. Dem entspricht die Beurteilung des eigenen Informationsstandes: 1975 wie 1981 meinen drei Viertel der Befragten, daß ihre Informationen über Mitbestimmung besser sein müßten bzw. überhaupt

Tab. 10: Mitbestimmungsinformation im Betrieb

	Stammbelegschaft 1975			Stammbelegschaft 1981		
	abs.	in vH	Häufigkeit der Fälle in vH*	abs.	in vH	Häufigkeit der Fälle in vH*
Betriebsrat	32	42,7	47,1	70	48,3	69,3
Vertrauensleute	26	34,7	38,2	48	33,1	47,5
Personalabteilung	–	–	–	4	2,8	4,0
Gewerkschaftspresse	9	12,0	13,2	9	6,2	8,9
sonstige Infos	4	5,3	5,9	3	2,1	3,0
Vorgesetzte	–	–	–	3	2,1	3,0
Betriebsversammlung	–	–	–	1	0,7	1,0
Betriebsgruppe der SPD	–	–	–	1	0,7	1,0
weiß nicht	4	5,3	5,9	6	4,1	5,9
Gesamt	75	100,0	(110,3)	145	100,0	(143,6)
Befragte	68			101		

* = von wieviel Prozent der Befragten genannt

nicht ausreichen.[10] Dabei verweisen die Belegschaftsmitglieder auf die wenig kontinuierliche Informationspolitik seitens der Gewerkschaftspresse. Ähnlich wie in den allgemeinen Medien werden Mitbestimmungsprobleme auch dort nur aus aktuellem Anlaß (etwa dem Mitbestimmungskonflikt bei Mannesmann oder dem Mitbestimmungsurteil des Bundesverfassungsgerichts von 1979) thematisiert und dann meist mit geringem Informationsgehalt.[11]

Unverändert gilt auch, daß befragte Arbeitnehmer, die ihren subjektiven Informationsstand als ausreichend oder verbesserungswürdig bezeichnen, rela-

[10] Vgl. dazu auch Tabelle 3.

[11] Diese Feststellung wird durch die Ergebnisse einer Inhaltsanalyse zentraler Gewerkschaftspublikationen der Jahre 1982 und 1983 untermauert. Die Thematik der Mitbestimmung bleibt – so Lindgens/Simeon (1983) – oftmals auf eine eher lehrformelhafte, quasi „pflichtgemäße“ Erwähnung beschränkt. Ein verstärktes Eingehen auf Problemzusammenhänge und Umsetzungsschwierigkeiten der Mitbestimmung fehlt dabei weitgehend.

tiv häufiger die Existenz betrieblicher Mitbestimmung bejahen als Arbeitnehmer, die ihren eigenen Informationsstand für nicht ausreichend halten. Diese geben sowohl 1975 als auch 1981 überdurchschnittlich häufig an, es gebe keine betriebliche Mitbestimmung oder sie antworten mit „weiß nicht". Auch die Fähigkeit zur Beurteilung möglicher persönlicher Vorteile durch Mitbestimmung steigt 1975 wie 1981 mit dem Informationsstand der Befragten: Je schlechter der Informationsstand, desto unsicherer sind die Befragten in der Beurteilung möglicher Wirkungen der Mitbestimmung.

5. Folgerungen für die Mitbestimmungspraxis und -forschung

Typisch für den untersuchten Betrieb ist eine geringe Mobilität der Arbeitskräfte und die damit verbundene Betonung der „voice option" (hier in Form der institutionalisierten Interessenvertretung) gegenüber der marktmäßigen „exit option". Dies beruht auf der besonderen Position des untersuchten Automobilwerks in der nordhessischen Region: Die Löhne sind überdurchschnittlich hoch, und es gibt wenig alternative Arbeitsplatzangebote. Auch die soziale Zusammensetzung der Belegschaft, besonders die ausgeprägte Bindung an den ländlichen Raum, begünstigen diese Tendenz. Die beobachtete Gliederung der Beschäftigten dieses Betriebes in eine *Stamm-* und eine *Randbelegschaft* folgt weitgehend der Grundthese der Humankapitaltheorie: Arbeitnehmer mit hohem betriebsspezifischem Humankapital und demzufolge verminderter Mobilität verlegen sich stärker auf direkte Interessenartikulation als Beschäftigte mit geringer betriebsspezifischer Qualifikation, die eventuell ohne große Einkommensverluste einen „Jedermann-Arbeitsplatz" in anderen Betrieben finden könnten – jedoch mit einer wichtigen Ausnahme: Als Folge der interessenwirksam praktizierten Mitbestimmung werden auch Beschäftigte an weniger qualifizierten Arbeitsplätzen, soweit sie im übrigen die Kriterien der Stammbelegschaft erfüllen (z. B. Preßwerker), in das System der betrieblichen Interessenvertretung eingebunden und nicht auf die indirekte, marktmäßige Interessenartikulation durch „Abwanderung" („exit option") verwiesen. Diese „Sekundärwirkung" der Mitbestimmung läßt sich sicherlich nicht ohne weiteres in anderen Industrieunternehmen beobachten; in einem zu Vergleichszwecken untersuchten Großbetrieb der elektrotechnischen Industrie fanden wir vielmehr heraus, daß die Gliederung in eine Stamm- und eine

Randbelegschaft weitgehend durch Unterschiede im betriebsspezifischen Humankapital geprägt ist, ohne daß dort die betriebliche Interessenvertretung diesen Zustand für bestimmte Teile der weniger qualifizierten Beschäftigten aufgrund anderer Kriterien zu modifizieren vermochte.[12]

Auch wenn wir in unserer Untersuchung wohl erstmals versucht haben, Ansätze innerbetrieblicher Arbeitsmarktsegmentation unter dem Aspekt von Mitbestimmung zu betrachten, so können dies doch nur erste, noch spezifisch auf den untersuchten Betrieb zugeschnittene und nicht ohne weiteres verallgemeinerungsfähige Überlegungen sein, die zu ihrer Untermauerung noch weiterer repräsentativer Forschungsarbeiten bedürfen. Weitere Untersuchungen in diesem Bereich sind um so notwendiger, als daraus wichtige Ergebnisse für die zukünftige Arbeit von Betriebsräten und Vertrauensleuten gezogen werden können. Angesichts der durch die gegenwärtige wirtschaftliche Krise enger gewordenen betrieblichen Spielräume für die Interessenvertretung zeigen sich nämlich gegenwärtig deutliche Tendenzen dahingehend, die Stammbelegschaft verstärkt von der Randbelegschaft abzugrenzen. Es kann nicht im Interesse der Gewerkschaften liegen, daß Mitbestimmung nur noch für einen bestimmten Teil der Arbeitnehmerschaft – die Stammbelegschaft – betrieben wird und daß die Mitglieder von Randbelegschaften nicht weiter in sie einbezogen werden. Es steht zu befürchten, daß diese Entwicklung aufgrund der Arbeitsmarktlage eher noch zunehmen wird, wenn sich die Gewerkschaften nicht zu einer anderen Mitbestimmungspolitik entschließen. Die *Mitbestimmung am Arbeitsplatz*, die im Forderungskatalog des DGB erst in jüngster Zeit an Gewicht gewonnen hat[13], könnte hierbei zu einem wichtigen Instrument werden. Sie findet bei den Beschäftigten zunehmendes Interesse, wie nicht nur unsere eigene Untersuchung, sondern auch andere Studien zeigen (vgl. etwa Flodell 1984): Wie bereits angeführt, wird Mitbestimmung am Arbeitsplatz jetzt von 17,8% der Befragten (gegenüber 1975 nur 11,8%) genannt, wenn es um dic Erläuterung des Mitbestimmungsbegriffs geht. Für ein stärkeres Engagement der Belegschaft wäre es vor allem wichtig, daß die Arbeitnehmer konkret „vor Ort“, also an ihrem Arbeitsplatz, lernen, Entscheidungen zu fällen und sie umzusetzen. Damit würde für sie auch wesentlich einsichtiger, was es bedeutet, Kompromisse einzugehen, Entscheidungen anzuerkennen und entsprechend

[12] Siehe dazu Nutzinger/Schasse/Teichert (1986).

[13] Siehe dazu die „Konzeption zur Mitbestimmung am Arbeitsplatz“, verabschiedet vom Bundesvorstand des DGB (1985).

zu handeln. Mitbestimmung am Arbeitsplatz, obwohl sie gelegentlich von Arbeitgeberseite als Alternative zur institutionalisierten Mitbestimmung vorgetragen wird, bedeutet keineswegs notwendig eine – wohl von den Interessenvertretern befürchtete – „Entmachtung“ von Betriebsrat, Vertrauensleuten und Gewerkschaftsvertretern, sondern vor allem eine umfassendere Ausgestaltung der Mitbestimmungspraxis, die den Funktionsträgern ihrerseits wieder zugute kommt. Diese Einsicht scheint sich mittlerweile auch beim Deutschen Gewerkschaftsbund durchzusetzen, obwohl die Mitbestimmung am Arbeitsplatz jahrzehntelang ein innergewerkschaftliches Reizthema war (vgl. hierzu Leminsky 1985). In der „Konzeption zur Mitbestimmung am Arbeitsplatz“, 1985 vom Bundesvorstand des DGB verabschiedet, wird sie nun ausdrücklich in das Gesamtsystem der Mitbestimmung eingeordnet. Sie soll nicht in Konkurrenz zur bestehenden Interessenvertretung treten, denn „für die Gewerkschaften ist der einzelne stets Bestandteil des betrieblichen Kollektivs“ (Leminsky 1985: 156). Es bleibt jetzt abzuwarten, wie dieses Konzept in der Betriebspraxis konkret umgesetzt wird.

Die Mitbestimmung in dem von uns untersuchten Großbetrieb der Automobilindustrie vollzieht sich, wie bereits bemerkt, in einem *„arbeitsteiligen Gegenmachtmodell“*, in dem die gewerkschaftlichen und betrieblichen Funktionsträger auf der einen Seite eine etablierte Gegenmacht zur Unternehmensleitung darstellen (und daher interessenwirksam agieren können), in dem aber andererseits die Belegschaft durch Wahl ihrer Vertreter das Mitbestimmen weitgehend an diese delegiert. Will man von der Mitbestimmung *für* die Belegschaft fort und hin zur Mitbestimmung auch *durch* die Belegschaft kommen, so ist eine stärkere Einbeziehung der „gewöhnlichen“ Arbeitnehmer, der „rank and file workers“, notwendig. Das setzt u. a. voraus, daß sie stärker als bisher in gewerkschaftliche und andere Fortbildungsmaßnahmen einbezogen werden und daß bei der inhaltlichen Vermittlung das „konkretistische Mitbestimmungsbewußtsein“ vieler abhängig Beschäftigter stärker als bisher berücksichtigt wird. Langfristig ist darüber hinaus ein Abbau von Arbeitsbedingungen erforderlich, die Kommunikations- und Gestaltungsmöglichkeiten am Arbeitsplatz behindern oder gar verhindern.

Im reinen Marktmodell, das ausschließlich auf der „exit option“ basiert, findet Interessenvertretung nur indirekt statt, nämlich durch die Drohung der Abwanderung von Beschäftigten, die allerdings nur eine „ultima ratio“ darstellt und wenig zur praktischen Partizipation der Beschäftigten beitragen kann. Im Extremfall kann man sogar sagen, daß im reinen Marktmodell das „Mitbestimmen“ der Arbeitnehmer nur dadurch stattfinden kann, daß sie den Betrieb verlassen – also praktizierter Mitbestimmung die personale Basis entziehen. Demgegenüber ist, wie Hirschman (1970) richtig bemerkt hat, die direkte, sprachliche Interessenartikulation viel nuancierter und umfassender. Angesichts einer inzwischen verstetigten gesamtwirtschaftlichen Arbeitslosigkeit nimmt überdies das praktische Gewicht der „exit option“ ab und die Bedeutung der „voice option“, also auch der Mitbestimmung, zu. Daß damit Probleme für die nicht im Produktionsprozeß befindlichen Arbeitskräfte entstehen, wie von konservativer Seite immer hervorgehoben wird, ist kein Einwand gegen praktizierte Mitbestimmung, sondern vielmehr ein Hinweis darauf, daß sich die Wirtschaftspolitik nicht länger mit allgemeiner Rhetorik aus ihrer praktischen Verantwortung herausnehmen kann.

Literatur

DGB-Bundesvorstand (Hrsg.) (1985): *Konzeption zur Mitbestimmung am Arbeitsplatz.* DGB-Schriftenreihe Mitbestimmung Nr. 7, Düsseldorf.

Diefenbacher, H. (1983): *Empirische Mitbestimmungsforschung.* Eine kritische Auseinandersetzung mit Methoden und Resultaten. Frankfurt/Main: Haag + Herchen.

Diefenbacher, H., und H. G. Nutzinger (1982): Basispartizipation oder arbeitsteiliges Gegenmachtmodell? Die Praxis der Mitbestimmung in einem Großbetrieb der Automobilindustrie. H. G. Nutzinger (Hrsg.). *Mitbestimmung und Arbeiterselbstverwaltung.* Praxis und Programmatik. Frankfurt/Main – New York: Campus, 477–503.

Diefenbacher, H., L. Kißler, H. G. Nutzinger und V. Teichert (1984): *Mitbestimmung. Norm und Wirklichkeit.* Fallstudie aus einem Großbetrieb der Automobilindustrie. Frankfurt/Main – New York: Campus.

Flodell, C. (1984): *Mitbestimmung am Arbeitsplatz. Ansprüche, Möglichkeiten und Kompetenzen.* Forschungsstelle Sozialökonomik der Arbeit, FSA PRINT 5/84.

Fricke, W. (1979): Die ungenutzten Möglichkeiten des Aktions- und Forschungsprogramms zur Humanisierung der Arbeit. B. Biervert, G. Buchholz, J. Gohl, E. Hödl, A. Kramer, H.-G. Ridder, und E. Seifert (Hrsg.) *Institutionelle Reformen in der Krise.* Ökonomisches System und Handlungsspielräume. Frankfurt/Main – New York: Campus, 197–213.

Georg, W. und L. Kißler (1981): *Arbeitshumanisierung und empirische Sozialforschung.* Baden-Baden: Nomos Verlagsgesellschaft.

Georg W., L. Kißler und U. Scholten (1981): *Mitbestimmung und Arbeiterbildung.* Eine Fallstudie in einem Großbetrieb der Metallindustrie. Opladen: Westdeutscher Verlag.

Heinrich, M. (1981): *Legitimationsprobleme der Mitbestimmung.* Überlegungen zur Reform der Unternehmensordnung – untersucht am Beispiel des „Porst-Modells“. Bern/Stuttgart: Verlag Haupt.

Hirschman, A. O. (1970): *Exit, Voice and Loyalty.* Cambridge, Mass.: MIT Press (dt. Tübingen 1974).

Kirsch, W., W. Scholl und G. Paul (1984): *Mitbestimmung in der Unternehmenspraxis.* Eine empirische Bestandsaufnahme. München: Selbstverlag.

Kotthoff, H. (1981): *Betriebsräte und betriebliche Herrschaft.* Eine Typologie von Partizipationsmustern im Industriebetrieb. Frankfurt/Main – New York: Campus.

Leminsky, G. (1985): Mitbestimmung am Arbeitsplatz – Erfahrungen und Perspektiven. *Gewerkschaftliche Monatshefte*, Jg. 36, Heft 1, 151–161.

Lindgens, M., und Th. Simeon (1983): Mitbestimmung – kein Thema für die Gewerkschaftspresse? *Die Mitbestimmung*, Jg. 29, Heft 11, 534–537.

Neuloh, O. (1960): *Der neue Betriebsstil.* Untersuchungen über Wirklichkeit und Wirkungen der Mitbestimmung. Tübingen: J. C. B. Mohr.

Nutzinger, H. G., U. Schasse und V. Teichert (1986): *Mitbestimmung in der Krise.* Fallstudie aus einem Großbetrieb der elektrotechnischen Industrie. Frankfurt/Main: Haag + Herchen.

Pirker, Th., S. Braun, B. Lutz und F. Hammelrath (1955): *Arbeiter – Management – Mitbestimmung.* Stuttgart/Düsseldorf: Ringverlag.

Popitz, H. und H. P. Bahrdt (1957): *Das Gesellschaftsbild des Arbeiters.* Tübingen: J. C. B. Mohr.

IX. Betriebliche Auswirkungen und wirtschaftspolitische Aussichten

Hans-Günter Guski

Gesellschaftspolitische Auswirkungen betrieblicher Beteiligungspraxis

Die betriebliche Vermögensbeteiligung, d. h. die Beteiligung der Arbeitnehmer an Gewinn und Kapital des arbeitgebenden Unternehmens, ist in der Bundesrepublik nach wie vor nicht unumstritten. Wenn auch viele kritische Stimmen inzwischen verstummt sind und die Bundesregierung durch das zum 1. Januar 1984 in Kraft getretene Vierte Vermögensbildungsgesetz (936-DM-Gesetz) vor allem Mitarbeiterbeteiligungen fördert, ist jedoch der DGB unverändert ein hartnäckiger Gegner dieses Beteiligungsweges geblieben. Während heute überwiegend die öffentliche Meinung in der kapitalmäßigen Beteiligung der Arbeitnehmer am Arbeitsplatz einen gesellschaftspolitischen Beitrag zur Überwindung verkrusteter Gegensätze zwischen Kapital und Arbeit sieht, befürchtet der DGB u. a. vielmehr eine Belastung des gesellschaftspolitischen Klimas.

So begründet der DGB seine Ablehnung gegenüber den betrieblichen Beteiligungsinitiativen mit dem Vorwurf, die zu Miteigentümern gewordenen Arbeitnehmer hätten dann kein Interesse an den Gewerkschaften, sie würden den Arbeitnehmerorganisationen tendenziell entfremdet, sie schließlich verlassen und dadurch die Gewerkschaften in der Wahrnehmung ihrer gesellschaftspolitischen und sonstigen Aufgaben entscheidend schwächen: „Nunmehr Mitunternehmer geworden, ‚brauchen' die betroffenen Arbeitnehmer nicht mehr die Gewerkschaftsorganisation und treten konsequent aus." (Küller 1978).

Treffen solche Behauptungen zu, würden in der Tat gesellschaftspolitische Entwicklungen gestört werden und damit den eigentlichen Kern gewerkschaftlicher Antihaltung plausibel machen. Deshalb sind in einer bundesweiten Erhebung (Guski/Schneider 1983) diese zentralen gesellschaftspolitischen Fragen besonders sorgfältig geprüft worden.

1. Miteigentümer und Gewerkschaften

Die Höhe des Gewerkschaftlichen Organisationsgrades ist sicherlich ein Gradmesser für die Einstellung beteiligter Mitarbeiter zu den Gewerkschaften. Denn Mitarbeiter, die davon überzeugt sind, daß ihre Interessen bei den Gewerkschaften in guten Händen sind, werden dort Mitglied werden oder bleiben.

1.1 Gewerkschaftlicher Organisationsgrad

In der Erhebung ist den Betriebsräten die Frage nach der Höhe gewerkschaftlicher Mitgliedschaft gestellt worden. Das Ergebnis dieses Teils der Befragung ist in Tabelle 1 enthalten. Danach beträgt der gewerkschaftliche Organisationsgrad in den Beteiligungsunternehmen insgesamt 50,9 Prozent.

Untergliedert man die Unternehmen nach Zahl der Beschäftigten, wird folgender Trend sichtbar: In Kleinunternehmen ist der gewerkschaftliche Organisationsgrad am niedrigsten. Mit steigender Betriebsgröße nimmt der Organisationsgrad zu, um dann in Großunternehmen (ab 2000 Beschäftigte) und in Größtunternehmen (ab 5000 Beschäftigte) auf hohem Niveau etwas zu variieren. Dieser Sachverhalt ist jedoch keine Besonderheit von Beteiligungsunter-

Tab. 1: Gewerkschaftlicher Organisationsgrad[1] nach Betriebsgrößen

Unternehmensgröße nach Beschäftigtenzahl	Organisationsgrad	
	Beteiligungsunternehmen	Nicht-Beteiligungsunternehmen[2]
bis 100	36,7	20
101 bis 500	40,1	30
501 bis 2 000	42,7	45
2 001 bis 5 000	52,6	55
über 5 000	51,2	60
insgesamt	50,9	50

[1] Organisationsgrad ist das Verhältnis von Gewerkschaftsmitgliedern zur Gesamtbelegschaft in Prozent.

[2] Schätzwerte, da amtliche Zahlen nicht vorhanden.

nehmen; er wird auch in allen anderen Unternehmen beobachtet, wie dies aus Tabelle 1 ebenfalls hervorgeht. Dabei fällt auf, daß – von gewissen Unterschieden innerhalb der Betriebsgrößen abgesehen – der Anteil gewerkschaftlich organisierter Mitarbeiter in den Beteiligungsunternehmen insgesamt nahezu gleich hoch ist wie in den Nicht-Beteiligungsunternehmen.

Damit kann als erstes Ergebnis festgehalten werden: Es macht keinen Unterschied, ob es sich um ein Unternehmen handelt, das seine Belegschaft an Gewinn und Kapital beteiligt oder nicht; der gewerkschaftliche Organisationsgrad ist in beiden Gruppen insgesamt ungefähr gleich hoch. Oder anders ausgedrückt: Bei einer rein statischen Betrachtung ist nicht erkennbar, daß Beteiligungsunternehmen die Arbeitnehmerorganisationen schwächen.

Indes reicht ein solcher Vergleich allein nicht aus, das Argument des DGB, kapitalbeteiligte Mitarbeiter würden die Gewerkschaften *tendenziell* verlassen, zu entkräften. Dazu ist letztlich eine dynamische Analyse erforderlich.

In der Erhebung ist ein solcher Zeitraumvergleich vorgenommen worden. Deshalb wurden die Organisationsgrade zum Zeitpunkt der Einführung einer Mitarbeiterkapitalbeteiligung und zum Stichtag der Untersuchung ermittelt. Auf diese Weise ergaben sich für jedes Unternehmen zwei Vergleichswerte, anhand derer die Tendenz überprüft werden konnte.

Tabelle 2 bietet ein aufschlußreiches Bild. In mehr als vier Fünfteln der Unternehmen (83,2 Prozent) ist der gewerkschaftliche Organisationsgrad trotz

Tab. 2: Entwicklung des gewerkschaftlichen Organisationsgrades in Beteiligungsunternehmen

Zeitraum der Modelleinführung	Beteiligungsunternehmen in Prozent	Veränderung des Organisationsgrades in Prozent		
		gestiegen	gleichgeblieben	gesunken
bis 1959	8,4 (100,0)[3]	5,4 (64,3)	0,8 (9,5)	2,2 (26,2)
1960 bis 1969	23,7 (100,0)	7,7 (32,5)	11,4 (48,1)	4,6 (19,4)
ab 1970	67,9 (100,0)	27,5 (40,5)	30,5 (44,9)	9,9 (14,5)
insgesamt	100,0	40,5	42,7	16,8

[3] Die in Klammern genannten Werte sind Prozentzahlen, die sich in den Querspalten zu 100 addieren.

einer teilweise bis zu 30 Jahren andauernden Beteiligungszeit nicht gesunken. In zwei Fünfteln der Unternehmen (40,5 Prozent) sind sogar Zuwächse zu verzeichnen. Darüber hinaus ist der gewerkschaftliche Organisationsgrad von 42,7 Prozent der registrierten Fälle zumindest unverändert geblieben, während in insgesamt 16,8 Prozent der Unternehmen die Zahl der Gewerkschaftsmitglieder relativ abgenommen hat.

Noch eindrucksvoller fällt das Ergebnis aus, wenn man allein die Entwicklung des gewerkschaftlichen Organisationsgrades in den ältesten Beteiligungsunternehmen verfolgt (vgl. 1. Zeile der Tabelle 2). Dort ist nach einer rund 30jährigen Beteiligungspraxis in zwei Dritteln aller Unternehmen (64,3 Prozent) der Anteil der Gewerkschaftsmitglieder an der Belegschaft nicht nur nicht gesunken, sondern sogar gestiegen. Damit dürfte die DGB-These, Beteiligungen würden die Arbeitnehmerorganisationen tendenziell schwächen, nicht mehr haltbar sein. Allerdings ist aus diesem Ergebnis auch nicht der gegenteilige Schluß erlaubt, Beteiligungsunternehmen würden tendenziell stärker gewerkschaftlich organisiert sein. Denn in diesen Zahlen spiegelt sich der allgemeine Trend wider, nach dem in den fünfziger Jahren die Gewerkschaften weniger Mitglieder hatten als etwa 30 Jahre später.

Hinzu kommt der Tatbestand, daß in einer Reihe von Beteiligungsunternehmen (zwischen 14,5 Prozent und 26,2 Prozent, vgl. Tabelle 2) der gewerkschaftliche Organisationsgrad immerhin auch gesunken ist. Bei den mündlichen Interviews wurde in den Unternehmen, die eine rückläufige Entwicklung des gewerkschaftlichen Organisationsgrades aufwiesen, nach den Gründen gefragt. Dabei stellte sich in allen Unternehmen heraus, daß die Mitarbeiterbeteiligung kein Bestimmungsfaktor für Austritte war. Vielmehr wurden als auslösende Faktoren vorwiegend genannt: Struktureffekte in der Zusammensetzung der Belegschaft[1] und eine aus Sicht von Gewerkschaftsmitgliedern überzogene gewerkschaftliche Beitragspolitik. Damit dürfte eindeutig belegt sein, daß Beteiligungsunternehmen auf die Entwicklung des gewerkschaftlichen Organisationsgrades und das Interesse der Mitarbeiter an den Gewerkschaften keinen Einfluß haben.

[1] Im Laufe von Jahren hat sich bei einer Reihe von Unternehmen das Verhältnis von Angestellten zu Arbeitern zugunsten der Angestellten außergewöhnlich stark verschoben. Da die Angestellten gewerkschaftlich erheblich weniger straff als gewerbliche Arbeitnehmer organisiert sind, ist der Mitgliederschwund nicht eine Folge des Austritts aus der Gewerkschaft, sondern ein Ergebnis dieses Struktureffektes.

Neben der Untersuchung des gewerkschaftlichen Organisationsgrades wurden Geschäftsleitung und Betriebsrat nach ihren Erfahrungen beziehungsweise ihrer Meinung über die Einstellung der Mitarbeiter zu den Gewerkschaften befragt.

Das Ergebnis ist erstaunlich und könnte den Schluß zulassen, daß hier von der Geschäftsleitung mehr Wunschdenken als Realitätssinn vorgetragen wird. Denn 35,8 Prozent des befragten Managements – also mehr als ein Drittel – gehen davon aus, daß durch Beteiligungsmodelle die Solidarität der Mitarbeiter mit den Gewerkschaften geringer werde.

Diese Ansicht wird von den betroffenen Betriebsräten nicht geteilt. Hier glauben nur 17,5 Prozent – also weniger als die Hälfte im Vergleich zu den Unternehmensleitungen – eine schwächere Solidarisierung zu spüren. Vier Fünftel der Betriebsräte (drei Fünftel der Geschäftsleitungen) sind vielmehr der Ansicht, daß durch Beteiligungsmodelle die Einstellung der Mitarbeiter zur Gewerkschaft nicht beeinflußt wird.

In den mündlichen Interviews wurde dieses Urteil vor allem damit begründet, die Mitarbeiter seien sich in zunehmendem Maße bewußt geworden, daß eine betriebliche Beteiligungspolitik allein vom materiellen Umfang her gewerkschaftliche Lohnpolitik nicht kompensieren könne, daß folglich nach wie vor starke Gewerkschaften gebraucht werden, zumal Mitarbeiterbeteiligungen letztlich nur eine – wenn auch sehr geschätzte – Ergänzung des eigentlichen Einkommens sein können und daß aus diesen Gründen ein Entsolidarisierungseffekt nicht in Betracht zu ziehen sei.

Die von einigen Unternehmen vertretene Ansicht – und zwar sowohl von der Geschäftsleitung als auch vom Betriebsrat –, durch die Praxis einer Mitarbeiterkapitalbeteiligung würden sich sogar erhöhte Solidarisierungseffekte mit

Tab. 3: Einstellung der Mitarbeiter zur Gewerkschaft in Beteiligungsunternehmen

Einfluß der Kapitalbeteiligung auf die Einstellung der Mitarbeiter zur Gewerkschaft	Beteiligungsunternehmen in Prozent	
	Geschäftsleitung	Betriebsrat
kein Einfluß	62,1	80,2
geringere Solidarisierung	35,8	17,5
erhöhte Solidarisierung	2,1	2,3
	100,0	100,0

den Gewerkschaften ergeben, wurde vor allem damit begründet: Die Betriebsräte hätten aufgrund der Beteiligung zusätzliche Kompetenzen, dadurch engere Kontakte zur Belegschaft und könnten von daher mehr Einfluß auf die Mitarbeiter nehmen, sich stärker mit ihrer Gewerkschaft zu solidarisieren. Zum Teil wurde auch hervorgehoben, daß die örtliche Gewerkschaft eine positive Stellung gegenüber dem Beteiligungsmodell eingenommen hatte und die beteiligten Mitarbeiter wegen der ihre Interessenlage unterstützenden Gewerkschaftshaltung mit einem verstärkten Solidarisierungseffekt reagierten.

1.2 Streikbereitschaft

Für Gewerkschaften ist ein weiteres wesentliches Faktum, inwieweit Mitglieder ihren Streikaufrufen Folge leisten. Zu untersuchen war in diesem Zusammenhang, ob bei beteiligten Mitarbeitern die Bereitschaft geringer ist, Aufforderungen zum Streik nachzukommen.

Da durch einen Streik die Ertragslage der Unternehmen zwangsläufig belastet wird und die Gewinne geschmälert werden, könnte sich für Mitarbeiter, die Miteigentümer sind, eine Konfliktsituation ergeben: Wenn sie streiken, verlieren sie möglicherweise ihre Gewinnanteile beziehungsweise ihre Renditen, aber sie erkämpfen auf der anderen Seite höhere Löhne und Gehälter, die sie ohne Streik vielleicht nicht erhalten würden.

In der Erhebung ist dieses Problem in zweifacher Weise untersucht worden: In der schriftlichen Befragung nahmen Geschäftsleitung und Betriebsrat jeweils Stellung zu der Frage, ob und, wenn ja, in welchem Ausmaß eine Kapitalbeteiligung die Bereitschaft der Mitarbeiter zum Streik beeinträchtigen würde. Darüber hinaus wurde in den mündlichen Gesprächen konkret geprüft, ob

Tab. 4: Streikbereitschaft in Beteiligungsunternehmen

Einfluß des Beteiligungsmodells auf die Streikbereitschaft der Mitarbeiter	Beteiligungsunternehmen in Prozent	
	Geschäftsleitung	Betriebsrat
kein Einfluß	61,4	71,8
geringere Streikbereitschaft	38,6	28,2
	100,0	100,0

Tab. 5: Streikbereitschaft in Beteiligungsunternehmen nach Beschäftigten

Beschäftigte	Einfluß des Beteiligungsmodells auf die Streikbereitschaft der Mitarbeiter (in Prozent)			
	Geschäftsleitung		Betriebsrat	
	kein Einfluß	etwas Einfluß	kein Einfluß	etwas Einfluß
bis unter 2000	52	48	69	31
ab 2000	83	17	83	17

Beteiligungsunternehmen in der Vergangenheit Streikaufforderungen der Gewerkschaft ausgesetzt waren, wie sich die Mitarbeiter jeweils verhalten haben und welche Gründe für ihr Vorgehen den Ausschlag gaben.

Auch hier zeigt sich die Tendenz, wie bereits oben analysiert: Die Geschäftsleitungen erwarten eine geringere Streikbereitschaft als die Betriebsräte. Überwiegend sind jedoch beide Seiten der Meinung, daß die Streikbereitschaft der beteiligten Mitarbeiter nicht tangiert wird.

Das Ergebnis läßt sich vertiefen, wenn man das Mitarbeiterverhalten in dieser Frage nach Unternehmensgrößen untersucht. In vorhergehenden Analysen ist zum Ausdruck gebracht worden, daß die Größe eines Unternehmens auch die Mitarbeitermentalität formen kann.

Die Aufgliederung der Beteiligungsunternehmen nach Zahl der Beschäftigten bestätigt, daß die Einstellung der beteiligten Mitarbeiter stark von der Unternehmensgröße beeinflußt wird. In fast der Hälfte der Klein- und mittelständischen Unternehmen (48 Prozent) wird von der Geschäftsleitung eine reduzierte Streikbereitschaft erwartet; dagegen wird mit solch einem Verhalten nur in jedem sechsten Großunternehmen (17 Prozent) gerechnet.

Das Ergebnis bei den Unternehmen ab 2000 Beschäftige wird exakt vom Betriebsrat bestätigt. Dagegen weicht die Meinung des Betriebsrates in Unternehmen bis zu 2000 Beschäftigen von der Auffassung der Geschäftsleitung etwas ab. Hier vermag der Betriebsrat nur in knapp einem Drittel (31 Prozent) der Unternehmen eine etwas verringerte Bereitschaft der Mitarbeiter zum Streik zu erkennen.

Daß in kleinen und mittleren Beteiligungsunternehmen eine geringere Streikbereitschaft registriert wird, kann nicht überraschen. Denn im Mittelstand spielt der Gedanke der betrieblichen Partnerschaft eine weitaus wichtigere Rolle als in Großunternehmen. Für viele Unternehmer und Mitarbeiter würde ein Streik als das Scheitern der Partnerschaftsidee interpretiert. Diese Auffassung wurde von gut 10 Prozent der mittelständischen Unternehmen in den mündlichen Interviews bestätigt. Für diesen Kreis sei deshalb aus den genannten Gründen auch eine Aussperrung nicht denkbar.

Dieser Standpunkt wird durch das faktische Verhalten bei Arbeitskämpfen belegt. Rund 30 Prozent der untersuchten Unternehmen sind in der Vergangenheit irgendwie von Streiks – seien es Warnstreiks, seien es echte Kampfmaßnahmen – betroffen worfen. Davon ist in etwa zwei Dritteln dieser Unternehmen gestreikt worden, während ein Drittel dieser Unternehmensgruppe einen Streik verweigert hatte oder nur einige wenige Mitarbeiter gestreikt hatten. Dabei kann nicht davon ausgegangen werden, daß die Ursachen für die Streikverweigerung ausschließlich in der Mitarbeiterbeteiligung zu sehen sind. Andere Gründe, wie zum Beispiel ein geringer gewerkschaftlicher Organisationsgrad oder die Furcht, durch einen Streik die Stellung des Unternehmens am Markt zu schwächen und dadurch möglicherweise den Arbeitsplatz zu verlieren, waren vorherrschend.

Fazit: Beteiligungsmodelle können die Streikbereitschaft der Mitarbeiter beeinflussen, aber nur sehr schwach und dann eher in mittelständischen und kleineren Unternehmen.

Das ist ein Ergebnis, das von Gewerkschaftern keineswegs mit Sorge aufgenommen werden muß und schon gar nicht ihre Ablehnung gegen Beteiligungsmodelle unterstützt. Im Gegenteil, besonders in den Beteiligungsunternehmen, in denen eine etwas geringere Streikbereitschaft angetroffen wird, zeigt sich ein weiterer wichtiger Erfolg: Mitarbeiterbeteiligungsmodelle bewirken – und diese Erkenntnis zog sich wie ein roter Faden durch die ganze Untersuchung – eine gesteuerte Konfliktbewältigung. Das heißt nicht, daß Beteiligungsmodelle einen völlig neuen Menschentyp formen, aus Arbeitnehmern etwa Unternehmer machen. Sie fördern jedoch die Bereitschaft und Fähigkeit zu einem ausgewogeneren Handeln der Interessenlagen im Betrieb. Hieraus entwickeln sich leichter tragfähige Übereinkünfte. Es werden auch nicht Konflikte zwischen Kapital und Arbeit aufgehoben, wie fälschlicherweise behauptet wird,[2] sie werden jedoch gemildert und verlagern sich mehr auf eine

[2] „Die stärkere Identifizierung von Arbeitnehmern mit dem Interesse der Betriebsleitung – erklärtes Ziel jeder betrieblichen Vermögensbildung – verwischt Interessengegensätze und Konfliktlinien in der Arbeitswelt und erschwert die Austragung von betrieblichen Konflikten auf einer rationalen Basis." (Küller 1977: 325).

sachliche und emotionsfreie Ebene und ermöglichen dadurch für alle Betroffenen, leichter vertretbare Kompromisse zu erzielen.

Diese aus jahrelanger Beteiligungspraxis festgestellte Erfahrung kann von den Gewerkschaften durchaus akzeptiert werden. Denn in einem solchen Klima des Verständnisses werden Mitarbeiterinteressen erreicht, die sonst trotz Arbeitskämpfen nicht durchgesetzt werden. Daß dabei Gewerkschaften nicht überflüssig werden, sondern vielmehr in eine höhere Verantwortungsqualität hineinwachsen, ist von allen Befragten in den Interviews betont worden.

2. Betriebsräte in Beteiligungsunternehmen

Vom DGB wird eingewandt, die Rechte von Betriebsräten würden in Beteiligungsunternehmen eingeschränkt, und dadurch würde die Wahrnehmung der Arbeitnehmerinteressen unterlaufen. Wörtlich heißt es in einer Stellungnahme des DGB zum vermögenspolitischen Gesetzentwurf der Niedersächsischen Landesregierung: „Ebenfalls entspricht es der Erfahrung, daß selbst die bereits bestehenden Mitbestimmungsrechte der Arbeitnehmer unterlaufen werden, indem in den meisten der bereits praktizierten Modelle sogenannte Partnerschaftsausschüsse neben die Betriebsräte treten ..." (DGB-Bundespressedienst 1982). Wie die Betriebsräte selbst dazu stehen, zeigen die in Tabelle 6 ausgewiesenen Befragungsergebnisse.

Tabelle 6 offenbart eine Haltung der Betriebsräte, die die Vorstellungen des DGB in den Bereich der Utopie verweist. So sehen die Betriebsräte in der

Tab. 6: Stellung des Betriebsrats in Beteiligungsunternehmen[4]

Einfluß der Kapitalbeteiligung auf die Stellung des Betriebsrats	Beteiligungsunternehmen in Prozent
kein Einfluß	50,4
stärkere Stellung	42,0
schwächere Stellung	7,6
	100,0

[4] Schriftliche Stellungnahme des Betriebsrates.

Hälfte der Beteiligungsunternehmen (50,4 Prozent) ihre Position in keiner Weise beeinflußt. Darüber hinaus bescheinigen über zwei Fünftel der Betriebsräte (42 Prozent) sogar eine Ausweitung ihrer Befugnisse durch die Kapitalbeteiligungen, also genau das Gegenteil von dem, was der DGB erklärt hat. Nur in einigen wenigen Unternehmen (7,6 Prozent) waren die Betriebsräte der Meinung, daß ihre Stellung etwas geschwächt werde. Dies war jedoch nicht modellbedingt, sondern in der eigenen Einstellung begründet. Denn Betriebsräte, die ganz oder teilweise das Beteiligungsverfahren ablehnten und deshalb den Mitarbeitern den Erwerb von Beteiligungstiteln auszureden versuchten, mußten erkennen, daß die Mehrzahl der Belegschaft ihren Empfehlungen nicht folgte. Sie sahen hierin einen gewissen Autoritätsverlust und damit eine Schwächung ihrer Position.

Zugleich ist die andere wichtige Frage angesprochen, wie die Betriebsräte die Beteiligungsangebote der Unternehmen beurteilen und wie sie sich verhalten, wenn ihr Urteil mit der gewerkschaftlichen Meinung nicht übereinstimmt.

Aus Tabelle 7 ist zu ersehen, daß 93,9 Prozent der Betriebsräte die Beteiligungsmodelle akzeptieren, zwei Drittel (66,4 Prozent) sie sogar als gut einstufen. Lediglich in 6,1 Prozent der Unternehmen wird die Mitarbeiterbeteiligung abgelehnt.

Tab. 7: Beurteilung der Beteiligungsmodelle durch den Betriebsrat

Urteil	Beteiligungsunternehmen in Prozent
gut	66,4
einigermaßen gut	27,5
nicht gut	6,1
	100,0

Damit steht fest, daß nicht nur die breite Arbeitnehmerbasis, sondern auch die Betriebsräte überwiegend einen konträren Standpunkt gegenüber der Haltung des DGB in der betrieblichen Vermögensbeteiligung einnehmen. Befragt, ob ein solcher Spannungszustand mit der eigenen Organisation nicht sehr belaste, verneinten die meisten Betriebsräte diese Frage und gaben eine klare Positionsbeschreibung: Sie würden – trotz engagierter Mitgliedschaft in der Gewerkschaft – in Konfliktfällen als sogenannte Betriebsegoisten handeln, d. h. sie würden in erster Linie die Interessen des Betriebs, der ihnen die Existenz und Sicherheit des Arbeitsplatzes sowie ihr Einkommen garantiert, berücksichtigen. Der Betriebsratsvorsitzende eines Großunternehmens und überzeugtes Mitglied der IG Metall beschrieb – stellvertretend für viele andere Betriebsräte – seinen Standort bündig: „Zuerst kommt der Betrieb und dann die Gewerkschaft."

Ergebnisse:

1. Betriebsräte sind in der Regel als Vertreter der Mitarbeiter obligatorisch Gesprächs- und Verhandlungspartner der Geschäftsleitung bei Entwicklung, Einführung und Praktizierung der Beteiligung.
2. Betriebsräte spielen im Rahmen der offiziellen Beteiligungsgremien häufig eine tragende Rolle.
3. Durch die aus den Beteiligungsmodellen resultierenden Informationsrechte wird generell die Informationsbasis, und damit auch die der Betriebsräte, verbessert.
4. Betriebsräte stehen bis auf wenige Ausnahmen Beteiligungsmodellen positiv gegenüber.
5. In Konfliktsituationen mit der Gewerkschaft hat für die meisten Betriebsräte das Unternehmen Vorrang.

3. Die Haltung der örtlichen Gewerkschaften

Es ist bereits mehrfach dargelegt worden, daß der DGB und die meisten der ihm angeschlossenen Industriegewerkschaften die betriebliche Vermögensbeteiligung ablehnen, zumindest jedoch ihr skeptisch gegenüberstehen. In der Untersuchung wurde dieser Beziehung nachgegangen, um zu erfahren, wie sich solche Spannungen in der Praxis auswirken.

Als Ergebnis kam dabei überraschend etwas ganz anderes heraus, als ursprünglich vermutet worden war: Statt der erwarteten überwältigenden Ablehnung nehmen die örtlichen Gewerkschaften überwiegend eine flexible Haltung ein, die von geringen Fällen der Ablehnung über Neutralität bis hin zur vollen Zustimmung reicht.

So haben laut Tabelle 8 drei Viertel der schriftlich antwortenden Betriebsräte den örtlichen Gewerkschaften ein neutrales Verhalten, . h. meist keine Reaktion auf die betrieblichen Beteiligungsverfahren bescheinigt. 16,4 Prozent der Betriebsräte meldeten eine sogar ausgesprochen positive Stellungnahme, und

Tab. 8: Reaktion der örtlichen Gewerkschaften auf Beteiligungsunternehmen

Reaktion der örtlichen Gewerkschaft	Beteiligungsunternehmen in Prozent
positiv	16,4
neutral	75,0
negativ	8,6
	100,0

nur von 8,6 Prozent wurden ablehnende Bewertungen örtlicher Gewerkschaften angezeigt.

Das Resultat der Befragung enthüllt einen Zwiespalt im Gewerkschaftslager, der offenbar mehr Unsicherheit verrät, als bislang vermutet werden konnte. Die von der obersten Gewerkschaftsführung getragenen theoretischen und wohl auch ideologisch sowie politisch geprägten vermögenspolitischen Leitlinien konnten vor Ort von der eigenen Führung nicht durchgesetzt werden. Die örtlichen Gewerkschaften mußten aufgrund ihrer praktischen Erfahrungen sehr bald erkennen, daß es sinnlos wäre und zudem die eigene Position unnötig schwächen würde, Mitarbeiterbeteiligungen pauschal abzulehnen, wenn nicht nur die Arbeitnehmer allgemein, sondern auch die eigenen Mitglieder und nicht zuletzt die Betriebsräte einen gegenteiligen Standpunkt einnehmen. Wenn also die überwältigende Masse der gewerkschaftlichen Basis in der betrieblichen Vermögensbeteiligung für sich greifbare und erfahrbare Vorteile sieht und dies mit respektablen Beteiligungsquoten auch zahlenmäßig zum Ausdruck bringt, haben offenkundig die an der Basis stehenden örtlichen Gewerkschaftsleitungen einsehen müssen, daß es zumindest ratsamer ist zu schweigen, will man sein Ansehen und seinen Einfluß nicht leichtfertig aufs Spiel setzen.

Darüber hinaus gibt es aber auch Gewerkschaftsbezirke, die sich nicht nur neutral verhalten, sondern betriebliche Beteiligungsmodelle ausdrücklich den Mitarbeitern gegenüber befürwortet haben, weil sie sich von den Vorteilen der Beteiligungspraxis für die Arbeitnehmer überzeugen konnten. Dabei waren sie sich ihres Gegensatzes zur offiziellen Gewerkschaftsmeinung durchaus bewußt.

Ergebnisse:

1. Beteiligungsmodelle richten sich nicht gegen die Gewerkschaften.

2. Die Untersuchungsergebnisse liefern keinerlei Hinweise, daß sich der gewerkschaftliche Organisationsgrad in Beteiligungsunternehmen verschlechtert.
3. In kleinen und mittleren Unternehmen wird durch die Mitarbeiterkapitalbeteiligung die Streikbereitschaft in geringem Maße reduziert.
4. Die Stellung der Betriebsräte erfährt durch die aus Beteiligungen resultierenden zusätzlichen Rechte eine Stärkung.
5. Betriebsräte stehen dem Gedanken der Mitarbeiterbeteiligung am Unternehmenskapital sehr zustimmend gegenüber. Damit befinden sie sich in einem Konflikt mit *den* Gewerkschaften, die Beteiligungsmodelle immer noch ablehnen.
6. Die örtlichen Gewerkschaften haben Schwierigkeiten, die ablehnende Meinung der Gewerkschaftsspitze an der Basis zu vertreten. Ein Teil von ihnen steht wegen zustimmender Stellungnahmen sogar in einem Konflikt zur eigenen Gewerkschaftsführung.
7. Insgesamt wird durch Beteiligungsmodelle die Solidarisierung der Arbeitnehmer mit ihren Gewerkschaften nicht wesentlich berührt. Denn ihr grundlegendes Einkommenspotential erzielen beteiligte Mitarbeiter nach wie vor aus ihrer Eigenschaft als Arbeitnehmer und nicht aus ihrem Kapitalanteil.
8. Die vom DGB durch Beteiligungsmodelle befürchtete Schwächung der Geschlossenheit der Arbeitnehmervertretung wird durch seine ablehnende Haltung auf diesem Gebiet selber provoziert. Denn nicht nur die Arbeitnehmerbasis, sondern auch die meisten Betriebsräte und überraschend sogar Teile der eigenen Organisation, vertreten durch örtliche Gewerkschaften, nehmen in der Frage der betrieblichen Vermögensbeteiligung einen positiven Standpunkt ein.

Literatur

DGB-Bundespressedienst (26. 03. 1982): S. 8.

Guski, H.-G., und H. J. Schneider (1983): *Betriebliche Vermögensbeteiligung in der Bundesrepublik Deutschland.* Teil II: Ergebnisse, Erfahrungen und Auswirkungen in der Praxis. Köln: Deutscher Institutsverlag.

Küller, H.-D. (1977): Betriebliche Vermögenspolitik als Element unternehmerischer Strategie. *Gewerkschaftliche Monatshefte* 5/1977.

Küller, H.-D. (1978): Vor einer Tendenzwende in der Vermögenspolitik. *Die Quelle* 1/1978, S. 19.

Teil III
Beispiele aus der Praxis

X. Das PSI-Modell: Konturen, Erfahrungen und der Versuch einer Beurteilung

Dietrich Jaeschke

Die PSI (Gesellschaft für Prozeßsteuerungs- und Informationssysteme mbH) hat sich sehr früh eine eigenständige Verfassung gegeben, die mit ihrer konsequenten Verwirklichung von Mitarbeiterbeteiligung und Mitbestimmung sicher einen hervorragenden Platz in Deutschland einnimmt. Alle Statuten sind in einem generellen Vertrag zusammengefaßt, der bewußt den Titel „Selbstbestimmungsmodell der PSI" trägt.

Dieses Modell soll nun erläutert und auf seine internen und externen Auswirkungen untersucht werden. Aus diesem konkreten Beispiel mit mehr als 10 Jahren praktischer und zum großen Teil nachvollziehbarer Erfahrung können sicher einige generelle Schlüsse gezogen und Ansätze für Weiterentwicklungen in anderen Unternehmen gefunden werden.

Dabei muß immer wieder betont werden, daß eine direkte und unkritische Übertragung derartiger Modelle nicht möglich ist. Außerdem ist darauf hinzuweisen, daß die folgenden qualitativen Aussagen zwar partiell durch quantitative Angaben gestützt werden, aber verläßliche Vergleichmaßstäbe zu anderen Organisationsformen fast vollständig fehlen.

Dieser Artikel will die Auswirkungen eines derartigen Modells unter verschiedenen Aspekten schildern. Hierzu ist zunächst eine kurze Skizzierung des Unternehmens selbst mit seiner besonderen Situation und den Modellstrukturen und -regeln erforderlich, aber auch bereits in diesen Teilen soll eine Einordnung in die allgemeinen technischen Entwicklungstrends, die internationale Wettbewerbssituation und das besondere rechtliche Umfeld in der Bundesrepublik versucht werden.

1. Die Voraussetzungen

Die PSI hat für die Verwirklichung eines derartigen konsequenten Modells besonders günstige Voraussetzungen:

- eine homogene Mitarbeiterschaft (zum größten Teil Akademiker)
- einen erstklassigen Markt, der auch in Zukunft erhebliche Zuwachsraten aufweisen wird
- interessante Aufgaben, die als ganzheitliche Projekte im Team realisiert werden.

Diese hervorragenden Ausgangsbedingungen müssen bei allen folgenden Aussagen berücksichtigt werden.

Lieferspektrum

Die PSI versteht sich als ein Unternehmen der Informationstechnologie. PSI bietet alle immateriellen Leistungen an, die in diesem Bereich erforderlich sind. Dabei hat PSI sich auf wenige Gebiete (Energie/Industrie, Automatisierung/Organisation) spezialisiert und setzt hierfür alle verfügbaren Elemente der Computer-Technik ein.

Investionen

Die Informationstechnologie erfordert inzwischen eine große Leistungskraft der Unternehmen, da sowohl erhebliche Risiken bei der Produktion selbst existieren als auch der Zwang zur Investition in Marketing, Weiterbildung und Forschung/Entwicklung ständig steigt. Hierfür wird die Kapitalausstattung in Zukunft von ausschlaggebender Bedeutung sein.

Gründungszeitpunkt

Durch die neue Begriffsbildung in den letzten Jahren weiß PSI, was das Unternehmen ist: ein spin-off von einem deutschen Elektrokonzern und eine Firma mit einer besonderen Unternehmenskultur. Beide Begriffe waren weder bei der Gründung der PSI im Jahre 69 noch bei der Einführung des in seinen Grundzügen noch immer geltenden Modells im Jahre 74 bekannt.

Rechtsform

Die Rechtsform der PSI ist die GmbH, um eine direkte Beteiligung zu ermöglichen und nach innen und außen eine klare Unternehmensform zu präsentieren. Wegen der wachsenden Anzahl von Gesellschaftern wäre eine Wandlung in eine AG denkbar.

Größe

Die PSI beschäftigt z. Zt. 300 Mitarbeiter, was zu einer weitgehenden Strukturierung des Unternehmens geführt hat. PSI hat bewußt nach Einführung des Modells expandiert, da der Beweis angetreten werden sollte, daß auch mittlere Unternehmen mit derartigen Modellen erfolgreich sein können. Dieser Expansionskurs soll fortgesetzt werden. Damit sollen auch die Marktanteile gehalten bzw. vergrößert werden. Der Umsatz in 1985 betrug 33 Mio. DM (reine Wertschöpfung).

Geschäftsstellen

Die PSI hat drei Geschäftsstellen (Berlin, Aschaffenburg, Wuppertal) und zwei Auslandsniederlassungen (Holland, Schweiz). Diese Dezentralisierung gibt zusätzliche Probleme für die interne Kommunikation. Nicht geklärt ist bisher die Frage, ob und wie das Modell in's Ausland mit seinen anderen Voraussetzungen und Gesetzen übertragen werden kann.

Kapital

Das Stammkapital, das voll eingezahlt ist, beträgt z. Zt. 4,2 Mio. DM. Hinzu kommen 2,5 Mio. DM offene Rücklagen. Seit Einführung des Modells konnte PSI die eigene Kapitalbasis ständig verbessern und sich damit einen großen Spielraum für Eigenständigkeit und für Investitionen schaffen.

Leistungsspektrum

Die gute Kapitalausstattung und die hohe Qualifikation der Mitarbeiter haben es der PSI ermöglicht, die eigenen Leistungsarten permanent weiterzuentwickeln und den gestiegenen Marktbedürfnissen anzupassen (s. Abb. 1).

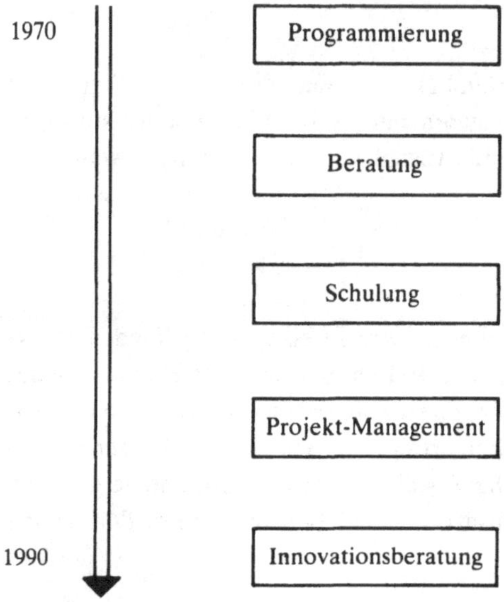

Abb. 1: Leistungsarten

Die Leistungsarten verschieben sich auch bei PSI von einfachen und risikoarmen Tätigkeiten zu anspruchsvolleren Aufgaben, bei denen PSI mehr Verantwortung für die ganzheitliche Gestaltung neuer Produkte und Prozesse übernimmt. Auch hierfür sind die Voraussetzungen in der Organisation und der Unternehmensverfassung zu schaffen.

2. Grundzüge des Modells

Das Modell der PSI wurde in einem Prozeß über viele Monate erarbeitet und 1974 verbindlich eingeführt. Es ist geprägt von folgenden Randbedingungen:

- Das oberste Ziel war und ist die Autonomie sowohl des Unternehmens selbst als auch aller Gruppen und Mitarbeiter.
- Dem Modell liegt keine einheitliche Ideologie zugrunde, was sich auch in der Einstellungspolitik auswirkt.

- Die Firma wird im wesentlichen von Mitarbeitern mit technisch/wissenschaftlicher Ausbildung bestimmt.
- Der Kunde und der Markt sind ein permanentes und lebensnotwendiges Korrektiv.

Das Modell regelt sowohl die Beteiligung und die Gewinnverteilung als auch die Kompetenzen und Entscheidungsprozesse (Mitbestimmung).

Der Gesellschafter

Der Gesellschafterstatus ist an den Arbeitsvertrag gebunden. Gesellschafter kann jeder Mitarbeiter bei PSI werden, der zwei Jahre im Unternehmen ist, einen Antrag auf Aufnahme stellt und 51% Zustimmung der Gesellschafter erhält.

Die Entscheidung zur Bewerbung als Gesellschafter liegt ausschließlich beim Mitarbeiter. Die Anteile muß er bar bezahlen, Finanzierungsmöglichkeiten der Firma existieren nicht. Die Anzahl der Anteile ist z. Zt. auf 10 begrenzt, so daß es keinen dominierenden Gesellschafter gibt.

Ein Anteil kostet 5000 DM. Hinzu kommt ein Agio, das jährlich von der Gesellschafterversammlung festgelegt wird (z. Zt. 80%).

Bei Beendigung des Arbeitsvertrages müssen die Anteile an die Firma zu einem in einer jährlichen Abfindungsbilanz ermittelten Wert zurückgegeben werden. Die Auszahlung kann anhand der Situation des Unternehmens gestreckt werden.

1978	43%
1979	48%
1980	52%
1981	54%
1982	59%
1983	62%
1984	59%
1985	63%

Abb. 2: Gesellschafter (als % der Mitarbeiter)

Die Entwicklung des Anteils Gesellschafter im Verhältnis zu allen Mitarbeitern zeigt die Abbildung 2; die Tendenz ist leicht steigend (sie hängt aber stark von der aktuellen Expansionsrate ab!). Z. Zt. hat die PSI 162 Gesellschafter.

Das Einkommen

Das Einkommen setzt sich aus drei Komponenten zusammen:

Gehalt:	Dieses ist marktüblich; die jährlichen Zuwächse sind ausschließlich leistungsorientiert
Beteiligung:	Die Ausschüttung der Mitarbeitererfolgsbeteiligung erfolgt mit einem gleichen Betrag für jeden Mitarbeiter
Gewinn:	Die Gewinne werden pro Anteil ausgeschüttet

Das Betriebsergebnis wird zu je 50% auf die Mitarbeitererfolgsbeteiligung und die Gesellschaftergewinne verteilt. Damit soll eine hohe Transparenz und Nachvollziehbarkeit und ein gemeinsames Interesse an guten Betriebsergebnissen erreicht werden. Die Transparenz/Offenlegung gilt für den gesamten Komplex Einkommen incl. der Gehälter.

Die Gremien

Die PSI trennt sehr klar zwischen zeitnahem Tagesgeschäft und langfristig strategischen Entscheidungen. Grundsätzlich geht es um eine hohe Reaktionsfähigkeit des Unternehmens in allen Belangen. Verantwortung und Kompetenz werden immer direkt an das reale Geschehen angelagert. Dennoch sind wegen der Größe des Unternehmens klare Aufgabenzuordnungen erforderlich. Die Aufgaben der einzelnen Gremien sollen skizziert werden:

Betriebsvollversammlung:	Sie tagt einmal im Jahr und dient hauptsächlich zur ganzheitlichen Informationsvermittlung. Außerdem wählt sie ihre Vertreter in den Verwaltungsrat und muß Änderungen zum Selbstbestimmungsmodell zustimmen.
Gesellschafterversammlung:	Sie tagt zweimal im Jahr und nimmt alle gesetzlichen Aufgaben, speziell Kapitalangelegenheiten,

wahr. Sie wählt die Geschäftsführung und ihre Vertreter des Verwaltungsrates und kann das Modell ändern.

Verwaltungsrat: Der Verwaltungsrat ist paritätisch besetzt (Mitarbeiter/Gesellschafter); ihm obliegt die Kontrolle der Geschäftsführung und die Ausgestaltung der internen Zusammenarbeit. Er muß alle wichtigen Investitionen genehmigen.

Geschäftsstellenbeiräte: Sie werden lokal gewählt und nehmen die lokalen Interessen der Mitarbeiter gegenüber dem Management wahr.

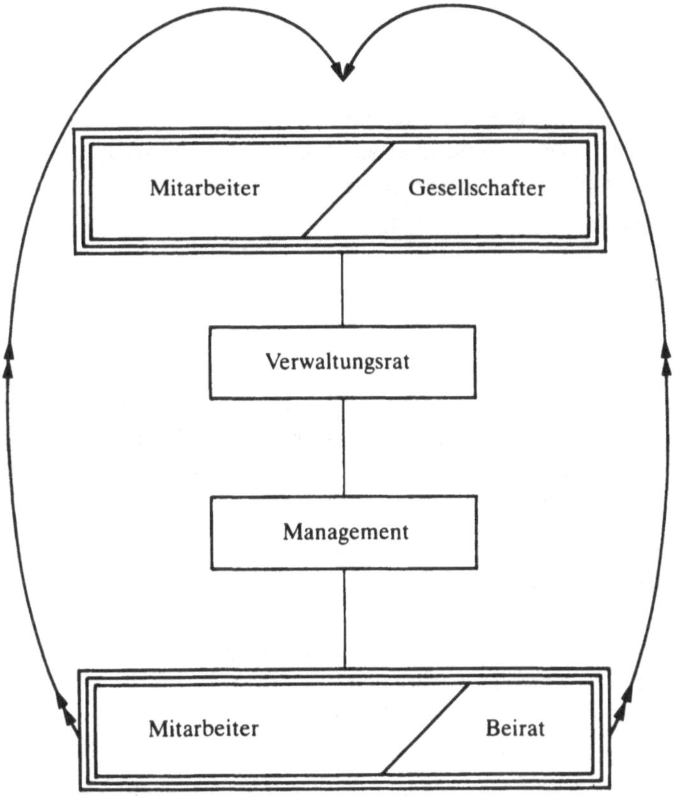

Abb. 3: Generelle Struktur des Modells

Management: Die Geschäftsführung setzt die nächste Ebene ein, welche von zugeordneten Mitarbeitern bestätigt werden muß. Das Management ist für die gesamte erfolgreiche Führung des Unternehmens zuständig.

Einen Überblick über die Zuordnung der einzelnen Gremien gibt die Abbildung 3.

Die Organisation

Auch die Organisationsstruktur und die -regeln müssen sich an den Bedingungen des Marktes, der technologischen Weiterentwicklung und dem PSI-Modell orientieren. Die Organisation setzt die Forderung nach Autonomie konsequent nach innen um, von den Bereichen über die Projekte bis hin zu den einzelnen Mitarbeitern.

Eine relativ flache Hierarchie gewährleistet eine ausreichende Nähe des Managements zum realen Geschehen und eine ausreichende Transparenz für alle Informationsflüsse und Entscheidungsprozesse.

Die aktuelle Organisation zeigt die Abb. 4.

Die Dokumente

Obwohl PSI in allen Elementen des Modells und der Organisation Vereinfachungen angestrebt hat, teilweise sogar zu Lasten höherer Steuern, konnte nicht verhindert werden, daß mehrere Dokumente zur Festlegung aller internen Regelungen erforderlich sind:

- Selbstbestimmungsmodell als Dach und Zusammenfassung
- Gesellschaftsvertrag für die GmbH
- Anstellungsvertrag (einheitlich für alle Mitarbeiter)
- Organisationshandbuch für die direkte Zusammenarbeit
- Arbeitsanweisungen und interne Richtlinien
- Außendarstellung für ein einheitliches Marketing

Diese Vielfalt der Dokumente führt teilweise zu Überschneidungen, die aber unvermeidbar sind. Auch die Hierarchie ist in extremen Einzelfällen nicht immer klar.

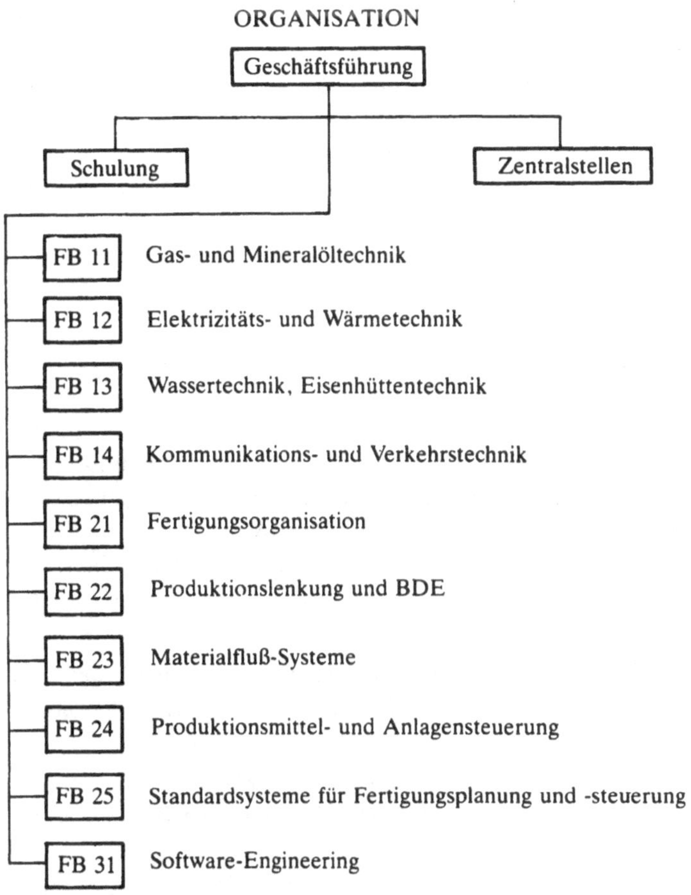

Abb. 4: Organisation

Sonstige Leistungen

Auch über die im Modell festgeschriebenen Leistungen hinaus versucht PSI, Regelungen einzuführen, die eine weitere Flexibilisierung ermöglichen und in Richtung eines geschlossenen Cafeteria-Prinzips gehen. Einige dieser zusätzlichen Leistungen sind

- Gleitende Arbeitszeit, die nur über Selbstaufschreibung kontrolliert wird
- Wandlung von Überstunden in Freizeit

- Jährliche Option für den Jahresurlaub von ± 1 Woche bei einem generellen Urlaub von 33 Tagen
- eigene Altersversorgung, die über eigene Rückstellungen für zusätzliche Liquidität sorgt
- im Arbeitsvertrag vereinbarter Bildungsurlaub von 10 Tagen.

Bisher liegen mit dieser Flexibilisierung positive Erfahrungen vor. Sie sollen daher vorsichtig ausgebaut werden.

3. Wirtschaftspolitische Bedeutung

Beteiligungsmodelle und spezielle Unternehmenskulturen gewinnen im internationalen Wettbewerb gerade bei zukunftsträchtigen Technologien immer mehr an Bedeutung. PSI hat sich mit dieser Thematik schon sehr frühzeitig beschäftigt und setzt sich mit den Entwicklungstendenzen permanent auseinander. Dabei ist es besonders wichtig, die eigene relative Position immer wieder in Frage zu stellen.

Die Thesen für die Entwicklungstendenzen der Abbildung 5 entstammen dem Buch Megatrends von Naisbitt. Die * und die Reihenfolge geben an, inwieweit PSI diese Forderungen erfüllt.

Den sehr globalen Aussagen liegen detaillierte Langzeitstudien der PSI zugrunde. Auch der Zwang zur intensiven Beschäftigung mit der Zukunft ist ein Element von Modellen wie PSI.

– Von der Industriegesellschaft zur Informationsgesellschaft	* * * * *
– Von der Zentralisierung zur Dezentralisierung	* * * *
– Von der repräsentativen zur partizipatorischen Demokratie	* * * *
– Von der kurzfristigen zur langfristigen Orientierung	* * * *
– Von der Entfremdung zu einem Gleichgewicht von Mensch und Technik	* * *
– Von der institutionalisierten Hilfe zur Selbsthilfe	* * *
– Von der Hierarchie zu vernetzten Systemen	* * *
– Von der Volkswirtschaft zur Weltwirtschaft	* *
– Vom Entweder/Oder zur Mannigfaltigkeit	*

Abb. 5: Veränderungstendenzen in der amerikanischen Wirtschaft, Mega Trends

Die internationale Konkurrenz

Der Markt der Informationstechnologie ist international. PSI will in diesem Markt bestehen. Daher enthält das Modell folgende Passage:

„PSI will technische Spitzenleistungen – auch im internationalen Maßstab – erbringen."

Die erfolgreichen internationalen Unternehmen zeichnen sich nicht nur durch hervorragende Produkte und ein konsequentes Marketing aus, sondern auch durch besondere Unternehmensverfassungen und Unternehmenskulturen. Die Computer-Industrie in den USA (von IBM über HP bis Tandem) ist hierfür ein hervorragendes Beispiel. Alle setzen stark auf die Motivation der Mitarbeiter und haben in irgendeiner Form ein Beteiligungsmodell. Das PSI-Modell ist ein Ansatz, um dieser internationalen Herausforderung erfolgreich zu begegnen.

Die Informationsgesellschaft

Die Gesellschaft steckt mitten in einem tiefgreifenden Wandel von der Industrie- zur Informationsgesellschaft, der erst 1990 seinen Höhepunkt erreicht haben wird. Dieser Wandel hat nicht nur erhebliche Auswirkungen auf die Menge und Qualität der Arbeitsplätze sondern auch die Unternehmensstrukturen selbst. Besonders betroffen davon sind die gesamten Planungsprozesse und Investitionsvorhaben, die sich immer stärker vom Materiellen zum Immateriellen hin verlagern.

Dabei bringt die Informationsgesellschaft gerade für die hochindustrialisierten Länder einen unschätzbaren Vorteil – nämlich selbstgenerierende Ressourcen.

Auf diese neue Umgebung und die veränderten Voraussetzungen müssen sich alle Unternehmen einstellen, wobei Firmen wie PSI mit ihrer zukunftsweisenden Verfassung besonders gute Chancen haben, diesen dramatischen und permanenter Wandel zu bewältigen.

Neue Technologien

Die neuen Technologien bringen eine permanente Verkürzung der Innovationszyklen, was einen Zwang zur ständigen Veränderung in allen Bereichen und Ebenen eines Unternehmens zur Folge hat. PSI begreift das eigene Modell als „einen permanenten Prozeß für jeden Einzelnen, jede Gruppe und die gesamte PSI".

Die Einführung neuer Technologien kann nur dann erfolgreich sein, wenn organisatorische Maßnahmen parallel gestaltet und eingeführt werden. Diese Notwendigkeit hat PSI bereits 1974 mit Verabschiedung des Selbstbestimmungmodells erkannt.

Der Mensch

Sowohl die Nutzung als auch die Produktion der neuen Technologien geben dem Menschen eine ganz zentrale Bedeutung. Ohne seine konsequente Einbeziehung werden sie nicht erfolgreich sein! Die Unternehmen müssen hierfür, zumindest intern, die Voraussetzungen schaffen.

Personal:	Qualifiziertes und flexibles Personal stellt einen erheblichen Engpaß dar. Es lohnt sich dort zu investieren!
Flexibilität:	Die Flexibilität ist ein absolutes Muß. Das betrifft insbesondere die gesamte Gestaltung von Arbeitszeit und Arbeitsprozessen.
Gestaltung:	Die Aufgaben werden immer komplexer. Es geht mehr und mehr um die Gestaltung und Optimierung von Systemen.
Dezentralisierung:	Die Kommunikationstechnik ermöglicht eine weitere Dezentralisierung von Produktion, Verwaltung und Entscheidung.
Prozesse:	Alle Vorhaben und technischen Entwicklungen sind als langfristige Prozesse zu begreifen und zu gestalten.

Diese Anforderungen müssen direkt an den Unternehmensstrukturen und Führungsleitlinien verankert werden. Unternehmenskulturen wie die PSI, die den Mitarbeiter konsequent einbeziehen und sich die erforderliche Flexibilität erhalten, bieten hierfür gute Ansatzpunkte.

Das Projekt

Sowohl ganz allgemein in der Gesellschaft als auch speziell im Unternehmen nimmt die Menge an Projekten, die von Projektgruppen realisiert werden immer schneller zu. Diese Teams müssen möglichst autonom etabliert werden, damit sie eigenständig – aber im Sinne des Ganzen – ihre Projekte abwickeln. PSI hat hierfür die Voraussetzungen in der Organisation und im Modell geschaffen.

Der Kunde

Modelle wie PSI beziehen ihre zentrale Kraft aus der Zusammenarbeit mit ihren Kunden. Sie sind extrem kundenorientiert bis hin zu einem Maße, daß das Kundeninteresse die höchste Priorität erhält unter Vernachlässigung des eigenen kurzfristigen wirtschaftlichen Erfolges.

Besonders wichtig für den Markt ist die langfristige strategische Ausrichtung von Beteiligungsunternehmen, die die Arbeitsplatzsicherung absolut in den Vordergrund stellen. Hinzu kommt die sehr gute Kapitalausstattung und die Bindung des Mitarbeiters an das Unternehmen. Das alles zusammen gibt dem Kunden die ausreichende Stabilität für eine langfristige Partnerschaft.

Auch die kapitalmäßige Unabhängigkeit ist häufig ein für den Auftrag entscheidendes Argument.

Die Gesellschaft

Probleme haben Beteiligungsmodelle eigentlich nur bei den gesellschaftlichen Gruppierungen, da alle großen, zentralisierten Organisationen ihnen mit großer Skepsis gegenüberstehen. Hinzu kommt die Tatsache, daß die meisten Gesetze (Gesellschafts-, Steuer-, Arbeitsrecht) nur sehr schlecht passen. Hier sind neue Konzepte unbedingt erforderlich, um Modellen wie PSI einen Rahmen zu geben, der neue Initiativen, technologische Spitzenleistungen und wirtschaftliche Erfolge ermöglicht.

4. Betriebliche Auswirkungen

Am besten läßt sich ein Modell an den Erfolgen des konkreten Unternehmens messen. Hier liegen meistens auch konkrete Daten vor. PSI hat seit Einführung des Modells im Jahre 74 alle relevanten Kennzahlen ver-n-facht.

Wachstum

PSI konnte den Erlös von 1974 von 4,7 Mio. DM auf 33. Mio. DM in 1985 steigern (genaue Daten s. Abbildung 6). Nicht so stark gewachsen ist der Personalstand (von 65 auf 280 Mitarbeiter). Hier könnte ein Nachteil von Beteiligungsmodellen liegen: sie tendieren eher dazu, die Kapazität zur technischen und organisatorischen Integration neuer Mitarbeiter zu limitieren. Bei PSI hat sich die durchschnittliche Expansionsrate auf 10% pro Jahr eingependelt.

Günstiger sieht das Bild bei der Produktivität aus. Sie konnte in dem genannten Zeitraum verdoppelt werden, was die Position am Markt gestärkt hat.

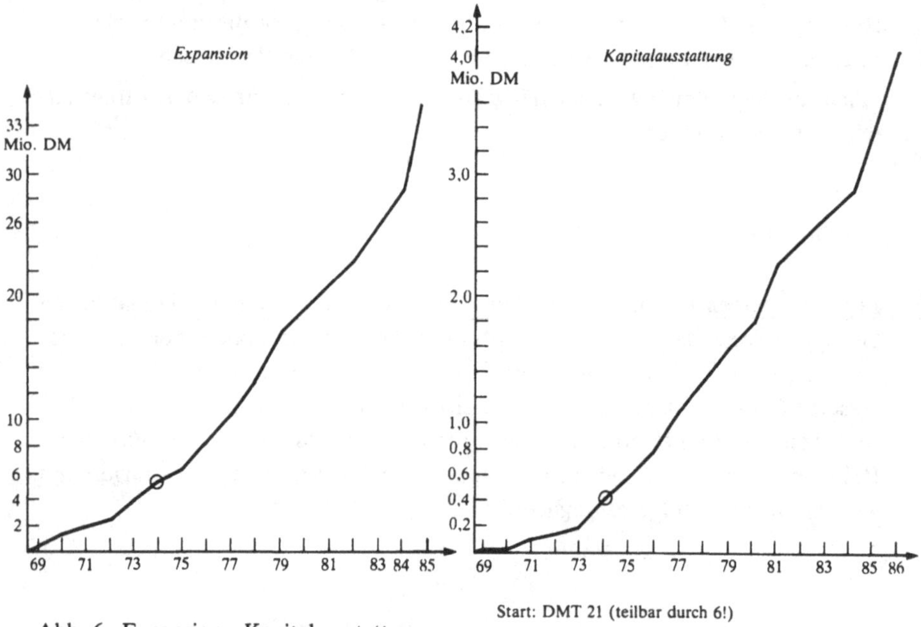

Abb. 6: Expansion – Kapitalausstattung

Kapitalausstattung

Herausragend – insbesondere im direkten Vergleich zur Konkurrenz von PSI – ist die Kapitalausstattung von 4,2 Mio. DM. Stammkapital und Rücklagen alleine ergeben z. Zt. einen Betrag von 6,7 Mio. DM, der zur Finanzierung aller Investitionen ausreicht und der PSI ein erhebliches Polster zur Abdeckung möglicher Projektrisiken läßt. Beteiligungsmodelle neigen wohl eher zu einer Überkapitalisierung des Unternehmens (die Kapitalentwicklung seit 74 zeigt die Abbildung 6).

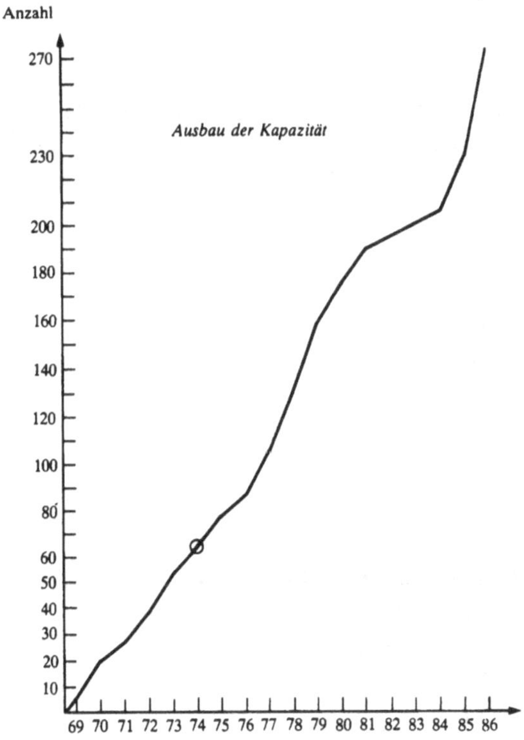

Abb. 6a: Ausbau der Kapazität

Gewinne

Natürlich hat PSI seit Bestehen des Modells immer Gewinne ausgewiesen, was in dieser Branche nicht allzu schwierig war. Dadurch floß den Gesellschaftern immer eine sehr gute Verzinsung zu. Der Gewinn wurde stets zu 100% ausgeschüttet, da freiwillig immer ausreichend Kapital über Nachzeichnungen eingezahlt wurde.

PSI achtet darauf, daß Gewinne nicht harmonisiert werden, sondern direkt das echte Betriebsergebnis widerspiegeln und ihre Schwankungen Gelegenheit zu offenen und kontroversen Diskussionen geben. Nur darüber kann ein ausreichendes Feed-back über die Wirtschaftlichkeit in allen Bereichen und auf allen Ebenen erzeugt werden.

Konsum

Eine sehr interessante Erkenntnis ist die Bewältigung des Konfliktes Konsum contra Investition. Hier zeigt die 10jährige Erfahrung der PSI eindeutig, daß dieser Konflikt immer eindeutig zugunsten der Investition gelöst wird (s. auch Aufstellung der letzten 5 Jahre in Tabelle 1). Diese Entscheidung ist aus drei Gründen verständlich:

Tab. 1: Investitionsvolumen

1979	1,5 Mio. DM
1980	2,7 Mio. DM
1981	2,8 Mio. DM
1982	5,1 Mio. DM
1983	4,3 Mio. DM
1984	4,3 Mio. DM
1985	3,9 Mio. DM

- Jeder Mitarbeiter ist vordringlich an der langfristigen Sicherung und Verbesserung seines Arbeitsplatzes interessiert.
- Es geht nur um eine Verschiebung in die Folgejahre.
- Die absolute Transparenz und Einfachheit des Gewinnverteilungsschlüssels schafft das notwendige Vertrauen.

Beteiligungsunternehmen zeichnen sich durch einen besonders hohen Anteil an Mitteln für Forschung und Entwicklung aus.

Aufwand

Die Aufwendungen, die das Selbstbestimmungsmodell verursacht, werden sehr genau geplant und kontrolliert. Sie belaufen sich auf ca. 1,5 Mann-Jahre pro Jahr für alle Aktivitäten (Betriebsvollversammlung, Verwaltungsrat, Beiräte usw.). Dabei scheint der Aufwand für Entscheidungsvorbereitungen höher zu sein als in anderen Unternehmen, der für die Durchsetzung dafür niedriger. Insgesamt kommt PSI mit geringeren Budgets aus.

Leistungsbereitschaft

Ein Nachteil des PSI-Modells liegt in der teilweise zu hohen Leistungsbereitschaft der Mitarbeiter, die von Kritikern auch als Selbstausbeutung bezeichnet wird.

PSI unternimmt erhebliche Anstrengungen, um
- die Überstunden abzubauen
- den Bildungsurlaub vollständig zu nutzen
- den gesamten Jahresurlaub zu nehmen.

Natürlich ist diese hohe Leistungsbereitschaft und Eigenmotivation eine exzellente Voraussetzung für die erfolgreiche Abwicklung kundenorientierter Projekte.

Fluktuation

Die in der Literatur genannte signifikant niedrigere Fluktuationsrate in Beteiligungsunternehmen kann PSI nicht in vollem Umfang bestätigen. Eine durchschnittliche Jahresrate von ca. 6% liegt nur unwesentlich unter dem Branchendurchschnitt.

Neben den normalen Faktoren kommen bei PSI noch modellspezifische hinzu: fehlende feste Karriere, zu viel Entscheidungsdruck (lieber klare hierarchische Strukturen), zu hoher Leistungsdruck und das Gefühl „nicht Unternehmer sein zu wollen".

Auch die Frage, ob das Betriebsklima eigentlich besser ist, kann kaum beantwortet werden. Die offene Informationspolitik und die direkten Auseinandersetzungen erzeugen nicht nur persönliche Zufriedenheit.

Transparenz

Ein wesentliches Element ist die absolute Transparenz der PSI in allen Belangen. Diese kommt auch unseren Kunden zugute. Diese Transparenz drückt sich sowohl in einfachen Unternehmensstrukturen und Verhaltensregeln aus als auch in klaren Entscheidungsprozessen und nachvollziehbaren Gewinn- und Kapitalangelegenheiten.

Aufbauend auf dieser Transparenz, die auch von unten nach oben gilt (das „gläsernde Projekt"), kommt PSI im wesentlichen mit eigenverantwortlicher Projektabwicklung und geregelter Selbstkontrolle aus. Dieses Prinzip ist natürlich adäquat den technisch anspruchsvollen Aufgaben, die PSI übernimmt.

5. Die Sicht der Mitarbeiter

Im Rahmen einer Befragung durch einen externen Berater über das Verhältnis zum PSI-Modell und über die Bereitschaft, Gesellschafter zu werden, sind einige interessante Ergebnisse herausgekommen, die in Auszügen in den Abbildungen 7 und 8 dargestellt werden.

Die herausragenden Gründe für den Erwerb von Anteilen sind

- Aufbau und Erhalt eines außergewöhnlichen Unternehmensmodells
- Einfluß auf die Unternehmenspolitik
- Gleichberechtigt mit Vielen Entscheidungen fällen und Verantwortung tragen.

Der Hauptgrund für den Nichteinstieg als Gesellschafter bei PSI sind Finanzierungsprobleme beim Anteilskauf; diese Hürde wurde aber bewußt in das Modell eingebaut, um wirkliche Entscheidungsprozesse beim Mitarbeiter zu erzwingen.

Zusätzlich wurden die Mitarbeiter über ihre Einstellung zu wichtigen Elementen des Modells befragt. Die eindeutigsten Aussagen entfielen auf:

93% sind für eine Beschränkung der Beteiligung auf Firmenmitglieder, d. h. die Autonomie des Unternehmens soll erhalten bleiben

90% wollen, daß Entscheidungen, ob jemand Gesellschafter wird, dem einzelnen überlassen bleibt

87% sind dafür, daß auch langjährige Mitarbeiter bei Firmenwechsel als Gesellschafter ausgeschlossen werden

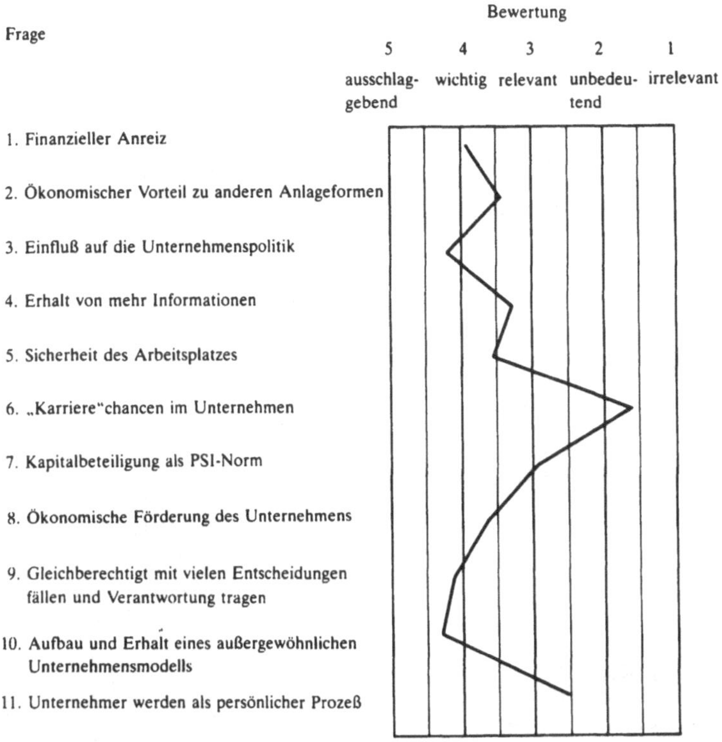

Abb. 7: Motive für Kapitalbeteiligung

80% wollen die Anzahl Anteile pro Gesellschafter weiterhin begrenzen

47% sind dagegen, daß Gesellschafter bei ihrer Pensionierung ausgeschlossen werden.

Diese Aussagen und Anregungen sollen in einer weiteren Untersuchung vertieft werden.

Das PSI-Modell hat sich in den letzten 10 Jahren bewährt und geht sicher gestärkt in die nächsten 10 Jahre. Sowohl der wirtschaftliche Erfolg als auch die Marktposition und die technische und innovative Leistungsfähigkeit geben eine Fülle von Argumenten für die Einführung derartiger Modelle. Diese können sowohl die internationale Wettbewerbsfähigkeit der Bundesrepublik in innovativen Technologien stärken als auch Unternehmen auf die Herausforderung durch diese neuen Technologien besser vorbereiten.

1. Fehlen eines ausreichenden ökonomischen Anreizes
2. Mangel an Karrieremöglichkeiten beim Einkommen
3. Mangel an Karrieremöglichkeiten bei Titeln
4. Mangel an Karrieremöglichkeiten bei der Hierarchie (Funktion)
5. Anpassungstendenzen bei PSI an traditionelle Unternehmensstrukturen
6. Zu wenig Möglichkeiten bei PSI für engagiertes Handeln in der Berufsstartphase
7. Zu hohe Mobilität für das Leben mit Familie (Reisen)
8. Zu viel Stress und zu wenig Sicherheit für ältere Mitarbeiter
9. Finanzierungsprobleme beim Anteilskauf
10. Ablehnung von Konsumverzicht
11. Verschuldung infolge Hauskauf
12. Verwendung des Einkommens für das/die Kind/er
13. Finanzierung langfristiger Konsumgüter
14. Anderweitige Kapitalanlage
15. Eventueller Umzug in eine andere Stadt ohne PSI-Geschäftstelle
16. Mangelndes Verständnis für das Engagement bei PSI durch Außenstehende

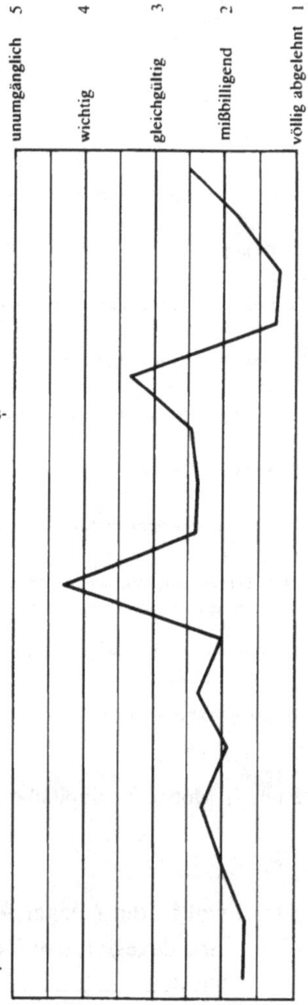

Abb. 8: Gründe für den Nichteinstieg

XI. Das Strukturprofil – eine Diskussionsgrundlage für die Auswirkungen von Modellen der Mitarbeiter-Beteiligung

Hans J. Schneider

1. Strukturprofil und seine Elemente

Mit dem Strukturprofil wird die Absicht verfolgt, die vielschichtigen Verflechtungen zwischen Unternehmen, Daten und Modellbausteinen, zwischen den Zielsetzungen, die sich mit der Einführung einer Mitarbeiter-Beteiligung verbinden, und den sie beeinflussenden Faktoren aufzuzeigen, sie zu systematisieren und dadurch den Komplexbereich von Einflußgrößen und Auswirkungen in Beteiligungsunternehmen verständlicher zu machen.

Wenn in Theorie und Praxis nach Auswirkungen von Beteiligungsmodellen gefragt wird, beinhaltet dies die Prüfung, ob die bei der Einführung des Modells angestrebten Ziele tatsächlich erreicht wurden. Es wird also versucht, zwischen dem Beteiligungsmodell als solchem und dem Grad der Zielerreichung eine unmittelbare Verbindung herzustellen. Dies ist jedoch eine unzulässige Vereinfachung. Ob nämlich die gewünschten Ziele erreicht werden, hängt nicht allein von der Tatsache ab, daß eine Mitarbeiter-Beteiligung eingeführt wird, sondern auch, unter welchen Begleitumständen und Rahmenbedingungen.

Zur näheren Veranschaulichung und theoretischen Ausarbeitung dieses Problemkomplexes dient das Strukturprofil 1). Dieses Strukturprofil ist als Oberbegriff zu verstehen und setzt sich aus 4 Teilprofilen zusammen, dem

- Unternehmensprofil
- Modellprofil
- Realisierungsprofil
- Auswirkungsprofil.

Unternehmensprofil, Modellprofil, Realisierungsprofil und Auswirkungsprofil selbst sind wiederum in Elemente unterteilt. Diese werden als Profilelemente

Strukturprofil Erfaßt, strukturiert und interpretiert alle Faktoren, die die Auswirkungen und den Zielerreichungsgrad von Beteiligungsmodellen beeinflussen.

Unternehmensprofil	**Modellprofil**	**Realisierungsprofil**	**Auswirkungsprofil**
Enthält alle Elemente, die aus der spezifischen Unternehmenssituation resultieren.	Beinhaltet alle Faktoren, die aus der Konstruktion des Beteiligungsmodells hervorgehen.	Umfaßt diejenigen Elemente, die mit der Verwirklichung des Beteiligungsmodells zusammenhängen.	Umfaßt die Kernziele, die bei der Einführung von Beteiligungsmodellen angestrebt werden.

Abb. 1: Das Strukturprofil

bezeichnet und stellen die Faktoren dar, die Einfluß auf die Erreichung der gesetzten Ziele ausüben.

Die Konsequenzen, die aus der Einführung eines Beteiligungsmodells resultieren, werden in qualitativer Hinsicht wie folgt unterschieden:

Auswirkungen:

Unter Auswirkungen werden die Ergebnisse verstanden, die mit dem Erreichen der gesetzten Ziele zusammenhängen und im wesentlichen nur langfristig erreicht werden können. Diese Auswirkungen sind im Auswirkungsprofil zusammengefaßt.

Realisierungseffekte

Neben den Auswirkungen im eigentlichen Sinne zeigen sich Konsequenzen, die unmittelbar mit der Einführung des Modells zu wirken beginnen. Diese Konsequenzen sind anderer Art als die Auswirkungen, sie sind mehr oder weniger „Mittel zum Zweck" der Zielerreichung und werden als Realisierungseffekte bezeichnet und im Realisierungsprofil dargestellt.

Einflußfaktoren

Die sich mit Beteiligungsmodellen verbindenden Realisierungseffekte und Auswirkungen hängen auch von den Faktoren ab, die sich aus der Unternehmensstruktur und den gewählten Modellbausteinen zusammensetzen. Diese Faktoren werden als Einflußfaktoren bezeichnet. Sie sind im Unternehmensprofil und im Modellprofil strukturiert.

2. Einzelbestandteile (Elemente) einer Theorie der Auswirkungen von Beteiligungsmodellen

2.1 Einflußfaktoren aus dem Umfeld des Beteiligungsunternehmens: Das Unternehmensprofil

Ausgangspunkt einer jeden Mitarbeiter-Beteiligung ist die spezifische Situation des Beteiligungsunternehmens. Diese Rahmenbedingungen werden die Modellgestaltung und die Auswirkungen beeinflussen.

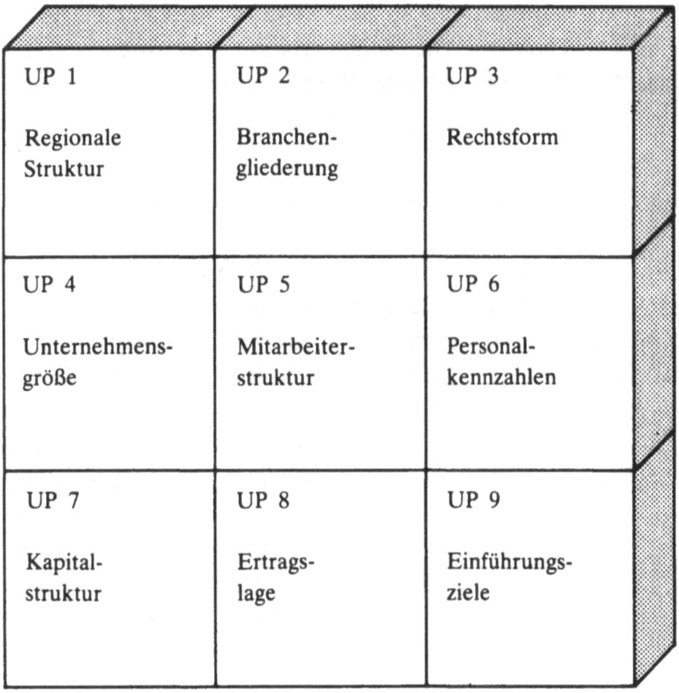

Abb. 2: Das Unternehmensprofil und seine Elemente

Die wesentlichsten Einflußfaktoren der relevanten betrieblichen Rahmenbedingungen enthält das Unternehmensprofil:

Die aus dem Unternehmensprofil resultierenden Einflußfaktoren seien an einigen Beispielen verdeutlicht. Die Fluktuation (Personalkennzahlen) ist eine wesentliche Hilfe für die Bestimmung der Anwartschaftszeit, d. h. der Mindest-Betriebszugehörigkeit, die für die Beteiligungsberechtigung ausschlaggebend ist. Als Faustregel gilt, daß die Haupt-Fluktuation aus der Beteiligung herausgehalten werden soll. Mit anderen Worten: Zur Bestimmung der Anwartschaftszeit ist eine Fluktuationsanalyse durchzuführen bzw. ist die Fluktuationsstatistik zu überprüfen, nach welchem Jahr der Betriebszugehörigkeit die Fluktuation spürbar nachläßt.

Auch die Einführungsziele tangieren die Modellgestaltungen in erheblichem Maße. Unternehmen, die primär Finanzierungsüberlegungen im Auge haben, werden in der Regel Modelle favorisieren, die mit Steuerspar- und Außenfinanzierungseffekten einhergehen und zu niedrigen Kapitalkosten führen. Ganz anders ist die Sachlage zu beurteilen, wenn Beteiligungsmodelle als Motivationsinstrument gesehen werden. Hier spielen Kapitalkosten und Finanzierungsüberlegungen eine Nebenrolle. Die Modelle sind so zu konstruieren, daß sie das Interesse der Mitarbeiter am Unternehmen erhöhen.

2.2 Die relevanten Einflußfaktoren der Modellgestaltung: Das Modellprofil

Grundsätzlich existiert eine Vielzahl von unterschiedlichen Gestaltungsvarianten für ein Beteiligungsmodell. Je nachdem, aus welchen Bausteinen sich ein Modell zusammensetzt, werden sich unterschiedliche Konsequenzen ergeben. Entscheidend für die Struktur eines Beteiligungsmodells sind nachfolgende Elemente:

Bei der Mittelaufbringung geht es um die Frage, wer das Mitarbeiter-Kapital finanziert, das Unternehmen, die Mitarbeiter oder beide. Interessanterweise konnte man feststellen, daß Modelle, bei denen das Mitarbeiter-Kapital allein und ausschließlich vom Unternehmen aufgebracht wird, weniger erfolgreich sind als Konstruktionen, bei denen auch die Mitarbeiter ihr Scherflein beitragen müssen. Eine wesentliche Rolle im Rahmen der Mittelaufbringung spielen die Verfahren der Erfolgsbeteiligung. Die beteiligten Mitarbeiter erhalten nach einem festgelegten Schema einen Anteil am Erfolg des Unternehmens. Die solchen laboristisch geprägten Beteiligungsmodellen immanente Denkweise ist

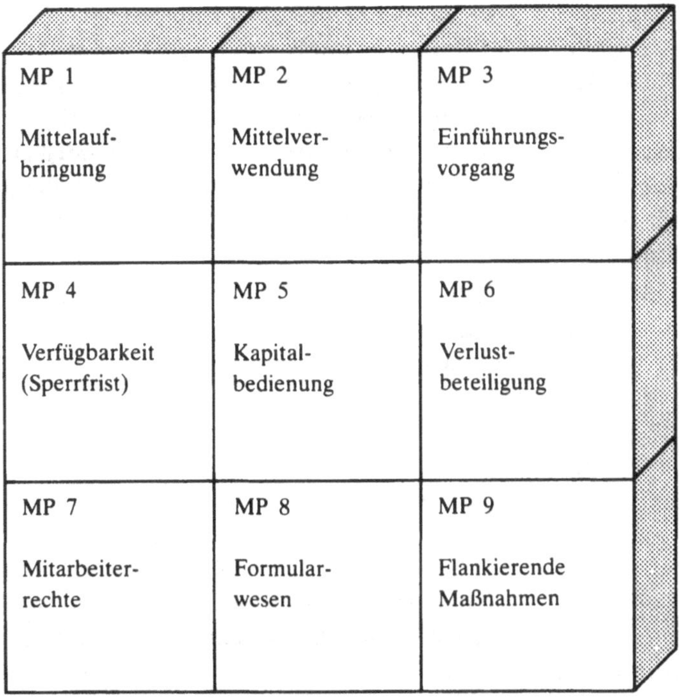

Abb. 3: Das Modellprofil und seine Elemente

prinzipiell zu begrüßen und fördert das Interesse der Mitarbeiter an der Entstehung eines Erfolges sicherlich am deutlichsten. Wenn dennoch heute Erfolgsbeteiligungen keine so große Rolle spielen wie in der jüngsten Vergangenheit, hat dies vor allem zwei Gründe:

An erster Stelle ist zu nennen, daß die steuerrechtlichen Bestimmungen seit dem Inkrafttreten des Haushaltsbegleitgesetzes im Jahre 1984 jegliche Sonderzahlungen nicht nur der Lohnsteuer-, sondern auch der Sozialversicherungsbelastung unterziehen. Der zweite Grund ist unternehmensinterner Art und betrifft die fehlerhafte Handhabung von Erfolgsbeteiligungsmodellen. Eine solche fehlerhafte Handhabung besteht sehr oft in einer zu hohen Komplexität der Modelle, die nicht auf die praktischen Belange ausgerichtet sind. Darüber hinaus werden häufig in der Anwendung technische Fehler gemacht. So können z. B. in einer Reihe von Unternehmen Versuche beobachtet werden, möglichst in jedem Jahr gleich hohe Erfolgsanteile an die Mitarbeiter auszuschütten. Man zielte auf eine Konstanz der persönlichen Erfolgsanteile. Eine solche Politik mag im Rahmen der Bedienung von Kapitalgebern (Dividendenkonstanz) ihre Richtigkeit haben, bei Erfolgsbeteiligungen ist sie fehl am Platze. Die Folge war nämlich, daß durch die stets gleich bleibenden Erfolgsanteile der Erfolgscharakter verlorenging, die Mitarbeiter ihren Erfolgsanteil als ein zusätzliches Einkommen ansahen und dieses in ihre persönlichen Budgets einplanten. Damit ist zwangsläufig der Anreizcharakter von Erfolgsbeteiligungssystemen verlorengegangen.

Als weiteres Beispiel aus dem Modellprofil sei der Einführungsvorgang charakterisiert. Vielfach vertreten Unternehmer auch heute noch die Meinung, daß es genüge, den Mitarbeitern „etwas zu schenken". Eine „Verpackung" sei da nicht notwendig. Mitarbeiter-Beteiligung ist ein Instrument der Personalpolitik und hier gelten die gleichen Erkenntnisse wie bei jedem anderen Personalinstrument. Werden die Mitarbeiter nicht informiert und sachlich aufgeklärt, stehen sie dem ganzen Angebot voll Mißtrauen gegenüber. Die richtige Vorgehensweise bei der Einführung einer Beteiligungskonzeption – und das zeigen praktische Beispiele in Hülle und Fülle – ist wichtiger als die beste steuerliche und juristische Formulierung eines Beteiligungsvertrages. Die Technik der Einführung bestimmt über die Beteiligungsquote und damit auch über den Erfolg der gesamten Konzeption.

2.3 Einflußfaktoren, die mit der Modelleinführung zu wirken beginnen: Das Realisierungsprofil

Im Unternehmensprofil wird die spezifische Situation des Unternehmens abgefragt, im Modellprofil der Aufbau des Beteiligungsmodells. In beiden Profilen verstehen sich die Elemente als Einflußfaktoren, die Realisierungseffekte und Auswirkungen auslösen. Im Realisierungsprofil sind diejenigen Effekte zusammengefaßt, die unmittelbar mit der Modelleinführung zu wirken beginnen. Das Realisierungsprofil darf nicht isoliert gesehen werden. Seine Realisierungseffekte sind vielmehr vom Unternehmensprofil und vom Modellprofil abhängig.

Aus dem Realisierungsprofil werden beispielhaft die Elemente Mitarbeiter-Kapital und Mitarbeiter-Organe herausgegriffen. Die absolute Höhe des persönlichen Kapitalanteils ist mit ausschlaggebend für das Erreichen der mit dem Beteiligungsmodell angestrebten Ziele. Anders ausgedrückt, gibt es für jeden Mitarbeiter einen Schwellenwert, ab dem für ihn die Beteiligungshöhe interes-

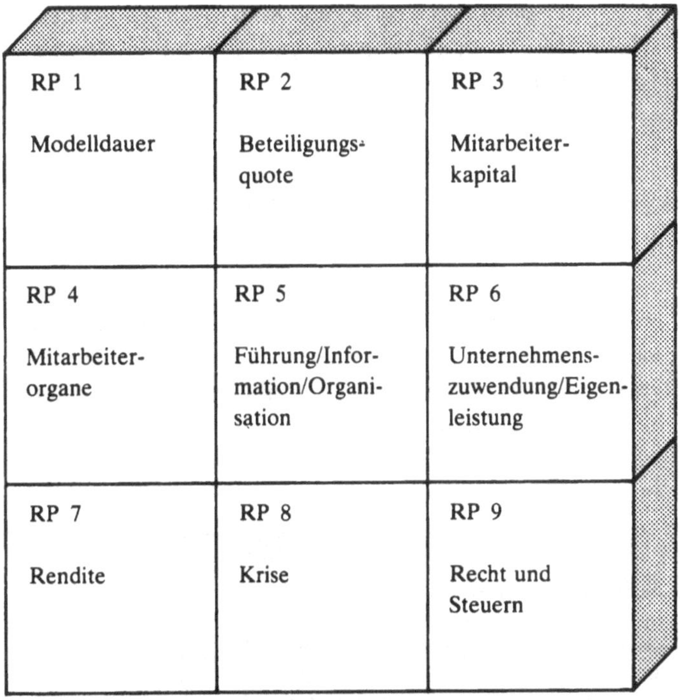

Abb. 4: Das Realisierungsprofil und seine Elemente

sant und damit sein Beteiligungsbewußtsein sensibilisiert wird. Die Höhe dieses Schwellenwertes ist subjektiv unterschiedlich, sie dürfte im statistischen Durchschnitt etwa bei DM 5000,– angesiedelt sein. Aus dieser Größenordnung wird ersichtlich, daß Erfolge mit Beteiligungsmodellen nie kurzfristig erreichbar sind, sondern allenfalls mittelfristig.

In nahezu jedem Beteiligungsmodell sind Mitarbeiter-Organe vorgesehen. In der Regel sind dies die Versammlung der beteiligten Mitarbeiter, oft Gesellschafter- oder Partnerschaftsversammlung genannt und ein gewähltes Gremium, der Gesellschafter- oder Partnerschaftsausschuß. Die größte Bedeutung kommt dem Partnerschaftsausschuß zu. Hier sitzen die (gewählten) Vertreter der beteiligten Mitarbeiter. Deren Aufgabe ist es, das Gesamtmodell zu kontrollieren. In der betrieblichen Praxis existiert eine große Zurückhaltung, wenn es darum geht, diesem Ausschuß Rechte zuzubilligen. Überwiegend sind Versuche, derartige Ausschüsse als Staffage zu realisieren. Erfahrungen in anderen Unternehmen belegen jedoch, daß gerade dort, wo man diese Ausschüsse mit vernünftigen Rechten ausstattete, spürbare Impulse auf Mitarbeiter und Beteiligungsmodell ausstrahlen.

2.4 Darstellung der Zielerreichung eines Beteiligungsmodells: Das Auswirkungsprofil

Das Auswirkungsprofil enthält die Ergebnisse, die gemeinhin als Auswirkungen von Beteiligungsmodellen verstanden werden. In diesem Sinne fragt das Auswirkungsprofil ab, in welchem Maße die mit der Einführung verfolgten Ziele auch tatsächlich erreicht werden:

Ziele	Rang
AP 1 Motivation	1
AP 2 Finanzierung	2
AP 3 Personalpolitik	3
AP 4 Partnerschaft	4
AP 5 Gesellschaftspolitik	5
AP 6 Vermögensbildung	6
AP 7 Mitarbeiterpotential	7

Abb. 5: Das Auswirkungsprofil und seine Elemente

So einfach die Abfrage in empirischen Untersuchungen ist, welche Ziele angestrebt werden, so schwierig ist die Messung, ob diese Ziele tatsächlich auch erreicht werden. Dies gilt sicherlich nicht für die Frage der Finanzierungseffekte oder des Grades der erreichten Vermögensbildung, hier kann mit exaktem Zahlenmaterial gearbeitet werden. Wie soll jedoch „schwarz auf weiß“ belegt werden, ob die Motivation der Mitarbeiter durch die Mitarbeiter-

Beteiligung erhöht worden ist. Alle Untersuchungen, die bisher zu dieser Fragestellung bekannt sind, können nicht in vollem Umfange befriedigende Beantwortung geben. Wahrscheinlich kann eine befriedigende Antwort nur auf der Basis von Langzeit-Analysen gefunden werden. Für den Bereich der Bundesrepublik Deutschland existieren derartige Langzeit-Untersuchungen bisher jedoch nicht. Ein Grund dafür ist sicherlich in der Kostspieligkeit dieser Untersuchungsmethode zu sehen.

3. Verflechtungen zwischen den Profilen

Die dargestellten Profile existieren nicht unabhängig nebeneinander, sondern beeinflussen sich gegenseitig. Dabei existieren sowohl chronologische Beziehungen nach den Phasen der Einführung des Beteiligungsmodells als auch sonstige Querverbindungen.

Auch dazu können einige Beispiele angeführt werden. Die Größe eines Unternehmens (Element aus dem Unternehmensprofil) ist ein potentieller Indikator für den Erfolg eines Beteiligungsmodells. Die Erfahrung belegt, daß mittlere und kleinere Unternehmen hier bessere Chancen haben, weil Überschaubarkeit vorhanden und eine bessere Ansprache der Mitarbeiter möglich ist. Werden Mitarbeiter gezielter und glaubhafter angesprochen, liegt ein qualitativ besserer Einführungsvorgang (Modellprofil) vor, der mit großer Wahrscheinlichkeit zu einer höheren Beteiligungsquote (Realisierungsprofil) führen wird.

Ein zweites Beispiel: Die Rechtsform der Unternehmung (Unternehmensprofil) beeinflußt die Mittelverwendung (Modellprofil). Beispielsweise ist für die Beteiligungsform Aktie eben die Rechtsform der Aktiengesellschaft unabdingbar. Daraus wiederum ergeben sich dejure, die Organe (Realisierungsprofil). So einfach bei der theoretischen Betrachtung die Trennung der unterschiedlichen Profile ist, so schwierig ist eine solche Differenzierung in der betrieblichen Praxis. Andererseits ist es eben der Vorteil einer solchen theoretischen Analyse, Einflußfaktoren zu erkennen und bei der Anwendung in der betrieblichen Praxis zu berücksichtigen.

Literatur

Guski, H.-G., und H. J. Schneider (1983): *Betriebliche Vermögensbeteiligung in der Bundesrepublik Deutschland*. Teil II: Ergebnisse, Erfahrungen und Auswirkungen in der Praxis. Köln: Deutscher Institutsverlag, S. 57 ff.

Teil IV.
Theoretische Untersuchungen

XII. Individueller Arbeitseinsatz in Selbstverwaltungs-, Gewinnbeteiligungs- und kapitalistischen Unternehmen

Ernst Fehr

1. Effizienz und Status Quo

In der ökonomischen Profession vertreten manche Leute die Meinung, daß bestimmte soziale und wirtschaftliche Institutionen in erster Linie deshalb existieren, weil sie effizient sind. Effizienz wird dabei im Sinne von Pareto definiert. Danach ist ein Zustand der Welt (z. B. ein bestimmtes Institutionengefüge) dann effizient, wenn es keinen anderen Zustand (ein anderes Institutionengefüge) gibt, in dem ein Individuum besser gestellt ist und alle anderen mindestens dieselbe Wohlfahrt haben.

Wenn bestimmte institutionelle Regelungen nicht verboten sind, in der Realität aber trotzdem nicht (bzw. kaum) vorkommen, so könne dies, so wird argumentiert, als Beweis für die Pareto-Ineffizienz dieser Regelung gewertet werden. Denn wenn eine neue Institution dazu führen würde, daß manche Individuen besser gestellt werden und alle anderen mindestens gleich gut dran sind, wenn sie also eine Verbesserung im Sinne von Pareto darstellt, dann würden alle Beteiligten der Einführung der neuen Institution zustimmen.

Mit Hilfe dieser Argumentation läßt sich natürlich auch die Ineffizienz von Selbstverwaltungsunternehmen (SVU) und Gewinnbeteiligungsunternehmen (GBU) „belegen". Wären nämlich SVU und GBU effizienter als kapitalistische Unternehmen (KU), d. h. würden sie eine Verbesserung im Sinne von Pareto mit sich bringen, dann müßte man in der Realität eine Verdrängung der KU durch SVU und GBU beobachten. Sowohl die Arbeiter als auch die Kapitalgeber und Konsumenten von Unternehmen(sprodukten) hätten gegen diesen Verdrängungsprozeß keine Einwände, da sie in SVU und GBU mindestens dieselbe Wohlfahrt hätten als in KU. Da aber dieser Verdrängungsprozeß in den kapitalistischen Industriestaaten nicht stattfindet, könne man daraus schließen, daß die KU die effizienteste Organisationsform ist.

Meines Erachtens greift diese („effizienzfetischistische") Gedankenkette in mehrfacher Hinsicht zu kurz und stellt im Grunde eine Rechtfertigungslehre für den jeweiligen Status Quo dar. Sie vernachlässigt, daß es in kapitalistischen Industriegesellschaften nicht nur staatliche, sondern auch private Macht gibt. Selbst wenn es kein gesetzliches Verbot der Einführung von SVU und GBU gibt, erscheint es doch plausibel, daß mehr oder weniger mächtige Privatinteressen sich von deren Einführung bedroht fühlen. Diese Privatinteressen (z. B. Verbandsorganisationen, Gewerkschaften, etc.) stehen aber häufig nur in einem sehr mittelbaren Zusammenhang mit den Interessen der einzelnen Kapitalgeber, Konsumenten und Arbeiter. Es läßt sich daher nicht argumentieren, daß die Zustimmung von Verbänden und Gewerkschaften eben auch notwendig wäre, damit man bei der Einführung von SVU und GBU von einer Pareto-Verbesserung sprechen kann. Die ablehnende Haltung dieser zwischen individuellen Einzelinteressen und staatlicher Macht angesiedelten „intermediären" Mächte kann jedoch sehr wohl dazu beitragen, daß sich SVU und GBU nicht ausbreiten können.

Die Argumentationskette des Effizienzfetischismus vernachlässigt darüber hinaus sämtliche Probleme, die mit der Existenz von Unsicherheit, unvollkommener Information und von Übergangskosten zusammenhängen. Häufig ist es so, daß die Betroffenen die Auswirkungen institutioneller Veränderungen nicht mit hinreichender Gewißheit feststellen können. Statt einer – in ihren Augen – ungewissen Verbesserung ziehen sie lieber den weniger verheißungsvollen, aber dennoch leidlich akzeptablen Status Quo vor. Außerdem muß bei jeder größeren Veränderung mit Umstellungs- und Übergangskosten gerechnet werden. Nicht wenige Beteiligte mögen sich nicht im klaren darüber sein, ob sich diese Kosten auch auszahlen. Unvollkommene Information, Unsicherheit und Übergangskosten sind aber nicht bloß objektiv bzw. exogen vorhandene Phänomene. Sobald man anerkennt, daß es bedrohte intermediäre Mächte gibt, muß man auch damit rechnen, daß diese ein Interesse an Desinformation haben und dadurch Unsicherheit erst produziert wird. Außerdem werden sie versuchen, die Übergangskosten zu erhöhen.

Die obigen Einwände deuten alle darauf hin, daß existierende Institutionen eine gewisse – von Effizienzüberlegungen unabhängige – Schwerkraft besitzen, deren Überwindung einer besonderen (politischen) Anstrengung bedarf. Deshalb kann auch – meines Erachtens – aus der Tatsache, daß SVU und GBU in kapitalistischen Marktwirtschaften kaum existieren, nicht auf deren Ineffizienz geschlossen werden. Diese Aussage gilt um so mehr, wenn man berücksichtigt, daß die effizienzfetischistische Argumentation den Begriff der Pareto-Verbesserung unangemessen verwendet. Dieser Begriff ist in einer Situation angemessen, in der die distributiven Folgen einer Veränderung vernachlässigbar klein sind. Die Festlegung bzw. Änderung eines bestimmten Institutionengefüges ist in der Regel aber mit erheblichen Verteilungswirkungen verbunden. Die betroffenen Individuen werden daher die allokativen *und* die distributiven Folgen berücksichtigen, wobei nicht auszuschließen ist, daß bei einer Entscheidung über eine neue Institution die Verteilungswirkungen stärker in das Kalkül miteinbezogen werden.

Institutionen legen fest, welche Rechte bestimmte Personen in ihren verschiedenen Funktionen (z. B. als Arbeiter, als Kapitalgeber, etc.) haben und diese Rechte bestimmen wiederum in erheblichem Maße über die Ressourcen, über die jeder einzelne verfügen kann. Deshalb wird es bei der Festlegung bzw. Änderung bestimmter Institutionengefüge „normalerweise" nie Einstimmigkeit bzw. Pareto-*Verbesserungen* geben können. Das bedeutet aber noch nicht, daß der Widerstand gegen die Einführung einer neuen Institution deren Pareto-*Ineffizienz* anzeigt. In Fehr (1984b) ist beispielsweise gezeigt worden, daß sowohl eine idealisierte konkurrenzkapitalistische Unternehmung als auch eine kooperative SVU eine pareto-effiziente Allokation des individuellen Arbeitseinsatzes erreicht, daß aber die Arbeiter (Kapitalgeber) im SVU eine höhere (niedrigere) Wohlfahrt haben als im konkurrenzkapitalistischen Unternehmen. Klarerweise werden daher die Kapitalgeber gegen die Einführung von kooperativen SVU sein, obwohl diese auch pareto-effizient sind.

Die Berücksichtigung von Verteilungswirkungen kann sogar zu einer noch stärkeren Kritik an den effizienzfetischistischen Konklusionen führen. Es besteht nämlich die Möglichkeit, daß eine Institution A eine pareto-effiziente Allokation von Ressourcen erzeugt, während eine alternative Institution B kein Pareto-Optimum erzeugt und daß trotzdem kein Übergang von B zu A erfolgen wird, wenn B den Status Quo repräsentiert. Das wird durch folgendes Beispiel illustriert. Für Personengruppe 1 sei die Verteilungssituation in B sehr günstig, d. h. ihre Wohlfahrt sei in B größer als in A. Das Umgekehrte gelte für Personengruppe 2. Wenn nun der Status Quo durch B gegeben ist und Gruppe 1 nicht sicherstellen kann, daß sie für die Verluste, die bei einem Übergang von B zu A für sie auftreten, entschädigt wird, zieht sie es natürlich vor, in B zu verharren, obwohl B pareto-ineffizient ist. Es ist nicht auszuschließen, daß Gruppe 1 mächtig genug ist, den Übergang nach A zu verhindern, daß diese Macht aber nicht ausreicht, bei einer Realisierung von A ein von Gruppe 2 gegebenes Entschädigungsversprechen auch durchzusetzen. Die Unmöglichkeit der Durchsetzung eines gegebenen Entschädigungsversprechens in Kombination mit einer hinreichenden Verhinderungsmacht führt dann dazu, daß Institution B nicht durch eine effizientere Institution A ersetzt wird.

Im Hinblick auf einen Vergleich zwischen SVU, GBU und KU können die bisherigen Ausführungen folgendermaßen zusammengefaßt werden:

1) Die seltene Existenz von SVU und GBU in kapitalistischen Marktwirtschaften rechtfertigt es nicht, auf deren Ineffizienz zu schließen.
2) Das Vorherrschen KU kann nicht als Beleg dafür genommen werden, daß KU eine effiziente Ressourcenallokation generieren.
3) Es ist nicht auszuschließen, daß SVU und GBU effizienter sind als KU, daß sie aber aufgrund der mit ihrer Einführung verbundenen Verteilungswirkungen bereits existierende KU nicht verdrängen können.

Die folgenden Ausführungen werden sich auf den Punkt 3 beziehen. Ich versuche zu zeigen, daß bei der Festlegung des individuellen Arbeitseinsatzes SVU und GBU effizienter als KU sein können.

2. Hauptmerkmale von SVU, GBU und KU

In einer reinen KU heuern die Besitzer des Eigenkapitals entweder selbst oder stellvertretend durch ein Management die anderen Produktionsfaktoren an. Die Eigenkapitalbesitzer bestimmen in letzter Instanz über die Unternehmenspolitik und erhalten den Überschuß der Unternehmenserträge über sämtliche Unternehmenskosten. Dieser Überschuß, fortan Profit P genannt, ergibt sich in einem einfachen Modell mit den homogenen Produktionsfaktoren Arbeit N (= Anzahl der Arbeiter) und Kapital K (= Menge der Kapitaleinheiten) folgendermaßen

$$(1) \qquad P = pQ - wN - (r + \delta)p_k K$$

p ist der Outputpreis, Q die Outputmenge, w der Lohnsatz und $(r + \delta)p_k$ die Kosten pro Kapitaleinheit, wobei p_k der Stückpreis der Kapitalgüter ist, δ die Abschreibungsrate und r den Zinssatz (bei Fremdkapital) bzw. die Opportunitätskosten des Eigenkapitals darstellt. Der Einfachheit wegen wird stets $\delta = 0$ und $p_k = 1$ angenommen, so daß die Kosten pro Kapitaleinheit r betragen. Das Gesamteinkommen aller (Eigen- und Fremd-)Kapitalbesitzer ist in einer KU somit $P + rK$, während die Arbeiter insgesamt wN bekommen. In der Realität kapitalistischer Marktwirtschaften ist der Zeitlohn der vorherrschende Zahlungsmodus. Dies wird auch hier unterstellt, d. h. w ist als Lohnzahlung für eine bestimmte – institutionell fixierte – Dauer der Arbeitszeit interpretierbar.

In einer reinen SVU haben die Arbeiter die letztinstanzlichen Entscheidungsbefugnisse inne. Das Recht zur Bestimmung der Unternehmenspolitik erwächst – im Gegensatz zur KU – nicht aus dem Einbringen von Eigenkapital in das Unternehmen, sondern ist an die Einbringung des Produktionsfaktors Arbeit geknüpft. Die Arbeiter werden sich zwar in der Regel ebenfalls eines Managements zur Organisation der geschäftlichen Tätigkeiten bedienen. Dieses ist aber den Arbeitern und nicht den Kapitalgebern verantwortlich, solange letztere das vertraglich vereinbarte Entgelt für die Bereitstellung der Finanzmittel erhalten. Wenn r wiederum die Kosten pro Kapitaleinheit darstellt und pQ der Umsatz ist, erhalten die Arbeiter eines SVU insgesamt

$$(2) \qquad Y = pQ - rK = P + wN$$

während die Kapitalgeber diesmal nur rK erhalten. Die Arbeiter sind jetzt die Empfänger des Überschusses (Profites). Man sieht daraus bereits, daß im Falle positiver Profite die Arbeiter in einem SVU besser dran sind, während die Kapitalgeber in einem KU ein höheres Einkommen erzielen. Der in Abschnitt 1 angeführte Verteilungskonflikt, der bei einem Übergang von KU zu SVU auftritt, wird hier deutlich.

In einem GBU wird der Profit P aufgeteilt, wobei die Arbeiter aP, die Kapitalgeber $(1-a)P$ erhalten und $0<a<1$ gilt. Die Kapitalgeber erhalten somit insgesamt $(1-a)P + rK$, die Arbeiter $aP + wN$. Es gilt wiederum $aP + wN + (1-a)P + rK = pQ$, d. h. es kann nicht mehr als der Gesamtumsatz verteilt werden. Eine Gewinnbeteiligung ist sowohl innerhalb des rechtlichen Rahmens einer Selbstverwaltungswirtschaft als auch in einer kapitalistischen Wirtschaft denkbar. Denn während die Definition von SVU und KU auch auf die letztliche Entscheidungsmacht in einem Unternehmen abstellen, bezieht sich die Gewinnbeteiligung zunächst nur auf die Verteilung des materiellen Profits. Obwohl man vermuten kann, daß die Wirkungen einer Gewinnbeteiligung auch davon abhängen werden, ob sie im Rahmen eines SVU oder eines KU realisiert wird, werde ich dieser Frage im folgenden Beitrag nicht nachgehen.

Die theoretische Ökonomie hat sich bisher leider kaum mit den GBU auseinandergesetzt. Es wurde vorrangig die KU und im letzten Jahrzehnt verstärkt auch die SVU untersucht. Diese – zugegebenermaßen unbefriedigende Situation – wird auch in diesem Beitrag verlängert. Zunächst wird der Arbeitseinsatz in reinen KU untersucht werden. Dies ist gleichbedeutend mit der Annahme, daß $a = 0$ ist. Daraufhin werden die Auswirkungen einer vollen Profitbeteiligung ($a = 1$) – im Rahmen von SVU – auf den individuellen Arbeitseinsatz analysiert. Es wird gezeigt werden, daß die volle Beteiligung der Arbeiter am Residualeinkommen wichtige positive Anreizwirkungen hat, daß damit aber das Problem des pareto-optimalen Arbeitseinsatzes noch nicht gelöst ist. Die Analyse der KU wird ergeben, daß diese eine institutionelle Struktur hat, die in bezug auf die Bestimmung des individuellen Arbeitseinsatzes vermutlich zu systematischen Ineffizienzen führen wird. Die Grundlage für die Untersuchung der KU bildet eine „radikale" Interpretation des Arbeitsvertrages, wie sie in Duda/Fehr (1984) vorgenommen worden ist.

Die GBU werden nicht explizit in dieser Arbeit berücksichtigt. Ich möchte jedoch die Hypothese wagen, daß eine Zunahme der Gewinnbeteiligung – im Rahmen der rechtlichen Struktur einer KU – die Ineffizienzen der reinen KU abschwächt und die positiven Anreizwirkungen einer Beteiligung am Residualeinkommen dadurch verstärkt zur Geltung gelangen. Gleichzeitig treten damit aber neue Probleme auf, wie sie für eine reine SVU kennzeichnend sind. Da aber die Bewältigung dieser Probleme meines Erachtens leichter fällt als die Beseitigung der Ineffizienzen der KU, vermute ich, daß eine Zunahme der Gewinnbeteiligung effizienzsteigernd wirkt.

3. Der Arbeitseinsatz in kapitalistischen Unternehmen

3.1 Die Unvollständigkeit und problematische Durchsetzbarkeit des Arbeitsvertrages

Erst in neuerer Zeit haben sich Ökonomen der Untersuchung der Schwierigkeiten zugewendet, die entstehen, wenn die Gegenstände der Tauschhandlungen auf Märkten nicht genau definiert werden. Derartige Definitionsschwierigkeiten entstehen zum Teil aufgrund der beschränkten Rationalität von Akteuren in einer komplexen und unsicheren Umgebung. Aber selbst bei rationalen Wirtschaftssubjekten kann bei asymmetrischer oder unvollkommener Information das Problem auftauchen, daß Güter nicht genau definiert werden können. Als Beispiel möge die Reparatur eines Autos dienen. Der Käufer des Gutes „Autoreparatur" weiß oft erst im nachhinein was und wieviel er gekauft hat.

Außerdem muß er sich dabei meistens auf die Angaben des Verkäufers verlassen, da eine genaue Überprüfung aus Zeit- oder Wissensmangel nicht möglich ist.

Auf Arbeitsmärkten ist diese Definitionsschwierigkeit besonders ausgeprägt. In den mikroökonomischen Lehrbuchmodellen wird nach wie vor davon ausgegangen, daß gegen die Bezahlung eines Lohnes der Arbeiter eine genau vereinbarte Arbeitsleistung erbringt. Dagegen lassen sich Einwände erheben, die sowohl durch Beiträge von Coase (1937), Simon (1957) und Williamson (1975) als auch von radikalen Ökonomen (Duda/Fehr 1984) abgestützt werden können. Die implizite oder explizite Argumentation dieser Autoren läuft stets darauf hinaus, daß der Unternehmer keine nach Menge und Qualität wohlspezifizierte Arbeitsleistung kauft, sondern ein zeitlich, örtlich und sachlich beschränktes Verfügungsrecht über die Arbeitskräfte erwirbt. Nicht die Arbeitsleistung sondern die Arbeitskraft ist Gegenstand des Tauschaktes, wobei aber zu beachten ist, daß die Grenzen der Verfügung über die Arbeitskräfte nur sehr ungenau festlegbar sind. Der Kauf des Verfügungsrechtes über die Arbeitskraft sichert indessen noch nicht, daß die Arbeitskraft eine nach Quantität und Qualität hinreichende Arbeitsleistung erbringt. Dies hängt mit einer Besonderheit der Ware Arbeitskraft zusammen.

Während der Unternehmer sein Eigentumsrecht beim Kauf eines sachlichen Produktionsinputs im Rahmen der gesetzlichen Regelungen voll durchsetzen kann, wenn er erst einmal im Besitz des Inputs ist, ist dies bei der Arbeitskraft nicht der Fall. Der Besitzer der Arbeitskraft kann nämlich aus physischen Gründen immer nur der Arbeiter selbst sein, wenn die Sklaverei verboten ist. Die fundamentale Untrennbarkeit zwischen der Person des Arbeiters und seiner Arbeitskraft könnte in ihren Auswirkungen auf die Arbeitsbeziehungen vernachlässigt werden, wenn der Unternehmer die Rolle eines Sklavenhalters hätte, d. h. wenn er die Person des Arbeiters besitzen würde. Durch das Verbot der Sklaverei ergibt sich auf dem Arbeitsmarkt die kuriose Situation, daß der Unternehmer ein Gut (die Verfügung über die Arbeitskraft) erwirbt, aber gleichzeitig nie in dessen Besitz gelangen kann. Er muß daher versuchen durch verschiedene Maßnahmen sein *legales* Verfügungsrecht in ein *faktisches* zu verwandeln. Nur wenn ihm dies gelingt, kann er eine profitable Produktion etablieren.

Diese Aufgabe wäre dann unproblematisch, wenn Arbeit generell einen positiven Nutzen stiften würde. Sobald indessen – diesmal im Einklang mit der mikroökonomischen Lehrbuchliteratur – angenommen wird, daß der Grenznutzen der Arbeitsleistung negativ ist, entsteht ein Interessensgegensatz zwischen KU und Arbeitern. Der Gegensatz wird nicht durch vertragliche Vereinbarung auf einem Markt mit vielen Teilnehmern „gelöst", sondern durch die verschiedenen Strategien der beiden Seiten in der Produktionssphäre ausgetragen und kann wie folgt dargestellt werden. Es wird unterstellt, daß die Präferenzen des repräsentativen Arbeiters durch die strikt quasikonkave Nutzenfunktion

$$(3) \qquad U = U(y,l) \qquad U_y > 0,\ U_l < 0$$

abgebildet werden können. l sei die *produktionswirksame* Arbeitsleistung des Arbeiters und stifte einen negativen Grenznutzen ($U_l < 0$). Das Einkommen y erzeuge einen positiven Grenznutzen ($U_y > 0$). Im Einklang mit den obigen Ausführungen wird angenommen, daß über l keine vertraglichen Abmachungen getroffen werden können. Die Arbeitszeit sei exogen durch Gesetze oder Verträge festgelegt. Für diese Arbeitszeit wird ein Lohn bezahlt, sodaß y = w. Im Unterschied zu l wird w im Arbeitsvertrag festgelegt. Aus (3) wird sofort deutlich, daß der Arbeiter l so weit als möglich reduzieren möchte, wenn er dadurch w nicht verliert. Der Unternehmer befindet sich genau in der umgekehrten Situation. Seine Profitfunktion ist durch

$$(1') \qquad P = pQ(\underbrace{l \cdot N}_{L},K) - wN - rK$$

gegeben. Die gesamte produktionswirksame Arbeitsmenge L ist jetzt nicht nur durch die Anzahl der Arbeiter N gegeben, sondern hängt auch von den individuellen Arbeitsleistungen der Arbeiter ab. Der Unternehmer bezahlt für das Verfügungsrecht über die Arbeitskräfte während der Arbeitszeit den Lohn w. Der Preis für eine Einheit der Arbeitsleistung ist aber nicht w, sondern w/l. Durch die Erhöhung von l kann w/l gesenkt und der Profit um $pQ_L N = \frac{\delta P}{\delta l} > 0$ erhöht werden, während der Nutzen des Arbeiters sinkt. Es soll hier nicht behauptet werden, daß das Niveau der Arbeitsleistung der einzige Interessensgegensatz zwischen Arbeitern und Unternehmern ist. Wenn man will, kann man l nicht als Arbeitsleistung, sondern als Index für die gesamten Arbeitsbedingungen betrachten. Die Existenz von Interessensgegensätzen bei l schließt auch keineswegs die Existenz von gemeinsamen Interessen auf anderen Gebieten aus.

Meines Erachtens können viele institutionelle Vorkehrungen und Veränderungen *innerhalb* der kapitalistischen Unternehmung durch den wechselvollen

Kampf zwischen Unternehmern und Arbeitern erklärt werden. Das Niveau von l spielt dabei eine große Rolle. Die Art und Weise der Arbeitsteilung und Spezialisierung im Unternehmen, die Auswahl der Technologien, die Stärke und Form der Hierarchien sind kaum unabhängig von diesem Konflikt erklärbar. Die folgenden Ausführungen sollen zeigen, in welcher Weise sich Arbeitsteilung, Hierarchie und Technologie auf den Interessensgegensatz auswirken können und welche Implikationen dies für die Effizienz der KU hat. Zunächst wird jedoch demonstriert, daß sogar Arbeitslosigkeit eine Folge der Auseinandersetzung um l sein kann.

3.2 Arbeitsintensität und Arbeitslosigkeit

Die Idee, daß Arbeitslosigkeit einen disziplinierenden Effekt auf das (Arbeitsverhalten) der Arbeiter hat ist vermutlich so alt wie der Kapitalismus. Bis vor kurzem konnte allerdings nicht gezeigt werden, daß Arbeitslosigkeit aus der *ökonomischen* Interaktion von *rationalen* Wirtschaftssubjekten resultiert, *weil* sie einen disziplinierenden Effekt auf die Arbeiter hat. Daher wurde (z. B. von Kalecki 1943) auf die *politischen* Ursachen der Arbeitslosigkeit verwiesen. Die politische Erklärung könnte etwa folgendermaßen lauten: Für die Unternehmer stellt Arbeitslosigkeit ein öffentliches Gut dar. Wie bei jedem öffentlichen Gut entsteht auch hier das Problem, daß jeder einen Anreiz zum „Schwarzfahren" hat, d. h. jeder Unternehmer begrüßt zwar den disziplinierenden Effekt, ist aber nicht bereit, die Kosten der Bereitstellung des Gutes freiwillig mitzutragen. Die Arbeitslosigkeit muß daher politisch erzeugt werden.

Neuere Modelle zeigen indessen, daß man nicht auf dieses Erklärungsmuster zurückgreifen muß. (Bowles 1983; Fehr 1984a; Shapiro/Stiglitz 1984; Vogt 1983.) Es kann gezeigt werden, daß kapitalistische Unternehmen durch ihr individuell rationales Lohnsetzungsverhalten einen Zustand unfreiwilliger Arbeitslosigkeit erzeugen können. Die grundlegende Idee dieser Modelle soll jetzt kurz skizziert werden.

Die KU treten als Lohnsetzer auf einem atomistischen Arbeitsmarkt auf. Die Möglichkeit und Notwendigkeit zur Lohnsetzung ergibt sich – trotz atomistischer Marktstruktur – weil die Arbeitsleistung der einzelnen Arbeiter im Arbeitsvertrag gar nicht genau festgelegt werden kann und/oder die Unternehmensleitung nur unvollkommen über das Arbeitsverhalten der Beschäftigten informiert ist. Indem nun Firma A einen höheren Lohn bezahlt als die anderen

Firmen am Markt, kann sie ihre Arbeiter zu einer höheren Arbeitsleistung anhalten, weil diese im Falle einer Entlassung mit Einkommenseinbußen rechnen müssen. Höhere Löhne in Kombination mit einer Entlassungsdrohung bei zu geringer Arbeitsleistung haben also eine Disziplinierungsfunktion. Der profitmaximale Lohnsatz für die Firma A ist dort erreicht, wo die Grenzkosten der Lohnerhöhung gleich dem Grenzertrag (= der durch die höhere Arbeitssamkeit gestiegene Output) sind.

Bei identischen Unternehmungen ist diese Vorgangsweise jedoch nicht nur für die Firma A, sondern auch für alle anderen Unternehmen am Markt profitabel. Im Gleichgewicht werden somit alle (identischen) Unternehmungen *denselben* profitmaximalen Lohnsatz haben. In diesem Falle geht aber die Disziplinierungsfunktion der gerade geschilderten relativen Lohnunterschiede verloren. Daher werden die Arbeiter wiederum weniger arbeiten und so die Profitabilität der Firmen unterminieren, außer es ist durch das Lohnsetzungsverhalten ein gewisses Niveau an unfreiwilliger Arbeitslosigkeit entstanden. Denn dann tritt bei einer Entlassung die Einkommenseinbuße dadurch auf, daß die gekündigten Arbeiter nicht sofort wieder einen neuen Arbeitsplatz bekommen können.

Da in diesem Modell des Arbeitsmarktes Löhne profitmaximal gesetzt werden, erscheint es a priori plausibel, daß die Anreizfunktion des Lohnsatzes in Widerspruch zur Markträumungsfunktion geraten kann: Der profitmaximale Lohnsatz führt höchstens zufällig zur Gleichheit von Angebot und Nachfrage. Darüber hinausgehend kann sogar gezeigt werden (Fehr 1984), daß unter plausiblen Annahmen in der langen Frist bei freiem Marktzutritt *stets nur ein* Gleichgewicht mit unfreiwilliger Arbeitslosigkeit existiert.

Die Arbeitslosigkeit ist unfreiwillig, weil die Arbeitslosen zwar bereit sind, zu einem geringeren Lohnsatz zu arbeiten, die Unternehmer die Lohnsenkung aber nicht akzeptieren. Sie wissen, daß bei einem geringeren Lohnsatz die Arbeitsleistung und damit ihr Profit sinken würde. Shapiro/Stiglitz zeigten, daß im allgemeinen die Existenz dieser Form unfreiwilliger Arbeitslosigkeit paretoineffizient ist.

3.3 Arbeitsintensität und technische Effizienz

Die Annahme, daß KU die Kosten im Bereich negativen Isoquantenanstiegs minimieren, gehört zu den ersten „Wahrheiten", die in einer Vorlesung über Produktionstheorie üblicherweise vorgetragen werden. Bei positivem Anstieg ist die Grenzproduktivität eines Faktors negativ und daher die technische Effizienz, die eine notwendige Voraussetzung für Pareto-Effizienz ist, verletzt. Bowles (1983, für eine Darstellung siehe auch Duda/Fehr 1984) zeigte, daß unter plausiblen Annahmen eine KU ihr Kostenminimum bei positivem Isoquantenanstieg haben *kann*. Wenn der Einsatz eines bestimmten Faktorinputs x als Kuppelprodukt eine höhere Arbeitsleistung l generiert, kann es für die KU profitabel sein, negative Grenzproduktivitäten von x in Kauf zu nehmen, sofern der daraus erwachsende Produktionsverlust durch eine höhere Arbeitsleistung überkompensiert wird.

Ein ähnliches Argument wurde von Reich/Devine (1981) vorgetragen. In ihrem Modell ist das Niveau der Arbeitsteilung die kritische Variable. In leicht modifizierter Form kann ihre Idee wie folgt formuliert werden: Die Arbeitsteilung sei mit D bezeichnet und erhöht zunächst den Output Q; $\partial Q/\partial D = Q_D > 0$. Bei sehr hohem D hat die Arbeitsteilung jedoch outputsenkende Effekte; $Q_D < 0$. Eine starke Spezialisierung und Fragmentierung des Arbeitsprozesses erlaubt gleichzeitig, daß die Qualität der Arbeitsleistung besser kontrolliert werden kann. Dies drückt sich darin aus, daß mit steigendem D die Kosten der Aufsicht S(D) sinken; $\partial S/\partial D = S_D > 0$. Wenn nun der Outputpreis der Einfachheit wegen gleich 1 gesetzt wird, ist der gesamte Gewinnzuwachs durch eine Einheit von D durch die Grenzproduktivität von D *und* die Ersparnis an Aufsichtskosten gegeben: $Q_D - S_D$. Im Profitmaximum sind die durch D erzielbaren Profitzuwächse null, d. h. es gilt $Q_D(D^*) = S_D(D^*)$. Da $S_D < 0$ ist, muß auch Q_D im Profitmaximum negativ sein. Die KU ist somit unter den gegebenen Annahmen bereit, D so stark auszudehnen, daß negative Grenzproduktivitäten der Arbeitsteilung entstehen. Im Bereich von $D < D^*$ wirkt der Effizienzverlust durch $Q_D < 0$ deshalb nicht gewinnsenkend, weil er durch die Einsparung an Aufsichtskosten überkompensiert wird.

Die Ursache für die effizienzmäßig zu starke Ausdehnung von D liegt im Interessensgegensatz zwischen Arbeit und Kapital im Produktionsprozeß begründet. Wäre dieser Gegensatz nicht vorhanden, wie z. B. in selbstverwalteten Unternehmungen, so gäbe es auch nicht die Notwendigkeit zur Disziplinierung ‚widerspenstiger' Arbeiter durch Kontrolle und Aufsicht. Wir vermuten daher im Einklang mit Reich/Devine, daß in von den Arbeitern selber verwalteten Unternehmungen die Fragmentierungs- und Spezialisierungsprozesse geringer ausfallen werden und daß daher Q_D im Firmengleichgewicht stets positiv sein wird. Außerdem könnten Arbeitskräfte, die in kapitalistischen

Unternehmen vorwiegend Aufsichts- und Kontrollfunktionen wahrnehmen, in stärkerem Maße zu *direkt* outputerhöhenden Aktivitäten eingesetzt werden.

Diese Möglichkeit größerer Aufsichtskosten in kapitalistischen Firmen bringt zum Ausdruck, daß die Arbeiter bestimmte Informationen der Firmenleitung entweder bewußt vorenthalten bzw. sogar verschleiern oder zumindest keinen Anreiz haben, diese Informationen weiter zu geben. Durch den Interessenskonflikt ist Informationen, deren Gewinnung und Verschleierung, in ganz besonderem Maße als strategisch einsetzbare Waffe zu gebrauchen. Die Beschäftigten einer kapitalistischen Firma haben relativ zu einer selbstverwalteten Unternehmung einen größeren Anreiz und größere Möglichkeiten, Informationen zu verheimlichen. Dies trifft auf die für die Unternehmen so wichtigen Bereiche wie Leistungsfähigkeit und -willigkeit, Mobilitätsverhalten, Regelverletzungen, Qualität der Arbeit, organisatorische und technologische Verbesserungsmöglichkeiten im Produktions- und Kontrollprozeß, Durchschnittszeiten, die zur Erfüllung einer bestimmten Aufgabe notwendig sind, usw. zu. Es dürfte gleichzeitig auch einsichtig sein, daß die Firmenleitung in kapitalistischen Unternehmen ihrerseits das Interesse und die Möglichkeit hat, den Arbeitern wichtige Informationen vorzuenthalten. Deshalb bin ich der Ansicht, daß die strategische Verwendung, Verzerrung und Verheimlichung von Informationen die Vermutung rechtfertigen, daß KU in diesem Punkte weniger effizient sind als SVU.

3.4 Arbeitsintensität und technisch-organisatorische Innovationen

Der Interessensgegensatz zwischen Kapital und Arbeit im Produktionsprozeß hat meiner Meinung nach auch Auswirkungen auf die technische and organisatorische Gestaltung und Veränderung der Produktion. Die Geschichte der sozialen Auseinandersetzungen zwischen Kapital und Arbeit zeigt, daß nicht selten die Implementation neuer Techniken ein Streitpunkt war (Elbaum/Wilkinson 1979; Lazonick 1979; Wood 1982; Zeitlin 1979). Es ist daher nicht unwahrscheinlich, daß in diesem Punkt Machtüberlegungen häufig eine größere Rolle gespielt haben als Effizienzüberlegungen. Um das Problem genauer zu diskutieren, betrachten wir jetzt einen atomistischen Arbeitsmarkt, auf dem die Unternehmen die folgende Profitfunktion

$$P = b \cdot Q(\underbrace{l(b,g) \cdot N}_{L}) - w \cdot N - c(b) - f \qquad (4)$$

maximieren. Der Outputpreis ist gleich 1. Der Profit ist eine Funktion des Umsatzes $b \cdot Q(L)$, wobei L der gesamte Arbeitseinsatz aller N Arbeiter ist und jeder Arbeiter genau l Leistungseinheiten erbringt. $w \cdot N$ sind die Lohnkosten und f die fixen Kosten. g sei ein exogener Indikator für die Machtverhältnisse zwischen Kapital und Arbeit; der Einfluß von g auf l drückt aus, daß sich die Machtverhältnisse in der Produktion im Niveau der Arbeitsleistung l niederschlagen. Das entscheidende Merkmal von (4) ist die Möglichkeit der Erhöhung der Effizienz der eingesetzten Arbeitsmenge L, wenn b erhöht wird. b verkörpert somit den bereits implementierten Stand des technisch-organisatorischen Wissens. Die Erzeugung und Einführung von b verursacht Kosten in der Höhe von c(b). Es kann sich dabei um die Kosten des Patenterwerbs oder um Forschungs- und Entwicklungskosten handeln. Die Implementationskosten der technisch-organisatorischen Neuerungen sind ebenfalls in c(b) enthalten. c(b) sei eine steigende und strikt konvexe Funktion von b. Der Einfluß von b auf l sei a priori nicht genau festlegbar, d. h. sowohl $l_b \geq 0$ als auch $l_b < 0$ ist möglich. Im Falle von $l_b > 0$ erhöht b die Kontrollmöglichkeiten der Aufseher über die Produktionsarbeiter; bei $l_b < 0$ ist es umgekehrt; bei $l_b = 0$ ist der technische Fortschritt interessensneutral. Die Maximierung von (4) in bezug auf b und N ergibt die notwendigen Bedingungen

(5a) N: $b \cdot Q_L\,(l(b,g) \cdot N) \cdot l(b,g) = w$

(5b) b: $Q(l(b,g) \cdot N) + b \cdot Q_L\,(l(b,g) \cdot N) \cdot N \cdot l_b\,(b,g) = c_b\,(b)$

Bedingung (5a) besagt, daß im Firmengleichgewicht die Grenzproduktivität eines Arbeiters gleich dem (exogenen) Lohnsatz sein muß. Gemäß Bedingung (5b) werden so lange Innovationen eingeführt, bis die Grenzkosten von $b(= c_b)$ gleich den Grenzerträgen sind. Man beachte, daß der Grenzertrag von b eine ‚physische' Komponente (Q) und eine Umverteilungskomponente (bQ_LNl_b) hat. Wenn beispielsweise $l_b > 0$, machen die Unternehmer für jedes zusätzliche b Umverteilungsgewinne auf Kosten der Arbeiter in der Höhe von bQ_LNl_b.

Es wird davon ausgegangen, daß atomistische Arbeitsmarktbedingungen vorherrschen, d. h. für die Einzelfirma stellt w ein Datum dar. l wurde vom Machtindex g abhängig gemacht: $l = l\,(b,g)$. Prinzipiell kann l_g und l_{bg} sowohl positiv als auch negativ sein. In weiterer Folge wird aus Platzgründen nur der folgende Fall behandelt: $l_b \geq 0$, $l_g > 0$, $l_{bg} > 0$. Das bedeutet, daß b die Macht der Unternehmer über die Arbeiter nicht vermindert ($l_b \geq 0$). Eine Erhöhung von g zeige einen ‚exogenen' – d. h. nicht weiter erklärten – Machtzuwachs der Unternehmer an. Die Variable g hat hier lediglich den Zweck, eine Situation mit relativ geringer Unternehmermacht ($g = g_0$ und sehr klein) mit einer Situation mit größerer Firmenmacht ($g = g_l > g_0$) zu vergleichen. Man kann dies so interpretieren, als ob durch eine Erhöhung von g interessensneutraler Fortschritt ($l_b = 0$) in einen solchen verwandelt wird, der die Macht der Kontrollarbeiter stärkt ($l_b > 0$).

Wie wirkt sich nun die Erhöhung von g von g_0 auf g_1 aus? Die Präferenzen eines repräsentativen Arbeiters werden durch die Nutzenfunktionen $U = U(w,l)$ dargestellt, wobei $U_w > 0$ und $U_l < 0$ gilt. Daraus folgt, daß durch eine b-Erhöhung bei konstantem Lohn w die Arbeiter (wegen $l_b > 0$) zu einer höheren Leistung gezwungen werden können und daß dadurch ihr Nutzen um $U_l \cdot l_b$ sinkt. Des weiteren wird angenommen, daß sich m identische Firmen im Markt befinden, d. h. jede Einzelfirma erreicht ihr individuelles Gleichgewicht beim selben N und b. Da *jede* Unternehmung *zunächst* durch die Erhöhung von b wegen $l_b < 0$ den Nutzen der Arbeiter senkt, haben diese nicht die Möglichkeit, durch einen Arbeitsplatzwechsel ihre Firma dazu zu zwingen, von der b-Erhöhung Abstand zu nehmen. Allerdings werden einige Arbeiter unter den gegebenen Bedingungen nicht mehr bereit sein zu arbeiten. Das aggregierte Arbeitsangebot wird sich verknappen. Gleichzeitig werden wegen der gestiegenen Arbeitsintensität l mehr Arbeiter nachgefragt. Gesunkenes Arbeitsangebot und gestiegene Arbeitsnachfrage lassen den Lohnsatz jetzt steigen, so daß die Arbeiter letztlich doch eine gewisse Lohnkompensation für ihre gestiegene

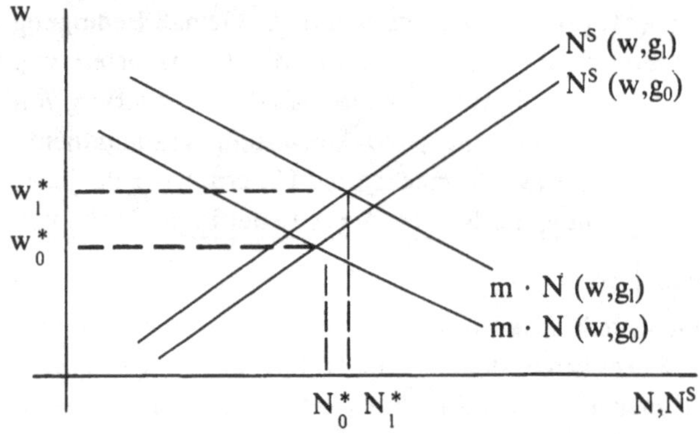

m · N (w,g): aggregierte Arbeitsnachfrage
N^S (w,g): aggregiertes Arbeitsangebot
$g_l > g_0$

Abb. 1: Folgen aus einem Machtzuwachs der Firmen

Arbeitsanstrengung erhalten. Wie stark der Lohn steigt, hängt von den Verschiebungen der Angebots- und Nachfragekurven ab. In Abb. 1 werden die Folgen, die aus einem Machtzuwachs der Firmen (von g_o zu g_l) resultieren illustriert.

Ob das Nutzenniveau der Arbeiter im neuen Gleichgewicht (w_1^*, N_1^*) höher oder niedriger ist als im alten Gleichgewicht (w_0^*, N_0^*), hängt von den Parametern des Gleichungssystems (5) und der Verschiebung von N^S ab. Wenn es sich nur wenige Arbeiter leisten können, wegen der l-Erhöhung ihre Arbeit aufzugeben, wird die Lohnerhöhung geringer ausfallen und die ‚Wahrscheinlichkeit' zunehmen, daß durch die Innovation ihre Wohlfahrt sinkt.

Wenn der technisch-organisatorische Fortschritt die Eigenschaft hat, die Macht der Unternehmer zu stärken, und mithin die Wohlfahrt der Beschäftigten im Ausmaß von $U_l l_b$ zu senken, ist es verständlich, daß sich die Arbeiter gegen die Einführung von b zur Wehr setzen. Die Unternehmer argumentieren dann häufig mit den positiven langfristigen Folgen von b. Ob diese auch für die betroffenen Arbeiter eintreten, ist jedoch eine offene Frage. Klarheit herrscht hingegen über die kurzfristigen Wohlfahrtsverluste für die Arbeiter, die sich anfänglich (im Ungleichgewicht) ergeben. Die daraus entstehenden Konflikte verschlingen natürlich Ressourcen und müssen als Kosten des Interessensgegensatzes zwischen Kapital und Arbeit betrachtet werden.

Darüber hinaus läßt sich aber auch zeigen, daß die kapitalistische Unternehmung im Gleichgewicht ein zu hohes – pareto-ineffizientes – Niveau von b implementiert. Im Pareto-Optimum muß gelten, daß für ein gegebenes Nutzenniveau $U(w,l) = U^0$ der Profit maximal ist. Maximiert man die Profitfunktion (4) unter der Nebenbedingung $U = U^0$ in bezug auf b, so erhält man Bedingung

$$(5b') \qquad Q + b \cdot Q_L \cdot \underset{+}{l_b} \cdot N + \lambda \cdot \underset{-}{U_l} \cdot \underset{+}{l_b} = c_b$$

wobei λ ein Lagrangemultiplikator ist. (5b') ist eine notwendige Bedingung für Pareto-Effizienz. Ein Vergleich mit (5b) enthüllt sofort, daß die Unternehmen (5b') nicht erfüllen. Wegen $\lambda U_l l_b < 0$ ist die linke Seite von (5b)' kleiner als die linke Seite von (5b). Daraus folgt, daß die rechte Seite und mithin auch b im Pareto-Optimum kleiner ist als im Gleichgewicht kapitalistischer Unternehmungen. Aus der obigen Überlegung ergibt sich im übrigen sofort, daß im Falle von $l_b < 0$ die Firmen ein ineffizient niedriges Niveau von b implementieren werden. Nur wenn b einen interessensneutralen Charakter hat ($l_b = 0$) wird das pareto-optimale Niveau von b realisiert werden.

4. Der Arbeitseinsatz in selbstverwalteten Unternehmen

4.1 Der Arbeitseinsatz bei exakter Leistungsentlohnung

In Kapitel 3.1 wurde die Unvollständigkeit und problematische Durchsetzbarkeit des Arbeitsvertrages diskutiert. In einer SVW existieren zwar keine Lohnarbeitsverträge wie in KU. Jedes Mitglied des SVU hat dieselben formalen politischen Mitentscheidungsrechte. Die Arbeiter stehen daher nicht *nur* in einem Arbeitsverhältnis zu ihrer Unternehmung. Sie stehen aber *auch* in einem Arbeitsverhältnis und hier wirken Ursachen, die in KU dazu führen, daß Arbeitsverträge unvollständig und nicht so ohne weiteres durchsetzbar sind.

Eine Ursache dafür liegt in der idiosynkratischen Natur der Arbeitsleistung, die in der Regel eine direkte Messung durch Beauftragte der Unternehmensleitung nur bei sehr hohen Aufsichtskosten zuläßt. Stattdessen werden unvollkommene Indikatoren wie Arbeitszeit und produzierte Stückzahl verwendet. Eine weitere Ursache ist die Schwierigkeit der Definition des Umfanges der Arbeitsverrichtungen in einer komplexen und sich ständig wandelnden Umwelt. Die genaue Festlegung aller Aufgaben in einem Arbeitsvertrag würde hohe (Verhandlungs-)Kosten verursachen und die Flexibilität der internen Unternehmensorganisation stark einschränken.

Man kann zeigen, daß bei exakter Leistungsentlohnung und optimaler Wahl der Beschäftigtenanzahl jeder Arbeiter einer SVU den pareto-optimalen Arbeitseinsatz wählt (Ireland/Law 1982). In einer SVU sind die Arbeiter und nicht die Kapitalgeber die Residualeinkommensempfänger. Wenn $p \cdot Q(L)$ wiederum den Umsatz und $f = r \cdot K$ die fixen Kosten repräsentieren, ist das gesamte Residuum durch $Y = pQ(L) - f$ gegeben. Bei Entlohnung nach der Menge des individuell geleisteten produktionswirksamen Arbeitseinsatzes erhält der einzelne Arbeiter ein Einkommen von

$$(6) \qquad y^i = Y(L) \cdot l^i/L, \text{ wobei } L = \sum_{i=1}^{N} l^i.$$

Es wird angenommen, daß jeder Arbeiter seine individuelle Wohlfahrt gemäß der Nutzenfunktion (3) unter der Nebenbedingung (6) maximiert. Da jeder Arbeiter annahmegemäß dieselbe Nutzenfunktion besitzt und sich derselben Budgetbeschränkung gegenübersieht, erhält man für jeden dieselben Gleichgewichtsbedingungen, so daß das Superscript ‚i‘ weggelassen werden kann. Die notwendigen Bedingungen für ein Nutzenmaximum in bezug auf N und l lauten

(7a) N: $pQ_L(L) = Y(L)/L$

(7b) l: $-U_l/y = \delta y/\delta l = \frac{Y}{L} \cdot (1 - \frac{1}{N}) + \frac{1}{N} \cdot pQ_L$

Bei (7a,b) wurde bereits berücksichtigt, daß, wenn alle Arbeiter im individuellen Gleichgewicht sind, $l^N = l^{N-l} = l^{N+l}$ und $l/L = l/N$ gilt. Setzt man (7a) in (7b) ein, erhält man

(8) $-U_l/U_y = pQ_L = Y/L = y/l$

Bedingung (8) besagt, daß bei nutzenmaximaler Festlegung von N jeder seinen individuellen Arbeitseinsatz so wählt, daß das Grenzleid der Arbeit ($-U_l$) gleich dem in Nutzeneinheiten gemessenen Grenzerlös des Arbeitseinsatzes ($U_y \cdot pQ_L$) ist.

Wird der individuelle Arbeitseinsatz jedes Arbeiters gemäß Bedingungen (8) festgelegt, ist eine notwendige Voraussetzung für ein Pareto-Optimum erfüllt. Dies wird sofort klar, wenn man annimmt, daß (8) nicht erfüllt ist, beispielsweise für einen bestimmten Arbeiter $-U_l < U_y pQ_L$ gilt. In diesem Fall ist der in Nutzeneinheiten gemessene Grenzerlös einer Arbeitseinheit ($U_y pQ_L$) größer als das Grenzleid der Arbeit ($-U_l$). Oder mit anderen Worten: Eine Erhöhung von l um eine Einheit ‚kostet' den Arbeiter zwar $-U_l$. Diese Kosten werden aber durch den Wohlfahrtszuwachs aus dem zusätzlich produzierten Output überkompensiert, so daß die Gesamtwohlfahrt des Arbeiters letztlich steigt. Eine Situation, in der die Wohlfahrt eines Arbeiters noch steigen kann, ohne daß der Nutzen der anderen Arbeiter sinkt, ist aber nicht pareto-optimal.

4.2 Der Arbeitseinsatz bei Zeitentlohnung

Die obige Herleitung der Bedingung (8) für den nutzenmaximalen Arbeitseinsatz in SVU beruht auf der Annahme exakter Leistungsentlohnung. Um einen fairen Vergleich zwischen KU und SVU zu ermöglichen, muß aber untersucht werden, wie l in SVU festgelegt wird, wenn keine exakte Leistungsentlohnung möglich ist. Die Unvollständigkeit und problematische Durchsetzbarkeit von Arbeitsverträgen dürfte nämlich in SVU gleichfalls vorhanden sein, so daß man auch auf unvollkommenen Indikatoren für individuelle Arbeitsleistungen – wie der Arbeitszeit – zurückgreifen muß.

Erfolgt die Entlohnung der Arbeitskräfte gemäß Arbeitszeit, ergeben sich in KU andere Anreize als in SVU. Der Arbeiter in einer KU wird sich stets vor der

Arbeit drücken, wenn er damit rechnet, nicht entdeckt zu werden. In der SVU wird der unbeobachtete Arbeiter jedoch einen Teil der Kosten seiner Drückebergerei selbst tragen müssen, so daß ceteris paribus der Anreiz dazu *immer* geringer sein wird. Die Ursache dafür ist die Beteiligung der einzelnen Arbeiter am Residualeinkommen. Der unbeobachtete Arbeiter in einer KU erhält w, auch wenn er weniger arbeitet, während das Residuum $pQ(\sum_{i=1}^{N} l^i) - f$ und damit das Einkommen in der SVU sinken würden. Wenn jeder der (homogenen) Arbeiter ein N-tel des Residuums erhält, wird aber Bedingung (8) nicht automatisch eingehalten. Betrachtet der einzelne Arbeiter die Arbeitsleistung seiner Kollegen als gegeben, so ist für ihn die Einhaltung von (8) nicht nutzenmaximal. Durch Senkung von l um eine Einheit steigt sein Nutzen (sinkt sein Arbeitsleid) um $-U_l$. Gleichzeitig sinkt der Umsatz um pQ_L. Seine individuellen Kosten sind aber pQ_L/N, weil er stets nur ein N-tel vom Umsatz erhält. Wenn die Kollegen auf die Reduktion von l nicht ebenfalls mit einer Reduktion reagieren, wird der Arbeiter l so lange senken, bis der Nutzengewinn ($-U_l$) gleich dem in Nutzeneinheiten gemessenen individuellen Kostenzuwachs ($U_y pQ_L/N$) ist. Dieses Kalkül gilt für jeden Arbeiter, der davon ausgeht, daß die anderen nicht reagieren, wenn er l senkt. Handeln alle Arbeiter in dieser Weise, gilt für alle

$$(9) \qquad -U_l < U_y\, pQ_L.$$

Dieses verbal hergeleitete Ergebnis ergibt sich auch durch die Maximierung der Nutzenfunktion (3) unter der Nebenbedingung

$$(6') \qquad y^i = Y(L)/N \qquad \text{mit } L = \sum_{i=1}^{N} l^i.$$

Die notwendige Bedingung für ein Nutzenmaximum bezüglich l lautet

$$(10) \qquad -U_l = U_y \cdot pQ_L \cdot \frac{1}{N}\,\frac{dL}{dl}, \quad \text{wobei } dL/dl = 1.$$

Es ist sofort ersichtlich, daß jeder Arbeiter, wenn (10) gilt, von einer *gemeinsamen* Erhöhung von l profitieren könnte, weil dann $dL/dl = N$ gilt und anstelle von (10) die Ungleichung (9) für ihn relevant wird. (10) ist unter der Annahme einer *gemeinsamen* Festlegung von l keine individuelle Gleichgewichtsbedingung mehr. Wenn jeder Arbeiter gemäß $dL/dl = 1$ handelt repräsentiert (10) das nicht-kooperative Gleichgewicht eines Gefangenen-Dilemmas, weil die dominante Strategie für jeden „weniger arbeiten" ist, gleichzeitig aber alle durch „mehr arbeiten" ihre Wohlfahrt erhöhen könnten.

4.3 Möglichkeiten des pareto-optimalen Arbeitseinsatzes bei Zeitentlohnung

In der KU mit Zeitentlohnung befindet sich der einzelne Arbeiter bei der Festlegung der Arbeitsleistung nicht in einem Gefangenen-Dilemma, d.h. wenn alle „mehr arbeiten" bei gegebenem Lohn können sie ihre Wohlfahrt *nicht* verbessern. Sie würden damit nur den Gewinn des Unternehmens erhöhen. Insofern sind die Interessen hier völlig entgegengesetzt. Aufgrund dieses Unterschiedes zwischen KU und SVU ergeben sich auch andere Lösungsmöglichkeiten des Problems. Wenn die einzelnen Arbeiter nicht wissen, wie lange sie Mitglied im SVU bleiben werden, könnten sie sich so verhalten, als ob sie unendlich oft das Gefangenen-Dilemma spielen werden. Wird ein Spiel unendlich oft wiederholt, so spricht man von einem Superspiel. Es ist gezeigt worden, daß derartige Spiele auch bei nicht-kooperativer Strategiewahl im Superspiel dazu führen können, daß in jedem Einzelspiel die pareto-optimale Lösung zustande kommt. (Schotter 1981: 52ff.; Taylor 1976) Entscheidenden Stellenwert besitzt dabei die Zeitpräferenz der Individuen. Je geringer die Rate der Zeitpräferenz, desto höher ist der Gegenwartswert der zukünftigen Verluste, wenn sich pareto-inferiore nicht-kooperative Gleichgewichte in den Einzelspielen ergeben; desto größer daher der Anreiz zur Wahl von Strategien, die Pareto-Optima erzeugen.

Es ist leicht vorstellbar, daß stets der Großteil der Mitglieder eines SVU nur weiß, daß er für eine längere Zeitspanne dem Unternehmen angehören wird, aber keine Vorstellung darüber hat, *wie* lange er Mitglied des Unternehmens sein wird. Gleichermaßen wahrscheinlich ist aber auch, daß es immer einige geben wird, die wissen, wie lange sie noch im SVU sein werden. Ob sie sich vor der Arbeit drücken können, ist aber nicht sicher.

In diesem Zusammenhang gewinnt dann die Interaktions- und Kommunikationsdichte des SVU an Bedeutung, weil es auch davon abhängt, ob das Gefangenen-Dilemma kooperativ oder nicht-kooperativ gespielt wird. Ein nicht-kooperatives Spiel wird üblicherweise durch die Abwesenheit von expliziter Kommunikation und durchsetzbaren Vereinbarungen unter den Spielern definiert. Bei kooperativen Spielen ist beides möglich. Obwohl ich es wegen der idiosynkratischen Natur vieler Arbeitsleistungen für ausgeschlossen halte, daß die individuellen Arbeitsanstrengungen Gegenstand expliziter Kontrakte werden können, halte ich es für möglich und wahrscheinlich, daß sich die Arbeiter so verhalten, als ob sie untereinander Verträge abgeschlossen haben, wenn das SVU eine dichte Interaktions- und Kommunikationsstruktur hat. Dann wird nämlich jeder Arbeiter praktisch ständig von irgendwelchen anderen „beobachtet“. Dazu kommt, daß jeder auch ein Interesse daran hat, daß die anderen viel arbeiten, weil sein Einkommen auch von der Leistung der anderen abhängt. Mit anderen Worten: Der Produktionsprozeß hat als Kuppelprodukt stets ein gewisses Niveau an „horizontaler Aufsicht“, welches von der Interaktionsdichte abhängt. Hier kann die Brücke zur Arbeitsteilung geschlagen werden, denn diese beeinflußt wiederum die Interaktion und Kommunikation. Je arbeitsteiliger die Produktion organisiert ist, desto weniger interagieren und kommunizieren die Arbeiter und desto geringer das Ausmaß horizontaler Kontrolle (FitzRoy/Kraft 1983).

In der KU sind hingegen keine Anreize zu horizontaler Aufsicht wirksam, da die Arbeiter unabhängig von der Leistung ihrer Kollegen bezahlt werden. Man kann daher ein höheres Ausmaß an vertikaler Kontrolle vermuten. Diese wird vermutlich um so besser (billiger) funktionieren, je *höher* die Arbeitsteilung, weil Quantität und Qualität einfacher und stark zerlegter Tätigkeiten von Aufsehern leichter kontrolliert werden können (Kapitel 3.3). KU dürften daher ein höheres Niveau der Arbeitsteilung haben als SVU. Bezogen auf die Ausführungen in Kapitel 3.3 bedeutet dies, daß die Grenzproduktivitäten der Arbeitsteilung in SVU im Firmengleichgewicht positiv oder weniger negativ sind als in KU.

Voraussetzung für die nicht-kooperative Lösung des Prisoner's Dilemma war, daß jeder davon ausging, daß die anderen nicht reagieren. Jeder mußte aber schließlich erkennen, daß die jeweils anderen doch reagiert, d. h. die Arbeitsleistung gesenkt hatten. Interpretiert man die Anpassung an das nicht-kooperative Gleichgewicht als einen Prozeß, so handelte jeder Arbeiter mit Annahmen über das Verhalten der anderen, die sich sichtbar als falsch herausstellten. Dieser gängige Einwand gegen die Anwendung von Cournot-Nash-Strategien ist meines Erachtens besonders vor dem Hintergrund der obigen Anmerkungen über die Interaktions- und Kommunikationsdichte relevant.

Die Ersetzung vertikaler Kontrolle durch horizontale, eine geringere Arbeitsteilung und ein dichteres Interaktionsnetz zwischen den Arbeitern lassen es wahrscheinlich werden, daß das Prisoner's Dilemma kooperativ gespielt wird. Dies wird um so eher der Fall sein, je kleiner N ist. Wenn die Anzahl der Beschäftigten eines SVU sehr groß ist, kann es sich daher als ratsam erweisen, selbständige selbstverwaltete Teileinheiten zu schaffen. Sacks (1983) zeigte, daß in Jugoslawien sehr große Unternehmen divisionalisiert wurden und daß dies große Effizienzvorteile mit sich brachte. Schließlich sind noch 2 Argumente in diesem Zusammenhang wichtig. Sen (1966) zeigte, daß die Berücksichtigung nicht-egoistischer Nutzenfunktionen dazu führen kann, daß die Optimalitätsbedingung (8) eingehalten wird. Wenn jedem Arbeiter die Wohlfahrt der anderen gleich wichtig ist, wie die eigene Wohlfahrt – Sen nennt diesen Zustand „perfect sympathy“ – wählen alle Arbeiter l gemäß (8). In KU führt „perfect sympathy“ hingegen zu keiner Effizienzsteigerung, weil die Senkung von l bei einem Arbeiter die Wohlfahrt der anderen nicht negativ beeinflußt. Wem die Annahme altruistischer Präferenzen empirisch irrelevant erscheint, wird ein Argument von Kreps et. al. (1982) vermutlich eher zusagen. Die Autoren zeigten, daß in einem *endlich* oft gespielten 2-Personen Gefangenen-Dilemma jeder Spieler bis kurz vor dem Spielende die kooperative Strategie wählen wird, wenn eine gewisse Form asymmetrischer Information vorherrscht: Ein Spieler darf sich nicht absolut sicher sein, daß der andere ein rationaler Spieler ist. Er muß mit positiver Wahrscheinlichkeit davon ausgehen, daß der andere nicht rational spielt. Die zweite Möglichkeit zur Herbeiführung einer pareto-optimalen Lösung bis kurz vor Spielende ist die Annahme, daß jeder der beiden von Anfang an annimmt, daß der andere Kooperation präferiert.

Geht man davon aus, daß die Arbeiter das Gefangenen-Dilemma kooperativ spielen, ist der Arbeitseinsatz in einer SVU effizient. Es gibt dann keinen Grund zur Annahme, daß Arbeitsteilung, technischer Fortschritt und andere Faktoren in technisch und ökonomisch ineffizienter Weise zur Erhöhung/ Senkung von l eingesetzt werden, wie man es für die KU vermuten kann. Dies wird kurz am Beispiel der Einführung von technisch-organisatorischen Innovationen gezeigt. Die SVU maximiert nicht (4), sondern die Nutzenfunktion (3) unter der Nebenbedingung

$$y = \frac{b \cdot Q(l \cdot N) - c(b) - f}{N}$$

durch die Wahl von b, N und l. Ceteris paribus ist b nutzenmaximal, wenn

$$(5b'') \qquad Q = c_b$$

erfüllt ist. Da es keinen Interessensgegensatz wie in der KU gibt, wird b nicht zur Erhöhung bzw. Senkung von l eingesetzt ($l_b = 0$), so daß sich stets das effiziente Innovationsniveau ergibt. Darüber hinaus wird die kooperative SVU nicht im Bereich positiven Isoquantenanstiegs produzieren und die in Abschnitt 3.2 dargestellte Form unfreiwilliger Arbeitslosigkeit wird keine Rolle spielen. Eine Wirtschaft, die aus kooperativen SVU besteht, dürfte daher in bezug auf die Festlegung des Arbeitseinsatzes Effizienzvorteile gegenüber einer Wirtschaft haben, die aus KU besteht.

5. Zusammenfassung

Selbstverwaltungsunternehmen und Gewinnbeteiligungsunternehmen sind in den kapitalistischen Industriestaaten nicht sehr verbreitet, obwohl sie in der Regel keinen expliziten gesetzlichen Verboten unterliegen. Manche Ökonomen ziehen daraus den Schluß, daß SVU und GBU im Unterschied zu KU nicht effizient sind. In Abschnitt 1 ist ausgeführt worden, daß die seltene Existenz von SVU und GBU es nicht rechtfertigt, auf ihre – relativ zu KU – Ineffizienz zu schließen. Es wurde argumentiert, daß die mit institutionellen Veränderungen normalerweise verbundenen Verteilungsveränderungen sogar dazu führen können, daß eine Gesellschaft ineffiziente Institutionen nicht beseitigt.

In Abschnitt 3 wurde die Unvollständigkeit und problematische Durchsetzbarkeit von Arbeitsverträgen beschrieben und gefolgert, daß daraus in der KU ein Interessensgegensatz zwischen Kapitalgebern (Managern) und Arbeitern erwächst. Es wurde gezeigt, daß dieser Gegensatz – der vor allem in der Produktionssphäre virulent ist – in vielfältiger Weise zu Ineffizienzen der KU führen kann. Er kann unfreiwillige Arbeitslosigkeit und die Wahl ineffizienter Faktorkombinationen hervorrufen; ein zu hohes Niveau der Arbeitsteilung und der Implementation technisch-organisatorischer Neuerungen kann ebenfalls die Folge sein.

Ob SVU diese Ineffizienzen aufweisen, hängt davon ab, ob das bei der Festlegung des individuellen Arbeitseinsatzes entstehende Gefangenen-Dilemma kooperativ oder nicht-kooperativ gespielt wird. Ich habe zahlreiche Argumente angeführt (Abschnitt 4.3), die die Vermutung rechtfertigen, daß die Arbeiter kooperative Strategien wählen werden. In diesem Falle würden SVU die oben geschilderten Ineffizienzen der KU nicht aufweisen. Gewinnbeteiligungsunternehmen wurden in diesem Beitrag nicht explizit analysiert. Da die SVU aber als extremste Form einer Gewinnbeteiligung der Arbeiter betrachtet werden kann (die Arbeiter bekommen in einer SVU den ganzen bzw. den Großteil des erwirtschafteten Überschusses), lassen sich aus der Analyse von SVU auch einige Hinweise auf die Vor- und Nachteile einer partiellen Gewinnbeteiligung gewinnen. Aufgrund der aufgezählten (Abschnitt 4.3) Möglichkeiten der Herbeiführung eines pareto-optimalen Arbeitseinsatzes in SVU scheint mir die Hypothese, daß eine Zunahme der Gewinnbeteiligung die Ineffizienzen der KU abschwächt, gerechtfertigt zu sein.

Inwiefern empirische Untersuchungen die in diesem Beitrag dargelegte optimistische Sicht von SVU und GBU bestätigen, ist noch eine offene Frage. Die theoretische Analyse liefert jedenfalls meines Erachtens einige „Indizien" dafür, daß bei der Festlegung des Arbeitseinsatzes SVU und GBU gegenüber KU Effizienzvorteile besitzen. Von diesen Indizien auf eine generelle Überlegenheit von SVU und GBU zu schließen wäre indessen voreilig. Es gibt durchaus Bereiche, in denen KU gewisse Vorteile haben können (Fehr 1985: Kapitel 4). Die Aussage, daß KU immer effizienter sind, ist meiner Meinung nach jedoch gleichfalls voreilig und muß unter Ideologieverdacht gestellt werden.

Literatur

Bowles, S. (1985): *The Production Process in a Competitive Economy*. Walrasian, Neo-Hobbesian and Marxian Models, American Economic Review, Vol. 75, No. 1, 16–36.

Coase, H. R. (1937): The Nature of the Firm. *Economica* 4, S. 386.

Duda, H., und E. Fehr (1984): *Die radikale Theorie der Firma*. Arbeitspapier (84/2) des Arbeitskreises Sozialwissenschaftliche Arbeitsmarktforschung (SAMF).

Elbaum, B. und F. Wilkinson (1979); Industrial relations and uneven development: a comparative study of the American and British steel industries. *Cambridge Journal of Economics*, Vol. 3, No. 3, 275–303.

Fehr, E. (1984a): Unfreiwillige Arbeitslosigkeit, Macht und asymmetrische Mobilitätskosten. *Quartalshefte der Girozentrale 19*, S. 67.

– (1984b): Worker's Management and Capitalism in a Nutshell. *Economic Analysis and Worker's Management* 18, S. 319.

– (1985): Die selbstverwaltete Unternehmung – Eine effiziente Alternative zum Kapitalismus? *Ökonomie und Gesellschaft*, Jahrbuch 3, S. 276.

FitzRoy, R. F., und K. Kraft (1983): Arbeitsteilung und Mitarbeiterbeteiligung. *Discussion Paper*, Wissenschaftszentrum Berlin, IIMV-Strukturpolitik, IIM/IP 83–30.

Ireland, J. N., und J. P. Law (1982): *The Economics of Labour Managed Enterprises*, London–Canberra: Croom Helm.

Kalecki, M. (1943): *Political Aspects of Full Employment*. Kalecki, M. (1971): Essays on the Dynamics of the Capitalist Economy. Cambridge: *Cambridge University Press*.

Kreps, D. M., P. Milgrom, J. Roberts und R. Wilson (1982): Rational Cooperation in the Finitely Repeated Prisoner's Dilemma. *Journal of Economic Theory* 27, S. 245.

Lazonick, W. (1979) Industrial relations and technical change: the case of the self-acting mule, *Cambridge Journal of Economics*, Vol. 3, No. 3, 231–262.

Reich, M., und J. Devine (1981): The Microeconomics of Conflict and Hierarchy in Capitalist Production. *The Review of Radical Political Economics* 13, 4, S. 27.

Sacks, R. St. (1983): *Self Management and Efficiency: Large Corporations in Yugoslavia*. London: Allen and Unwin.

Schotter, A. (1981): *The Economic Theory of Social Institutions*. Cambridge: Cambridge University Press.

Sen, A. K. (1966): Labour Allocation in a Cooperative Enterprise. *Review of Economic Studies* 33, S. 361.

Shapiro C. und J. E. Stiglitz (1984); Equilibrium Unemployment as a Worker Discipline Device, *American Economic Review*, Vol. 74, No. 3, 433–444.

Simon, H. A. (1951); A Formal Theory of the Employment Relationship, in: H. A. Simon, *Models of Bounded Rationality*, Cambridge Massachusetts 1982, MIT Press, Vol. 2, 11–23.

Taylor, M. (1976); Anarchy and Cooperation, New York, Wiley.

Vogt, W. (1983); Eine Theorie des kapitalistischen Gleichgewichts, in: *Ökonomie und Gesellschaft*, Jahrbuch 1, Frankfurt a. Main, 161-208.

Williamson E. O. (1975); *Markets and Hierarchies: Analysis and Antitrust Implications*, London – New York, The Free Press.

Wood, St. (ed.) (1982); *The degradation of work; skill, deskilling and the labour process*, London – Melbourne – Sidney, Hutchinson.

Zeitlin, J. (1979); Craft control and the division of labour: engineers and the compositors in Britain 1890–1930, *Cambridge Journal of Economics*, Vol. 3, No. 3, 263–274.

XIII. Die Evolution kapitalistischer und laboristischer Unternehmungen als Prozeß der Selbstorganisation

Thomas Eger und Peter Weise

1. Einleitung

Während die hierarchisch-kapitalistische Unternehmung weltweit Triumphe feiert, bleiben laboristische Formen der industriellen Produktion in den meisten Ländern seltene Ausnahmeerscheinungen. Was sind die Gründe für diese Erfolge der kapitalistischen Unternehmung? Setzte sich die kapitalistische Unternehmung gegenüber laboristischen Organisationstypen durch, weil sie die einzige effiziente Organisationsform darstellt? Ist die weite Verbreitung der kapitalistischen Unternehmung ein Symbol der Machtausübung von Kapitalbesitzern über Arbeitskräfte?

Die vorliegende Arbeit geht diesen Fragen nach, indem sie zunächst den organisatorischen Wandel vom selbständigen Handwerk zur kapitalistischen Unternehmung als Anpassung der Wirtschaftssubjekte an eine sich verändernde Umgebung durch Ökonomisierung bezüglich der Produktions- und Transaktionskosten analysiert. Es zeigt sich, daß die kapitalistische Unternehmung einen hohen Überlebensvorteil in einer Umgebung besitzt, die durch mangelnde Universalität und unterschiedliche Exklusivität der Eigentumsrechte gekennzeichnet ist. Einige aktuelle Entwicklungen der Rechtsprechung und Gesetzgebung in den hochindustrialisierten marktwirtschaftlich-kapitalistischen Systemen führen allerdings tendenziell zu Umgebungsänderungen, die die Evolutionsvorteile kapitalistischer Unternehmungen teilweise reduzieren. In einem zweiten Teil versuchen wir, anhand eines semi-quantitativen Modells die wichtigsten Beziehungen zwischen Umgebungsänderungen und organisatorischem Wandel etwas exakter herzuleiten.

Die verschiedenen Organisationsformen unterscheiden wir anhand der Verfügungsbeschränkungen zwischen Kapitaleignern und Arbeitsanbietern bezüglich der für die gemeinsame Produktion erforderlichen Ressourcen. Durch diese Verfügungsbeschränkungen wird festgelegt, wer über die Art der Produktion, über die Arbeitsbedingungen und über die Verteilung des gemeinsam erwirtschafteten Ergebnisses entscheidet. Eine *laboristische Unternehmung* ist dadurch gekennzeichnet, daß die Arbeiter gemeinsam entscheiden, was produziert wird, wie produziert wird (d. h. mit welchen Arbeitsbedingungen) und wie das gemeinsame Ergebnis verteilt wird. Eine *kapitalistische Unternehmung* ist dadurch gekennzeichnet, daß ausschließlich die Kapitaleigner diese Entscheidungen treffen und daß daher die Funktion der Renditeerzielung auf Kosten der Funktion, sichere Arbeitsplätze zu den von den Arbeitern gewählten Arbeitsbedingungen zu bieten, systematisch favorisiert wird.[1]

2. Evolutionsvorteile der kapitalistischen Unternehmensorganisation

1. Die kapitalistische Unternehmung läßt sich als Ergebnis eines mehrere Jahrhunderte währenden Evolutionsprozesses betrachten, den man in stark idealisierter Weise etwa folgendermaßen beschreiben kann:[2]

Zunächst war der gewerbliche Sektor durch ein *selbständiges Handwerk* mit eigener Produktion und eigenen Absatzkanälen gekennzeichnet. Die in der Regel in Zünften organisierten Handwerker bedienten vorwiegend lokale Märkte und konnten zu relativ geringen Kosten die erforderlichen Informationen über die Beschaffung der Inputs und den Absatz des Outputs erhalten. Darüber hinaus besaß der Handwerker kostenlos alle relevanten Informationen über Arbeitszeit, Arbeitsmethode und die Qualität seines Produkts.

Seit Mitte des 17. Jahrhunderts stieg die Bevölkerungszahl in Europa nach dem Expansionszyklus von 1475–1600 dauerhaft stark an. Durch erhöhten Schutz

[1] Dabei unterscheidet man die folgenden drei gesellschaftlichen Funktionen einer Unternehmung:
- Güter für Konsumenten oder andere Unternehmungen zu produzieren;
- Arbeitsplätze mit bestimmten Arbeitsbedingungen bereitzustellen;
- Anlagemöglichkeiten für Geldkapital zu schaffen.

Vgl. hierzu J. Drèze 1976.

[2] Vgl. hierzu beispielsweise die detaillierten Darstellungen bei J. Kulischer 1954, Bd. 1 und 2; D. C. North/R. P. Thomas 1973, und D. C. North 1981.

der Handelswege seitens der Landesherren und durch Verbesserung der Transportwege und -mittel wurden die Transportkosten drastisch gesenkt. Gleichzeitig entwickelten sich eine Reihe von Institutionen, die die Kosten des Gütertausches – d. h. die Such-, Verhandlungs- und Durchsetzungskosten – reduzierten.[3] Dadurch entstand ein erhöhter Anreiz zu Arbeitsteilung und Güteraustausch über die Stadtgrenzen hinaus. Der Fernhandel mit Produkten, die nicht in allen Städten hergestellt werden konnten (bestimmte Grundnahrungsmittel und Luxusgüter), entwickelte sich rasch; für viele gewerbliche Produzenten vergrößerten sich die Absatzmärkte. Aufgrund steigender Skalenerträge im Absatz wurde es profitabel für Mediatoren, den Transport und Absatz in größeren Nachfragezentren in eigener Regie zu übernehmen. Die Funktion derartiger Tauschmittler übernahmen vor allem Zunftmeister, die bereits über kaufmännische Erfahrungen verfügten, und Berufshändler, die zu den Rohstoffen den Handel mit gewerblichen Erzeugnissen hinzufügten.

Durch Learning-by-doing sammelten die Mediatoren Informationen über die Absatzmärkte und konnten sich ein entsprechendes Informationsmonopol sichern, da die meisten Handwerker nicht über ausreichende Ersparnisse verfügten, um vorübergehend ihre Produktion einstellen und selbst (auf den entsprechenden Messen) Informationen über die Absatzmöglichkeiten sammeln zu können. Aufgrund dieser Zentralisierung des Absatzes und seiner Ablösung als eigenständige Funktion von der Produktion entstand eine Tendenz zur Auftragsarbeit. Der Handwerker verlor die Kontrolle über das Produkt seiner Arbeit, der *Verlag* entwickelte sich.[4]

Auf Grundlage seiner überlegenen Informationen über die Absatzmärkte gab der Verleger den Heimarbeitern immer konkretere Vorgaben hinsichtlich der Art der Produkte sowie Quantität, Qualität und Preis der Produkte. Komparative Kostenvorteile der Arbeitsteilung wurden ausgenutzt. Darüber hinaus besorgten die Verleger den Heimarbeitern in vielen Fällen die erforderlichen

[3] Zuerst in den Niederlanden und in England (z. B. große Messen, „Enclosures" in der Landwirtschaft, gesetzlicher Patentschutz sowie eine Rechtsprechung, die die Spezifizierung und Durchsetzung von Verträgen erleichterte); später auch in den anderen europäischen Staaten, deren Herrscher zunächst keinen Anreiz hatten, derartige Institutionen zu schaffen. Vgl. D. C. North 1981, S. 143 ff.

[4] Die Zentralisierung des Absatzes wurde noch gefördert durch die aufkommenden stehenden Heere, die eine rasche Bereitstellung großer Mengen standardisierter Produkte (Waffen, Uniformen) verlangten; siehe W. Sombart 1913.

Rohstoffe und Vorprodukte und gewährten ihnen entsprechende Vorschüsse.

Es bereitete den Verlegern allerdings große Schwierigkeiten, die Heimarbeiter auf eine prompte Erledigung der Aufträge festzulegen.[5] Darüber hinaus war es mit hohen Kosten verbunden, die Rohstoffe zu einer Vielzahl dezentralisierter Produzenten zu transportieren und die fertigen Produkte bei den Produzenten einzusammeln und zu den Absatzzentren zu transportieren. Schließlich war es den Verlegern nicht möglich, zu tragbaren Kosten zu verhindern, daß sich die Heimarbeiter durch Qualitätsverschlechterung einen Vorteil zu Lasten des Verlegers und zu Lasten der Konsumenten verschafften.

Es bestand somit für die Verleger ein Anreiz, diese Kosten durch Zusammenfassung der Arbeiter in zentralisierten Werkstätten zu senken. Diese Form der Organisation der gewerblichen Produktion konnte sich aber zunächst nur vereinzelt durchsetzen, da die kleinen Handwerksmeister keinen Anreiz hatten, ihr Heim mit einer zentralisierten Werkstätte zu vertauschen, da nicht alle Verleger über das erforderliche Kapital zur Errichtung derartiger Werkstätten verfügten und da keine hinreichende Anzahl geprüfter Werkmeister zur Verfügung stand (Kulischer 1954, Bd. 2: 156). Erste Formen der Produktion in zentralen *Manufakturen* findet man somit vor allem in Zucht-, Arbeits-, Armen- und Waisenhäusern, die zum Teil von Unternehmern in Pacht genommen und kommerziell genutzt wurden.[6]

Die Zusammenfassung von Arbeitskräften in zentralisierten Werkstätten setzte sich immer stärker durch, als genügend Arbeitskräfte und genügend Kapital *für diesen Zweck* zur Verfügung standen: Das entsprechende *Arbeitsangebot* wurde zunächst vor allem durch Bauern, die den Einhegungen weichen mußten, durch entlassene Soldaten und durch arme Handwerker, die keiner Zunft angehörten, bereitgestellt, d. h. durch Arbeitskräfte, die über keine bessere Alternative verfügten. Das entsprechende *Kapital* wurde bereitgestellt, als einerseits immer mehr Kaufleute genügend Ersparnisse angehäuft hatten, um die erforderlichen Investitionen in Gebäude und Anlagen durchführen zu

[5] Aus diesem Grunde wurde in England zunächst das Rechtssystem eingeschaltet: „In the eighteenth century, Parliament twice enacted laws requiring domestic woolen workers to complete and return work within specified periods of time. In 1749 the period was fixed at twenty-one days, and in 1777 the period was reduced to eight days.“ (S. Marglin 1974: 93).

[6] Vgl. auch W. O. Henderson 1984: 586 ff. Die in Deutschland entstandenen Manufakturen produzierten Tuch, Metallwaren, Waffen und Glaswaren.

können, und andererseits immer mehr sonstige Kapitalbesitzer wegen steigender Ertragsraten einen Anreiz hatten, in den Bereich der zentralisierten gewerblichen Produktion zu investieren.[7]

Die Manufaktur blieb allerdings eine vorübergehende, auf einige wenige Branchen beschränkte Erscheinung. In den meisten Bereichen der gewerblichen Produktion entwickelte sich sehr schnell eine andere Form der zentralisierten Produktion: die moderne *Fabrik*.[8]

In den zentralisierten Produktionsstätten wurde die Verfügung der Arbeiter über ihre Arbeitszeit und Arbeitsmethode systematisch beschränkt; die Kosten, neue Produktionstechniken einzuführen, wurden gesenkt. Solange noch eine relativ geringe Zahl von Arbeitskräften beschäftigt war, erfolgte die Kontrolle der Arbeitsabläufe durch den Unternehmer-Kapitalisten persönlich. (Edwards 1979) Bei einer wachsenden Zahl von Beschäftigten wurde diese Form der direkten persönlichen Kontrolle allerdings zunehmend schwieriger.

Der Kapitalbesitzer mußte einen Teil seiner Kontrollbefugnisse an Vorarbeiter delegieren, die ihre uneingeschränkte Verfügungsmacht über die Untergebenen häufig zur Verfolgung persönlicher Ziele nutzten. Da diese Form der Kontrolle in wachsenden Unternehmen mit zunehmenden Kosten für den Kapitalbesitzer verbunden war, entstand ein Anreiz, durch Einführung neuer Techniken und Aufbau einer formalen Unternehmensorganisation bezüglich dieser Kosten zu ökonomisieren; die *kapitalistische Unternehmung* entstand.[9]

Im einzelnen entwickelte die kapitalistische Unternehmung eine Reihe von Vorkehrungen, um die Kosten der Organisation der Produktionsprozesse zu reduzieren: (Arrow 1974; Brandes/Weise 1980: 22 ff.)

[7] So weist K. Borchardt in einem interessanten Aufsatz nach, daß das relative Zurückbleiben der wirtschaftlichen Entwicklung Deutschlands hinter derjenigen Englands bis zur Mitte des 19. Jahrhunderts nicht auf einen wie auch immer definierten Kapitalmangel zurückzuführen ist, sondern auf mangelnde Anreize der Kapitalbesitzer, ihre Ersparnisse für den industriellen Bereich zu mobilisieren. Vgl. K. Borchardt 1961.

[8] Während in der Manufaktur nur Handwerkszeuge und manuell betriebene Maschinen eingesetzt wurden, stützt sich die Produktion in der Fabrik auf den Einsatz spezialisierter voll- und halbautomatischer Maschinen.

[9] Mit der Entstehung kapitalistischer Unternehmen in Deutschland befaßt sich auch E. J. Häberle 1979. Zur Disziplinierung der Arbeiter in deutschen Fabriken des 19. Jahrhunderts siehe B. Flohr 1981; die Situation der Arbeiter in englischen Fabriken des 18. und 19. Jahrhunderts beschreibt C. Hill 1977: S. 211 ff.

- Die Kosten der Tauschbeziehungen und der jeweiligen Vertragsformulierung wurden durch unspezifizierte Arbeitsverträge gesenkt.
- Die Kosten der Entscheidungsfindung wurden durch Verarbeitung der Informationen über Produktionsabläufe, Absatzmöglichkeiten, Arbeitsabläufe etc. an einem zentralen Platz (der Unternehmensleitung) gesenkt; dadurch wurde Arbeitsteilung und Spezialisierung bezüglich Entscheidungsfindung und Produktion mit großen Effizienzgewinnen möglich.
- Die Kosten der Informationsübertragung und -verarbeitung wurden durch Vereinheitlichung in der unternehmensintern benutzten Sprache und Ausstattung der Kommunikationskanäle mit auf ein bestimmtes Unternehmensziel ausgelegten Filtern gesenkt.
- Die Kosten der Planrealisierung bei stark arbeitsteiligen Produktionsprozessen mit langen Handlungsketten wurden durch Erhöhung der Austrittskosten der Arbeiter und durch die Begründung von Autoritätsbeziehungen gesenkt (innerbetriebliche Aufstiegsleitern; betriebsspezifische Qualifikationen; Erzeugung von Loyalität und Gehorsam gegenüber der Unternehmung und den Vorgesetzten; Formalisierung der persönlichen Beziehungen der Arbeiter untereinander und zwischen Arbeitern und Vorgesetzten durch Rollen, Kategorisierung und Typisierung von Entscheidungsprozeduren sowie durch Arbeits- und Aufgabenspezialisierung; sichere Arbeitsplätze für langfristig Beschäftigte).
- Die Kosten des Eintritts in die Unternehmung sowie die Anlern- und Kontrollkosten wurden durch Anschluß an das Bildungssystem und durch Internalisierung allgemeiner Regeln wie Pünktlichkeit, Gehorsam etc. seitens der Arbeiter im Zuge des Erziehungs- und Sozialisationsprozesses gesenkt.

2. Wir haben somit herzuleiten versucht, daß der Evolutionsvorteil der kapitalistischen Unternehmung darin bestand, bezüglich der totalen Produktions- und Transaktionskosten zu ökonomisieren. Es stellt sich nun die Frage, warum sich keine anderen, stärker laboristischen Organisationsformen durchgesetzt haben; oder anders formuliert: hätten laboristische Organisationsformen nicht die gleichen kostensenkenden Effekte gehabt wie die kapitalistische Unternehmung, und ist es nicht vielleicht reiner Zufall, daß sich letztere durchgesetzt hat?

Um diese Frage zu beantworten, lassen sich die oben beschriebenen Veränderungen der Produktions- und Transaktionskosten in zwei Teilmengen zerlegen:

a) *Neutrale Kostenveränderungen*, d. h. Veränderungen der Produktions- und Transaktionskosten, die die Entstehung laboristischer und kapitalistischer Unternehmensformen gleichermaßen begünstigen.

b) *Nicht-neutrale Kostenveränderungen*, d. h. Veränderungen der Produktions- und Transaktionskosten, die einseitig das Entstehen kapitalistischer Unternehmensformen begünstigen.

ad a) *Neutrale Kostenveränderungen*

Zunächst senkt eine Ausdehnung der Märkte die Kosten der Arbeitsteilung und Spezialisierung. Durch Effizienzvorteile der Arbeitsteilung und Spezialisierung allein werden allerdings keine spezifischen Organisationsformen begünstigt, da selbständiges Handwerk, laboristische und kapitalistische Unternehmung gleichermaßen arbeitsteilige Produktion zulassen. Bei stark arbeitsteiliger Produktion kann allerdings – wie im ersten Abschnitt gezeigt wurde – eine Zusammenfassung der Arbeitskräfte erforderlich sein, um bezüglich der Informations- und Kommunikationskosten zu ökonomisieren.[10] Das selbständige Handwerk erweist sich in vielen Fällen als kostenungünstige Alternative, während laboristische und kapitalistische Unternehmung gleichermaßen in der Lage sind, durch räumliche Konzentration der Arbeitskräfte Informations- und Kommunikationskosten zu senken. Die kostensenkenden Wirkungen von Hierarchien durch Verringerung der Anzahl der erforderlichen Kommunikationskanäle[11] und Nutzung entsprechender organisationsinterner Codes sowie die kostensenkende Wirkung der Spezialisierung einiger Organisationsmitglieder auf Entscheidungsfindung und Kontrolle lassen sich grundsätzlich sowohl in laboristischen als auch in kapitalistischen Unternehmungen nutzen. Das gleiche gilt für zahlreiche Produktionstechniken, die steigende Skalenerträge der Produktion ermöglichen und eine räumliche Konzentration der Arbeitskräfte erfordern.

Darüber hinaus begünstigt die Tatsache, daß weder „die Natur“ noch zukünftige Generationen exklusive Eigentumsrechte an nichtregenerierbaren Res-

[10] Zu Recht weist McManus darauf hin, daß sich die Entstehung von Unternehmungen nicht erklären läßt, ohne die Kosten der Messung der technischen Charakteristika der Inputs und Outputs zu berücksichtigen. Siehe J. McManus 1975.

[11] Bei n Organisationsmitgliedern sind $n(n-1)/2$ Kommunikationskanäle erforderlich, wenn jeder mit jedem Informationen austauscht, dagegen sind nur $n-1$ Informationskanäle erforderlich, wenn alle Informationen an einem zentralen Platz gesammelt werden.

sourcen durchsetzen können und daß die Rechte der Konsumenten an sauberer Luft, intakter Landschaft etc. schwach definiert sind, eine Ausdehnung produktiver Aktivitäten durch kapitalistische und laboristische Unternehmen gleichermaßen. Da der Produzent unter diesen Bedingungen bei dem Verbrauch natürlicher Ressourcen lediglich die reinen Abbaukosten, nicht aber die gesamten Alternativkosten kalkulieren muß, erlangt jede Organisationsform, die eine Expansion der materiellen Produktion fördert, einen Überlebensvorteil; kleine, überschaubare Produktionsformen werden systematisch verdrängt, weil eine geringe Produktion auch eine geringe Rente auf die Ausbeutung der Natur bedeutet.

ad b) *Nicht-neutrale Kostenveränderungen*

Es lassen sich aber im Laufe des Evolutionsprozesses, der schließlich die kapitalistische Unternehmung hervorgebracht hat, auch einige Kostenveränderungen identifizieren, die die kapitalistische Unternehmung gegenüber der laboristischen Unternehmung systematisch begünstigen.

Dies ist zum einen darauf zurückzuführen, daß sich Kapital und Arbeit systematisch in ihrer Fähigkeit unterscheiden, sich in quantitativer, qualitativer, räumlicher und zeitlicher Hinsicht an veränderte Umweltsituationen anzupassen (Brandes/Weise 1980: 40f.):

- Hinsichtlich der *Quantität* können Kapitalgüter relativ schnell in größerer oder geringerer Menge produziert werden, während die Produktion von Arbeitskräften langsamer ist und nur lose an ökonomischen Kriterien orientiert ist.
- Was die *Qualität* angeht, ist Kapital, verkörpert in Kapitalgütern, nur bedingt verformbar; doch über Abschreibungen wird Kapital wieder liquide und kann sich in anderen Güterqualitäten konkretisieren. Qualitätsänderungen der Arbeitskraft durch Umschulung, Weiterbildung etc. sind nur zu vergleichsweise hohen Kosten möglich.
- Kapital kann ohne große Kosten im *Raum* dorthin bewegt werden, wo die Erträge möglichst groß sind. Die räumliche Mobilität der Arbeit dagegen unterliegt großen Hemmnissen und ist mit hohen Kosten verbunden, da der Mensch als Persönlichkeit nicht von seiner Arbeitskraft getrennt werden kann (Aufgeben der sozialen Umgebung, Umzugskosten etc.).
- Während der Mensch und damit seine Arbeitskraft im Laufe der *Zeit* immer älter und ab einer gewissen Grenze auch unproduktiver wird, bleibt Kapital im Prinzip immer jung, wird nicht unproduktiver und unterliegt keinem Verschleiß, da es über Abschreibungen immer wieder liquide wird und sich

in anderen Formen konkretisieren kann. Außerdem hat ein Kapitalbesitzer unter sonst gleichen Bedingungen die Fähigkeit, länger als ein besitzloser Arbeitsanbieter warten zu können, bis sich eine günstige Vertragsmöglichkeit bietet; denn im Unterschied zum Humanvermögen läßt sich Realvermögen ganz oder teilweise veräußern und ohne Schwierigkeiten beleihen.

Aufgrund dieser größeren Anpassungsfähigkeit des Kapitals gegenüber der Arbeit führt freie Vertragsbildung zwischen selbständigen Arbeitskraft- und Kapitalbesitzern tendenziell zu kapitalistischen Organisationsformen.

Bei selbständigen Handwerkern, die gemäß ihren Präferenzen und Budgetbeschränkungen über den optimalen Kapital- und Arbeitseinsatz entscheiden, ist die vergleichsweise geringe Anpassungsfähigkeit der Arbeit gegenüber dem Kapital nicht mit sozialen Asymmetrien verbunden; ein und dieselbe Person verfügt über den für die Herstellung des Endprodukts erforderlichen Arbeits- und Kapitaleinsatz, alle Wirtschaftssubjekte sind von der Überlegenheit des Kapitals gegenüber der Arbeit gleichermaßen betroffen.

Bereits beim Verlagswesen, das eine stärkere Arbeitsteilung und Spezialisierung sowie eine Verlängerung der produktiven Umwege begünstigt, ist der Heimarbeiter auf Vorauszahlungen des Verlegers in dessen Eigenschaft als Besitzer von Geldkapital angewiesen; die Ersparnisse der Heimarbeiter reichen nicht aus, abzuwarten, bis ihre Produkte alle Produktionsstufen durchlaufen haben und an den Endverbraucher verkauft worden sind. Die Zentralisierung der Produktion in Manufakturen und Fabriken erfordert die Bereitstellung noch größerer Kapitalbeträge, die die Summe der Ersparnisse der beteiligten Arbeitskräfte bei weitem übersteigen.

Um die Produktions- und Transaktionskostenvorteile verstärkter Arbeitsteilung und Spezialisierung und der Zusammenfassung von Arbeitskräften und sonstigen Ressourcen in zentralisierten Werkstätten auszunutzen, sind die Arbeitskräfte somit gezwungen, Verträge mit selbständigen Kapitalbesitzern abzuschließen. Aufgrund der höheren Anpassungsflexibilität des Kapitals gegenüber der Arbeit kann der Kapitalbesitzer zu geringeren Kosten unangenehmen Alternativen ausweichen als der Arbeitskraftbesitzer. Dies versetzt den Kapitalbesitzer in die Lage, sich als Optionsfixierer bezüglich der Arbeitsbedingungen zu verhalten; die Arbeiter können sich dem nicht entziehen, da der Zugang zum Kapitalmarkt für besitzlose Arbeitsanbieter mangels Veräußerbarkeit der Arbeitskraft als Ganzes beschränkt ist (Eger/Weise 1985). Es entsteht ein Evolutionsvorteil für die kapitalistische Unternehmung. Dieser Evolutionsvorteil wird noch dadurch verstärkt, daß die Arbeitskräfte durch

Erziehung und Sozialisation gelernt haben, sich kostengünstig in eine hierarchisch-kapitalistische Unternehmung einzufügen (Internalisierung von Regeln wie Pünktlichkeit, Gehorsam gegenüber Vorgesetzten etc.).

Aber noch ein weiterer Umstand begünstigte die Evolution der kapitalistischen Unternehmung. Wir haben herzuleiten versucht, daß als Selektionskriterium für die Güte alternativer Organisationsformen deren Fähigkeit gilt, bezüglich der gesamten Produktions- und Transaktionskosten zu ökonomisieren. Was die Umgebung nun als Kosten definiert, hängt aber von der Stärke der Eigentumsrechte ab, mit denen knappe Güter und Ressourcen belegt sind. Die kapitalistische Unternehmung hat sich nun als besonders vorteilhaft in einer Umgebung erwiesen, in der einige Güter und Ressourcen mit sehr schwachen Rechten belegt sind bzw. einige Personen nur schwache Rechte bezüglich bestimmter Güter geltend machen können:

- Es bestanden schwach definierte Nutzungsrechte der meisten Bauern bezüglich des Bodens. Durch „Enclosures" in England und „Bauernlegen" in Deutschland verlor ein großer Teil der Bauern entschädigungslos diese Rechte zugunsten einer Minderheit, die vollständig spezifizierte, exklusive Eigentumsrechte an Grund und Boden erhielt.[12] Viele dieser besitzlosen

[12] Sehr anschaulich beschreiben A. A. Alchian/W. R. Allen 1974, diesen Sachverhalt: „The way in which private-property rights are *created* and initially allocated is different from the way that system *operates* once it is in existence. An excellent example is provided by the Enclosure Movement in England about 500 years ago. People had rights to *use* particular portions of land in common with other people but could not sell this right. If the rights had been legally salable, it would have been paid a person to sell his use rights to the person who would make the most valuable use of the land. One would think that the law would have been modified, so that each holder of a right to use could be identified and allowed to sell his right to someone. If transferability by sale were authorized, all the use-right holders would have been compensated for their rights. However, the common-use-rights holders were not allowed to sell their rights; they simply had their rights expropriated, and some lucky (politically powerful) person was declared to be in control of the sole right. This method of creating private property has no bearing on how the system will operate thereafter, but to the people of the time, the *operation* of a system of private property (capitalism) was identified with this particular method of *creation* of new property rights – expropriation of common-use rights. Tenants who lost their rights regarded private property as theft." (S. 243).
Eine ähnliche Umverteilung der Nutzungsrechte am Boden fand auch in Frankreich statt: „Der Übergang zu einer intensiveren Landwirtschaft (am Ende des 18. Jahrhunderts in Frankreich) übt auf die Nutzungsrechte und Duldungen immer mehr

Bauern hatten nun keine bessere Alternative, als zu schlechten Arbeitsbedingungen in den Fabriken zu arbeiten.

- Außerdem hatten die Arbeitsanbieter schwach definierte Rechte, sich als selbständige Handwerker niederzulassen und ihre Arbeitszeit und Arbeitsmethode selbst zu kontrollieren. Es bestand Zunftzwang, und die Zünfte verschärften aufgrund der zunehmenden Bevölkerungsentwicklung ständig die Eintrittsbedingungen durch hohe Eintrittsgelder, Vermögensnachweise, lange Lehr- und Wanderzeiten, kostspielige Meisterprüfungen etc.; die Anzahl der Meister einer Zunft wurde immer häufiger festgeschrieben, und freiwerdende Stellen wurden bevorzugt mit Angehörigen der Zunftmeister besetzt (Kulischer 1954, Bd. 1: 192 ff.; Hill 1977: 211 ff.).

Diese Unterschiede in der Ausgangsausstattung, die zu Beginn der Industrialisierung durch mangelnde Universalität und Exklusivität von Eigentumsrechten bestanden, wurden aufgrund der systematischen Überlegenheit von Kapital über Arbeit während des Evolutionsprozesses ständig verstärkt. Erst im 20. Jahrhundert wurden durch Gewerkschaften, Arbeitsgesetzgebung, Mitbestimmungsgesetze etc. die Verfügungsrechte der Arbeiter bezüglich ihrer Arbeitskraft teilweise gestärkt; zugleich wurden durch Bürgerinitiativen, Umweltschutzgesetze etc. die Rechte der bisher vernachlässigten Konsumenten der „Natur“ gestärkt. Dadurch wurde eine neue Umgebung geschaffen, die die Unternehmungen dazu zwingt, bezüglich zusätzlicher Produktions- und Transaktionskostenkategorien zu ökonomisieren. Der Evolutionsvorteil kapitalistischer gegenüber laboristischen Unternehmensformen und der Evolutionsvorteil großer gegenüber kleinen Organisationen verringern sich.

Druck und Zwang aus. Das Grundeigentum, das zum Teil von der Bourgeoisie erworben wurde und von den Feudallasten befreit wurde, wurde zu einem absoluten Eigentum: alle Freiheiten, die sich die Bauernschaft erworben oder erhalten hatte (Befreiung von alten Verpflichtungen oder Festigung außergesetzlicher Praktiken: Recht auf unentgeltliche Weide, Holzsammeln usw.), werden nun von den neuen Eigentümern verfolgt und schlicht und einfach als Gesetzesübertretung behandelt (was in der Bevölkerung zu einer Kettenreaktion von immer illegaleren oder kriminelleren Aktionen führt: Aufbrechen von Einfriedungen, Diebstahl oder Töten von Vieh, Brandstiftung, Gewalttätigkeit, Mord). Die Gesetzwidrigkeit gegen die Rechte, die häufig das Überleben der Ärmsten sicherte, richtet sich nach dem neuen Status des Eigentums immer mehr gegen die Güter. Darum muß sie bestraft werden.“ (M. Foucault 1976: S. 108).

3. Unternehmungsevolution als Selbstorganisation

1. In diesem Teil wollen wir versuchen, ein semi-quantitatives Modell zu beschreiben, das die Essenz der vorangegangenen Ausführungen enthält. Formale Überlegungen sollen uns zwingen, die entscheidenden Variablen der Unternehmungsevolution analytisch exakt zu fassen. Wir legen dabei die folgenden allgemeinen Annahmen zugrunde:

- Jede Gesellschaft läßt sich als ein sich selbst organisierendes System auffassen, angetrieben durch das Motiv der Gesellschaftsmitglieder, bei der Konkurrenz um knappe Ressourcen möglichst gut abzuschneiden.
- Die Konkurrenz um knappe Ressourcen findet auf zwei Ebenen statt:[13]
  a) Konkurrenz um Eigentumsrechte bezüglich dieser Ressourcen (Distribution)
  b) Konkurrenz um knappe Ressourcen bei gegebenen Eigentumsrechten (Allokation).
- Eine Koalition von Gesellschaftsmitgliedern wird die Eigentumsrechte bezüglich knapper Ressourcen zu ihren Gunsten verändern, wenn die Kosten der Durchsetzung der Rechte geringer sind als der Wert dieser Ressourcen. Derartige Veränderungen benötigen relativ viel Zeit, d. h. die Eigentumsrechte sind eine sich langsam anpassende Variable.
- Die Konkurrenz um knappe Ressourcen bei gegebenen Eigentumsrechten erfolgt durch Wahl der Organisationsform, Substitutions-, Arbitrage- und Spekulationshandlungen. Diese Handlungen passen sich relativ schnell an die jeweils gegebenen Eigentumsrechte an.
- Es besteht eine interdependente Beziehung zwischen der Struktur der Eigentumsrechte und den Allokationshandlungen der Gesellschaftsmitglieder:

[13] Eine ähnliche Sichtweise findet sich z. B. bei F. Perroux (1971: 62): „A glance at the history of capitalism confirms the relevance of this interpretation. At the dawn of modern economy, the great commercial firm developed through and for power as much as, if not more than, through and for gain. The firm used its surplus to obtain from benevolent and colluding public authorities the rules of the game most favorable to it, to make all possible use of insufficient and scarce transport, to coordinate, absorb and subordinate handicraft or small and mediumsized businesses. When it first started action the market had still to be created. The dominant firms and groups of dominant firms supported by the dominating power of the state then wove a network of forces wherein were formed the institutions which were generally molded and made flexible, until one could speak not too unreasonably of a network of free exchanges."

a) Allokationshandlungen beeinflussen den Wert der Ressourcen und damit den Anreiz, Eigentumsrechte zu verändern.
b) Bei positiven Transaktionskosten beeinflussen die Eigentumsrechte die Effizienz der Ressourcenallokation (Ungültigkeit des Coase-Theorems). (Coase 1960)

2. Im folgenden wollen wir ein minimales Modell formulieren, das diesen Annahmen genügt und das alle wesentlichen Größen enthält, die wir im vorangegangenen Kapitel herausgearbeitet haben. Der organisatorische Wandel einer Wirtschaftsgesellschaft läßt sich unter diesen Bedingungen durch ein simultanes Differentialgleichungssystem beschreiben, aus dem sich die Struktur der Eigentumsrechte als Wirkungs- oder Ordnungsparameter herleiten läßt.

Seien

$$\frac{dq_E}{dt} = -\gamma_1 q_E - a q_E q_U^2 - c$$

$$\frac{dq_U}{dt} = -\gamma_2 q_U + b q_E$$

mit $\gamma_2 > 0$, $\gamma_2 \gg \gamma_1$; $a, b > 0$.

Dabei bedeuten

q_E: Ein Maß für die Struktur der Eigentumsrechte zwischen den Eignern von Kapital und Arbeitskraft in der Produktion.

$q_E = O$: Die Eigentumsrechte sind so definiert, daß kein Machtgefälle zwischen Kapital und Arbeit existiert.

$q_E > O$: Es besteht ein Machtgefälle zugunsten des Kapitals (d. h. es überwiegen die Beschränkungen der Arbeiter hinsichtlich der Verfügung über Arbeitszeit, Arbeitsintensität und Arbeitsmethode gegenüber entsprechenden Beschränkungen der Kapitaleigner).

$q_E < O$: Es besteht ein Machtgefälle zugunsten der Arbeit.

q_U: Ein Maß für die Allokationseffizienz, d. h. ein Maß dafür, inwieweit das Produktionsergebnis der Unternehmung den Faktoren Arbeit und Kapital korrekt zugerechnet wird.

$q_U = O$: Es besteht eine korrekte Zurechnung.

$q_U > O$: Es besteht eine Abweichung zugunsten des Kapitals.

$q_U < O$: Es besteht eine Abweichung zugunsten der Arbeit.

γ_1: Ein Maß für die Stärke des Motivs der mächtigeren Partei, die Rechte in die eine oder andere Richtung zu verändern.

γ_2: Ein Maß für die Stärke der Tendenz, sich bei Abweichungen von einer korrekten Zurechnung einer effizienten Allokation in der Unternehmung anzunähern.

a: Eine Konstante für das Ausmaß der Gegenkräfte, die eine Aufweichung der Macht der stärkeren Partei bewirken. Es wird unterstellt, daß diese Gegenkräfte proportional dem Grad der Abweichung von einer machtneutralen Eigentumsrechtestruktur und proportional den Ineffizienzen aus den Interaktionen zwischen den Unternehmungen sind.

b: Eine Konstante für die Kraft, mit der Machtdifferentiale zu einer Abweichung von effizienten Zuständen in der Unternehmung beitragen.

c: Ein Verzerrungsparameter, der die autonome Entwicklung von q_E beschreibt; $c < O$: systematische Verzerrung zugunsten des Kapitals; $c > O$: systematische Verzerrung zugunsten der Arbeit.

Da die „Rückstellkräfte" für q_U relativ zu q_E sehr groß sind, kann man approximativ

$\frac{dq_U}{dt} = 0$ setzen. (Haken 1982: 207 ff.)

Man hat dann die Näherungslösung

$$q_U(t) \approx \frac{1}{\gamma_2} b q_E(t).$$

Eingesetzt in die erste Differentialgleichung, erhält man

$$\frac{dq_E}{dt} = - \gamma_1 q_E - \frac{ab^2}{\gamma_2^2} q_E^3 - c.$$

Es ist nützlich, die hierzu gehörige Potentialfunktion zu betrachten; diese lautet

$$\tilde{V}(q_E) = \frac{ab^2}{4\gamma_2^2} q_E^4 + \frac{\gamma_1}{2} q_E^2 + c q_E.$$

Setzt man

$$V(q) \equiv \frac{\gamma_2^2}{ab^2} \tilde{V}(q_E), \quad u \equiv \frac{\gamma_1 \gamma_2^2}{ab^2}, \quad v \equiv \frac{c\gamma_2^2}{ab^2},$$

so erhält man

$$V(q) = \frac{1}{4} q^4 + \frac{u}{2} q^2 + vq.$$

Das Verhalten des Systems wird beschrieben durch diese Funktion in q; q ist der Ordnungsparameter des Systems; es bedeuten

u: Parameter für neutrale Auswirkungen

v: Parameter für nicht-neutrale Auswirkungen

V(q): der zu minimierende synergetische Aufwand.

Im folgenden wollen wir das Verhalten des Systems analysieren.[14]

3. Betrachten wir zunächst den Fall $v = O$.

Wir haben dann

$$V(q) = \frac{1}{4} q^4 + \frac{1}{2} uq^2$$

und

$$\frac{dV}{dq} = q^3 + uq = 0$$

$$\frac{d^2V}{dq^2} = 3q^2 + u.$$

Man hat als erste Lösung

$q_1 = O$,

die für $u > O$ ein Minimum und daher stabil ist sowie als weitere Lösungen

$q_{2;3} = \pm i \sqrt{u}$,

die für $u < O$ Minima und daher ebenfalls stabil sind.

Graphisch kann man sich dies folgendermaßen verdeutlichen:

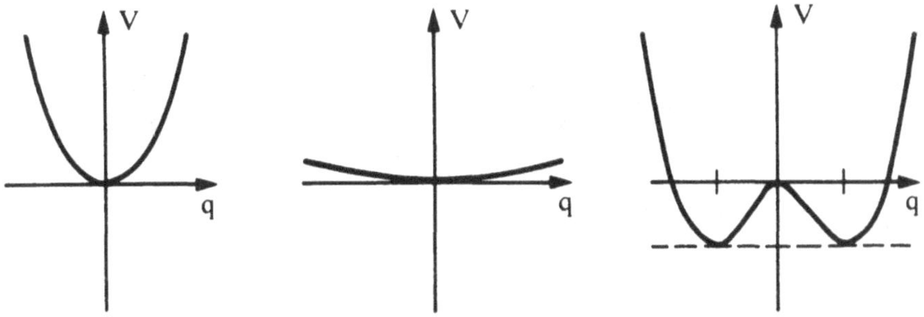

$u > 0$ $u \to 0$ $u < 0$

$q_1 = 0$ $q_{2;3} = \pm i\sqrt{u}$

[14] Unserer Potentialfunktion entspricht in der Katastrophentheorie die sogenannte Spitze; vgl. dazu R. Thom (1975: 62 ff.) und H. W. Ursprung (1982: 132 ff.). Wir

Dies bedeutet für den Fall $u > O$, daß in einer Welt perfekter Eigentumsrechte keine Tendenz zur Abweichung von diesem Zustand besteht und daß die Unternehmungsform durch korrekte Faktorpreiszurechnung gekennzeichnet ist; es macht keinen Unterschied, ob Arbeit Kapital oder Kapital Arbeit heuert, die Unternehmung als Organisationsform für Einzel- oder Teamproduktion ist ideal partizipativ. Für den Fall $u \rightarrow O$ wird das System instabil: Verzerrungen in der Eigentumsrechtestruktur können auftreten, und sowohl laboristische als auch kapitalistische Unternehmungsformen könnten existieren; zufällige Fluktuationen werden bedeutsam, das System organisiert sich nicht mehr selbst. Gilt $u < O$, so werden Verzerrungen in der Eigentumsrechtestruktur auftreten, und aus der partizipativen Unternehmung wird sich entweder eine laboristische oder eine kapitalistische Unternehmungsform entwickeln: Das Auftreten von beiden Unternehmungstypen ist gleichwahrscheinlich, keiner von beiden hat einen Evolutionsvorteil; der Zufall entscheidet über die Evolutionsrichtung.[15] Das entstehende Eigentumsrechtearrangement und der entstehende Unternehmungstyp sind dann aber stabil; das System organisiert sich selbst.

Ist also das Auftreten von kapitalistischen Unternehmungen nur dem Zufall zu verdanken? Für den Fall $v = O$ könnte man es nicht anders erklären.

4. Betrachten wir nun den Fall $v \neq O$.
Wir haben

$$V(q) = \frac{1}{4} q^4 + \frac{1}{2} u\, q^2 + v\, q$$

und

$$\frac{dV}{dq} = q^3 + u\, q + v = 0$$

$$\frac{d^2V}{dq^2} = 3\, q^2 + u.$$

Man hat die Lösungen

gehen allerdings nicht von der Katastrophentheorie aus, vielmehr ergibt sich die Spitzen-Katastrophe aus unserem Modellansatz auf natürliche Weise.

15 Das heißt, in der Evolution können sich auch Arten durchsetzen, die keinen Evolutionsvorteil haben!

$$q_1 = \sqrt[3]{-\frac{v}{2} + \sqrt{(\frac{u}{3})^3 + (\frac{v}{2})^2}} + \sqrt[3]{-\frac{v}{2} - \sqrt{(\frac{u}{3})^3 + (\frac{v}{2})^2}}$$

$$q_2 = (-\frac{1}{2} + \frac{i}{2}\sqrt{3})\sqrt[3]{-\frac{v}{2} + \sqrt{(\frac{u}{3})^3 + (\frac{v}{2})^2}}$$

$$+ (-\frac{1}{2} - \frac{i}{2}\sqrt{3})\sqrt[3]{-\frac{v}{2} - \sqrt{(\frac{u}{3})^3 + (\frac{v}{2})^2}}$$

$$q_3 = (-\frac{1}{2} - \frac{i}{2}\sqrt{3})\sqrt[3]{-\frac{v}{2} + \sqrt{(\frac{u}{3})^3 + (\frac{v}{2})^2}}$$

$$+ (-\frac{1}{2} + \frac{i}{2}\sqrt{3})\sqrt[3]{-\frac{v}{2} - \sqrt{(\frac{u}{3})^3 + (\frac{v}{2})^2}}.$$

Aus den gleich null gesetzten ersten und zweiten Ableitungen der Potentialfunktion erhält man die sogenannte Katastrophenmenge

$$M_K = \{(u, v) \mid (\frac{u}{3})^3 + (\frac{v}{2})^2 = 0\}.$$

Für $(\frac{u}{3})^3 + (\frac{v}{2})^2 > 0$ ergibt sich ein Minimum,

für $(\frac{u}{3})^3 + (\frac{v}{2})^2 < 0$ ergeben sich zwei Minima mit unterschiedlicher Tiefe je nach Größe von v.

Graphisch kann man sich dies folgendermaßen verdeutlichen.

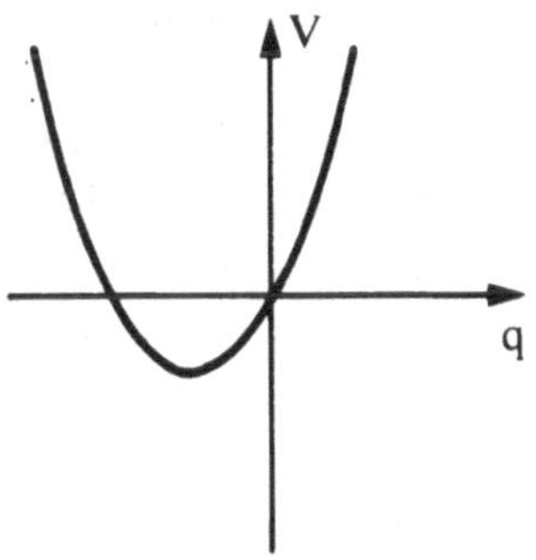

u > 0
v > 0

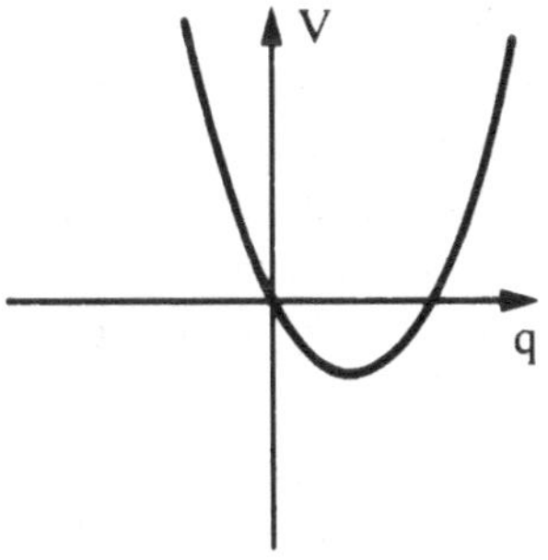

u > 0
v < 0

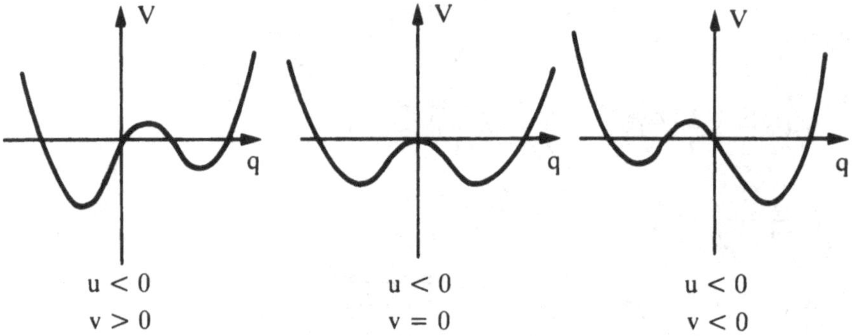

$v \in M_K$

Wir sehen, daß nun die nicht-neutrale Komponente v bzw. c darüber entscheidet, in welche Richtung die Eigentumsrechtestruktur verzerrt wird und ob eine laboristische oder eine kapitalistische Unternehmungsform entsteht. Selbst wenn eine Selbstverstärkungstendenz der Eigentumsrechte nicht besteht ($u > O$), kann entweder eine laboristische oder eine kapitalistische Unternehmungsverfassung stabil sein; bei $v < O$ bzw. $c < O$, d. h. bei einem Machtvorteil des Kapitals gegenüber der Arbeit, ist dies die kapitalistische. Besteht hingegen eine Selbstverstärkungstendenz ($u < O$), und gilt $v \in M_K$, so existieren zwei lokal-stabile Gleichgewichte, von denen eines global-stabil ist (für $v \neq O$).

Der Evolutionsprozeß kann, von der Einzel-Unternehmung ausgehend, allmählich erfolgen; es können aber auch Katastrophen auftreten. Läuft die Entwicklungsrichtung zunächst über ein verändertes v und dann über ein sinkendes u, so ist der Übergang kontinuierlich; läuft die Entwicklungsrichtung aber zunächst über ein sinkendes u und dann erst über ein verändertes v, so kommt es zu katastrophalen Veränderungen in der Organisationsform.
Auch können minimale Unterschiede im Wert von v bei sinkendem u sehr große Verhaltensunterschiede im System bewirken (Phänomen der Divergenz). Schließlich kann ein System in einem Verhalten verharren, obwohl ein anderes Verhalten mit einem geringeren Aufwand verbunden ist (Phänomen der Hysterese).

5. Unser Modell beschreibt also
– die Möglichkeit einer Existenz von zwei Organisationsgleichgewichten (laboristische und kapitalistische Unternehmung) mit gleichen Effizienzeigenschaften

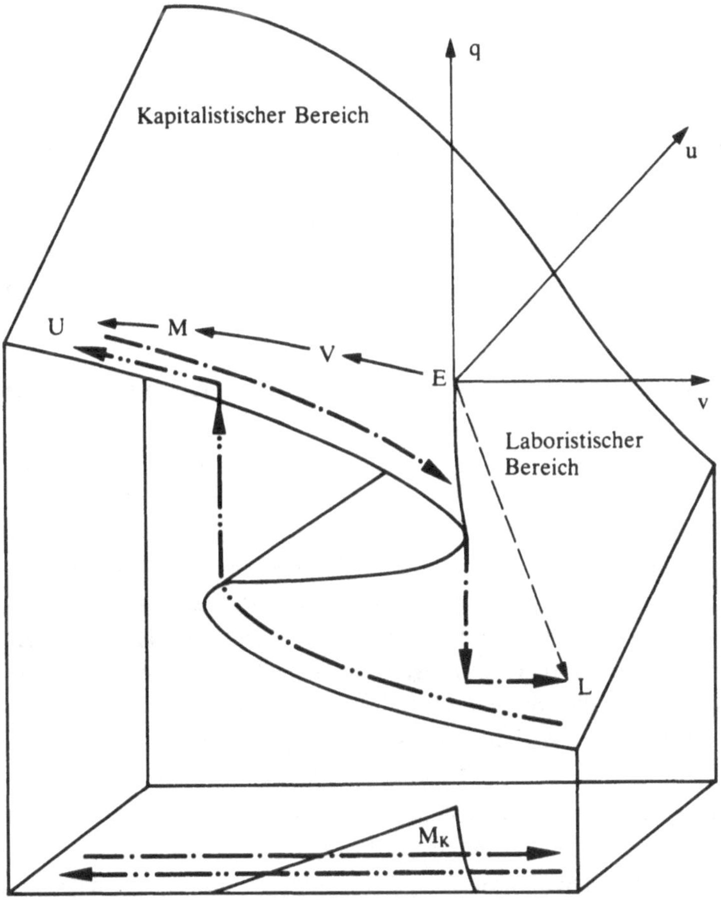

E: Einzelproduktion
V: Verlagswesen
M: Manufaktur
U: Kapitalistische Unternehmung
L: Laboristische Unternehmung

—·→ Veränderung des Machtparameters zugunsten der Arbeit

—··→ Veränderung des Machtparameters zugunsten des Kapitals

- die möglicherweise höhere Effizienz einer Organisationsform gegenüber einer anderen
- die zufällige oder notwendige Entwicklung hin zu einer bestimmten Organisationsform
- die systematische Aufspaltung von neutralen und nicht-neutralen Komponenten
- evolutionäre oder katastrophale Entwicklungen
- die Vergrößerung von Startvorteilen im Evolutionsprozeß
- die Weiterexistenz von nicht-effizienten Organisationsformen bei geringen Fluktuationen

und schließlich

- die Dominanz der Evolution von Eigentumsrechtearrangements gegenüber der Evolution von Unternehmungsformen.

6. Unser Modell besitzt gegenüber vergleichbaren Modellen sowohl einen Vorteil als auch einen Nachteil (FitzRoy/Mueller 1984; Vogt 1983; Puttermann 1982). Der Vorteil liegt darin, daß die Evolutionsbetrachtung auf zwei Parameter beschränkt wird, die – unabhängig von den Präferenzen – die relativen Kosten von unterscheidbaren Organisationsformen bestimmen. Die Betrachtung ist formal-analytisch exakt und mit analytischen und historischen Unternehmungstheorien vereinbar; es ist möglich, verschiedene Evolutionsverläufe darzustellen und konkrete Verläufe abzubilden. Evolution wird begriffen als (optimale) Anpassung an bestimmte Umgebungsveränderungen und nicht als durch Präferenzen geleitete Wahl von wünschenswerten Zuständen.

Der Nachteil ist darin zu sehen, daß sich die Betrachtung auf zwei abstrakt definierte Parameter beschränkt, die als Nettogrößen die eigentlichen ökonomischen Faktoren umfassen. Man benötigt demnach noch differenziertere Betrachtungen der Wirkungszusammenhänge auf einer weniger aggregierten Ebene. Diese differenzierteren Betrachtungen führen wir aber nur nichtanalytisch durch, so daß lediglich ungenaue Aussagen über die Parameterwerte gelingen.

Immerhin zeigt das Modell einen Ausweg aus dem Identitäten- und Trivialitätenverhau einer historisch-deskriptiven Betrachtung einer großen Anzahl von entwicklungsgeschichtlich bedeutsamen Faktoren, die aus komplexen situativen Kontexten auf irgendwelche denkbaren Entwicklungsrichtungen verweisen: Der dadurch entstehende Variantenreichtum wird durch ein Minimalmodell auf die notwendige und hinreichende Anzahl von Varianten begrenzt.

Literatur

Alchian, A. A., und W. R. Allen (1974): *University Economics*. 3. Auflage, London: Wadsworth Pub.

Arrow, K. J. (1974): *The Limits of Organization*. New York: Norton.

Borchardt, K. (1961): Zur Frage des Kapitalmangels in der ersten Hälfte des 19. Jahrhunderts in Deutschland. *Jahrbücher für Nationalökonomie und Statistik* 173, S. 401–421.

Brandes, W., und P. Weise (1980): *Arbeitsmarkt und Arbeitslosigkeit*. Würzburg/Wien: Physica.

Coase, R. H. (1960): The Problem of Social Cost. *Journal of Law and Economics* 3, S. 1–44.

Drèze, J. (1976): Some Theory of Labor Management and Participation. *Econometrica* 44, S. 1125–1139.

Edwards, R. (1979): *Contested Terrain*. New York: Basic.

Eger, T., und P. Weise (1985): Participation and Codetermination in a Perfect and an Imperfect World. *Codetermination*. J. Backhaus und H.-G. Nutzinger (Hrsg.) Berlin–Heidelberg–New York: Springer Verlag (forthcoming).

FitzRoy, F. R., und D. C. Mueller (1984): Cooperation and Conflict in Contractual Organizations. *Quarterly Review of Economics and Business* 24, S. 24–49.

Flohr, B. (1981): *Arbeiter nach Maß. Die Disziplinierung der Fabrikarbeiterschaft während der Industrialisierung Deutschlands im Spiegel von Arbeitsanordnungen*. Frankfurt/Main: Campus.

Foucault, M. (1976): *Überwachen und Strafen. Die Geburt des Gefängnisses*. Frankfurt/Main: Suhrkamp.

Haken, H. (1982): *Synergetik*. Berlin usw.: Springer.

Häberle, E. J. (1979): *Strukturwandel der Unternehmung*. Untersuchungen zur Produktionsform der bürgerlichen Gesellschaft in Deutschland von 1870–1914. Frankfurt/Main: Haag und Herchen.

Henderson, W. O. (1984): Die Manufaktur in Deutschland im 18. Jahrhundert. *Jahrbücher für Nationalökonomie und Statistik* 199, S. 586–602.

Hill, C. (1977): *Von der Reformation zur Industriellen Revolution*. Sozial- und Wirtschaftsgeschichte Englands 1530–1780. Frankfurt/Main: Campus.

Kulischer, J. (1954): *Allgemeine Wirtschaftsgeschichte des Mittelalters und der Neuzeit*, Bd. 1 und Bd. 2. Berlin: Rütten und Loening.

Marglin, S. (1974): What Do Bosses Do? The Origins and Functions of Hierarchy in Capitalist Production. *Review of Radical Political Economics* 6, S. 60–112.

McManus, J. (1975): The Costs of Alternative Economic Organizations. *Canadian Journal of Economics* 8, S. 334–350.

North, D. C. (1981): *Structure and Change in Economic History*. New York–London: Norton.

North, D. C., und R. P. Thomas (1973): *The Rise of the Western World*. A New Economic History. Cambridge: Cambridge University Press.

Perroux, F. (1971): The Domination Effect and Modern Economic Theory. Social

Research 17 (1950); wiederabgedruckt in: K. W. Rothschild (Hrsg.): *Power in Economics*. Harmondsworth: Penguin.

Putterman, L. (1982): Some Behavioral Perspectives on the Dominance of Hierarchical over Democratic Forms of Enterprise. *Journal of Economic Behavior and Organization* 3, S. 139–160.

Sombart, W. (1913): *Krieg und Kapitalismus*. München/Leipzig: Duncker und Humblot.

Thom, R. (1975): *Structural Stability and Morphogenesis*, London usw.: Addison Wesley.

Ursprung, H. W. (1982): *Die elementare Katastrophentheorie: Eine Darstellung aus der Sicht der Ökonomie*. Berlin/Heidelberg/New York: Springer.

Vogt, W. (1983): Eine Theorie des kapitalistischen Gleichgewichts. *Ökonomie und Gesellschaft*. Jahrbuch 1: Die Neoklassik und ihre Herausforderungen, Frankfurt/Main.

XIV. Kommentar zu T. Eger und P. Weise: „Die Evolution kapitalistischer und laboristischer Unternehmungen als Prozesse der Selbstorganisation."

Eckehard J. Häberle

Seit Armen Alchian's Artikel über ‚Uncertainty, Evolution, and Economic Theory' von 1950 im Journal of Political Economy hat es einige Zeit gedauert, bis die Diskussion um Evolution in der Wirtschaft einen größeren, jedoch im Verhältnis zur Zahl der Ökonomen in der Welt immer noch sehr kleinen Personenkreis von Wirtschaftswissenschaftlern erfaßt hat. Liest man die Rezension von Paul Rubin (1983) über das Buch ‚An Evolutionary Theory of Economic Change' (Nelson/Winter 1982)[1], so kann man dieser entnehmen, daß die überwiegende Mehrzahl der – neoklassischen – Ökonomen meinen könnte, daß das Problem der Evolution in der Wirtschaft ‚is important and interesting . . ., though perhaps not quite as important as the authors believe'. Woran liegt die Zurückhaltung, mit welcher evolutionstheoretische Überlegungen in den Wirtschaftswissenschaften aufgenommen werden?

Man sollte zunächst in knappen Umrissen aufklären, was der Evolutionsbegriff bzw. das ihm folgende wissenschaftliche Paradigma, zunächst in den Naturwissenschaften, wo er zu Hause ist, aussagen will. Evolution bezeichnet langfristige (in Jahrzehntausenden zu rechnen!) Lebensprozesse biologischer Lebewesen der Erde bzw. den Entwicklungsprozeß des Universums (in Jahrbillionen zu rechnen!). Die äußerste Langfristigkeit fällt zunächst auf. Zwei Prozeßmerkmale werden als notwendig *und* hinreichend benannt, nämlich Kumulation der Prozesse (nichts geht an weltgeschichtlicher Erfahrung verloren) und Irreversibilität (die Rückkehr des Evolutionssubjektes zu einem früheren Zustand ist unmöglich). Die Naturwissenschaft diskutiert demgegenüber seit immerhin einigen Jahrzehnten das Problem der Symmetrie, d. h. die Naturge-

[1] Im folgenden werden Nelson und Winter mit N-W zitiert; Eger und Weise werden mit E-W zitiert.

setze sind originär, ubiquitär und sie benötigen überhaupt keinen Zeitbegriff für ihre Geltung. Der Evolutionsbegriff jedoch ist ein explizit eindeutiger, realhypostatischer Zeitbegriff, während die Symmetrietheoretiker der neueren Physik jeglichen Zeitbegriff als konstruktiven Begriff nachträglicher Ordnung der Phänomene der Welt betrachten (C. F. v. Weizsäcker), der übrigens, was S. Freud gezeigt hat, aus der Umsetzung physischer Lebensunabänderlichkeiten in psychische Weltwahrnehmung der Menschen entstanden ist bzw. in jedem Menschen neu entsteht. Die Symmetrietheorie postuliert die Originalität der Festlegung der Weltinhalte, ‚das Einmalige dieser Entscheidungen, diese Entscheidungen legen die Symmetrien fest'. (Heisenberg). Eine Evolution im Sinne einer wesensmäßigen Änderung oder eines fundamentalen Wandels der Weltinhalte ist nicht möglich.

Unterstellen wir diesen Antagonismus der Evolutionsauffassungen als sinnvoll, dann läßt sich dieses antagonistisch-erkenntnistheoretische Problem auch auf die Geschichte der industriellen Unternehmung übertragen: Die Fragestellung lautet dann: a) Gibt es eine Entwicklung der industriellen Unternehmung derart, daß die beiden Prinzipien der Evolution (Kumulation und Irreversibilität) augenfällig werden, zugleich aber die Unternehmung zum Jetztzeitpunkt der Evolutionsgeschichte sich wesensmäßig unterscheidet vom Zustand der industriellen Unternehmung zu ihrem Startzeitpunkt. (Nebenbei entsteht natürlich die Frage, was Jetztzeitpunkt ist, stabil ist er außerdem auch nicht, und, schwieriger noch, was der Startzeitpunkt ist?). b) Lautet die Frage, was es für eine Geschichte der industriellen Unternehmung bedeuten kann, wenn die Symmetrie-Hypothese auch für die Geschichte der industriellen Unternehmung gelten soll.

Eger und Weise (E-W) komplizieren das Problem von vornherein, indem sie das evolutionsantagonistische Problem mit dem phänomenantagonistischen Problem der typologischen Konkurrenz von sog. laboristischen und kapitalistischen industriellen Unternehmungen überlagern. Da E-W ohne Umschweife die Gültigkeit einer Evolutionshypothese unterstellen – allenfalls noch kurz anzusprechende wirtschaftsstufen-historistische Belege für ihre Entscheidung anführen –, und dann ihre These des Evolutionsvorteils der kapitalistischen vor der laboristischen Unternehmung aufstellen, soll hier ebenso ohne Umschweife und ohne weitere methodologisch eigentlich erforderliche Ausführungen die Gegenthese formuliert werden: eine Evolution der industriellen Unternehmung (kapitalistischer Ausprägung) als gesellschaftliche Institution findet nicht statt.

Der Typus der kapitalistisch-industriellen Unternehmung entsteht durch historisch-einmalige Entscheidung, kann demzufolge auch keine Evolution durchlaufen in dem Sinne, daß seine Typologie erst im Verlaufe der historischen Entwicklung ‚rein' zum Vorschein käme. So ziemlich das Gegenteil ist der Fall, nämlich die Reinheit des Typus' wird durch Amendments eher abgebaut, das Absterben dieses Typus ist – wie jeglicher Lebenszustand dieser Welt – die einzige Perspektive (wenn auch außerhalb der Lebenserwartung der Menschen, welche gegenwärtig diesen Typus noch erleben). E-W zitieren mein eigenes Buch zu diesem Thema (Häberle 1979), ohne zu bemerken, daß sich die These des Strukturwandels nicht auf den laufenden Wandel der industriellen Unternehmung im Sinne einer Evolution bezieht, sondern auf den strukturellen Wandel der Institutionen in der Gesellschaft Deutschlands in der zweiten Hälfte des 19. Jahrhunderts. Der Strukturwandel ist genau jene ‚Einmaligkeit der Entscheidung' zugunsten einer neuen Institution für die industriell-technologische Welt, die mit Hilfe einer revolutionären-intensiven Entscheidung (der Politik) zustande kommt, und die in ihren typologischen Merkmalen bis zur Gegenwart fortlebt: nämlich kapitalistisch zu sein, monopolistisch zu sein, nicht-demokratisch zu sein, profitorientiert zu sein, profitkumulierend zu sein, und das Wirtschaftlichkeitsprinzip maximierend zu sein.

Daß diese Institution Unternehmung einer interinstitutionellen Abstimmung bedarf, ist ein Basislehrsatz neoklassischer Ökonomik und neoklassische Ökonomen argumentieren ebenso wie E-W ja durchweg mit dem Normal-Paradigma, daß nämlich diese Wirtschaftsweise damit letztlich auf zwei Kriterien reduzierbar ist, nämlich Maximierungen einerseits (intrainstitutionell) und ausgleichend = gleichgewichtsbedürftig andererseits (interinstitutionell). Das Verdienst E-W gegenüber selbst noch N-W ist, daß sie diese Prinzipien der neoklassischen Ökonomie nicht aufgeben (wollen), damit aber in die Schwierigkeit geraten, erklären zu müssen, wie das Gleichgewichtsprinzip zugleich mit einem evolutionstheoretischen Ansatz zu vereinbaren ist, da, was ja schon J. Schumpeter schön gezeigt hat, Entwicklungsprozesse der Wirtschaft nur in Verbindung mit Ungleichgewichten zu verstehen sind (übrigens aber auch bei Schumpeter den zugrundeliegenden Typus der industriellen Unternehmung nicht verändern). Steady-state Prozesse sind nicht realistisch und dementsprechende Entwicklungsprozesse werden auch nicht mehr diskutiert.

E-W müssen also zur Begründung ihrer These zweierlei zeigen, was meines Erachtens weder belegt ist, noch immanent begründet wird: a) Die Stetigkeit der Institution ‚industriell-kapitalistische Unternehmung' aus archaischen (nach Meinung der Autoren laboristischen) Institutionen und b) den strukturellen Wandel Institutionen-immanent, der zeigen muß, daß der reine Typus der industriell-kapitalistischen Unternehmung nicht durch einmalige Entscheidung schon bei seiner Geburt existiert, vielmehr sich erst allmählich entwickelt, und (so verstehe ich E-W) wohl erst in der Gegenwart zu seiner reinen Form sich entwickelt hat. (Etwas ironisch wäre anzumerken, daß Evolutionstheoretiker sich selbst bzw. ihre eigene Lebenswelt immer für die reine Explikation des diskutierten bzw. sich entwickelnden Typus halten.) E-W vermitteln den Eindruck, als ob die Evolution nicht aus einem archaischen Urtypus herauswächst, sondern als ob der archaische Urtypus die eigentlich wünschbare institutionelle Ausformung von Produktionsformen sei, nämlich der laboristischen Unternehmung. Gleichzeitig gibt es jenen Wettbewerb beider Formen, den die kapitalistische Institutionenform faktisch mit einem k.o.-Schlag gewinnt, weil sie das angeblich lebensfähigere Prinzip praktiziert: nämlich Ausbeutung.

Die Stetigkeit der Evolution industrieller Unternehmungen ist eine im Bereich der Wirtschaftsgeschichte immer wieder angegangene Frage. Zuletzt wurde diese Diskussion mit ergebnislosem Ausgang mit Hilfe des Begriffs der Protoindustrialisierung geführt. Eigentlich jedoch ist die Fragestellung altbekannt (Marx, Bücher, Sombart, Brinkmann, u. a.). Konkrete quellenkritische historische bzw. wirtschaftshistorische Forschung hat jedoch bisher ergeben, daß historische Kontingenzen äußerst fragwürdig sind und quellenkritisch nicht belegbar sind. Die Gleichzeitigkeit von Ungleichzeitigem (R. Koselleck) kennzeichnet besser den Normalbefund historischer Zustände. Dies gilt ganz besonders für die hier in Frage stehende Reihe: Zunfthandwerk-Verlag-Manufaktur-Fabrik-modern industrielle Unternehmung.

Darüber hinaus ist die Frage zu diskutieren, ob denn jeweils die Vorformen laboristisch waren oder auch nur laboristische Elemente enthielten. Als Wirtschaftshistoriker möchte ich die erste Halbfrage verneinen. Laboristische Elemente allerdings waren immer und sind auch in der gegenwärtigen industriellen Unternehmensform erhalten, allerdings ohne die dominanten typusbestimmenden Elemente zu sein. Zu fragen ist, warum das so ist? Ich möchte die E-W-These von der Ausbeutung als stärkeres Lebensprinzip so einfach nicht übernehmen, vielmehr würde ich doch den sehr viel längeren Umweg der Erklärung (den ich in meinem genannten Buch schon gewählt hatte) weiterhin vorziehen, auch wenn damit nicht so schöne eindeutige Erklärungen zustande kommen: Die Institution der Unternehmung lebt nicht nur alleine und vor allem nicht mit einem einzigen Lebensprinzip. Vielmehr ist sie jeweils eingebettet in das sie umgebende politisch-gesellschaftliche Feld, und das heißt, daß die feldzugehörige Verfassungsdiskussion jeweils historisch nachzuvollziehen ist, wenn Institutionen in ihrem historisch konkreten Bezug verständlich werden sollen. H. Seiffert hat im zweiten Band seiner ‚Einführung in die Wissenschaftstheorie' (1983) sehr schön die vielen Mißverständnisse um den Historismus als Wissenschaft dargestellt, unter denen eben auch das Mißverständnis der Geschichte als Evolution herausragt, insbesondere wenn die Geschichte als Historie (Episode) mit Hilfe eindimensionaler Theorien in irreversible Entwicklungsprozesse umdefiniert wird. Solche Theoretiker hätten zum Beispiel die Schwierigkeit zu erklären, warum unsere gegenwärtige Demokratie als politische Institution demokratieimmanent weniger entwickelt ist, geradezu sich rückentwickelt, als z. B. die griechische Demokratie vor dreitausend Jahren.

Die Frage b), nämlich gibt es strukturell immanente Wandlungsprozesse der industriellen Unternehmung, die sich als Evolution begreifen lassen, scheint demgegenüber schwieriger zu sein, als die zuvor diskutierte Frage historistischer Erklärungen bzw. falscher historistischer Erklärungen und Darstellungen. (E-W hätten sich übrigens weniger auf ältere Historiker wie Sombart und Kulischer stützen sollen, sondern mehr auf die modernen Stufen- und Evolutionshistoriker North-Thomas bzw. J. Hicks, s. u.). Die Frage, die immanent ansteht, ist schließlich von historisch kurzer Perspektive von wenigen Jahrzehnten, und das, was E-W schließlich mathematisch-formal diskutieren, hat einen derart geringen Zeitbedarf evolutorischer Anpassung, der dem bakterieller Evolution (z. B. Anpassung von Bakterien an Penicillin) analog ist; nur daß solche Bakterien eben von denkbar einfacher Struktur sind, mithin einen extrem geringen Anpassungsaufwand für jeden evolutorischen Schritt erbringen müssen.

Larry Greiner hat in seinem Artikel ‚Evolution and Revolution as Organizations Grow' (1972) ein solches Modell vorgeführt, das z. B. in dem umfänglichen Buch ‚Das Management des geplanten Wandels von Organisationen' (Kirsch/Esser/Gabele 1979) paradigmatische Bedeutung gewonnen hat: Betrachtet man sich dieses Modell genauer, so wird eigentlich nicht die Evolution des Typus der industriellen Unternehmung dargestellt, weder bei Greiner noch bei Kirsch et al., vielmehr bleibt der Grundtypus erhalten, wird in seinen wesentlichen (oben genannten Merkmalen) a priori gesetzt, und es finden jeweils Neuerungsprozesse von Führungsstilen statt. Greiner, ihm folgend

Kirsch et al. beschreiben also nicht eine Evolution der industriellen Unternehmung, sondern eine mutmaßliche Evolution der Führung. Jedoch bleibt uneinsichtig, warum Greiner sein Modell auf einem Wachstumspfad abbildet, und warum die von ihm beschriebenen revolutionären Zäsuren zwischen den Evolutionsphasen für die Steigung des Evolutionspfades irrelevant sein sollen. Eine andere Darstellung wäre plausibler: jeder Führungsstil bewegt sich auf historisch horizontalem Niveau, gelangt in eine Krise, eine ‚Revolution' gebiert einen neuen Führungsstil auf anderem Niveau, etc. Mit Evolution im undefinierten Sinne Greiners hat das nichts mehr zu tun, jedoch mit der von Heisenberg für die moderne Physik angesprochenen Symmetrie und mit der von C. F. von Weizsäcker angesprochenen Einmaligkeit historischer Neuerungen, und der mit ihr begründeten Originalität jeder institutionalen Neuerung.

Die phänomenologische Wahrnehmung des Wachstums von Unternehmungen scheint gegen meine Kritik zu sprechen. Schließlich gibt es wirtschaftliches Wachstum, technologische Anreichungen, Wandel der Führungsformen von Unternehmungen, und, was E-W darstellen aber nicht quellenkritisch belegen, einen Wandel der primären oder dominanten Ausbeutungen. (Übrigens haben E-W die Ausbeutung der Konsumenten durch Oligopole etc. in ihrem Erklärungsansatz außer acht gelassen.) Jedoch sei die Gegenfrage nochmals zurückgestellt: Was soll evolutionshistorisch diskutiert werden: Der äußere Schein, die Ästhetik der Phänomene, im Marx'schen Sinne die Warenwelt als solche?, oder das Baugerüst der industriellen Welt, das Prinzip der kapitalistischen Firma? Dieses Prinzip unterliegt tatsächlich einem Formenwandel, wenn man sich nach den wahrnehmbaren notwendigerweise phänomenalen Formen fragt. Alle unsere Wahrnehmung unterliegt diesem zum Konstruktivismus hinführenden Formbedarf (P. Watzlawick). Außerhalb dieses jedoch gibt es die nomologischen Prinzipien, mit welchen wir unsere wirtschaftliche Objektwelt erklären. Überraschenderweise können wir leicht feststellen, daß z. B. North-Thomas in ihrem Buch ‚The Rise of the Western World – A New Economic History' (1973) zwar eine evolutionstheoretische Erklärung intendieren, ebenso wie dies J. Hicks in ‚A Theory of Economic History' (1969) unternommen hatte, daß diese Autoren jedoch ohne weitere methodologische Diskussion die Hauptsätze der neoklassischen Mikrotheorie zur Erklärung ökonomischer Prozesse unterschiedslos in jeder historischen Phase heranziehen. Offensichtlich ist es für sozialwissenschaftliches Denken immer noch schwierig, gleichzeitig das scheinbar Unvereinbare denken zu können: nämlich zugleich die naturwissenschaftliche These von der Symmetrie der Theorie (bzw. der

Naturgesetze) und die These von der Geschichtlichkeit jeglicher menschlicher Existenz, von ‚Sein *und* Zeit', denken zu können. Der Fehlschluß scheint unvermeidbar, daß nämlich aus der Stetigkeit funktionaler Theorie die Stetigkeit historischer Episoden, die Geschichte als Evolution kondensiert wird. Die Wahrnehmung originärer Ereignisse wird zurückgedrängt und kommt notwendigerweise in Form von modernen Katastrophentheorien, schließlich auch realhistorisch in Form von Katastrophen wieder zum Vorschein, weil offensichtlich die Menschen zugleich in ihrem Denken wie auch in ihrem Handeln der symbolistisch verwertbaren Ereignisse bedürfen. Die scheinbare Entlastung der Menschen von normativ-wertenden Entscheidungen durch evolutionstheoretische Geschichtsinterpretationen kann den praktischen Bedarf der Menschen in ihren Gesellschaften zu normativen Entscheidungen allenfalls aufstauen, den symbolisch-psychisch-gleichgerichteten Bedarf allenfalls verdrängen. Als Ergebnis kommt jedoch genau das zum Vorschein, was die Evolutionstheorie mit Hilfe differentialgleichungs-ähnlicher Stetigkeit vermeiden wollte: Das revolutionsgleiche Aufbrechen konkreter Handlungs- (= Erlebens-)bedürfnisse der Menschen.

Literatur

Alchian, A. (1950): Uncertainty, Evolution and Economic Theory. *Journal of Political Economy*.

Greiner, L. (1972): Evolution and Revolution as Organizations Grow. *Harvard Business Review*, July 1972.

Häberle, E. J. (1979): *Strukturwandel der Unternehmung*. Frankfurt: Haag und Herchen.

Hicks, J. (1969): *A Theory of Economic History*. Oxford: Oxford University Press.

Kirsch, W., W. M. Esser, und E. Gabele (1979): *Das Management des geplanten Wandels von Organisationen*. Stuttgart: Poeschel.

Nelson, R., und S. Winter (1982): *An Evolutionary Theory of Economic Change*. Cambridge Mass.: Harvard University Press.

North, D. C. und R. P. Thomas (1973): *The Rise of the Western World – A New Economic History*. Cambridge: Cambridge University Press.

Rubin, P. (1983): Rezension zu N-W. *Journal of Political Economy*.

Seiffert, H. (1983): *Einführung in die Wissenschaftstheorie*. München: Beck.

XV. Kritik und Neubegründung der Mitbestimmung

Otfried Kießler

1. Methodische Vorbemerkung

Zwei Ziele verfolgt die vorliegende Arbeit:

Erstens will sie eine Sichtweise der Welt der Wirtschaft deutlich machen, die uns mit der Objektivierung unseres Denkens und Redens verloren gegangen ist. Sie will die Zusammenhänge der Phänomene wieder zur Sprache bringen. Kritik an Konzepten der Mitbestimmung hebt die Einseitigkeit theoretischer Konzeption heraus und macht dadurch ihre Begrenzung offensichtlich. Ob es gelingt oder eher Mißverständnisse erzeugt, wird eine mögliche Diskussion zeigen, die schlimmstenfalls überhaupt nicht stattfindet. Geeigneter für die Darstellung des Zusammenhangs der wirtschaftlichen Phänomene wären die Medien Malerei, Film und Literatur, die aber den Nachteil tragen, für wissenschaftliche Zwecke einen nicht standesgemäßen Emotionspegel zu erzeugen. Daher der Versuch, ein Strukturbild der Unternehmung mit Hintergrund zu entwerfen, das die Linien von Mitbestimmung und Wirtschaft verbindet. Damit ergibt sich gleichzeitig ein Rahmen, der die Grenzen und Übergänge zur Umgebung anzeigt. Zweitens wird eine Aussage zu der Frage gewagt, was denn das wichtigste Problem ist und was uns in der gegenwärtigen wirtschaftlichen Situation beschäftigen müßte. Schwerpunkte, ja Zentralität behaupten ist immer Wertung. Ohne die methodische und auf Verständigung angelegte wissenschaftliche Diskussion läßt sich das Thema Mitbestimmung nicht lösen. Wirtschaftswissenschaft kann nur und zwar am Anfang, im Kern, und im Ergebnis wertende Wissenschaft sein. Wer nun Anlaß hat, wegen der zu Beginn offen bekannten Todsünden wider die analytische Wissenschaft die Exkommunikation auszusprechen, kann es mit gutem Gewissen vollziehen. Der Sünder ist nicht reuig.

Die Kritik vorhandener Überlegungen zur Mitbestimmung, also die Kritik vorhandener wissenschaftlicher Perspektiven über die Welt der Wirtschaft ist nicht als Negation, sondern als vorantreibende Kritik zu verstehen. Insbesondere wenn der eigene methodische Erfahrungszugang und die eigene theoretische Konstruktionsweise nicht in dem Hauptstrom einer Disziplin liegen, ist es aus didaktischen Gründen schon notwendig, an den bekannten und akzeptierten Positionen, wenn auch kritisch, anzuknüpfen. Ergeben sich die kritischen Ansatzpunkte primär nicht aus veränderten axiomatischen Grundlegungen oder neuen Ableitungsregeln, sondern aus einer unterscheidbaren Erfahrung, lassen sich die Differenzen nicht durch logische Ableitungen vermitteln. Eine „aufweisende Freilegung" des eigenen und des kritisierten Verhältnisses zur Wirklichkeit schließt die Art und Form des Wahrnehmungsinstrumentariums mit ein. Nun gibt es einen durchaus sinnvollen Streit in der Wissenschaft, ob Erfahrung überhaupt ein wissenschaftliches Instrument ist oder ob nicht lediglich Messen und logisches Operieren als ernst zu nehmende wissenschaftliche Tätigkeit anzusehen sind. Der Streit ist einfach zu schlichten, wenn gleichzeitig der Anspruch der Aussagen mitbedacht wird. Ein enger Relevanzrahmen, der die Richtigkeit einer Aussage nur innerhalb eines Systems behauptet, sollte auch nicht außerhalb des Systems kritisiert werden. $3 + 3 = 5$ ist eine falsche Lösung. Der Satz: „$3 + 3 = 5$ ist eine falsche Lösung" ist aber ein richtiger Satz. So weit die Logik.

Nun gibt es Teilprobleme, die unsere Existenz berühren und somit nur innerhalb eines sehr weiten Relevanzrahmens, eben eines existenziellen zu behandeln sind. Wirtschaftliches Handeln und Mitbestimmung stellen solche Probleme dar, sie lassen sich nicht allein innerhalb der formalen Logik und der messenden Erfahrung abhandeln, sondern verlangen einen ganzheitlichen Zugriff auf die Wirklichkeit. Erfahrung gewinnt dadurch für die Gültigkeit von Wissenschaft eine vorrangige Stellung gegenüber Denken. Auch das Kriterium für Theorie ist nicht mehr ‚richtig oder falsch' sondern die ‚Adäquanz von Theorie zur Praxis'. Daraus entwickelt sich beim theoretischen Arbeiten die Einsicht, daß diese Adäquanz nur über eine Vielzahl von Theorien zu bewältigen ist und wir Maßstäbe entwickeln müssen, die Aussagen über die Theorien untereinander liefern. Nur so kommen wir der Wahrheit in bezug auf Fragen des Wirtschaftens und des Mitbestimmens näher.

Wissenschaftliche Aussagen auf dem Feld des Wirtschaftens und der Mitbestimmung leiten sich aus menschlicher Erfahrung ab. Es geht um eine Erfahrung, die die menschliche Reaktion auf Dinge und Mitmenschen, die die Wirkung von Bedingungskonstellationen auf den Menschen begreift. Es ist zwar möglich, wissenschaftliche Aussagen auch im Bereich der Mitbestimmung auf das Meßbare zu begrenzen. Daß damit alle Erfahrungen, also alle Verbindungen des Denkens zur Wirklichkeit abgekappt und damit halt-los sind, ist offensichtlich.

2. Kritik der Mitbestimmung

Genau genommen geht es nicht um eine Kritik der Mitbestimmung, sondern um die Auseinandersetzung mit Positionen und theoretischen Argumentationsmustern, die die Mitbestimmung instrumentalisieren. Die handlungstheoretische Basis, von der aus diese Kritik geführt wird, gewinnt an Klarheit, wenn der zweckrationale Rahmen mitkritisiert wird, auf den die Mitbestimmung zurückgeschnitten worden ist. Gleich ob Mitbestimmung dem technisch-ökonomischen Ziel der Produktivitätssteigerung dient oder in einen sozialtechnologischen Systemrahmen der Machtreduktion der Kapitaleigner eingebunden wird oder technologische Implementationen reibungsloser gelingen läßt: Jeweils ist der instrumentelle Charakter und das Zweckmitteldenken strukturgleich. Unterstellt man den von Max Weber entwickelten Rationalisierungsbegriff, so ist Mitbestimmung als Rationalisierungsinstrument gedacht und in der Praxis effektiv geworden. Es läßt sich nicht leugnen, daß innerhalb dieser Strukturgleichheit sehr wohl zu unterscheidende Ziele und Systembezüge deutlich werden. Paritätische Mitbestimmung als Machtkontrolle des Kapitals durch die Arbeitnehmerschaft ist nicht einfach mit der Vorstellung Mitbestimmung als Produktivität steigerndes Instrument gleichzusetzen. Der Mitbestimmungsdiskussion mangelt es nicht an möglichen Organisationsvorschlägen einer größeren Effizienz.[1]

Überraschenderweise hat die Forderung nach paritätischer Mitbestimmung eine relativ geringe Resonanz bei den Beschäftigten. Woran liegt das? Negativ wirkt sich gewiß die aussichtslose politische Durchsetzbarkeit einer paritäti-

[1] Insbesondere ist die Integration der Instrumente auf den verschiedenen Ebenen des Arbeitsplatzes eine erfolgversprechende Strategie. Die grundlegenden Überlegungen sind dazu von Vilmar 1973 angestellt worden (Menschenwürde im Betrieb, 1973). In konkrete Politik wird diese Strategie zur Zeit vom DGB umgesetzt, wie auf der wissenschaftlichen Konferenz des DGB und der Hans-Böckler-Stiftung zur Mitbestimmung in Köln 1985 zu erkennen war.

schen Mitbestimmung aus. Dennoch sucht sich ein mit Kraft und Wollen ausgestattetes Ziel gerade bei widrigen Umständen seinen Weg. Deshalb sind die Ursachen tiefer zu suchen.

(1) Den Verfechtern und den Vertretern der institutionalisierten Mitbestimmung fehlt es an Alternativen zur konkreten Gestaltung der Wirtschaft. Mitbestimmung ist ein Instrument, das zwar in sich selbst auch schon Sinnelemente enthält, wenn Partizipation aller Beschäftigten intendiert wird. Der der Mitbestimmung immanente Sinn bewegt die Beschäftigten langfristig nur dann, wenn die Lebenslagen, Arbeitsformen und die politisch-sozialen Räume für den *Beschäftigten* produktiver und damit sinnvoller entworfen werden. Die Alternative zu einer durch das ökonomische Prinzip gestalteten Welt muß als konkrete Utopie deutlich werden.

(2) Die wissenschaftliche Diskussion der Mitbestimmung verläuft in einem pragmatischen politikorientierten Rahmen. Die Theorie kommt zu kurz. Die wenigen theoretischen Analysen der Mitbestimmung, wie sie z. B. von Backhaus, FitzRoy und Nutzinger geführt werden[2], schneiden wiederum die normative Intention der Mitbestimmung durch die Verwendung eines rigiden ökonomischen effizienzorientierten Modells heraus.

(3) Die pragmatisch und theoretisch geführte Mitbestimmungsdiskussion wird in einer einseitig verkürzten wissenschaftstheoretischen Form geführt, die in den Empfehlungen an die Praxis immer auf technokratische Lösungsmuster verweist. Verloren geht das Ganze, die Unternehmenseinheit; verloren geht die gesellschaftliche Entwicklungsperspektive. Das Grundproblem der Mitbestimmung liegt nicht in der sozialtechnologischen Steuerung, technologischer und ökonomischer Prozesse. Das eine – die Sozialtechnologie – wie das andere – Technologie und Ökonomie – sind systemische Perspektiven, die zwar unterschiedliche Bezugswelten aufweisen, aber dem gleichen Wirkmechanismus der Effizienz unterworfen werden.

Mibestimmungsfragen entziehen sich einer rein analytisch objektivierenden wissenschaftlichen Behandlung, weil sie starke normative Elemente beinhalten. Ja die Interessen und Wertungen sind die Hefe der gärenden Probleme und Lösungsversuche. Ohne Hefe bleibt der Kuchen bekanntlich flach. So ist es nicht überraschend, daß die aus der objektivierenden Wissenschaftsküche angerührten Kuchen zur Mitbestimmung wenig appetitanregend sind und im

[2] Vgl. hierzu Jaroslav Vanek, 1975, Jürgen Backhaus, 1979, Hans Nutzinger, 1978. F. FitzRoy, 1982.

Schaufenster der Wissenschaft liegen bleiben. Ein Übermaß an normativer Hefe läßt den Teig überquellen und die Ware gewinnt keine Form. Mitbestimmung ist eine jener Fragen, die nur auf der Basis eines normativen Wissenschaftsverständnisses gelöst werden kann, d. h. schon in der Bereitung der zu erfassenden Elemente müssen objektivierende Verfahren und wertende Positionen in einem richtigen Verhältnis zueinander gestellt werden, damit bei der theoretischen Konklusion anschauliche, praxisorientierte und letztendlich auch in Praxis umsetzbare Produkte entstehen.

Das Institut Mitbestimmung wird seinen immanenten Sinn verlieren und scheitern, wenn sie ihre Funktion aus begrenzten Interessen ableitet. Die Gestaltungskraft der Mitbestimmung wird verblassen, wenn sie lediglich als Instrument im Machtkampf der sozialen Gruppen der Beschäftigten, Kapitaleigner und Management eingesetzt wird. Mitbestimmung wird stumpf und verliert ihre Funktion, kollektives Handeln gegenüber wirtschaftlichen Systemen in eine Handlungsform zu bringen, wenn sie aus einer ökonomischen Perspektive zur Effektivierung wirtschaftlicher Organisationen gedacht, also dem Ziel der Kostenminimierung oder der Ertragsmaximierung als Mittel anhand gegeben wird.

Beide Positionen sind in der politischen und leider auch in der wissenschaftlichen Diskussion immer dominanter geworden. Sarkastisch könnte man sagen, daß die gegen ursprüngliche Intentionen gerichtete Instrumentalisierung sozialer Institutionen weitverbreitet ist und somit kein Grund zur Aufregung besteht. Arbeitszeitverordnung führt zur Arbeitslosigkeit, Ansprüche an Ausbilderqualifikation führen zum Lehrstellenmangel, Informationssysteme führen zum Kommunikationsverlust und Datenschutz befestigt und produziert Herrschaftswissen.

3. Die neue Wirklichkeit der Wirtschaft

Die Kritik des wissenschaftlichen Denkens im Bereich der Mitbestimmung läßt sich auch als eine Auseinandersetzung mit der Denkgeschichte des 19. Jahrhunderts verstehen. So wie das Objektivitätsideal des vorauslaufenden Zeitalters sich in den Wissenschaften kontinuierlich relativiert, löst sich auch die Struktur der Industriegesellschaft und damit die Basis in der die Institution

Mitbestimmung verankert ist. Mitbestimmung als Instrument der Gegenmacht oder der Effektivitätssteigerung verliert an Wirkung, weil sich das Strukturbild der Wirtschaft grundlegend verändert hat. Die so grundsätzlich aufgeworfene Mitbestimmungs- und Partizipationsdebatte rechtfertigt sich wegen einer neuen Wirklichkeit und einer neuen Problemperspektive. Zwei Linien sollen angedeutet werden:

Die wirtschaftlichen Strukturen und die ökonomischen Theorien haben sich auf dem Hintergrund eines europäischen Weltbildes entwickelt, das den Wohlstand weniger europäische Nationen im Auge hatte und die als Mittel die optimale Nutzung vorhandener Ressourcen vorsah. Mitbestimmung war ein Gedanke, der bei der Frage der Verteilung von Macht und sozialen Lebenslagen sich in der Arbeiterbewegung entwickelte. Die weltwirtschaftlichen Verflechtungen im Handel, im Verkehr, in der Politik, in der Information zwingen heute zu einem globalen Denken.

Angesichts bedrohlicher Fehlentwicklungen, die sich in der natürlichen Umwelt, der globalen, regionalen und sozialen wirtschaftlichen Ungleichgewichte und der Isolierung bzw. Selbstisolierung der Wirtschaft innerhalb der Gesellschaft abzeichnen, stehen insbesondere die im 19. und frühen 20. Jahrhundert entstandenen sozialen Institutionen zur Disposition. Gefährdungen der Umwelt, die globalen und regionalen Einkommens- und Wohlstandsdifferenzen, die Verarmung der Drittländer und periodische Hungerkatastrophen, die weltweite Arbeitslosigkeit, die bedrohlichen wirtschaftlichen Belastungen der militärischen Haushalte, sind im einzelnen bekannte und mehrheitlich gesehene Probleme, die von einer Minderheit auch politisch bearbeitet werden. Man kann bei einer Analyse der ökonomischen Entscheidungsstrukturen nicht einfach die Augen vor diesen wirtschaftlichen, politischen und sozialen Umwälzungen schließen und so tun, als lebten wir in einem in autonome Kleinstaaten gegliederten Europa, das die übrige Welt als wirtschaftlichen Reserveraum betrachten kann. Internationale Abkommen über Weltmärkte, wachsende Anteile staatlicher Haushalte im ökonomischen Kreislauf, eine Gliederung der offiziellen Wirtschaftswelt in sozialistische und kapitalistische Steuerungssysteme sind vorgegebene Strukturmuster, die in einer Modellanalyse nicht mehr nur als Rahmenbedingungen sondern als Elemente einbezogen werden müssen. Die duale Ökonomie ist schon längst nicht mehr allein eine Erscheinung in Entwicklungsländern; Subsistenzwirtschaftliche Elemente werden für die wirtschaftliche Aufgabe, alle Menschen mit den notwendigen materiellen Lebensgrundlagen auszustatten, auch in den Industrieländern immer notwendiger.

Alle im einzelnen unbestrittenen Phänomene, sind erst dann richtig erkannt, wenn sie in einer historischen Perspektive in ihrem Zusammenhang gesehen werden. Die Wahrheit liegt nicht in der empirischen Aufnahme aller einzelnen Fakten, sondern in dem Erkennen der grundlegend neuen Wirklichkeit, die in dem Zusammenspiel aller Faktoren sich herausstellt. Ökonomische Entscheidungsstrukturen haben nicht mehr allein die Entfaltung des Reichtums einer Nation anzustoßen. Vordringlich wird die Sicherung der produktiven Grundlagen: Natürliche Ressourcen, ökologische Kreisläufe, intakte Kulturräume und individuelles und kollektives Arbeitsvermögen stehen nicht mehr im Prozeß der Entfaltung, sondern vor dem Ausverkauf.

Neben dem globalen Denken muß wahrgenommen werden, daß sich die zentralen ökonomischen Entscheidungen nicht mehr in relativ abgegrenzten autonomen Unternehmenseinheiten vollziehen, sondern in den technologischen, kapitalistischen und politischen Systemsträngen verankert sind. Die Unternehmen sind immer weniger der Ort bewußter, politisch gefällter Wirtschaftsentscheidungen, sondern die Schnittstelle technologischer, ökonomischer und machtbezogener Systemrationalitäten. Es sind Tendenzen der Entpolitisierung wirtschaftlicher Prozesse festzustellen. Die von Walter Eucken eingeführte Ordnungs- und Entwicklungsfunktion ökonomischer Strukturen transformiert sich zu einer reinen funktionellen Ordnung, in der die Logik kapitalistischer, technologischer, ökologischer und sozialer Systemrationalitäten dominiert (Eucken 1942). Die Entmachtung des Subjekts als Entscheider im Unternehmen durch die Informations- und Kommunikationstechnologie, die auch als Entscheidungstechnologie bezeichnet werden kann, wirkt unter der Perspektive des Politischen in die gleiche Richtung: zur Rationalisierung der Prozesse, d. h. Ausgrenzung der Interessen, Verstetigung der Transformationen, Normierung von Produktions- und Verwaltungsabläufen, also zur Entpolitisierung. Die Mechanismen der Funktionalisierung durch die Systemrationalitäten setzen bei der Einengung von Entscheidungsräumen an, während die Entscheidungstechnologie das Verfahren selbst aus dem Sozialen und Subjektiven und damit Politischen herauslöst. Die Informations- und Kommunikationstechnologie entwickelt sich in Richtung auf die Systemstrukturen und ermöglicht erst die kybernetische Regelung sich überlappender Systeme. Die am Entstehungsort aufgenommenen Informationen und ihre Bedeutung für den Informationsspender verschwinden mit dem Eintauchen in das Informationssystem und verlieren ihre Bedeutung. Die Information wird jetzt verarbeitet. Das Informations- und Kommunikationssystem produziert aus dem Meer zur Verfügung stehender bedeutungsloser Informationen neue Informationen und bringt diese als Signale oder Daten an die Oberfläche oder begräbt sie auf vergessenen Friedhöfen. On-line- und Real-time-Konzeptionen lassen Raum und Zeit, in denen individuelle und soziale Prozesse eingebunden sind, für das Entscheidungsverfahren zerfallen. Es entwickelt sich eine intermediäre Wirklichkeit, die auf die Systemtransformationen und weniger auf die sozialen Prozesse orientiert ist. Systemkonstellationen und funktionale Entscheidungs- und Steuerungstechnologien werden isomorph.

In der funktionellen kybernetisch gesteuerten Systemtransformation wird nicht nur das Politische zerrieben, sondern es zerfällt unter anderem die Institution Unternehmung, d. h. der gesellschaftlich gewollte und judifizierte Subjektcharakter der Unternehmung löst sich auf in eine funktionelle Systemkonstellation, die sich als Knotenpunkt technologischer, kapitalistisch-ökonomischer, ökologischer und sozialer Systemverbindungen darstellt. Die Rationalität und Transformation der Systeme und die kybernetische Aussteuerung der Systemverbindungen dominieren die Institution Unternehmung. Die Autonomie der Unternehmung ist nur noch mit der Dauer einer Systemkonstellation relativ definierbar. Das Unternehmen ist nur im Kontext technologischer Verkettung und ökologischer Kreisläufe und des aktuellen Gefüges der Kapitalakkumulationen analysierbar. Die Grenzen sind nicht mehr um das Unternehmen zu ziehen, sondern verlaufen zwischen Technologie und Kapitalkomplexen. Die sich häufenden Konkurse sind Ergebnisse des Widerstandes gegen die Systemisierung. Es sind Implosionen von Einheiten, die ihre Identität und ihren Subjektcharakter gegen den Druck der Systeme erhalten wollten. Subjektives Wollen und objektiver Widerstand sind dabei nicht voneinander trennbar.

4. Das zentrale Problem

Die Marx'sche Kritik der politischen Ökonomie hat viele negative Entwicklungen vorausgesehen und wenn man die Frühschriften Marx' miteinbezieht, auch die ökologische Frage im Kern schon erkannt (Immler 1983). Kennzeichnung unserer Gesellschaft als eine kapitalistische, also eine Wirtschaftsgesellschaft, in deren Sog auch der Staat als Staatsmonopolkapitalist geraten ist, hatte und hat viele Anhänger. Für viele sichtbar, hat die Dominanz des Kapitals zu selbstverständlichen Herrschaftsattitüden der Systemsteuerer geführt und gleichzeitig resignatives und Anpassungsverhalten bei erpressten Behörden,

Kommunen und Beschäftigten erzeugt. Dennoch ist die auf die Kapitalanalyse konzentrierte Kritik weder vollständig noch hinreichend, noch befriedigend. Nicht vollständig, da nachzuweisen ist, daß neben den dezentralen, privaten kapitalistischen Entscheidungssystemen des Marktes, bürokratische Herrschaftsformen des Staates und der technologische Fortschritt als relativ autonome Kräfte ebenfalls auf den Prozeß einwirken. Nicht hinreichend, da die Verhaltens- und Bewußtseinsänderungen der Teilnehmer am ökonomischen Prozeß auch in den materialistischen Analysen nicht ohne Rückgriff auf die Bewußtseinsebene auskommt. Nicht befriedigend, da außer der Kritik des bestehenden Systems keine Orientierung und außer einer revolutionären Utopie keine Handlungsmodelle der Veränderung entwickelt werden. Die Utopie des Marxismus ist eine abstrakte (Bloch), eine absolute (Mannheim) und daher eine falsche Utopie (Ortega y Gasset). Die Schwäche der Kapitalanalyse liegt nicht in ihrem materialistischen Ansatz sondern in ihrem monokausal-einseitigen dogmatischen Charakter. Außerdem verhindert sie etwas, was die sozialistische Bewegung prinzipiell hervorrufen will: Politisches Handeln.

Die Alternative einer bunten Phänomenologie des Untergangs ist nun gerade auch nicht ermutigend. Somit wird der Versuch unternommen, eine Linie zu finden, in der sich die Kritik des Bestehenden mit der Veränderung in der Zeit und der Einordnung in das Ganze verbinden läßt.

Der entscheidende Interpretationspunkt für alle Phänomene ist das Mißverhältnis von Handeln und System. Oder die Herrschaft der Systemrationalitäten über die Werte. Die Gattung Mensch wird handlungsunfähig, weil sie ihre in der philosophischen Tradition entwickelte Geisteskraft freiwillig aus dem Gestaltungsprozeß der Welt mit der Verabsolutierung der analytischen Wissenschaften zurückgenommen hat. Die in der Technik potenzierten freigesetzten Kräfte der Natur haben die Herrschaft in einer neuen Form wieder über den Menschen erlangt. Der Mensch ist in den Nischen der von ihm geschaffenen Systemen einzementiert. Er ist nur noch Schnittstelle von Funktionsverläufen (Foucault 1974). Das zentrale Problem liegt also zwischen Handeln und System. Dies gilt insbesondere auch für wirtschaftliches Handeln. In der verkürzten Sprache mag manchen die Analyse überzeichnet und auch nicht seinen alltäglichen Erfahrungen entsprechen. Deshalb sei der Versuch unternommen, die zentrale These im Bereich der wirtschaftlichen Entscheidungen – und dazu gehört die Mitbestimmung – zu erläutern.

Jürgen Habermas hat in dem Begriffspaar System und Lebenswelt (Habermas 1981) die aktuelle Tendenz der technologischen Rationalität analytisch ähnlich gefaßt und den daraus festgestellten Zustand als „Kolonialisierung der Lebenswelt“ gebrandmarkt. Mit Lebenswelt wird eine Legitimationsbasis eingeführt, die das Interesse an der „Entfaltung von Leben und Lebensweisen gegenüber lebenszerstörenden Modernisierungsprozessen“ bekündet. Dieser strukturellen Sichtweise schließe ich mich an, glaube aber in dem Begriffssystem Handeln und System eine prozessuale Komponente gefunden zu haben, die die Dynamik unserer aktuellen Situation eher beschreibt. Auch wenn Habermas mit dem Legitimationsprinzip Leben beides „zugleich meint: Das Überleben und das sinnvolle Leben“, so scheint doch eine nicht heilsame Resignation durch, die zu einer Panikreaktion führen kann (und teilweise bei verschiedenen Gruppen unserer Gesellschaft auch schon führt): Rette sich wer kann. In dieser resignativen Linie liegt auch die einseitige Wahrnehmung der kolonisierten Lebenswelt. Das Phänomen kann nicht verleugnet werden. Allerdings werden die Reaktionen und die Handlungen des Menschen nicht mehr in die Analyse miteinbezogen. Nimmt man auch diese Umbrüche war, geraten die Systeme mehr und mehr in Schwierigkeiten und müssen ihre Kolonialisierungstendenzen aufgeben, wenn sie selbst überleben wollen. Dies sei am Beispiel des Systems Wirtschaft erläutert.

5. Isolation oder Selbstisolation der Wirtschaft

Die Überlegung, daß Mitbestimmung zur Effektivierung, zur Rationalität führt, ist aus der strukturellen Sichtweise der Mitbestimmung und des herrschenden Entscheidungskriteriums der Rentabilität entstanden. Letztlich ist es aber mehr als ein Argument, es ist ein Symptom für die generelle Umkehrung des Verhältnisses von Handeln und System. Die Formel von Nichtregierbarkeit des Staates, die Nichtregierbarkeit der Kommunen, läßt sich somit weiter auf das Feld der Unternehmen ausdehnen und die Nichtregierbarkeit der Unternehmen postulieren. Die Systeme bestimmen das Handeln und nicht ein politischer Wille setzt sich bei der Gestaltung der Wirtschaft durch. Aus diesem Mißverhältnis entspringen die sozialen Paradoxien, strukturelle Widersprüche und permanente Steuerungs-/Regelungsspannen, die gleichzeitig Hinweise auf falsche Ordnungen sind. Falsche Ordnungen sind Zeichen für langfristig mangelnde oder falsche Denkprozesse.

Das System produziert und zieht Menschen an, die den Part der Systemsteuerung und der Funktionssicherung übernehmen, ohne dabei die Frage nach den Möglichkeiten ihrer Entfaltung zu fragen oder die Einhaltung von Werten einzufordern. Diese reibungslose Einpassung unkritischer Beschäftigter bringt eine große Gefahr für das System. Die im Weberschen und Taylorschen Sinne geführte Rationalisierung – also Bürokratie und Arbeitsteilung – erzeugt eine immer rationalisiertere Beziehung zum Unternehmen, die letztlich einen aus dem eigenen Professionalitätskalkül agierenden Menschen erzeugt. Der Mensch als Gegensystem. Die sozial und regional bindungslose Managerschicht bringt als Impuls in das Unternehmen nur noch die Rationalität ein, die dem ökonomisch-technologisch sozialen System Unternehmen schon immer innewohnt. Von wo da noch produktive Anstöße und Orientierung kommen sollen, ist fraglich. Der Verlust der Eigentumsunternehmer kann aus dieser Perspektive nur bedauert werden.

Die mehr auf individuelle Karrieren orientierten Manager und Systemsteuerer wachsen nicht in das Unternehmen, sondern streben letztlich nach einer durch Bilanzen gesicherten Sicherheit. Die zunehmende Distanz zur Wirklichkeit der Wirtschaft wird von juristisch organisierten, technologisch gesteuerten und rationalökonomisch geführten Unternehmen gefördert. Wir stehen z. Z. vor einer neuen Stufe der Anonymisierung des Wirtschaftens. Die integrierte Daten-Text- und Kommunikationstechnologie saugt immer mehr Informationen in sich auf und gibt sie nur noch komprimiert datentechnisch und datenrechtlich geregelt wieder heraus. Nicht nur physische Prozesse der Produktion verschwinden aus dem Erfahrungsbereich des Menschen, sondern auch das Wissen um technische und ökonomische Zusammenhänge wandern in integrierte Expertensysteme der Daten- und Textverarbeitung ab und werden im Wirtschaftsalltag intellektuell nicht mehr begriffen. Die Beziehung zwischen Mensch und Unternehmen löst sich somit zweiseitig auf. Der Mensch grenzt sich aus und das Unternehmen geht in komplexen Rationalitätssystemen auf.
Selbstisolation der Wirtschaft verstärkt sich durch die fatale Ehe zwischen neuen Informations- und Kommunikationstechnologien und alten hierarchisch strukturierten Organisationen. Selbstisolation der Wirtschaft wird produziert durch die Perfektionierung der Machtsicherung der Verbände und interessenfixierten wissenschaftlichen Institutionen.

Ideologisch gefestigte Botschaften und machtsichernde gefilterte Informationen rufen beim Zuhörer nach einer gewissen Zeit keine oder lediglich Abwehrreaktionen hervor. Wieso sollte das in gesellschaftspolitischen Organisationen anders als in politischen Parteien sein. Das Bewußtsein des aufgeklärten

Bürgers – dies gilt allen elitären Überheblichkeiten zum Trotz – läßt sich nicht einfach besetzen, auch wenn nicht jede statistische Raffinesse durchschaut wird, ist ein Gespür und die Unterscheidungskraft für eine permanente Manipulation von Meinung oder für ein beständiges Ringen um Wahrheit vorhanden.

Die Isolation des Systems Wirtschaft ist nicht nur eine Reaktion auf das Handeln der Steuerer des Wirtschaftssystems, obwohl sich betriebssoziologisch eine Reihe von bedenklichen aber auch verständlichen Reaktionen der Beschäftigten bis in das mittlere Management feststellen lassen. Eine Veränderung des Leistungsverhaltens und die Distanz zum Unternehmen signalisiert neue Entwicklungen. Die Strategie für wissenschaftliche Unternehmens- und Wirtschaftsführung erzeugt bei den Beschäftigten und den Wirtschaftssubjekten in gleicher Weise rationale Beziehungen zum Unternehmen. Der Arbeitsplatz und die eigene Leistung wird zum Kalkül. Nicht nur der Lohn, sondern die gesamte Arbeitssituation wird einer Opportunitätskostenrechnung unterzogen. Identifikationen mit der Sache, mit dem Betrieb lohnen sich nicht.

Dies wird in aktuellen, wirtschaftlichen Strukturumbrüchen hautnah erfahren. Die eigene soziale, ökonomische und kulturelle Lebenssituation ist die letzte Entscheidungsbasis für die Beschäftigten. Eine in Gesprächen immer wiederkehrende Einsicht lautet: Solidarität oder Betriebstreue wird nicht belohnt und ist kein Attribut der Cleveren und Schnellen. Die so zu Betrieb und der Wirtschaft erzeugte Distanz führt allmählich zu einer scharfen Abgrenzung und im letzten Schritt zur aktiven Ausgrenzung der Wirtschaft aus dem eigenen Lebensalltag. Das Mittel-Zweck-Denken ist ein einfaches Muster und somit schnell erlernt.

Die geistigen Grundlagen unserer sozialökonomischen Ordnung erzeugen in einem dialektischen Prozeß unterschiedliche Früchte. Neben der geschichtlich gesehen explosionsartigen Entfaltung der Produktivkräfte entwickeln sich parallel autonome, emanzipierte und befreite Menschen, die sich von vielen Einbindungen befreit haben und heute selbstbewußt, aufgeklärt und anspruchsvoll der Welt gegenüber stehen. Die lebensweltliche Umorientierung hat ihre Entsprechung in dem politischen Wertewandel, der im Entstehen der gesellschaftspolitischen Gruppen der Alternativen der Bürgerinitiativen bis in die traditionellen politischen Parteien und die kollektive Gewerkschaftspolitik eingedrungen ist.[3] Bündelt man diese Phänomene, so trifft der Begriff der

[3] Zum Wertewandel vgl. Kmieciak, J., 1976 und die Nummer der Frankfurter Hefte, FH extra 6: Nach 1984: Die Krise der Zivilisation und unsere Zukunft.

Isolierung der Wirtschaft eine zwar noch undeutliche, aber dennoch in der Wirklichkeit feststellbare Tendenz. Es läßt sich auch formulieren: Die Wirtschaft wird von ihren eigenen Diskriminierungsmechanismen eingeholt. Das marktwirtschaftliche Prinzip des Ausschlusses Dritter aus dem Tausch führt bei vorhandenen ökonomischen Ungleichgewichten und einseitigen Dominanzen im System zum Selbstausschluß der Wirtschaft aus der Gesellschaft.

Die Systemisierung der Unternehmen hat alle Scheinpartizipationen und nur instrumentelle Verwendung von Mitbestimmung entlarvt. Der Entscheidungsvorgang, also die vorprogrammierten und gesteuerten Entscheidungsstrukturen präsentieren sich im Gewande der Informationstechnologie wie der Kaiser in seinen neuen Kleidern, nämlich nackt.

6. Neubegründung der Mitbestimmung

Die theoretische Linie von Handeln und System verbindet sich mit der kritischen Auseinandersetzung mit der Mitbestimmung. Handeln heißt auch entscheiden und Mitbestimmung heißt mitentscheiden. Handeln und Mitbestimmen sind in Teilen identisch. Daher begründet sich Mitbestimmung in der Begründung des Handelns. Mitbestimmung erreicht damit einen zentralen Ort in der Theorie und wird über die Theorie in die Praxis eingeführt. Wählt man nicht die materialistische sondern die intellektuelle Entwicklung zur Kennzeichnung unserer Epoche, so muß man von einer Phase der Spätaufklärung reden und nicht vom Spätkapitalismus. Spät meint hier Reife, Umbruch, Krise und absehbares Ende, von Hegel besser als Aufhebung in eine neue Wirklichkeit erkannt. Die Grundfrage, vor der die Aufklärung angesichts der kopernikanischen Wende in den Naturwissenschaften und der vorausgegangenen kulturellen Rennaissance stand, war die Frage nach der Rolle des Subjekts gegenüber der Welt. Die geistige Emanzipation, die Schaffung des suchenden Subjekts und damit die Trennung der Wirklichkeit in Subjekt und Objekt verhalf den Aufklärern zum Durchbruch ihrer Prinzipien der Freiheit und der Wissenschaftlichkeit. Die geistige Linie von Descartes und den Rationalisten verband sich in idealer Weise mit dem empirischen Zweig der englischen Moralisten. In der Aufklärung erhielt der Mensch eine triumphale Position, die Windelband durch ein Zitat von Schiller kennzeichnet:

„Wie schön, oh Mensch, mit Deinem Palmenzweige,
stehst Du an des Jahrhunderts Neige in edler stolzer Männlichkeit!“
(Windelband 1916/443)

Das Marxsche, an der Realität orientierte Kontrastbild aus dem 19. Jahrhundert sieht mit dem Proletariat und den Charaktermasken des Kapitals recht düster aus und wird nicht umsonst die „Philosophie des Elends“ genannt. Aus der Wahrnehmung der sich industrialisierenden Welt mußte sich Marx einen „neuen“ Menschen denken, um seine eigene Hoffnung stabilisieren zu können. Er bleibt ein Kind der Aufklärung, da er an dem Subjekt-Objekt-Modell festhält, wenn er es auch nach eigenem Bekunden glaubte, auf die Füße gestellt zu haben.

Die Schnittstelle Subjekt – Objekt ist weiterhin die zentrale Linie, die durch die Aufklärung in die Welt geworfen und deren Wirkung weit über den wissenschaftlichen Betrieb in materiellen Verdinglichungsprozesse und Bewußtseinsveränderungen ihren Ausdruck gefunden hat. Über die Streitfrage zwischen aufgeklärten Materialisten und aufgeklärten Idealisten, ob nun das Sein das Bewußtsein oder das Bewußtsein das Sein bestimmt, wurde die Möglichkeit eines differenzierten wechselseitigen Verhältnisses und die Möglichkeit einer gegenseitigen Abkapselung, also eines Nichtverhältnisses zwischen Mensch und Welt nicht gesehen und gedacht.

Verlassen wir einmal die Rekonstruktion geschichtlicher Linien und springen in die aktuelle Diskussion der Daten-, Text- und Kommunikationstechnologien, so wird in der Behandlung der Schnittstelle Mensch – Maschine deutlich, wie vollständig sich das mechanistische zeitlose Denken durchgesetzt hat. Die Beziehung reduziert sich auf die völlig ziellose Anpassung des Menschen an eine neue Technologie, wobei dem Subjekt eine nachträgliche Reflexion über die Veränderung gestattet ist. Selbst die Gewerkschaftspolitik macht sich immer mehr von wissenschaftlichen Untersuchungen und sogenannten Folgeanalysen abhängig. Als ob es nicht um eine neue Orientierung für die Zukunft und um Werte ginge.

Konzentrieren wir uns auf den theoretischen Kern: Die Stellung des Menschen zur Welt schließt das Verhältnis zur Welt ein. Erst im Verhältnis zur Welt wird der Mensch zum Mensch und wird die Welt zur Welt. Mensch und Welt bedürfen der gegenseitigen Vermittlung. Ihre gegenseitige Konstitution wird weder allein durch das Subjekt, also idealistisch oder durch die Materie, also materialistisch bestimmt. Die Vermittlungsleistung zwischen dem Menschen und der Welt wird im Handeln des Menschen eingefordert. Vermittlung seiner eigenen Stellung zur Welt ist die zentrale Leistung, die der Mensch zu erbringen hat. Die Aufgabe ist ihm seit seinem Eintritt in die Welt erwachsen. Er wurde Teil der Wirklichkeit und gleichzeitig Gestalter der Wirklichkeit. Seine Stellung *in* der Welt war von Anbeginn distanziert, also immer auch eine Stellung *zur* Welt. Sein und Bewußtsein des Menschen waren und sind getrennt. Aus einer durch Wahrnehmung, Fühlen und Handeln relativ weltnahen Verortung war das Problem, Einheit im Handeln herzustellen, nicht sehr groß. Eher war der Mensch von der Welt insbesondere auch von der natürlichen Welt gefangen und abhängig. In der geschichtlichen Entwicklung differenzierten sich seine Beziehungen zur Welt in theoretische und praktische Bezüge: In fühlende Wahrnehmungen und analysierende Messungen. Seit Descartes sind das Handeln, das Denken und das Verhalten scharf voneinander getrennt. Durch Differenzierungen entstanden Differenzen zur Welt und Differenzen innerhalb der Menschheit.

Auf diesem philosophiegeschichtlichen Hintergrund soll ein Verständnis für die Notwendigkeit der Herstellung eines Ganzen erwachsen und gleichzeitig die tiefliegenden Spaltungslinien deutlich werden. Einige Gedankengänge überspringend läßt sich die aktuelle Aufgabe der Menschen beschreiben: Zwischen Mensch und Welt sind Beziehungen aufzubauen, die den Versuch unternehmen, die Einheit der Wirklichkeit wieder zu konstituieren. In der Versöhnung von Mensch und Welt liegt das Wohl der Welt und das Glück des Menschen. Die zentrale Instanz dieser Vermittlung ist das Handeln des Menschen. Nicht der Mensch selbst sondern erst wieder auf Handeln gerichtetes Denken und Verhalten kann den Weg zur Einheit wieder stiften. Handeln heißt, sich offen zur Welt stellen und im Dialog mit den Menschen und Dingen die Geschichte aufzuarbeiten und für die Verbesserung der Welt zu wirken. In dieser Programmatik liegt eine Kurskorrektur gegenüber der zur Reife gelangten Aufklärung. Nicht das reflektierende, in Hochform Wissenschaft treibende Subjekt, sondern der zum Dialog mit den Dingen und Mitmenschen bereite Mensch ist der Träger und Lenker des weltlichen Entwicklungsprozesses.

Auch wenn die philosophisch theoretische Begründung einer Handlungstheorie hier nicht geleistet werden kann, müßte die Zentralität des Handelns und der sich daraus abzuleitende Relevanz-Rahmen für die Mitbestimmung deutlich werden. Die Zentrierung der Analyse auf das Handeln verschiebt das Subjekt aus seiner idealistisch bestimmten dominanten Rolle, der es auch nie gerecht werden konnte. Gleichzeitig wird der Mensch als Akteur wieder eingesetzt und nicht nur als Schnittstelle eines funktionierenden Systemkomplexes benutzt.

7. Mitbestimmung und produktives Entwicklungspotential

Aus einer neuen Erfahrung, die sich auf die Entwicklung von Technologien, Ökonomie und sozialen und natürlichen Systemen beruft und ein verändertes Bewußtsein berücksichtigt, ergibt sich auch ein anderer Gebrauch der Institution Mitbestimmung. Mitbestimmung wird anders ver-ordnet, wird anders funktionalisiert. Mitbestimmung ist eine Handlungsform, die Handeln erst wieder ermöglichen und die Herrschaft der Systemrationalitäten eingrenzen soll. Das Argumentationsspiel für Mitbestimmung kann bei dieser kritisch entwickelten Perspektive nicht aus den Rationalitäten der Ökonomie, noch aus einem sozialen Kalkül der Machteingrenzung, noch aus einer Glättung von technologischen Prozessen geführt werden. Die instrumentellen Perspektiven sind nicht falsch, aber auch nicht hinreichend. Mitbestimmung verstanden als Wiederherstellung von Handlungsräumen und Handlungskompetenz kann nur in dem Beziehungsfeld der Subjekte zum Unternehmen, also im produktiven wirtschaftlichen Handeln seine Begründung finden.

Betriebswirtschaftlich gewinnt die Isolation und Selbstisolation der Wirtschaft eine zentrale Bedeutung. Die Betriebswirtschaftslehre steht vor einer neuen Aufgabe, die sich fundamental von der Kombination produktiver Faktoren unterscheidet. Es geht um die Sicherung noch intakter produktiver Faktoren und um die Wiederherstellung produktiven Verhaltens. Arbeit und Natur, die produktiven Faktoren des wirtschaftlichen Prozesses, sind im Prozeß verbraucht, werden mehr und mehr aus ihm herausgedrängt und entziehen sich damit als Grundlage des ökonomischen Prozesses aus unterschiedlichen Gründen. Entfremdung und Ausbeutung sind Phänomene, die zwar totgeschwiegen werden können, aber nicht wirkungslos bleiben. Der Rückzug des Menschen aus dem wirtschaftlichen Prozeß hat tiefere Ursachen. Der Mangel an direkter, unmittelbarer Erfahrung mit dem Produkt, die nur noch eingegrenzte kognitiv abstrakte oder instrumentelle Beziehung mit dem Produktionsprozeß erübrigt jede wirkliche Beziehung zu den Dingen und den kooperierenden Mitmenschen. Damit reduziert sich der Produktionsfaktor Arbeit zu einem kalkulierenden Funktionselement in einem technologisch ökonomisch sozialen Systemkomplex, der mit dem historisch bekannten Unternehmen nur noch wenig gemein hat.

Nun ist der Rückzug des Menschen aus dem wirtschaftlichen Prozeß nicht eine beleidigte Reaktion auf erlittene Unbill. Die Leidensfähigkeit des Menschen, so zeigt der Vergleich mit der sozialen Situation des 19. Jahrhunderts, ist eher nur gering gefordert. Der Rückzug ist eine unbewußte Reaktion des Menschen auf die schleichende Ausgrenzung aus dem Produktionsprozeß. Bedeutsam erscheint aus der betriebswirtschaftlichen Perspektive die Frage: Was geschieht mit dem Unternehmen? Wo liegen die Entwicklungsimpulse, wo wird noch auf der Basis von Werten und menschlichen Zielorientierungen über die Zukunft entschieden. Wo wird noch gehandelt? Oder werden nur noch Rationalitätskalküle nachvollzogen? Die Betreiber der Informatisierung haben die mangelnde Akzeptanz durch den Menschen erkannt und versuchen, dieses „Übel" sozialtechnologisch zu beheben. Übersehen wird dabei, daß die letzten Funken produktiv schöpferischen Handelns, was sich in dieser Phase auch als widerständliches Handeln äußert, in den Betrieben kanalisiert und dabei herausgedrängt wird.

Mitbestimmung als Institution wird nur durch die konkrete Erfahrung mit dem Wirtschaftsprozeß für alle wieder lebendig und baut dadurch verantwortetes Handeln und Beziehungen zu den materialen und technischen Dingen und den Menschen auf. Nur so ist im übrigen Produktivität richtig verstanden. Inhalte und Form der Mitbestimmung sind auf dieses Ziel neu zu überdenken. Die organisatorische Differenzierung von Mitbestimmung am Arbeitsplatz und Mitbestimmung im Unternehmen oder der Branche reicht da nicht aus. Mitbestimmung als eine Form wirtschaftlichen Handelns kann sich im Kern nicht in der Bestimmung aller formalen Möglichkeitsbedingungen erschöpfen oder auf eine interessenzentrierte rational entwickelte Handlungsstrategie hinauslaufen. Im Kern heißt mitbestimmen, jedem Beschäftigten die Möglichkeit zu geben, an der Gestaltung einer menschlich verantworteten Welt mitzuwirken. Menschlich verantwortet deutet die Grenzen des Handlungshorizontes an. Die Entwicklungsprogramme sind in unserer eigenen und in der Geschichte der Welt verankert und lassen sich nur begrenzt überschreiten. Im Denken und Verhalten, also im Handeln, löst sich das Spannungsverhältnis zwischen Struktur und Prozeß, Bestand und Veränderung und baut sich gleichzeitig wieder auf. Mit der Ausweitung der hergestellten konstruierten Welt wächst der Anspruch an die Gestaltungskraft, an das Konstruktionsvermögen, an die Verantwortungsbereitschaft des Menschen.

Aus zwei fundamentalen Gründen können die gestellten Anforderungen nicht durch einzelne Menschen erfüllt werden. Die Systemkomplexe lassen sich nicht mehr ohne Funktionsverluste auf eine Dimension zentrieren. Die Ausdifferenzierung des wissenschaftlichen Denkens hat zu einem praktischen Rationalitätspluralismus geführt und das systemtheoretische Bild der Wirtschaft als eine in die Umwelt vermaschte Handlungsstruktur entspricht unserer hergestellten Welt mehr als die Vorstellung von autonomen Unternehmenseinheiten. Mitbestimmung wird in dieser Morphologie zu einer funktionalen Notwendigkeit. Jede Zuspitzung auf Eliten, sei es aus professioneller Eitelkeit, organisatorischer Routine oder sozialen Machtansprüchen ist für Bestand und Entwicklung des Ganzen abträglich. Die Institution der Mitbestimmung ist zweitens unverzichtbar, weil das kollektive Subjekt in einem Handlungsgeflecht eingebunden ist. Die von Mead, Durkheim, Habermas und anderen geforderte kommunikative Gesellschaft ist aber keine Sache des Forderns, sondern eine Frage des Entstehens, die in der Herausforderung des kollektiven Handelns und der historischen Entwicklung des individuellen Subjekts entstandene Spannung läßt sich nicht in der Institution Herrschaft sondern nur in der Institution Mitbestimmung prinzipiell aufheben. Kollektives Handeln läßt sich nicht kognitiv erlernen sondern nur praktisch üben. Kommunikatives Handeln ist der richtige Weg zum kollektiven Handeln und wird auch die zentrale Methode sozialen Handelns bleiben. Nur dürfen wir den kommunikativen Menschen nicht idealistisch voraussetzen, sondern durch Institutionen, wie die Mitbestimmung, wieder schaffen.

Die Erwartung oder vorsichtiger, die prinzipielle Hoffnung, geht dahin, daß der Mensch u. a. durch die Institution Mitbestimmung soziales Handeln wieder erlernt und zur kollektiven Entscheidung findet. In den gewonnenen Erfahrungen sollten soziale Beziehungsstrukturen entstehen und Gegenstände und Systeme in der Auseinandersetzung wieder angenommen werden. So entstehen neue Identifikationen mit dem Wirtschaftlichen, die über die Vernutzungsabsichten hinausgehen. Sinn-losigkeiten oder Irr-sinn oder Sinn liegen innerhalb und nicht außerhalb unseres Handelns.

Mitbestimmung als eine Form wirtschaftlichen Handelns konstituiert die Wirklichkeit, sichert den Bestand und fördert die Entwicklung der Wirtschaft. Die hier vertretene Perspektive wird nicht über ein kollektives Subjekt wie den Unternehmer oder die Arbeiterklasse gesichert. Auch ein bestimmtes System oder eine Ordnung garantiert nicht eine auf Verbesserung und allgemeine Wohlfahrt gerichtete Entwicklung. Handeln als Mensch und Welt verbindendes und vermittelndes Element gewinnt Zentralität für die Bestandsicherung und Entwicklung von Mensch und Welt. Mitbestimmung ist als eine spezifische Form in wirtschaftliches Handeln eingeschlossen und bedarf der zentralen

Aufmerksamkeit bei der Lösung wirtschaftlicher Probleme. Zerfallen die Handlungskompetenzen und Handlungsspielräume, wird die Wirtschaft zerfallen.

8. Mitbestimmung und Wissenschaft

Wissenschaftlich ergeben sich aus der Gedankenführung zwei Aufgabenfelder. Die beschreibenden und analytischen Modelle müssen sich der Komplexität unserer sich entwickelnden Gesellschaft anpassen und das Grundmuster von Handeln und System herausarbeiten. Nur so wird es möglich sein, auf die Wissensbestände zu stoßen, die über Möglichkeiten und Grenzen von Handeln Auskunft erteilen. Die beschreibende und analytische Aufgabe ist nicht zu lösen, wenn nicht parallel eine Vorstellung dessen besteht, was vernünftiges Handeln, was hinreichende Handlungsspielräume und notwendige Handlungskompetenzen sind. Auf dem Boden einer zweitausendjährigen philosophischen und wissenschaftlichen Tradition ist eine Handlungstheorie zu entwickeln, die das Beschreiben und die Analyse und die Konstruktion heute notwendiger Handlungsmuster ermöglicht. In unserer hergestellten und verwissenschaftlichten Welt gewinnt Handeln und somit auch Mitbestimmung Zentralität erst auf dem Hintergrund einer Handlungstheorie zurück. Eine Zentralität, die im mythischen, im klassischen und mittelalterlichen Zeitalter selbstverständlich war. Kulturpessimistische Einschätzungen und materiale Gesellschaftsanalysen geben dem Handeln in unserer heutigen Zeit kaum eine Chance. Die Unmöglichkeit des Handelns wird aus der Übermacht der Systeme geschlossen. Die Marxsche Kapitalanalyse, die technologieimmanenten Strukturbestimmungen wie sie Gehlen gesehen hat, die Bürokratiethesen Max Webers oder die jüngsten ökologischen Zwänge geben für Handeln wenig Raum her. Zusätzlich verändert sich das Bewußtsein der Menschen angesichts der systemischen Welt in zwei extreme Richtungen. Bei einer großen Anzahl von Individuen ist eine Resignation und der Rückzug in die Innerlichkeit festzustellen. Sie geben Handlungsanspruch und die Verantwortung auf. Das andere Extrem der Bewußtseinslage ist ein übersteigerter Aktionismus verbunden mit einer Überschätzung der eigenen Handlungsmöglichkeiten. Beide Bewußtseinslagen behindern ein für eine verantwortete Welt notwendiges Handeln und sind Hinweise auf einen kollektiven Realitätsverlust. So läßt sich die Macht der Systeme nicht brechen. Und die Auswege für den Menschen und die Beschäftigten lauten resignativ, entweder man leidet oder man funktioniert im Zentrum oder an der Peripherie der Systeme.

Die hier skizzierten extremen Bewußtseinslagen bilden die Wirklichkeit nicht vollständig ab. Das Erscheinungsbild ist insgesamt differenzierter, auch wenn die hier extremen Typologien reale Orte des Scheiterns individuellen und kollektiven Handelns kennzeichnen. Nun wird eine Kritik und insbesondere eine Negation vorfindlicher Handlungsmuster für den Entwurf einer Handlungstheorie nicht ausreichen. Gleichwohl sind in der Kritik zwei wichtige Elemente einer Handlungstheorie schon bestimmt: Nämlich die Auseinandersetzung mit der Welt, die in der aktuellen Situation eine systemische ist. Vorausgesetzt ist weiterhin ein Individuum in relativer Autonomie, das in der Lage ist, in einen Dialog mit den Mitmenschen und der dinglichen Welt zu treten und dies auch vollzieht. Zu klären bleibt die Ausfüllung des relativ autonomen Individuums, das dem beschreibenden und bewertenden Konstrukt der Handlungstheorie als empirische Wirklichkeit vorausgesetzt wird.

Eine weitgreifende anthropologische Auseinandersetzung um das relativ autonome Individuum läßt sich hier nicht führen. Deshalb nur einige Positionslichter: Das handelnde Individuum ist ein strukturiertes und ein bedürftiges Wesen. Die zu seiner Analyse entstandenen Wissenschaften wie Biologie, Psychologie und Psychoanalyse haben zu seiner Erhellung wesentliche Beiträge geleistet. Das handelnde Individuum ist konstitutiv ein soziales. Nicht in der Selbstreflexion sondern im Dialog erlangt es seine Autonomie und erfährt gleichzeitig seine Relativität. Das handelnde Individuum ist ein zeitliches Wesen, erst im Rückgriff auf seine Geschichte und im Vorgriff auf eine mögliche Zukunft wird es sich selbst finden.

Inwieweit ist die gedankliche Entwicklung der Zentralität von Handeln und damit auch der Mitbestimmung als eine spezifische Form des wirtschaftlichen Handelns von Bedeutung? Gemessen an dem einladenden Ruf der Veranstalter: „Das Hauptgewicht sollte auf meßbaren oder halbwegs objektiven Auswirkungen liegen und weniger auf den rein subjektiven Empfindungen" könnte das Thema ja als verfehlt gelten. Die Objektivität, also das Meßbare, läßt sich auf einer bestimmten Ebene der Reduktion herstellen. Mitbestimmung, also Beteiligung an Entscheidungen über die Verwendung ökonomischer Ressourcen wird betriebswirtschaftlich durch den Zusammenhang Leistung – Leistungsanreize – Leistungssteigerung – Produktivitätssteigerung gemessen. Unterstellt wird die Meßbarkeit und die Richtigkeit der Wirkkette. Die hier unterstellte Wirkung der Mitbestimmung zieht sowohl auf eine gerechtere

Verteilung als auch auf den Abbau der Herrschaft und die gesteigerte Teilnahme am Gestaltungsprozeß ab. Die beiden nicht kompatiblen Wirkungsketten werden zur Überwindung des Grundkonflikts zwischen Kapital und Arbeit bemüht, da das Element Mitbestimmung in ökonomisch wachsenden Systemen Produktivitätsanstieg und die Verteilungsanspüche miteinander verbinden kann. Die Verteilungsansprüche ließen sich auf dem von unten durch Produktivitätszuwachs erwirtschafteten Mehrwert begrenzen.

Die begrenzte Vereinbarkeit betriebswirtschaftlicher Produktivitätsziele und sozialpolitischer Humanisierungsziele aufzuzeigen, wäre eine auf der traditionellen Problemstruktur sinnvolle Erörterung. Die hier entwickelte kritische Perspektive geht weiter und behauptet: In beiden immer wieder betonten Wirkketten hat das Handeln, hat die Mitbestimmung ihre Zentralität verloren. Konzeptionell und real. In der ersten Wirkungskette geht es um die Instrumentalisierung für einen höheren technologisch-ökonomischen Wirkungsgrad und in der zweiten Wirkungskette geht es um die Umverteilung der Einkommen und die Verteilung von Lebenslagen. Das Grundproblem vor dem wir heute stehen, ist aber anders gestellt: Wie lassen sich menschliches Handeln, bewußter Gestaltungswille und Verantwortung für die Wirklichkeit aufrecht erhalten? Die Grundlagen der Leistungsbereitschaft und Leistungsfähigkeit des Menschen werden durch die Vernutzung des Handlungspotentials, durch Über- und Unterforderung brüchig. Handeln wird als Instrument der Selbststabilisierung auf das Subjekt konzentriert. Hier sind die immer stärker um sich greifenden psychotherapeutischen Behandlungen von Spitzenmanagern und die psychoanalytischen Konzepte der Managementschulen genau so Beleg wie die ernsthaft und politiknah diskutierten Ausbildungskonzeptionen, die den Menschen in ein Funktionselement in technologischen Systemen und in ein sich selbst stabilisierendes Lustwesen spalten (Haefner 1982). „Je perfekter die Maschinerie, um so mehr mußte das Arbeitsvermögen in Deckung gehen, es muß sich darauf konzentrieren, die abstrakte Arbeit auszuhalten. Die Reduzierung der Beteiligung lebendiger Arbeit macht die Gesellschaft tot: Realitätsverlust der ganzen Gesellschaft durch einen Überhang an Realität. Es entsteht gespenstische Gegenständlichkeit." (Negt/Kluge 1981/4) Es ist der Industriegesellschaft und dem Kapitalismus nicht gelungen, eigene kulturelle Muster und Reserven zu schaffen, sie leben vom Wert- und Sinnvorrat der vorindustriellen Zeit. Gewinnt Handeln nicht seine Zentralität zurück, wird auch in einer kommenden Informationsgesellschaft dieses Problem sich verschärfen.

Dem Rückzug des Subjektes auf sich selbst entspricht die Instrumentalisierung und Reduzierung des Menschen auf ein Element in einer komplexen Systemwelt. Die Handlungsräume engen sich durch die Ausweitung der an Rationalitätskriterien orientierten Systeme ein. Die Frage nach sinnvollem wirtschaftlichen Handeln stellt sich in der Wirklichkeit anfangs bezeichneten Problemfeldern immer drängender; sie wird aber immer weniger bewußt gestellt, geschweige denn beantwortet. Die Ursachen dafür mag man in der Überlastung der Steuerungskapazitäten und der Unternehmens- und Wirtschaftssteuerer vermuten. Das Bewußtsein der mit Macht ausgestatteten Bürokraten, Manager und Politiker mit den reduzierten Maßstäben Effizienz, Macht und Geld besetzt, wird noch manche wirtschaftliche, soziale, politische und ökologische Krise auslösen. Die Macht der Systeme wird wachsen. Es bleibt zu fragen, warum handeln wir nicht. Warum bestimmen wir nicht mit?

Literatur

Backhaus, J., T. Eger, und H. G. Nutzinger (1978): *Partizipation in Betrieb und Gesellschaft.* Frankfurt–New York: Campus.

Backhaus, J. (1979): *Ökonomik der partizipativen Unternehmung I.* Tübingen: Mohr.

Eucken, W. (1943): *Die Grundlagen der Nationalökonomie.* Jena: Fischer.

FitzRoy, F. R. (1982): Kooperation statt Konflikt: Zur Ökonomie der Mitarbeiterbeteiligung. *Mitbestimmung und Arbeiterselbstverwaltung.* H. G. Nutzinger (Hrsg.) Frankfurt–New York: Campus.

Foucault, M. (1974): *Die Ordnung der Dinge. Eine Archäologie der Humanwissenschaften.* Frankfurt: Suhrkamp.

Habermas, J. (1981): *Theorie des kommunikativen Handelns.* Band 2; Zur Kritik der funktionalistischen Vernunft. Frankfurt: Suhrkamp.

Haefner, K. (1982): *Die neue Bildungskrise: Herausforderung der Informationstechnik an Bildung und Ausbildung.* Basel–Boston–Stuttgart: Birkhäuser.

Immler, H., und W. Schmied-Kowarzik (1983): *Marx und die Naturfrage.* Kassler Philosophische Schriften Band 10. Kassel: VSA/VVA.

Kmieciak, P. (1976): *Wertstrukturen und Wertwandel in der Bundesrepublik Deutschland.* Göttingen: Schwartz.

Nach 1984: Die Krise der Zivilisation und unsere Zukunft. *Frankfurter Hefte* FH-extra 6.

Negt, O., und A. Kluge (1981): *Geschichte und Eigensinn.* Frankfurt: Verlag.

Nutzinger, H. G. (1978): The Firm as a Social Institution. The Failure of the Contractarian Viewpoint. *Partizipation in Betrieb und Gesellschaft.* Frankfurt–New York: Campus.

Vanek, J. (1975): *Marktwirtschaft und Arbeiterselbstverwaltung.* Anhang von F. Fitz-

Roy, H. G. Nutzinger: Entfremdung, Selbstbestimmung und Wirtschaftsdemokratie. Campus Paperbacks: Politische Ökonomie.
Vilmar, F. (Hrsg.) (1973): *Menschenwürde im Betrieb*. rororo Hamburg: Rowohlt.
Windelband, W. (1916): *Lehrbuch der Geschichte der Philosophie*. Tübingen: Mohr.

Biographische Notizen

Heinrich Beyer, geboren am 22. August 1957 in Marburg. 1976 Abitur, 1977–1979 Ausbildung zum Bankkaufmann, 1979–1985 Studium der Wirtschaftswissenschaften an der Gesamthochschule Kassel, 1985 Diplom-Ökonom. Arbeitsschwerpunkte: Mikroökonomie, Theorie der Unternehmung, partizipative Unternehmensformen, alternative Ökonomie.

Thomas Eger, Jg. 1949. Studium der Volkswirtschaftslehre an den Universitäten Marburg und Zagreb. 1974 Dipl.-Volkswirt, 1980 Dr. rer. pol. Lehr- und Forschungstätigkeit an der Universität Göttingen und der Universität-Gesamthochschule Paderborn. Seit 1982 wissenschaftlicher Angestellter am Fachbereich Wirtschaftswissenschaften der Gesamthochschule Kassel. Arbeitsschwerpunkte: Analyse und Vergleich von Wirtschaftssystemen, Theorie der Partizipation, ökonomische Analyse des Rechts.

Werner Fees, geb. 1956. Studium an der Universität Erlangen–Nürnberg 1976–1981. 1981 Diplom-Kaufmann; seit 1981 Mitarbeiter am Lehrstuhl für Allgemeine Betriebswirtschaftslehre und Unternehmensführung an der Universität Erlangen–Nürnberg (Professor Dr. H. Steinmann). 1985 Promotion zum Dr. rer. pol.

Ernst Fehr, geboren am 21. 6. 1956, Studium der Volkswirtschaftslehre an der Universität Wien (1975–1980); anschließend Vertragsassistent am Institut für Wirtschaftswissenschaften der Universität Wien und Scholar am Institut für Höhere Studien, Wien (1980–1982). Seither Universitätsassistent am Institut für Volkswirtschaftslehre der TU Wien. Forschungsschwerpunkte: Theorie der Unternehmung, Arbeitsökonomik, Theorie der Fiskalpolitik.

Felix R. FitzRoy, geboren 1938 in London, Studium der Mathematik und Physik in Großbritannien und Hamburg. Promotion (Dr. rer. pol.) und Habilitation (Volkswirtschaft) in Heidelberg. Seit 1976 Senior Research Fellow am Internationalen Institut für Management und Verwaltung, Wissenschaftszentrum Berlin. Schwerpunkte: Industrieökonomie, Ökonomie der Organisation, Arbeitsmarktökonomie. Seit Juli 1986 Associate Editor, Journal of Industrial Economics. Gastprofessur für Volkswirtschaft am European University Institute, Florenz, von November 1986 bis Juni 1987.

Eduard Gaugler, geboren am 23. Juni 1928 in Stuttgart. Studium der Wirtschafts- und Sozialwissenschaften von 1949–1954 an der Universität München und an der damaligen Hochschule für Wirtschafts- und Sozialwissenschaften

Nürnberg. 1952 Diplom-Kaufmann, 1954 Promotion zum Dr. oec. publ. an der Staatswirtschaftlichen Fakultät der Universität München, 1966 Habilitation für Betriebswirtschaftslehre, 1966/67 Universitätsdozent an der Universität München, 1967–1972 Ordentlicher Professor für Betriebswirtschaftslehre an der Universität Regensburg, 1970/71 Dekan der Rechts- und Wirtschaftswissenschaftlichen Fakultät der Universität Regensburg; seit 1972 Ordentlicher Professor für Betriebswirtschaftslehre an der Universität Mannheim und Direktor des Seminars für Allgemeine Betriebswirtschaftslehre, Personalwesen und Arbeitswissenschaft, 1973–1976 Rektor der Universität Mannheim. Vorrangige Arbeitsgebiete: Betriebliches Personalwesen, betriebliche Sozialpolitik, Betriebsorganisation, Unternehmenspolitik.

Elmar Gerum, Professor für Betriebswirtschaftslehre; geb. 1946; Diplom-Kfm., Universität Erlangen–Nürnberg, 1972; Assistent am Seminar für Wirtschaftsrecht (1972–74) und am Lehrstuhl für Unternehmensführung (1974–82) der Universität Erlangen–Nürnberg; Dr. rer. pol., Universität Erlangen–Nürnberg, 1979; Professor für Betriebswirtschaftslehre, Hochschule für Wirtschaft und Politik Hamburg, 1982.

Hans-Günter Guski, Diplom-Volkswirt, Dr. sc. pol., geboren 1929 in Rhein/Ostpreußen. Studium der Wirtschaftswissenschaften in Kiel. Von 1958 bis 1960 wissenschaftlicher Mitarbeiter im Institut für Weltwirtschaft in Kiel. 1960 bis 1965 Tätigkeiten im öffentlichen Dienst und in der Wirtschaft. 1965 bis 1970 Referent in der volkswirtschaftlichen Abteilung der Bundesvereinigung der deutschen Arbeitgeberverbände in Köln. Seit 1970 Leiter des Referats Vermögensbildung und Vermögenspolitik im Institut der deutschen Wirtschaft, Köln.

Eckehard J. Häberle, geb. 1941. Studium der Wirtschaftswissenschaften, Politikwissenschaft, Sozial- und Wirtschaftsgeschichte an den Universitäten Heidelberg und München, Promotion bei Professor F. Lütge/Professor W. Zorn, Universität München, in Sozial- und Wirtschaftsgeschichte. Habilitation an der Gesamthochschule Kassel 1981 in Sozial- und Wirtschaftsgeschichte, Gastprofessuren an der GH–Kassel und der Indiana University, Bloomington USA; derzeit Dozent und Fachleiter für Handelsbetriebslehre an der Berufsakademie Karlsruhe.

Dietrich Jaeschke, geboren am 18. April 1939 in Ortelsburg/Ostpreußen. Mathematik-Studium an der Universität Hamburg. Mitarbeit am Aufbau des Instituts für Automatisierung der AEG in Berlin. Seit 1969 Geschäftsführer der PSI Gesellschaft für Prozeßsteuerungs- und Informationssysteme mbH.

Otfried Kießler, Professor, Dr., geb. 4. 6. 1940. Beruflicher Werdegang: Nach dem Studium 3jährige Tätigkeit in einer Versicherungsgesellschaft; Promotion; danach Tätigkeit als Assistent am Zentrum für Interdisziplinäre Forschung in Bielefeld; seit 1976 Hochschullehrer für Wirtschaftswissenschaften an der Gesamthochschule Kassel. Arbeitsschwerpunkte: Organisationsentwicklung, Unternehmenstheorie, Arbeitsökonomie.

Kornelius Kraft, geb. 1955. Studium der Volkswirtschaftslehre an der Universität Heidelberg, 1979 Dipl.-Volkswirt, 1984 Promotion zum Dr. rer. pol. an der Gesamthochschule Kassel, 1980–1986 wissenschaftlicher Mitarbeiter am Internationalen Institut für Management und Verwaltung, Wissenschaftszentrum Berlin. Seit 1986 wissenschaftlicher Angestellter am Fachbereich Wirtschaftswissenschaften der Gesamthochschule Kassel.

Hans Michael Lezius, geboren am 23. August 1942 in Berlin. 1963 Reifeprüfung, 1965 Kaufmannsgehilfenprüfung, 1963–1965 Industriekaufmann bei der Siemens AG in München, Wintersemester 1965 bis Sommersemester 1969 Studium der Betriebswirtschaftslehre an der Friedrich-Alexander-Universität Erlangen–Nürnberg, Juli 1969 kaufmännische Diplomprüfung, 1970 Leiter der kaufmännischen Ausbildung der Maximilianshütte Sulzbach Rosenberg, 1970/71 Assistent des früheren Geschäftsführers der AGP, Herrn Dr. Rudolph von Knüpffer. Seit 1. 7. 1971 Geschäftsführer der Arbeitsgemeinschaft zur Förderung der Partnerschaft in der Wirtschaft e. V. (AGP). Seit 1979 geschäftsführendes Präsidiumsmitglied der Stiftung „Sozialer Wandel in der unternehmerischen Wirtschaft“.

Elke Michaelis, geboren am 7. Februar 1947; wirtschaftswissenschaftliches Studium an der Ruhruniversität Bochum und an der Universität Hannover; von 1979 bis 1984 wissenschaftliche Mitarbeiterin am Institut für Unternehmensplanung an der Universität Hannover, Abt. Unternehmensführung und Organisation; 1984 Promotion zum Dr. rer. pol. Seit 1984 Hochschulassistent am Fachbereich Wirtschaftswissenschaften der Universität Hannover.

Hans G. Nutzinger, geb. 25. 5. 1945. Studium der Volkswirtschaftslehre an der Universität Heidelberg, Dipl. rer. pol. 1968, Dr. rer. pol. 1973, Habilitation 1976; Lehr- und Forschungstätigkeit an den Universitäten Heidelberg, Dortmund, Bielefeld und seit 1978 als Professor für Theorie öffentlicher und privater Unternehmen an der Gesamthochschule Kassel.

Günther Schanz, geb. am 14. 3. 1943. Studium der Betriebswirtschaftslehre in Mannheim, 1972 Promotion, 1976 Habilitation. Nach Lehrstuhlvertretung in Freiburg i. Br. seit 1977 Professor für Betriebswirtschaftslehre an der Georg-

August-Universität in Göttingen. Leiter der Abteilung Unternehmensführung. Bevorzugte Forschungsgebiete: Organisationstheorie, Personalwirtschaft, Unternehmensverfassung und Grundlagenprobleme der Wirtschaftswissenschaften.

Ulrich Schasse, Diplom-Ökonom, geb. 24. 1. 1957. Studium der Wirtschaftswissenschaften an der Universität Hannover, 1984/85 wissenschaftlicher Mitarbeiter im Forschungsprojekt „Wirkungen der Mitbestimmung, insbesondere des Mitbestimmungsgesetzes von 1976" am Fachbereich Wirtschaftswissenschaften der Gesamthochschule Kassel. Seit 1985 wissenschaftlicher Mitarbeiter im Institut für Quantitative Wirtschaftsforschung am Fachbereich Wirtschaftswissenschaften der Universität Hannover.

Hans J. Schneider, geb. 1944 in Forchheim/Oberfranken. Studium der Wirtschaftswissenschaften an der Universität Erlangen–Nürnberg. 1970–1972 Vortrags- und Seminartätigkeit für allgemeines Management, Leistungslohnsysteme und Betriebsstatistik. Ab 1971 beratend tätig auf dem Gebiet des betrieblichen Personalwesens, insbesondere Entwicklung von Modellen der Mitarbeiter-Kapitalbeteiligung. Seit 1975 geschäftsführender Gesellschafter der Gesellschaft für innerbetriebliche Zusammenarbeit GIZ GmbH. Schriftleiter der Fachzeitschrift PERSONAL. Seit 1. Dezember 1984 Professor für Organisation und Personalwirtschaft an der Fachhochschule Nürnberg.

Wolfgang Scholl, geb. 12. 4. 1944. Studium der ev. Theologie, Zweitstudium Psychologie und Soziologie; Promotion zum Dr. phil. 1975 in Sozialpsychologie, Universität Mannheim; Wissenschaftlicher Assistent am Institut für Organisation, Lehrstuhl für Betriebswirtschaftliche Planung, Prof. Dr. W. Kirsch in München von 1975–1983; dort Forschungsprojekt zur Mitbestimmung 1976–1981; Fachreferent bei der Siemens AG im Bereich Führung und Zusammenarbeit 1983–1984. Seit 21. 12. 1984 Professor für Wirtschafts- und Sozialpsychologie an der Universität Göttingen am Institut für Wirtschafts- und Sozialpsychologie.

Horst Steinmann, Professor, Dr. habil., Dr. rer. nat., geb. 1934. Universität Göttingen Diplom-Kaufmann 1959; Dr. rer. nat., Clausthal 1962; Lehrstuhl für Operations Research, Freie Universität Berlin 1968–1970; Lehrstuhl für Allgemeine Betriebswirtschaftslehre und Unternehmensführung, Universität Erlangen–Nürnberg, 1970.

Volker Teichert, Jahrgang 1954, Studium der Volkswirtschaftslehre und Pädagogik an der Universität Heidelberg, Diplom-Volkswirt, M. A., von 1981 bis 1985 wissenschaftlicher Mitarbeiter im Forschungsprojekt „Wirkungen der

Mitbestimmung, insbesondere des Mitbestimmungsgesetzes von 1976“ an der Gesamthochschule Kassel, seit 1985 wissenschaftlicher Mitarbeiter an der Gesamthochschule Kassel, Fachbereich Wirtschaftswissenschaften, Lehrstuhl für Theorie öffentlicher und privater Unternehmen.

Peter Weise, Jg. 1941, Professor für Wirtschaftswissenschaften mit sozialwissenschaftlicher Ausrichtung. Dipl.-Volkswirt, Dr. rer. pol. Lehr- und Forschungstätigkeiten an der Universität Göttingen und an der Gesamthochschule Paderborn. Seit 1982 an der Gesamthochschule Kassel. Arbeitsschwerpunkte: Allgemeine Mikroökonomik, Arbeitsmarkttheorie, Partizipationstheorie, Konjunkturtheorie, volkswirtschaftliche Organisationstheorie.

FSC
www.fsc.org
MIX
Papier | Fördert gute Waldnutzung
FSC® C083411

Kolibri 360 GmbH
Ferdinand-Jühlke-Straße 7
99095 Erfurt, Deutschland
produktsicherheit@kolibri360.de